全国高等院校法学专业基础教材

网络社会与法律知识

主　编　孙　平　王春穗
副主编　梁智刚　张　华
撰稿人　（以撰写文章先后为序）
　　　　孙　平　盛舒弘　王　赫　陆龙波
　　　　王　灯　刘天君　李秋萍　梁智刚
　　　　王春穗　张　华　黄　宏　朱文博
　　　　卢修敏　张竹英　陈显敏

中国政法大学出版社

2012·北京

编委会成员名单

（以姓氏笔画为序）

万志前	王广辉	王志敏	韦宝平	牛余凤	石先钰
冯瑞琳	刘 红	刘立霞	刘 杰	刘新凯	孙孝福
孙淑云	邢 亮	朱建华	李 文	李雨峰	李艳华
李振华	李祖军	陈训敬	陈会林	陈 虎	陈 苇
张 功	张培田	张新奎	张 耕	汪世虎	沈 萍
杨树明	范忠信	范 军	罗 洁	周庭芳	段 凯
赵立新	赵光全	侯 纯	姚 欢	晁秀棠	陶 虹
秦瑞亭	黄名述	黄 笛	曹海晶	曹艳春	程开源
喻 伟	曾文革	赖达清	雷 震	谭振亭	

出版说明

法学是集理论性与实践性于一体的社会科学。然而，现行的法学本科教材普遍存在"重理论、轻实践"的现象，这既不利于应用型法学人才的培养，也与司法考试、研究生考试和公务员考试严重脱节，致使其实用性大打折扣。

鉴于此，由全国独立学院法学教育协作机制秘书处和中国政法大学出版社发起，成立了"全国高等院校法学专业基础教材"编委会，旨在编写适应法学专业应用型人才培养要求的"厚基础、重实务"的系列教材。中南财经政法大学、西南政法大学、华中师范大学、湖北大学、中南民族大学、江汉大学、重庆大学、湖北经济学院、武汉科技大学中南分校、西南大学育才学院、南开大学滨海学院、海南大学三亚学院、福州大学阳光学院、浙江大学宁波理工学院、中国石油大学胜利学院、南京师范大学泰州学院、黄河科技学院、中南财经政法大学武汉学院、中南民族大学工商学院、华中科技大学武昌分校、华中师范大学汉口分校、华中科技大学文华学院、武汉科技大学城市学院、河北工程大学文学院、燕山大学里仁学院、贵州民族学院人文科技学院、东莞理工学院城市学院、江汉大学文理学院、湖北大学知行学院、湖北经济学院商贸学院、福建江夏学院、河南师范大学新联学院等全国30多所高等院校的百名法学专业教师共同参与了这套教材的编写工作。

本套教材在内容设计上充分考虑了与司法考试和公务员考试的接轨，注重基础理论阐述和实务能力培养的有机结合，力求展现以下特点：

第一，基础性。本套教材的编写内容定位于对基本理论、基本概念、基本知识的阐释和对基本法律实务技能的培养。

第二，简洁性。本套教材以各学科成熟的理论体系为主，不涉及太深奥的法律问题；以通俗和主流观点为主，除核心观点、理论有简要论证之外，避免过多论述有争议的观点或作者个人观点。

第三，实用性。本套教材充分突出实用性，主要服务于法学专业学生参加司法考试和考公务员的目标，教材内容及结构与最新司法考试大纲保持一致，大量引入司法考试、公务员考试真题和案例。

  第四，新颖性。本套教材力求突出形式设计上的新颖性。根据各教材的不同特点，有的在每章开头有简短的案例导入，使相关知识点、重点及难点一目了然；有的在正文中穿插案例或合理设置图表，以方便学生阅读，符合学生应试要求；有的在每章结尾处设置思考题和案例分析题，以供学生参考使用。

  本套法学教材涵盖了法学专业教育指导委员会确定的16门法学主干课程和14门实务性较强的非主干课程，共30种。本套教材由于编写作者较多，涉及内容广泛，教材的编写统稿难度较大，更囿于水平有限，挂一漏万在所难免，恳请各位专家、同行及广大读者批评指正，帮助我们在后续的工作中加以完善。

《全国高等院校法学专业基础教材》编委会
2009年8月

前　言

　　法学基本理论对大学生来说是一门法学类基础课程，对社会的普通民众来说也是了解法律知识的常识课程。过去只有法律专业的学生才涉足这门课程，其他非专业的学生或普通社会民众很少愿意或有机会了解这门课程，也很少能够接触到这门课程的教材。随着依法治国理念不断深入人心，人们的法律意识越来越强，在一般的普通院校中，大学生越来越多地选取这门公共选修课，也有越来越多的普通民众愿意阅读这类书籍。可以说，法学基本理论受到了越来越多的人的追捧。但是，过去的法学基本理论教材的编写不尽人意，原因是这方面的教材都是从学科的角度出发去组织编写的，学科性、体系性、完整性太强，使得接触这门课程的普通民众很难看得懂，普通的大学生也很难将教材的内容与老师讲解的内容结合起来，导致许多选修这门课的学生根本就不看教材，整个学期结束了，教材还是崭新的，老师一问学生，学生的回答是"能听懂但看不懂"。

　　学科性太强是过去的法学基本理论教材以及法学普及读本最大的问题，许多深奥的法律知识学生接受不了，老师讲授时也感到枯燥，普通的民众看不进去，教材的内容还脱离社会实际。为了改变这种状况，为了从学生和普通读者的角度来思考法律知识如何能够让人们乐意接受，为了使得法律知识的传授更加贴近社会现实，我们以网络社会中凸显的网络事件为视角组织编写了这本《网络社会与法律知识》一书。

　　这本书是为普通大学生开设公共选修课和普通民众学习法律基础知识而设计的，通过案例教学的方式——每一部法律的讲解都与一个网络上很有特点的案例相连接，通过案例的讲解，介绍了法律的规定及法律的精神，这样可以更加贴近读者，更加贴近社会实际。这本书的编写主要是为大学生服务的，但是也可以作为普通社会民众学习法律知识的通俗读本。在该书的体系设计中，我们主要分四部分进行。第一部分是将整个需要介绍的法律用一位法律名家的"法言法语"来进行概括，通过法言法语来介绍一下法律界的名家，这样可以从人物的角度入手来介绍一下法律方面的理论知识。第二部分是网络案例的介绍，这部分主要是结合需要介绍的法律知识来介绍网络案例的情况。案例涉及到的问题可能很多，但主要涉及的法律问题要梳理清楚。第三部分就是案例分析了，这部分是教材的重点，也是编写的难点。在这部分中既要把法律知识讲到位，又不宜使用生僻的语言，既要使读者了解案例反映出的法律问题，又要从现行法律规定的角度解释清楚网络现实的一些问题，需要从整体性的角度来思考问题，既通俗易懂又不落俗套，打破就一个案例专题论述式的弊端，说事、说理与说法相结合。第四部分罗列一些网络案例涉及到的相关法律法规规定。一般情况下，一个案例主要涉及一部法律，但是有些案例涉及到的法律法规不止一部，因此需要把相关的法律法规条文一并列出来让读者了解。

可以说，当今社会就是一个网络社会，许多人特别是年轻人在很大程度上要依赖网络生活，网络成为现代人生活中不可或缺的最重要的因素之一。但是网络社会又有虚拟性的一面，网络上的不规范行为层出不穷，网络世界并不像人们想象中的那样——虚拟的东西多了，真实的东西就少了。人们对网络世界越来越担忧，网络控制的问题和矛盾越来越突出，越来越尖锐。一味地放任网络的发展，必然导致现实社会法律、道德、经济及社会管理秩序的混乱。如果对网络控制得过于严厉，必然会引来网民的攻击。因此，对网络世界进行法律的控制，为网络社会的发展提供法律规范，这样才能够体现法治社会的精神，才能化解不必要的矛盾和纠纷，也才能带来社会的和谐稳定。

将网络社会暴露出的典型案例进行深入地分析，可以训练人们的思维方式，使人们养成良好的社会责任感，对社会中的真善美及假恶丑有一个较为全面的认识，这对于学生、老师和普通民众都具有深刻的教育意义。打破常规式的法学概论的教育模式，不断完善实践教育的内容，不断改进教育的方法，提高法学教程的实时性、指导性、针对性，这对法学教育工作者来说是一个具有挑战性的工作。没有挑战就没有压力，没有压力就没有动力，没有动力就没有创造力。有了创造力，有了一个很好的合作团队，就一定能够改变实践教学方面的弊端，提高普及法律知识的效果，真正达到既提高了知识又增长了本领的目的。

孙　平
2012 年 3 月 17 日

目录 CONTENTS

第 一 讲　宪法是国家根本大法
　　　　　——以孙志刚事件为例 …………………………………… 1

第 二 讲　社会管理的诺亚方舟
　　　　　——以郭美美事件为例 …………………………………… 14

第 三 讲　公民意识是一种责任意识
　　　　　——以大学生"黑客"事件为例 ………………………… 31

第 四 讲　人民调解能解困促和谐
　　　　　——以网络遗产继承纠纷为例 …………………………… 45

第 五 讲　民法是权利本位法
　　　　　——以"人肉搜索第一案"为例 ………………………… 57

第 六 讲　家暴是婚姻关系的毒瘤
　　　　　——以李阳家庭暴力事件为例 …………………………… 69

第 七 讲　继承是与生俱有的权利
　　　　　——以钟叶氏遗产继承案为例 …………………………… 81

第 八 讲　合法的私有财产不可侵犯
　　　　　——以江西省宜黄自焚事件为例 ………………………… 92

第 九 讲　网络侵权是特殊的侵权
　　　　　——以"海运女"事件为例 ……………………………… 104

第 十 讲　驰名商标的特殊保护
　　　　——以卡地亚事件为例 ………………………………… 118

第十一讲　恶意买卖违反合同法的原则
　　　　——以淘宝商城事件为例 ……………………………… 132

第十二讲　企业经营管理的"宪法"
　　　　——以国美电器股权之争事件为例 …………………… 146

第十三讲　公司经营风险的特殊化解
　　　　——以中华网投资集团破产案为例 …………………… 164

第十四讲　谁能守护证券资本市场
　　　　——以带头大哥777和余凯股票操纵案为例 ………… 184

第十五讲　虚拟财产亦不容侵犯
　　　　——以"天龙八部"网络游戏案为例 ………………… 204

第十六讲　刑罚是惩罚犯罪的强制方法
　　　　——以深圳"永利高"网络赌博案为例 ……………… 217

第十七讲　治安管理是社会秩序的调节器
　　　　——以"密码外泄门"事件为例 ……………………… 231

第十八讲　政府是民权的保护者
　　　　——以"最牛钉子户"事件为例 ……………………… 244

第十九讲　法律一般禁止的解除
　　　　——以"BT中国联盟"关闭为例 ……………………… 257

第二十讲　政府调控的权力边界
　　　　——以商品房"限购令"为例 ………………………… 270

第二十一讲　转型期社会的契约精神
　　——以商品房"降价退房潮"为例……………………… 282

第二十二讲　新型消费维权的困境
　　——以网购毁容事件为例……………………………… 295

第二十三讲　社会保险法给社会上"保险"
　　——以上海社保基金案为例…………………………… 308

第二十四讲　企业应重视社会责任的承担
　　——以富士康员工跳楼事件为例……………………… 326

第二十五讲　劳动法是劳动者的保护神
　　——以南海本田停工事件为例………………………… 341

第二十六讲　劳动合同的法律边界
　　——以"华为奋斗者事件"为例………………………… 358

第二十七讲　刑事程序具有独立价值
　　——以赵作海案件为例………………………………… 373

第二十八讲　程序是正义的蒙眼布
　　——以彭宇案为例……………………………………… 389

第二十九讲　在权利救济中矫正政府行为
　　——以"钓鱼执法"事件为例…………………………… 406

后记 …………………………………………………………… 419

第一讲

宪法是国家根本大法

——以孙志刚事件为例

> 自由就是做法律所许可的一切事情的权利。
>
> ——孟德斯鸠
>
> （孟德斯鸠，Montesquien，1689~1755，是法国启蒙时期思想家、社会学家，西方国家学说和法学理论的奠基人，法国古典自然法学派代表人物。孟德斯鸠是法国18世纪最著名的启蒙思想家，早年学习法律，担任过地方议会议长，后对政治感到厌烦，于是周游列国，1728年访问奥、匈、意、德、荷、英等国作学术旅行，实地考察其社会政治制度和社会具体情况，返回国内后专门从事著述。曾被选为波尔多科学院院士、法国科学院院士、英国皇家学会院士、柏林皇家科学院院士。孟德斯鸠于1748年出版了其花费27年的光阴、倾注一生心血的巨著《论法的精神》一书。《论法的精神》提出了著名的三权分立学说和以权力制约权力的制约学说。伏尔泰夸赞这本篇幅巨大、包罗万象的著作是"理性和自由的法典"。）

一、案例介绍

孙志刚，男，27岁，湖北武汉人，武汉科技学院艺术设计专业结业。出事20余天前，即2003年2月24日受聘于广州市某服装有限公司，任平面设计师，还未来得及办理广州市外来人员暂住证。2003年3月17日晚10时许，孙志刚外出准备去网吧上网，途中遇到广州市公安局天河分局黄村街派出所民警检查身份证，因其未带身份证，也没有暂住证，被作为"三无人员"（无正当生活来源、无固定居所、无合法证件的人员）带回派出所。孙志刚在派出所用手机与同事进行了联系，要求同事带上他的身份证和现金到派出所保释他。同事闻讯后赶到派出所并出示孙志刚的身份证，当事警察仍拒绝释放孙志刚。据其同事说，孙志刚与警察"顶了嘴"。黄村街派出所的警察在填写审查人意见时写道："根据《广东省收容遣送管理规定》第9条第6项的规定，建议收容遣送。"该条该款规定：无合法证件且无正常居所、无正当生活来源而流落街头的应当予以收容。《规定》中还明确规定："有合法证件、正常居所、正当生活来源，但未随身携带证件的，经本人说明情况并查证属实，收容部门不得收容。"

3月18日，孙志刚被作为"三无人员"送往广州市收容遣送站。当晚，孙志刚因"身体不适"被转往广州市收容人员救护站。20日凌晨1时多，孙志刚遭同病房的8名被收治人员两度轮番野蛮殴打，于20日上午10时20分死亡。广州市收容人员救护站死亡证明书上称其死因是"心脏病"。

孙志刚死亡后，他的父亲和弟弟从湖北省黄冈市穷困的家乡赶来，翻出了孙生前遗物让记者看，里面有很多获奖证书。孙志刚的家人说："他是我们家乡出的第一个大学生。"不过，孙的家人有点后悔供孙志刚读大学了，"如果没有读过书，不认死理，也许他也就不会死……"孙志刚的同班同学李某说，搞艺术的人都有自己的个性，孙志刚很有自己的想法，不过遇事爱争，曾经与她因为一点小事辩论过很久。

孙志刚的家人对死亡结论不认同，于是要求重新进行鉴定。4月18日，中山大学中山医学院法医鉴定中心出具尸体检验鉴定书，结果表明，孙志刚死前72小时曾遭毒打。

4月25日，《南方都市报》以《被收容者孙志刚之死》为题，首次披露了孙志刚惨死事件。当天，新浪网进行了转载，次日，全国的互联网站和各大媒体纷纷转载此文，并开始追踪报道。网络媒体的强力介入，网民们对孙志刚的同情和对政府执法行为的不满，使得一个地方事件演变成为了一起全国性的公共事件。

6月5日上午，孙志刚被故意伤害一案在法院开庭。6月9日，法院一审判决：主犯乔燕琴被判死刑，李海婴被判死缓，钟辽国被判无期，其他9名被告人也分别被判处3～15年有期徒刑。同日，孙志刚一案涉及的警察、救治站负责人、医生及护士一共6人，因玩忽职守罪，被分别判处2～3年的有期徒刑。

5月16日和23日，分别有3位青年法学博士和5位法学专家以中国公民的名义，联名上书全国人大常委会，就孙志刚案及收容遣送制度实施状况提请启动特别调查程序，要求对收容遣送制度的"违宪审查"进入实质性法律操作层面。

5月30日，《人民日报·华东新闻》发表时评《孙志刚案还能走多远？》。评论指出："孙志刚案要在完善执法监督上走得更远一些，就不可能回避一些法律之外的问题。如此，不如从完善孙志刚案最基本的元素——详尽的真相、公开的程序、必要的质询等入手，先把孙志刚案圆满了结。"

6月12日，新华社发表时评《孙志刚案反思："收容站"应当成为"救济站"》，指出收容遣送制度的模糊性和陈旧规定与中央政策和我国全面建设小康社会的目标背道而驰，认为"以'自愿出入'为原则，把'收容遣送站'变为对城市困难群体包括外来困难者的'救济站'，让需要救济、应当救济的人享受政府的救济服务，应该是改革现行收容遣送制度的基本思路"。

6月20日，国务院总理温家宝签署国务院第381号令，公布施行《城市生活无着的流浪乞讨人员救助管理办法》，标志着收容制度成为历史。紧接着，全国各地的收容所纷纷摘牌，从1982年开始实施的《城市流浪乞讨人员收容遣送办法》废止。至此，网络上关于孙志刚案的相关讨论才渐渐减少。

孙志刚事件是新闻媒介进行舆论监督达到较好效果的一个特例。《南方都市报》关于此案刊出的稿件当天上午就被新浪网等网站转载，一时间成了全国关注的焦点。网友纷纷发表评论，为孙志刚之死鸣不平，置疑收容制度，敦促政府和相关部门尽快通过法律手段解决问题，反应十分激烈，社会舆论迅速形成，互联网对于孙志刚案的解决发挥了极为重要的作用。

二、案例分析

（一）孙志刚事件暴露出的主要问题是什么

孙志刚案暴露出的问题很多，例如公民生命权的保障、法律制度的弊端、警察滥用权力和执法犯法等问题，但是主要问题在于我国的法律制度设计的矛盾。一个外来人员有没有权利在一个新的城市自由地生活，这似乎是一个不是问题的问题。但是在很长一段时期这确实是一个残酷的现实问题。为了控制人员的无序流动，政府出台了户籍制度，将公民限制在一定的区域内生活。为了有效地进行社会管理，政府又出台了对无稳定收入、无固定居所、无合法证件的人员的"强制遣送办法"，在外来人员集中的城市实行暂住证制度。这样的制度和办法可以保证政府对流动人员的控制，却限制了人员流动的自由，结果带来了一系列社会矛盾。改革开放以后，沿海经济发达地区需要大量的外来务工人员，但是我们的社会管理还是旧的计划经济的体制，流动的需求与限制流动的矛盾十分突出，在沿海经济发达地区，外来人员一方面对当地的社会经济做出了巨大的贡献，另一方面又成为当地社会管理的隐患，成为被强制遣送的对象。

早期的收容遣送制度是针对游民的，当时是对灾民、流浪乞讨人员实施救助、遣送回原籍。该制度发端于1961年中共中央批转的公安部《关于制止人口自由流动的报告》，根据该《报告》的规定，由民政部门在大中城市设立"收容遣送站"，负责将盲目流入城市的农民收容起来并遣送回原籍。1982年，国务院出台了《城市流浪乞讨人员收容遣送办法》（已失效），对流浪、乞讨人员甚至是无业人员，进行边教育、边劳动，适时遣送回原居住地，防止这类人员流窜

1991年，国务院又出台了《关于收容遣送工作改革问题的意见》，收容对象被扩大到"三无人员"。收容遣送制度看似是一个救助制度，然而，随着不断的发展，最后变成了一个强制限制人身自由的制度，成为了一个大中城市维护城市形象的制度，成为了一个公安机关可以随意审查公民的法外之法。孙志刚就是这个制度最大的牺牲品。

孙志刚仅仅缺一个暂住证，仅仅因为没带身份证，就被剥夺了人身自由，被收容遣送，这是没有任何法律依据的。虽然当时有收容遣送的规定，虽然当时的广州市有外来人员要办理暂住证的规定，但是这些规定都不能与宪法的精神相违背，都不能成为执法部门滥用职权、为所欲为的借口。公民本应该有自由迁徙的自由，本应该有自由选择生活方式的权利，公民的合法权利不允许任何人随意侵犯；但是这些保障公民基本生活的权利被无情地践踏了。现在看来，以前的收容遣送制度本身就违反了《宪法》、《刑法》的规定，本身就是一部与现实社会发展相矛盾的法规，但是这个制度却被实施了40多年，由此带来的社会矛盾和民众意见是非常突出的。有多少农村务工人员和其他城市的人员被强制地限制了人身自由，遭到了非人的屈辱，被无端地当做"违法人员"遭到了强制遣送。随着沿海大中城市农民工的不断增加，城市的管理者从收容遣送制度上开始获取部门的经济利益，这实在是一个落后的制度。

（二）"人权入宪"是中国宪政史上的一件大事

人权的问题在中国曾经是一个禁区，不仅在法律上没有这个词，而且在思想理论领域也将人权视为禁区。人权被视为是资产阶级的口号，是西方国家使用的词语。英国的洛克（1632～1704）说过：人类天生都是自由、平等和独立的。法国的卢梭（1712～1778）说过：每个人都生而自由、平等。"天赋人权"论是资产阶级民主革命的思想武器，人权是资产阶级的一个重要口号和政治纲领。为什么一个词语也成为了带有政治观念的事物？原因就在于对西方的"天赋人权"的宣传的影响。人权简单地说就是做人的权利，只有是人才有人的权利、人的价值、人的尊严。一直以来，西方的观念认为人的权利是"上帝"的自然赋予，人的权利是与生俱来的，人的权利是无限的，人的权利应最大限度地不被限制。我们是社会主义国家，对资产阶级的观点历来持否定的态度。所以，在1991年以前，一说到人权，人们就知道是讲西方的概念，我国使用的是"公民的权利义务"这个词语。在社会主义国家，我们认为人的权利是有限的，在任何时候公民都不可能无限制地行使自己的权利。这种认识上的不同变成了一种政治观念的交锋，也使得"人权"一词的使用十分谨慎，人们担心使用"人权"这个词会被视为政治立场不坚定。

随着社会的发展，人们开始认为"人权"这个词可以有不同的理解，但没有必要限制使用。1991年11月，中国政府开始颁布《中国的人权状况》白皮书，开始向世界介绍中国的人权发展状况。白皮书从不同侧面向世界表明，中国的人权理论和实践充分体现了《世界人权宣言》的基本精神和内容，充分体现了中国政府和人民为实现《世界人权宣言》确立的目标所做出的努力和所取得的成就。这是中国政府首次以政府文件的形式正式使用人权的概念。1997年9月，中国共产党第十五次代表大会首次将人权概念写入主题报告当中。1997年10月27日，中国政府签署了联合国《经济、社会及文化权利国际公约》（以下简称《公约》）。2001年2月28日，第九届全国人民代表大会常务委员会批准中国加入《公约》。2001年3月27日，中国常驻联合国代表团向联合国秘书长递交了批准书。2001年6月27日，《公约》正式对中国生效。

2004年3月14日，第十届全国人民代表大会第二次会议通过《宪法修正案》，将"国家尊重和保障人权"写入宪法之中，首次将人权由党和政府的政策性规定上升为国家法律的原则，将政治概念提升为法律概念，将尊重和保障人权的主体由党和政府提升为"国家"，强化了宪法的人权精神，这是中国人权发展史上的一个里程碑。

"人权入宪"对中国的人权事业产生了巨大的影响，对世界人权的发展也将产生深远的影响。人权概念写入国家根本大法之中，本身就非同寻常。在中国这样一个具有两千多年封建历史传统的社会里，在一个法制还不是特别完善的国度里，将人权保障作为一个国策来看待，将对整个社会的发展与建设、对整个中国人的观念的改变产生深远的重大影响。人权入宪是中国寻求实行宪政以来的第一次，是当代中国民主宪政的最新发展。从过去的思想领域的禁区到社会实践的重要内容，对执政党来说是一个艰巨的考验。只有顺应了历史社会的发展潮流，执政党的地位才能巩固，人民才能安居乐业。人权不再是一种口号，也不是一个思想认识，而是一种重要的社会实践。国家将采取各项措施保障人权概念深入人心，人民将不断提高对人权含义的正确认识，执法者将不断提高人权保障的工作水平。人权的保障程度不仅关系到每一个公民权利的实现，还关系到对执政党的执政能力和水平的评价，更关系到社会主义国家的政治声誉和形象。因此，人权对中国社会的政治影响是巨大的。

当然，中国是社会主义国家，还处于社会主义初级阶段，中国的法律从中国的社会现实出发来保障人权的实现。虽然对待人权至今还有一些不同的认识，在人权的保障方面还有许多方面的不足，但是随着法制建设的日臻完善，对人权的保护将更加完备。孙志刚事件也加速了人权入宪的步伐，从这一点来讲，孙志刚事件的政治影响是深远的，也是巨大的。

（三）人权与法制的关系

人权不是西方的固有词语，中国作为社会主义国家也可以使用这个词语。虽然"天赋人权"是从人的自然属性去解释人的固有权利的，但是一直以来任何国家都不可能只是从人的自然属性去设计人的权利。人权是历史发展的产物，人权具有很强的社会性。人的权利一定会与人所处的社会产生联系，人的权利的内容和多少是与人所处的社会环境与法律规定相符的，没有可能出现脱离社会环境与法律现实的抽象的人权。人是社会的动物，人只能在一定的社会现实中生存，人的真正的权利基本上是法律所赋予的。人权其实就是法律化的"公民权利"。1789年法国公布的《人权和公民宣言》就是资产阶级国家第一次用法律的形式对人权的内容和原则固定下来，它将"人权"与"公民权"相提并论。1948年联合国公布了《世界人权宣言》，1966年公布了《公民权利和政治权利国际公约》，通过宪章的形式将人权进行了必要的界定。

人权可以从三个层面的形态上考虑它的含义。第一个层面上的人权是人的应有权利。这是一种道德上的权利、自然属性的权利，也是一种价值观上的权利。它是基于人的本性和人的本质所应该享有的权利，人如果失去了这种权利也就失去了做人的资格。人的自然属性决定了人的权利的要求是共同的，而人的社会属性对人的权利的要求是不同的。这个层面上的人权是一种理想化的人权。第二个层面上的人权是法定权利。没有法律的确定，人权是没有保障的。人的"应有权利"只有得到法律确认为"法定权利"后才有实现的可能。法律本身体现着社会平等、正义，它同权利本身有着不解之缘。所以，在不少民族语言中，法律和权利这两个词是通用的。第三个层面上的人权是人的实有权利。人权作为一种道德权利或法定权利，仅仅为人权的实现提供了一种可能性或资格，从道德观念与价值观念提出人权的要求并不困难，而要使人权切实地实现或成为一种具体的权利则复杂得多。法律规定公民有某种权利，但现实中这些权利得不到保障或无法实现的情形比比皆是。人权的理想状况当然是第一个层面上的权利，实际生活中显现的往往是第三个层面上的权利。可是从法制社会的要求和人们的现实追求上来说，应有权利是一种观念上的权利，这种权利一旦上升为国家意志，便首先体现在宪法当中，即以公民基本权利的形式被宪法确认，然后再由部门法律使公民的基本权利具体化并赋予可操作性，最后，通过执法和守法主体的行为加以实现。所以说第二个层面上的人权是一个可以实现的符合社会实际的权利，这个层面的权利是一种较为现实的理想性的人权，它随着法制的发展不断地完善。因此，法定权利是人权的一种理想状况，也是人权理论的核心权利。

法律可以对人权的实现做出保障性的规定，同时也要对人权做出了一定的限制。人权是受社会经济文化的发展影响的，是受社会的文明程度制约的。人的自然属性的权利在现实生活中一定会有它的不完整性，法律的制约与保障相辅相成。不受法律保障或制约的权利是不现实的，不受制约的权利也会生出社会的灾难，处理好彼此的关系主要还在于立法。如联合国《世界人权宣言》规定：人人在任何地方有权被承认在法律面前的人格。任何人当宪法或法律所赋予他的基本权利遭受侵害时，有权由合格的国家法庭对这种侵害行为作有效的补救。人人对社会负有义务，因为只有在社会中他的个性才可能得到自由和充分的发展。人人在行使他的权利和自由时，只受法律所确定的限制，确定此种限制的唯一目的在于保证对旁人的权利和自由给予应有的承认和尊重，并在一个民主的社会中适应道德、公共秩序和普遍福利的正当需要。所以说权利或自由实际上是法律所确认和保护的，孟德斯鸠也讲到自由就是做法律所许可的一切事情的权利。

人权既有普遍性也有特殊性。人权的普遍性是指任何国家的任何人在任何时期所享有的基本权利。人权的特殊性是指不同的国家或同一国家不同的历史时期的公民所享有的权利不同。随着社会的发展与进步，人权的内容与范围会越来越广，法律对人权的保障措施会越来越详尽，社会管理的难题和课题会越来越多，因此，对人权的理解要有动态的观念。人权不是哪个人赋予的，也不是哪个人想给和不想给的问题，人权要实现都应该走法制的道路。社会民众的法律意识越来越强了，人权的意识也就越来越强。权利的要求在前进，如果社会管理的措施还是原地踏步的话，社会的管理工作就一定是被动的，应付的。只有树立法制的思想，只有不断跟随社会的发展及时调整社会管理工作的思路，才能提高社会建设的水平，人权也才能得到应有的保障。

（四）《宪法》是国家根本大法

《宪法》序言指出：本宪法以法律的形式确认了中国各族人民奋斗的成果，规定了国家的根本制度和根本任务，是国家的根本法，具有最高的法律效力。全国各族人民、一切国家机关和武装力量、各政党和各社会团体、各企业事业组织，都必须以宪法为根本的活动准则，并且负有维护宪法尊严、保证宪法实施的职责。

任何一部《宪法》都不可能是凭空产生的，它一定是反映一个国家当时的政治指导思想、社会经济条件和历史文化传统，制定宪法和实施宪法要遵循一定的准则，这个准则就是宪法的原则。我国宪法的基本原则主要有主权在民原则、保障公民权利与义务原则、权力制约原则和法治原则。

主权在民原则是我国宪法的基本原则。国家的主权不在于国家领导人，而在于人民。人民群众是国家的主人，人民群众享有当家作主的权利。主权在民原则是相对于主权在君原则而言的，这是一种历史的进步。无论是国王还是政府，其权力都是人民赋予的，人民授权的。我国《宪法》第2条第1款规定："中华人民共和国的一切权力属于人民。"明确地规定人民享有当家作主管理国家事务的各项民主权利。国家还通过完善各种措施来保障宪法和法律的实施，使人民的各项民主权利都得以充分实现。所有这些都反映了社会主义制度下主权在民原则是有充实内容的。依法治国首先并且实质上是依宪治国，民主政治的最高原则在于主权在民。宪政的重要任务就是将"一切权力属于人民"的政治原则以国家根本大法的形式予以确认和保障。

保障公民权利与义务原则是我国宪法的最重要原则。保障人权是宪法的出发点和归属点。社会主义国家政权的特征就是人民群众当家作主，而公民基本权利和自由则是人民当家作主最直接的表现，因此，如果宪法不对此加以规定，那么，人民当家作主就只能是抽象的原则。我国公民的基本权利有平等权、政治权、宗教信仰权、人身权、社会管理参与权、文化教育权、社会经济权、特殊保护权等。平等权是公民的一项基本权利，它要求法律面前人人平等，任何人不得享有法律规定之外的特殊权利。公民在一国之内，无论民族、无论收入、无论地域、无论职业，都一视同仁地享有法律赋予的权利，都一视同仁地受到法律的保护。政治权是法律赋予公民参政议政的权利，公民对国家事务有发表自己意见的权利和自由，公民有权参与选举和被选举，有在法律框架内的言论、出版、集会、结社、游行和示威的自由。公民有信仰宗教的权利，同时也有不信仰宗教的自由。有信仰这种宗教的权利，也有信仰那种宗教的权利，任何人都不能干涉公民的宗教信仰的权利。国家保护正常的宗教活动，但不允许借宗教活动的名义进行非法的活动。人身权是公民最基本的权利，宪法规定公民的人身自由不受侵犯、人格尊严不受侵犯、私人住宅不受侵犯、通信自由和通信秘密不受侵犯。社会管理参与权是公民主人意识的重要体现。公民对社会管理的事务有权提出建议，有权表示反对，有权向有关部门检举揭发，有权对政府机关的工作绩效进行评议。文化教育权是公民享有受教育的权利、进行科学研究的权利和参与文化活动的权利，这些权利是公民精神幸福的重要体现。社会经济权是指公民享有劳动和获得报酬的权利，有进行经济活动的权利，有法定休息的权利，有获得合法财产的权利，有合法继承的权利，有在退休或生活困难时获得物质帮助的权利。特殊保护权是指国家对妇女、老人、儿童、残疾人和华侨给予特殊的保护。任何权利都不是独立的，有权利就必定会有义务。公民必须遵守宪法和法律，保守国家秘密，维护国家安全，爱护公共财产和维护私人财产，遵守社会公共秩序，尊重社会公德，有依法服兵役、纳税的义务，有赡养老人、抚养子女的义务，有实行计划生育的义务等。

权力制约原则是我国宪法的特色原则。西方国家多数实行的是立法权、司法权和行政权彼此独立、相互制衡的三权分立的制度，中国实行的是议行合一制度。议行合一是指立法权和行政权属于同一个最高权力机关，或者行政机关从属于立法机关，仅是立法机关的执行部门的政体形式和政权活动形式。虽然中国实行的是议行合一的制度，但不是说政府的权力不受限制，不是说执政党的权力不受限制，相反，执政党的权力、政府的权力、司法部门的权力都必须在宪法的规定范围内进行活动，绝不允许任何组织有超越宪法和法律的特权。权力制约原则要求国家各个机构之间要互相监督、互相制衡，以保证公民权利的实现。如我国宪法规定：全国人大是最高国家权力机关，全国人大及其常委会行使立法权；国务院是最高国家权力机关的执行机关，是最高行政机关；中央军委是领导全国武装力量的机关；人民法院是国家的审判机关，人民检察院是法律监督机关。全国人民代表大会由人民选举产生，对人民负责，接受人民监督。人民有权对国家机关及其工作人员提出批评、建议、控告、检举等。全国人大有权监督一府两院的工作。又如，宪法规定公安机关、人民法院和人民检察院在办理刑事案件过程中要坚持分工负责、互相配合、互相制约的原则。

法治原则是我国宪法的根本原则。宪政本身就意味着法治，宪法的法治原则的基本含义是依法办事，按照法律来治理国家，通过法律来建立社会管理秩序，任何组织或个人均不得有法外特权。它强调公民在法律面前一律平等，公民的基本权利与自由应得到法律的平等保护，反对任何形式的特权和权力的滥用。法治原则的基本要求是"有法可依、有法必依、执法必严、违法必究"。《宪法》第5条规定：中华人民共和国实行依法治国，建设社会主义法治国家。国家维护社会主义法制的统一和尊严。一切法律、行政法规和地方性法规都不得同宪法相抵触。一切国家机关和武装力量、各政党和各社会团体、各企业事业组织都必须遵守宪法和法律。一切违反宪法和法律的行为，必须予以追究。任何组织或者个人都不得有超越宪法和法律的特权。第58条规定：全国人民代表大会和全国人民代表大会常务委员会行使国家立法权。第126条和第131条规定：人民法院和人民检察院依照法律规定独立行使审判权和检察权，不受行政机关、社会团体和个人的干涉。法治原则作为宪法的一项根本原则，在我国宪法中得到明确确认的时间并不长，在社会实践中如何采取各种措施和途径保证宪法至上落到实处，最终实现法律至上还有很长的路要走。

（五）违宪审查应该成为一种常态

孙志刚事件出现之后，我国的法学家发起了一项活动，就是违宪审查。违宪审查也称为宪法监督，是指特定的机关依据一定的程序和方式，对法律和行政规章等规范性文件和特定主体行为是否符合宪法进行审查并做出处理的制度。其作用在于保障宪法的实施、维护宪法权威、保障公民权利的实现。不少国家都有这样的制度，一些国家专门建立了宪法法院，负责对违宪事项的审查，有的国家是由普通司法机关进行审查。我国的宪法制定机构和监督机构是合而为一的，即全国人民代表大会及其常务委员会共同行使宪法审查权力。

《宪法》第62条规定全国人民代表大会行使的职权有：修改宪法；监督宪法的实施；制定和修改刑事、民事、国家机构的和其他的基本法律；改变或者撤销全国人民代表大会常务委员会不适当的决定。《宪法》第67条规定全国人民代表大会常务委员会行使的职权有：解释宪法，监督宪法的实施；制定和修改除应当由全国人民代表大会制定的法律以外的其他法律；在全国人民代表大会闭会期间，对全国人民代表大会制定的法律进行部分补充和修改，但是不得同该法律的基本原则相抵触；解释法律；撤销国务院制定的同宪法、法律相抵触的行政法规、决定和命令；撤销省、自治区、直辖市国家权力机关制定的同宪法、法律和行政法规相抵触的地方性法规和决议等。

违宪审查在我国最明显的实例就是孙志刚事件。2003年3月，孙志刚被错误收容、惨遭殴打不幸死亡。5月14日，3位法学博士以中国公民的名义向全国人民代表大会常务委员会递交建议书，建议对国务院1982年颁布的《城市流浪乞讨人员收容遣送办法》进行审查。5月23日，5位法学界人士以中国公民的名义，向全国人民代表大会常务委员会提交就孙志刚案及收容遣送制度实施状况启动特别调查程序建议书。这件事在中国法制进程中是一件有重要意义的大事，违宪审查问题的提出对推动我国法治化的发展进程具有进步意义，对国家保护公民人身权利的相关制度的改进和提高具有进步意义。

其实，违宪审查并不是什么可怕的事情，有许多现实的问题只能在社会实践中去发现、去改进。中国的法治进程的历史不长，因此，在立法的完善和法律之间矛盾的解决方面还有许多工作要做。违宪审查的提出是公民的权利，作为法律、行政法规的立法机构对待公民的诉求应该积极应对，积极采取有力的措施主动化解矛盾。在现实社会中，凡是与宪法存在冲突的法律法规，下位法与上位法存在冲突的法律法规都要进行修正。无论是全国人大常委会还是国务院，无论是地方人大还是国务院的部委，都有职责不断修订各自制定的法律法规，都应该及时主动地对过时的法律法规进行清理。

三、相关法条

(一)《中华人民共和国宪法》节选

第二条 中华人民共和国的一切权力属于人民。

人民行使国家权力的机关是全国人民代表大会和地方各级人民代表大会。

人民依照法律规定，通过各种途径和形式，管理国家事务，管理经济和文化事业，管理社会事务。

第三十三条 凡具有中华人民共和国国籍的人都是中华人民共和国公民。

中华人民共和国公民在法律面前一律平等。

国家尊重和保障人权。

任何公民享有宪法和法律规定的权利，同时必须履行宪法和法律规定的义务。

第三十四条 中华人民共和国年满18周岁的公民，不分民族、种族、性别、职业、家庭出身、宗教信仰、教育程度、财产状况、居住期限，都有选举权和被选举权；但是依照法律被剥夺政治权利的人除外。

第三十五条 中华人民共和国公民有言论、出版、集会、结社、游行、示威的自由。

第三十六条 中华人民共和国公民有宗教信仰自由。

任何国家机关、社会团体和个人不得强制公民信仰宗教或者不信仰宗教，不得歧视信仰宗教的公民和不信仰宗教的公民。

国家保护正常的宗教活动。任何人不得利用宗教进行破坏社会秩序、损害公民身体健康、妨碍国家教育制度的活动。

宗教团体和宗教事务不受外国势力的支配。

第三十七条 中华人民共和国公民的人身自由不受侵犯。

任何公民，非经人民检察院批准或者决定或者人民法院决定，并由公安机关执行，不受逮捕。

禁止非法拘禁和以其他方法非法剥夺或者限制公民的人身自由，禁止非法搜查公民的身体。

第三十八条 中华人民共和国公民的人格尊严不受侵犯。禁止用任何方法对公民进行侮辱、诽谤和诬告陷害。

第三十九条 中华人民共和国公民的住宅不受侵犯。禁止非法搜查或者非法侵入公民的住宅。

第四十条 中华人民共和国公民的通信自由和通信秘密受法律的保护。除因国家安全或者追查刑事犯罪的需要，由公安机关或者检察机关依照法律规定的程序对通信进行检查外，任何组织或者个人不得以任何理由侵犯公民的通信自由和通信秘密。

第四十一条 中华人民共和国公民对于任何国家机关和国家工作人员，有提出批评和建议的权利；对于任何国家机关和国家工作人员的违法失职行为，有向有关国家机关提出申诉、控告或者检举的权利，但是不得捏造或者歪曲事实进行诬告陷害。

对于公民的申诉、控告或者检举，有关国家机关必须查清事实，负责处理。任何人不得压制和打击报复。

由于国家机关和国家工作人员侵犯公民权利而受到损失的人，有依照法律规定取得赔偿的权利。

第四十二条 中华人民共和国公民有劳动的权利和义务。

国家通过各种途径，创造劳动就业条件，加强劳动保护，改善劳动条件，并在发展生产的基础上，提高劳动报酬和福利待遇。

劳动是一切有劳动能力的公民的光荣职责。国有企业和城乡集体经济组织的劳动者都应当以国家主人翁的态度对待自己的劳动。国家提倡社会主义劳动竞赛，奖励劳动模范和先进工作者。国家提倡公民从事义务劳动。

国家对就业前的公民进行必要的劳动就业训练。

第四十三条 中华人民共和国劳动者有休息的权利。

国家发展劳动者休息和休养的设施，规定职工的工作时间和休假制度。

第四十四条 国家依照法律规定实行企业事业组织的职工和国家机关工作人员的退休制度。退休人员的生活受到国家和社会的保障。

第四十五条 中华人民共和国公民在年老、疾病或者丧失劳动能力的情况下，有从国家和社会获得物质帮助的权利。国家发展为公民享受这些权利所需要的社会保险、社会救济和医疗卫生事业。

国家和社会保障残废军人的生活，抚恤烈士家属，优待军人家属。

国家和社会帮助安排盲、聋、哑和其他有残疾的公民的劳动、生活和教育。

第五十二条 中华人民共和国公民有维护国家统一和全国各民族团结的义务。

第五十三条 中华人民共和国公民必须遵守宪法和法律，保守国家秘密，爱护公共财产，遵守劳动纪律，遵守公共秩序，尊重社会公德。

第五十四条 中华人民共和国公民有维护祖国的安全、荣誉和利益的义务，不得有危害祖国的安全、荣誉和利益的行为。

第五十五条 保卫祖国、抵抗侵略是中华人民共和国每一个公民的神圣职责。

依照法律服兵役和参加民兵组织是中华人民共和国公民的光荣义务。

第五十六条 中华人民共和国公民有依照法律纳税的义务。

(二)《城市生活无着的流浪乞讨人员救助管理办法》节选

第二条 县级以上城市人民政府应当根据需要设立流浪乞讨人员救助站。救助站对流浪乞讨人员的救助是一项临时性社会救助措施。

第五条 公安机关和其他有关行政机关的工作人员在执行职务时发现流浪乞讨人员的，应当告知其向救助站求助；对其中的残疾人、未成年人、老年人和行动不便的其他人员，还应当引导、护送到救助站。

第七条 救助站应当根据受助人员的需要提供下列救助：

（一）提供符合食品卫生要求的食物；

（二）提供符合基本条件的住处；

（三）对在站内突发急病的，及时送医院救治；

（四）帮助与其亲属或者所在单位联系；

（五）对没有交通费返回其住所地或者所在单位的，提供乘车凭证。

第八条 救助站为受助人员提供的住处，应当按性别分室住宿，女性受助人员应当由女性工作人员管理。

第十条 救助站不得向受助人员、其亲属或者所在单位收取费用，不得以任何借口组织受助人员从事生产劳动。

第十一条 救助站应当劝导受助人员返回其住所地或者所在单位，不得限制受助人员离开救助站。救助站对受助的残疾人、未成年人、老年人应当给予照顾；对查明住址的，及时通知其亲属或者所在单位领回；对无家可归的，由其户籍所在地人民政府妥善安置。

第十五条 救助站不履行救助职责的，求助人员可以向当地民政部门举报；民政部门经查证属实的，应当责令救助站及时提供救助，并对直接责任人员依法给予纪律处分。

第二讲

社会管理的诺亚方舟

——以郭美美事件为例

> 法律的灵魂不是逻辑,乃是经验。
>
> ——霍姆斯
>
> (奥利弗·温德尔·霍姆斯,Oliver Wendell Holmes,1841~1935,是美国实用主义法哲学的代表人物,美国近现代最著名的法学家,被誉为美国历史上第一位自觉利用实用主义研究普通法的法学家。霍姆斯曾任哈佛大学教授、美国联邦最高法院大法官。他1866年在波士顿开业当律师,1870年成为《美国法律评论》的编辑,1882年成为哈佛大学法学院教授和马萨诸塞州最高法院法官,1899年被任命为该法院的首席法官。1902年8月11日,罗斯福总统提名霍姆斯为联邦最高法院大法官,同年12月4日参议院批准了该提名。霍姆斯任最高法院大法官直到1932年,那时他已经90岁了,创下了美国最高法院大法官的高龄纪录。他以观点创新、论证严密著称,他权衡了财产权和多数人统治,并认为后者优先于前者。他是最早承认工人的工会权利的人之一,此前在判例中有法官认为工会组织从本质上就是非法的。他著名的作品是《普通法》。霍姆斯主张在充分尊重历史传统的基础上赋予判例以新的含义,提倡在实践中创新,反对因循守旧。)

一、案例介绍

郭美玲,微博名:郭美美baby,1991年6月15日出生。2011年6月,郭美玲在新浪微博上炫耀其奢华的生活,多次发布其豪宅、名车、名包等照片,并称自己是"中国红十字会商业总经理"。2011年6月20日被网友发现,被指炫富,因而在网络上迅速走红并引起轩然大波,引发部分网友对中国红十字会的非议。

众多网友起了猜疑："我们捐给红十字会的钱到哪去了？"6月22日，中国红十字会称"郭美美"与红十字会组织没有关系，新浪也对实名认证有误一事而致歉。在一片质疑声中，"郭美美Baby"曾发布一条微博称其"所在的公司是与红十字会有合作关系，简称红十字商会，我们负责与人身保险或医疗器械等签广告合约，将广告放在红十字会免费为老百姓服务的医疗车上。之前也许是名称的缩写造成大家误会"。3个多小时后，"郭美美Baby"将上条微博删除，又发表一条微博解释，"红十字协会和红十字商会根本就是两个不同性质，为什么会有那么多人揪着红十字这三个字不放过呢，这跟人同姓或者同名是一个性质。"但随后这条微博也被删除。

在微博里，郭美美声称那辆价值255万元的白色玛莎拉蒂跑车是自己20岁时干爸送的生日礼物。十几个爱马仕包中只有两个限量包是真的，一个是她母亲的，另一个是干爸送的。

其实人们在质疑郭美美的时候，已经将目光盯向了中国红十字会，对中国红十字会的诚信产生了怀疑。中国红十字会以郭美美冒用红十字会名誉向北京警方报案。经警方查实：郭美美与中国红十字总会无直接关联。在警方调查中，郭美美称，对于中国红十字会，此前并不了解，不认识相关人员，也从未担任相关职务，是2011年3月份在与深圳商人王某交谈中，知道了王某与商业系统红十字会相关单位的合作意向。后郭美美认为原来在新浪微博上注册认证的"主持人、演员"身份层次较低，为满足其炫耀心理，于5月自行杜撰了"中国红十字会商业总经理"身份，提交新浪微博网站审核通过并加"V"认证。

8月3日下午，郭美美母女做客某地电视台，接受经济学家郎咸平独家专访，在访谈中，郭美美声称王某是其干爸，并极力撇清与中国红十字会的关系。

随后，网民认为郎咸平袒护郭美美，攻击的苗头转向郎咸平，于是郎咸平发表了名为"我的反击"的微博，公开质疑中国红十字会，请红十字会回答三个问题：①为什么交了会费就可以使用红十字，侵吞善款？②血站借红十字招牌洗走了多少钱？③为什么红十字会搞地产可以免费圈地，八成利润给了谁？要求红十字会和商红会专职副会长以及红基会领导辞职。之后许多地方的血站出现血荒，原来一些自愿献血者放弃了献血。中国红十字会的信誉全线下降，多地慈善捐赠陷入停滞。

中国红十字会总会对发生的"郭美美事件"高度重视，曾先后两次发表声明："对媒体、公众一直以来的关注、监督和信任表示衷心的感谢，并就我们工作中的不足给公众带来的疑虑和不安表示歉意。"在声明中，中国红十字总会表示："此次事件使我们深深感受到广大公众对中国红十字事业的殷切期望。我们将切实加强对各级红十字会的业务指导与监督工作，要求各级红十字会严格按照

《中华人民共和国红十字会法》和《中国红十字会章程》开展活动。""中国商业系统红十字会是由中国商业联合会于 2000 年 11 月 15 日向中国红十字会总会提出申请，经中国红十字会总会批准成立的行业红十字会组织（非法人性质）。中国红十字会总会与中国商业系统红十字会属业务指导关系，不参与中国商业系统红十字会的行政、人事和账户管理工作。中国红十字会总会将根据社会对中国公益慈善事业的要求，针对自身的不足和缺陷，通过抓好制度建设和规范管理，完善组织建设，加快信息化数据公开平台的建设，进一步增强凝聚力、执行力和公信力。"

郭美美自己最后坦言："玩微博的时候，看到我所关注的人的认证都是总裁、CEO 之类的，可能是出于爱慕虚荣、攀比的心理，就把原来的歌手改成了中国红十字会商业总经理。当时写的时候不记得公司名字，于是就直接写了红十字会。之后我发微博，写天天要学英语、游泳，还要学习当中国红十字会商业总经理。"郭美美表示，自己没有想到这件事情会引发轩然大波。

2011 年 11 月 5 日，在搜狐企业家论坛上，中国红十字会常务副会长赵白鸽作了"慈善革命：都是'郭美美'惹的祸？"的主题演讲。她回忆红十字会作为"百年老店"的荣耀："一个有着 107 年历史的红十字会，怎么会在一个小姑娘郭美美的冲击下产生这么大的问题？我很震撼，也在深思。""特别是最近 10 年，红十字会做了大量的工作。但是一个都没有被证实的网络事件，却可以用 3 天就把你打得稀里哗啦的。""所以我们必须要让社会了解红十字会，提高抗击风险的能力，否则一个观点掉下来，就把我们摧毁了，甚至撕碎了。""红十字会的工作中，救灾及救援占据 60%，社会捐助也就是慈善占据 40%，大家都在盯着慈善，却不知道我们的救济工作。"赵白鸽认为，想要彻底地改革，还是需要用法律来实现，国家需要制定《慈善法》、《公益慈善捐助信息披露指引》等。

二、案例分析

（一）郭美美事件暴露出的主要问题

一起小小的炫富，居然演变成了一起社会公共事件，郭美美事件到底对社会管理带来了哪些冲击呢？许多人对郭美美的围观倒不是由于一个小姑娘的欺骗和撒谎，而是对中国红十字会公信力的质疑。人们对目前的慈善机构越发的不信任了，因为现在的慈善机构都是官方举办的，私人募捐基金会较少出现，人们的捐款往往得不到公开透明的交代，善款的去向捐款的人往往不清楚，更何况一些人员往往在不情愿的情况下"被逼捐"，大家对慈善机构的运行越来越不满。因此，郭美美事件成为了人们发泄对官办慈善机构不满的起因，进而激发对政府工作的不满和对社会道德体系的质疑。可以说，目前慈善事业信息公开的步伐远远满足不了社会发展的需要和民众的要求。郭美美事件反映出的主要问题还是人们对慈善机构透明度不高的不满，对慈善机构公信力的强烈质疑。由于多年以来，慈善机构对民众的捐款没有形成有效的信息公开制度，没有将信息公开看作是政府部门公信力的重要体现，不作为变成了一种无意识状态，一旦有一些特定的事件发生，民众就会将这种长期以来积压的不满与愤怒爆发出来。

郭美美事件能够成为公共事件，既是坏事又是好事。没有郭美美事件，人们对中国慈善机构运行的认识还不会这么深刻，慈善机构本身改革的压力不可能这么大。有了郭美美事件，人们对中国慈善机构的认识更加到位了，要求慈善机构改革的呼声更加迫切了，对慈善体系的关注更加深刻了。同时，慈善机构的信息公开程度更高和速度更快了，对公众负责特别是对捐赠者负责的精神更加完备了，慈善机构的内部改革在社会舆论的影响下也更为迫切了，对慈善工作的立法步伐更加重视了。

郭美美事件后，从中国红十字会的表态可以看出，中国慈善机构开始认识到自身存在的体制、机制方面的问题，对公众的态度也发生了变化。先是在郭美美事件后，中国红十字会即将近年来的捐款情况在网上进行了公布。虽然，网民对中国红十字会公布的捐款信息提出了许多质疑，但是毕竟捐款信息的公布是信息公开透明的极大进步，没有郭美美事件的影响，人们不可能在短时期内看到中国红十字会捐款信息能够如此快捷的公布，虽然这个问题是多年来人们质疑的问题，但一直没有得到很好的解决。

从郭美美事件可以看出，这一事件暴露出的根本问题，就是中国慈善方面法律的缺失。目前我国还没有统一的法律来规范慈善事业的发展，没有法律来制约每年数以亿计的捐款的使用。与慈善机构日益扩大的捐献相比，慈善事业的信息公开的进程明显落后。为什么慈善机构的工作得不到人们的认同？为什么人们一直在怀疑自己的捐款到底有没有用到需要受助的对象手里？为什么慈善机构只能官办而不能民办？这里是否存在一定的利益纠葛等问题没有很好地解决？其中一个关键的问题就是慈善方面一直没有完备的立法，慈善机构的信息公开透明程度不够。虽然我国有 1993 年 10 月 31 日通过的《红十字会法》、1997 年 12 月 29 日通过的《献血法》、1999 年 6 月 28 日通过的《公益事业捐赠法》，但是完备意义上的慈善法律是缺失的，特别是在人们慈善意识逐渐加强的今天，慈善方面法律的缺失使得人们开始对官办慈善机构的部门不满演变到对政府工作的不满上来了。

慈善法律的缺失导致人们对官办慈善机构运行的怀疑是造成郭美美事件爆发的主要原因之一。在一个没有完备法律保障的环境下，人们的捐助的积极性是不可能被调动起来的。表面上看，在一些重大事件后，中国人都会积极捐款，但是许多情况下人们是不情愿的被动行为，多多少少有"被迫捐款"的味道在里面，特别是政府部门、国有企事业单位组织的捐款活动更是如此。而一些民众在出现极度困难的时候往往得不到慈善捐助。也有一些慈善捐助没有人去监督善款的使用，在人们需要政府或基金会来代表慈善行为人利益时，往往又没有这样的主体出现。

对于慈善捐助，人们是有自己的认知和觉悟的，但是必须有一个畅通的、公开透明的慈善捐助渠道和一定的运行规则保障。对慈善捐助渠道的建设也是一个回避不了的法律问题，只有在法律的框架下开展慈善捐助活动，施善者与被捐助者以及其他受惠者才能真正感受到慈善捐助的自愿性、合理性和普惠性，也才能感受到政府在慈善捐助问题上的主导作用和自身的非利益性。如果在慈善捐助问题上做得不透明或无章法，那么人们对慈善机构乃至政府的作用和能力就会产生怀疑，这对于慈善机构的正面形象的树立是不利的。所以，从郭美美事件中吸取的主要教训之一，就是一定要走依法管理慈善事业的道路。

（二）社会管理的诺亚方舟

社会管理的方式主要有三种：依法治理、依德治理、依人治理。人类社会的发展史再次证明，依法治理是目前最为可行的方式。

人治，即一人之治，即集国家立法、行政、司法和军事大权于一身。因此，人们往往把它与专制、独裁联系在一起。中国是一个具有两千多年封建历史传统的国家，由于对法制的不重视，导致在解放后的很长一段时间里特别是文化大革命时期，人治的现象十分普遍。新中国在建国初期还是提倡依法治国的，但后来的政治运动不断出现，从国家领导层面开始逐渐抛弃法律的制约，法律无用论开始盛行。对个人的极端崇拜，导致个人可以凌驾于组织之上，可以随意践踏法律，法律在人们的心目中不如个人的威信强，许许多多领域的矛盾和问题的解决不是靠法律，而是靠个人的意愿，其结果是导致中国社会法制发展的严重滞后。改革开放之后，人们开始认识到了法律的重要性，思想上对法治的理解不断提升。立法的速度也在不断加快，通过近三十年的发展，法治的精神已经深入人心，法治的效果越来越明显。

与法治相对的是德治。德治可以说是一种理想状况，德治虽然好，但是在法治发展不彻底的时期，德治的作用很难得到发挥。虽然德治的说服力和劝导力在思想建设和道德修养方面具有较强的作用，但是它毕竟没有实际的强制力和执行力，对待具体问题，有时光靠说教是产生不了作用的。中国是一个有德治传统的国家，中国的儒家文化有许多有益的东西值得发扬，在今天这个人们过于追求物欲的阶段，进行传统文化的熏陶和教育是有其积极意义的。任何一个社会都不可能不提倡优秀的道德观念，优秀的道德观念不仅是精神文明建设的内容，而且也是政治文明建设的内容。相对于法治来说，德治在一定的条件下会发挥较大的作用，但是它没有法治的普遍效力，法治对所有人的行为规范起到了制约作用，而道德要靠人的自觉意识。因此，在当今社会，人们的道德观念还不稳定、社会公德意识还不健全、传统文化价值观还不牢固的情况下，撇开法治谈德治是不现实的。

法是一种具有普遍意义的行为规范。法律是人类社会发展过程中创造的一种成形的条文，它的作用主要表现在指引作用、教育作用、评价作用、强制作用。法律通过人们不断的社会实践而产生的，它的制定过程不是理论家在书斋中冥思苦想出来的，也不是人们一时兴起而产生的，而是在人们不断实践的基础上通过不断的经验积累和失败教训的思考，在多数人意志统一的基础上通过一定的复杂程序制定出来的，它的运行能够代表社会绝大多数人的利益，能够化解社会发展过程中的主要矛盾，能够较好地保护民众的切身利益，所以说，法律是经验的总结。通过法律的实施，对民众的行为的指引意义是明显的，通过宣传和惩罚使得法律能够在人们的心目中扎下根，通过对具体行为的评判使得人们对自身以及他人的行为是否规范有一个清晰的认识，特别是在人们认识不明确的时刻，法律的强制作用发挥着任何其他规范所无法替代的作用。在中国的历史上，一直以来就有"皋陶造狱法律存"的传说，这种传说中的法律事物与今天的法律事物的作用和意义是一致的。法律是被普遍认可的带有强制力的行为规范。

现代社会，人们的认识观念在不断发生着变化，社会矛盾越来越多，社会管理的难度越来越大，人们对政府的期盼和对公平正义的追求越来越明显，有人开始怀疑法律的作用了，认为法律不是万能的。对这种观点如何认识呢？在西方的传说中，人间要发生大的洪水灾难了，于是上帝让诺亚造一艘大船将诺亚和他的家人以及陆地上的各种生物都载上，这样，人类和陆地上的生物就能够避免洪水的侵袭，在陆地上一切生物遭受灭顶之灾时，人类能够存活下来。诺亚一家搬入方舟7天后，天空一连下了40个日日夜夜的滂沱大雨，汹涌的洪水把世界上最高的山都淹没了，一切生灵都被溺毙，惟有诺亚的方舟载着他的家小和动物漂浮在浩淼的水面上。

诺亚方舟成为了一个安全岛的代名词，用来比喻灾难降临时的保护物。人类社会发展到一定的阶段，各种各样的利益纠葛和矛盾无法避免，各种杀戮和侵害无法回避，堕落的人性和罪恶的行为无法灭绝，但是人类能够通过自己拯救自己，在人类理性发展的过程中，在社会控制与管理过程中，救赎人类的一个有力的手段就是依靠法律，也就是用完善的法律来编制一艘使人类安全能够得到保障的大船，避免人类的毁灭，保障社会管理秩序的稳定。法律不是万能的，但是现代社会没有法律是万万不能的。

（三）依法治国是我国的基本国策

我国《宪法》明确规定：中华人民共和国实行依法治国，建设社会主义法治国家。国策就是一个国家在较长的时期内推行的对国计民生有深远影响的政策。基本国策是国家赖以生存与发展的基本准则。《宪法》作为国家根本法将依法治国作为基本国策固定下来，说明国家对这个问题的重要性、长期性和指导性是高度重视的。依法治国就是要按照法律的精神和要求来管理国家的事务，严格按照法治的要求行政，一切国家事务都必须在法律的框架下进行，必须按照法律的规定治理国家。要依照宪法和法律规定，通过各种途径和形式管理国家事务，管理经济文化事业，管理社会事务，保证国家各项工作都依法进行，逐步实现社会主义民主的制度化、规范化、程序化。依法治国是发展社会主义民主、实现人民当家作主的基本保证，是发展社会主义市场经济和扩大对外开放的客观需要，是社会文明和社会进步的重要标志，是中国共产党执政方式的重大转变，它有利于加强和改善党的领导，是国家长治久安的重要保障。现实社会中把依法治国当为一种政治口号对待，相应地提出"依法治省"、"依法治市"、"依法治村"、"依法治水"等口号，不一定是科学的。

依法治国的前提是有法可依。它要求要有完备和完善的法律，并形成一个有机统一的社会主义法律体系。立法机关要严格按照《立法法》的规定制定法律，逐步建立起完备的法律体系，使国家各项事业有法可依。要通过立法的不断完善将社会管理的各个层面的问题都纳入到法律的范围内。早在1978年，邓小平同志就提出中国要搞法治，不搞人治。他还提出了著名的法制建设十六字方针：有法可依、有法必依、执法必严、违法必究。从此，中国的立法工作走上了快速发展轨道。2000年3月全国人大颁布了《中华人民共和国立法法》，对立法工作进行了统一规范，目的在于减少法律条文的相互冲突、提高立法的质量，防止立法的随意性和部门利益的合法化。

依法治国的中心环节是有法必依。有了法律就必须按照法律的规定实施，任何人都不能有超越法律的特权。"法律面前人人平等"是社会主义法治的基本要求。人人都必须遵守法律。那种认为法治主要是"治民"而不是"治官"的观点是极其错误的。对国家各级行政部门和执法机关以及执法人员来说，实施法律必须严格按照法律的规定，不折不扣地实施，依法办事、秉公执法。对法律的执行不允许随意变更，也不允许滥用职权，更不允许贪赃枉法。

依法治国的基本要求是执法必严。它是针对执法机关和司法工作人员而言的，它要求执法机关与司法工作人员执法要严格，赏罚要严明，处理案件要以事实为根据，以法律为准绳。国家对执法机关有一些特殊的要求，这些部门的职业道德的规范不同于一般的民众，现在对执法机关工作人员的责任追究的要求越来越高。对执法机关的工作人员要求严格依法办事，就是要使得大家认识到职权由法定、有权必有责、用权受监督、违法受追究。

依法治国的基本保障是违法必究。这也是有法必依、执法必严的必然结果。它要求任何人不能凌驾于法律之上。对违法犯罪者，不管社会地位多高，财富拥有多巨，工作资格多老，都要依法予以追究。任何人一旦违反了法律，都要受到法律的追究，不允许有法外特权的出现。

中国的立法和执法工作日臻完善，普法工作的形式越来越多样，越来越多的人开始懂得用法律的武器来维护自己的权益。只允许"官管民"，不允许"民告官"已经成为了历史。立法部门开始"开门立法"，越来越多的司法工作人员注重维护自身的形象，法治的环境越来越好，社会公平正义越来越得到彰显。

（四）中国特色的法律体系已经初步形成

虽然国家在慈善方面的法律不够完善，但是整体上来说，经过多年的发展，我国的法律体系已初步形成。2011年10月，国务院新闻办公室发表了《中国特色社会主义法律体系》白皮书。白皮书指出，到2010年底，一个立足中国国情和实际，适应改革开放和社会主义现代化建设需要，集中体现中国共产党和中国人民意志，以宪法为统帅，以宪法相关法、民法商法等多个法律部门的法律为主干，由法律、行政法规、地方性法规等多个层次法律规范构成的中国特色社会主义法律体系已经形成，国家经济建设、政治建设、文化建设、社会建设以及生态文明建设的各个方面实现有法可依。截止2011年8月底，中国已经制定现行宪法和有效法律共240部，行政法规706部，地方性法规8600多部，涵盖社会关系各个方面的法律部门已经齐全，各个法律部门中基本的、主要的法律已经制定，相应的行政法规和地方性法规比较完备，法律体系内部总体做到科学和谐统一，中国特色社会主义法律体系已经形成。

中国特色社会主义法律体系，是以宪法为统帅，以法律为主干，以行政法规、地方性法规为重要组成部分，由宪法及相关法、民法商法、行政法、经济法、社会法、刑法、诉讼与非诉讼程序法等多个法律部门组成的有机统一整体。从根本上解决了无法可依的局面。下面列举一下主要的法律：

1. 宪法及相关法类。《宪法》（1982年12月4日通过，2004年3月14日第四次修正）；《反分裂国家法》（2005年3月14日通过）；《行政强制法》（2011年6月30日通过）；《村民委员会组织法》（1998年11月4日通过，2010年10月28日修订）；《人民调解法》（2010年8月28日通过）；《国家赔偿法》（1994年5月12日通过，2010年4月29日修正）；《人民法院组织法》（1979年7月1日通过，2006年10月31日第三次修正）；《各级人民代表大会常务委员会监督法》（2006年8月27日通过）；《妇女权益保障法》（1992年4月3日通过，

2005年8月28日修正）；《工会法》（1992年4月3日通过，2001年10月27日修正）；《法官法》（1995年2月28日通过，2001年6月30日修正）；《检察官法》（1995年2月28日通过，2001年6月30日修正）；《民族区域自治法》（1984年5月31日通过，2001年2月28日修正）；《立法法》（2000年3月15日通过）；《预防未成年人犯罪法》（1999年6月28日通过）；《香港特别行政区基本法》（1990年4月4日通过，1997年7月1日起施行）；《香港特别行政区驻军法》（1996年12月30日通过，1997年7月1日起施行）；《澳门特别行政区基本法》（1993年3月31日通过，1999年12月20日起施行）；《澳门特别行政区驻军法》（1999年6月28日通过，1999年12月20日起施行）；《老年人权益保障法》（1996年8月29日通过）；《戒严法》（1996年3月1日通过）；《全国人民代表大会和地方各级人民代表大会代表法》（1992年4月3日通过，2010年3月14日修正）；《未成年人保护法》（1991年9月4日通过，2006年12月29日修订）；《国徽法》（1991年3月2日通过）；《残疾人保障法》（1990年12月28日通过，2008年4月24日修订）；《国旗法》（1990年6月28日通过）；《城市居民委员会组织法》（1989年12月26日通过）；《集会游行示威法》（1989年10月31日通过）；《全国人民代表大会组织法》（1982年12月10日通过）；《国务院组织法》（1982年12月10日通过）。

2. 民法商法类。《涉外民事关系法律适用法》（2010年10月28日通过）；《民法通则》（1986年4月12日通过）；《著作权法》（1990年9月7日通过，2010年2月26日第二次修正）；《婚姻法》（1980年9月10日通过，2001年4月28日修正）；《收养法》（1991年12月29日通过，1998年11月4日修正）；《继承法》（1985年4月10日通过）；《侵权责任法》（2009年12月26日通过）；《物权法》（2007年3月16日通过）；《专利法》（1984年3月12日通过，2008年12月27日第三次修正）；《商标法》（1982年8月23日通过，2001年10月27日第二次修正）；《拍卖法》（1996年7月5日通过，2004年8月28日修正）；《电子签名法》（2004年8月28日通过）；《合同法》（1999年3月15日通过）；《担保法》（1995年6月30日通过）；《招标投标法》（1999年8月30日通过）；《企业破产法》（2006年8月27日通过）；《合伙企业法》（1997年2月23日通过，2006年8月27日修订）；《公司法》（1993年12月29日通过，2005年10月27日第三次修订）；《中小企业促进法》（2002年6月29日通过）；《中外合资经营企业法》（1979年7月1日通过，2001年3月15日第二次修正）；《全民所有制工业企业法》（1988年4月13日通过）；《个人独资企业法》（1999年8月30日通过）；《乡镇企业法》（1996年10月29日通过）；《外资企业法》（1986年4月12日通过，2000年10月31日修正）；《证券法》（1998年12月29日通过，

2005年10月27日第二次修订）；《证券投资基金法》（2003年10月28日通过）；《海商法》（1992年11月7日通过）；《保险法》（1995年6月30日通过，2009年2月28日第二次修订）；《票据法》（1995年5月10日通过，2004年8月28日修正）。

3. 刑法类。《刑法》（1979年7月1日通过，2011年2月25日第八次修订）。

4. 行政法类。《建筑法》（1997年11月1日通过，2011年4月22日修正）；《非物质文化遗产法》（2011年2月25日通过）；《预备役军官法》（1995年5月10日通过，2010年8月28日修正）；《行政监察法》（1997年5月9日通过，2010年6月25日修正）；《行政许可法》（2003年8月27日通过）；《行政处罚法》（1996年3月17日通过）；《政府采购法》（2002年6月29日通过）；《保守国家秘密法》（1988年9月5日通过，2010年4月29日修订）；《国防动员法》（2010年2月26日通过）；《人民武装警察法》（2009年8月27日通过）；《食品安全法》（2009年2月28日通过）；《防震减灾法》（1997年12月29日通过，2008年12月27日修订）；《消防法》（1998年4月29日通过，2008年10月28日修订）；《科学技术进步法》（1993年7月2日通过，2007年12月29日修订）；《文物保护法》（1982年11月19日通过，2007年12月29日第三次修正）；《禁毒法》（2007年12月29日通过）；《律师法》（1996年5月15日通过，2007年10月28日第二次修订）；《城乡规划法》（2007年10月28日通过）；《城市房地产管理法》（1994年7月5日通过，2007年8月30日修正）；《突发事件应对法》（2007年8月30日通过）；《义务教育法》（1986年4月12日通过，2006年6月29日修订）；《护照法》（2006年4月29日通过）；《治安管理处罚法》（2005年8月28日通过）；《公证法》（2005年8月28日通过）；《公务员法》（2005年4月27日通过）；《传染病防治法》（1989年2月21日通过，2004年8月28日修订）；《居民身份证法》（2003年6月28日通过，2011年10月29日修正）；《人口与计划生育法》（2001年12月29日通过）；《职业病防治法》（2001年10月27日通过，2011年12月31日修正）；《国家通用语言文字法》（2000年10月31日通过）；《献血法》（1997年12月29日通过）；《公益事业捐赠法》（1999年6月28日通过）；《红十字会法》（1993年10月31日通过）；《兵役法》（1984年5月31日通过，2011年10月29日第三次修正）；《高等教育法》（1998年8月29日通过）；《国防法》（1997年3月14日通过）；《环境噪声污染防治法》（1996年10月29日通过）；《枪支管理法》（1996年7月5日通过）；《档案法》（1987年9月5日通过，1996年7月5日修正）；《水污染防治法》（1984年5月11日通过，2008年2月28日第二次修订）；《体育法》（1995年8月29日通过）；《教育法》（1995年3月18日通过）；《人民警察法》（1995年2月28日通过）；

《监狱法》（1994年12月29日通过）；《教师法》（1993年10月31日通过）；《国家安全法》（1993年2月22日通过）；《环境保护法》（1989年12月26日通过）；《海关法》（1987年1月22日通过，2000年7月8日修正）；《道路交通安全法》（2003年10月28日通过，2011年4月22日第二次修正）；《海洋环境保护法》（1982年8月23日通过，1999年12月25日修订）；《海域使用管理法》（2001年10月27日通过）；《防洪法》（1997年8月29日通过）；《统计法》（1983年12月8日通过，2009年6月27日第二次修订）；《土地管理法》（1986年6月25日通过，2004年8月28日第二次修正）；《审计法》（1994年8月31日通过，2006年2月28日修正）；《海上交通安全法》（1983年9月2日通过）；《公路法》（1997年7月3日通过，2004年8月28日第二次修正）。

5. 经济法类。《个人所得税法》（1980年9月10日通过，2011年6月30日第六次修正）；《煤炭法》（1996年8月29日通过，2011年4月22日修正）；《车船税法》（2011年2月25日通过）；《水土保持法》（1991年6月29日通过，2010年12月25日修订）；《可再生能源法》（2005年2月28日通过，2009年12月26日修正）；《企业国有资产法》（2008年10月28日通过）；《循环经济促进法》（2008年8月29日通过）；《节约能源法》（1997年11月1日通过，2007年10月28日修订）；《反垄断法》（2007年8月30日通过）；《企业所得税法》（2007年3月16日通过）；《反洗钱法》（2006年10月31日通过）；《农产品质量安全法》（2006年4月29日通过）；《种子法》（2000年7月8日通过，2004年8月28日修正）；《渔业法》（1986年1月20日通过，2004年8月28日第二次修正）；《野生动物保护法》（1988年11月8日通过，2004年8月28日修正）；《农业机械化促进法》（2004年6月25日通过）；《对外贸易法》（1994年5月12日通过，2004年4月6日修订）；《港口法》（2003年6月28日通过）；《农业法》（1993年7月2日通过，2002年12月28日修订）；《草原法》（1985年6月18日通过，2002年12月28日修订）；《农村土地承包法》（2002年8月29日通过）；《水法》（1988年1月21日通过，2002年8月29日修订）；《清洁生产促进法》（2002年6月29日通过，2012年2月29日修正）；《税收征收管理法》（1992年9月4日通过，2001年4月28日第二次修正）；《信托法》（2001年4月28日通过）；《会计法》（1985年1月21日通过，1999年10月31日第二次修订）；《森林法》（1984年9月20日通过，1998年4月29日修正）；《价格法》（1997年12月29日通过）；《矿产资源法》（1986年3月19日通过，1996年8月29日修正）；《电力法》（1995年12月28日通过）；《民用航空法》（1995年10月30日通过）；《商业银行法》（1995年5月10日通过，2003年12月27日修正）；《广告法》（1994年10月27日通过）；《预算法》（1994年3月22日通过);《消费者权益保护法》(1993 年 10 月 31 日通过);《烟草专卖法》(1991 年 6 月 29 日通过);《铁路法》(1990 年 9 月 7 日通过);《标准化法》(1988 年 12 月 29 日通过)。

6. 社会法类。《社会保险法》(2010 年 10 月 28 日通过);《劳动争议调解仲裁法》(2007 年 12 月 29 日通过);《就业促进法》(2007 年 8 月 30 日通过);《劳动法》(1994 年 7 月 5 日通过);《劳动合同法》(2007 年 6 月 29 日通过);《安全生产法》(2002 年 6 月 29 日通过);《矿山安全法》(1992 年 11 月 7 日通过)。

7. 诉讼法类。《民事诉讼法》(1991 年 4 月 9 日通过,2007 年 10 月 28 日修正);《企业破产法》(2006 年 8 月 27 日通过);《海事诉讼特别程序法》(1999 年 12 月 25 日通过);《刑事诉讼法》(1979 年 7 月 1 日通过,2012 年 3 月 14 日第二次修正);《行政诉讼法》(1989 年 4 月 4 日通过);《行政复议法》(1999 年 4 月 29 日通过);《仲裁法》(1994 年 8 月 31 日通过)。

(五) 法律是现代人生活的指南

中国近现代社会的百年历史其实就是一部法治社会的艰难发展史,从孙中山先生领导的辛亥革命推翻清朝封建统治走向法治道路开始,中国社会的法制建设一直没有停滞过。时代进入到今天,人们的法律意识越来越浓了,对法律的感悟越来越深刻了,对人权的向往越来越迫切了,对现实矛盾的理解越来越理性了。可以说,当今社会人们没有办法离开法律的制约而随意地生活,一切的社会生活都被越来越多的法律进行了规范,任何人都不可能随意地创造权利与义务。因此,不受法律制约的行为是不被允许的,不了解法律的规定可以说寸步难行,法律已经成为了人们生活的指南针,谁都不可能离开它。法律已经成为公民、法人和其他社会组织解决各种矛盾和纠纷的重要手段,也为国家执法机关维护公民、法人和其他组织合法权益提供了重要依据。

法在规范人们的行为和生活中起着巨大的作用。法是一种由国家强制力保证的、反映人们的普遍愿望的、体现国家意志的一种行为规范,是一种特殊的规范。法律规范有禁止性规范,也有任意性规范。对法律明确禁止的行为,人们在熟悉了法律规定后就能够自觉约束个人的行为,能够知道违反法律规定可能带来的不利后果。有了法律的规定,人们对在社会生活中的行为就有了评判的标准,哪些是法律所禁止的,哪些是法律反对的,哪些是可以做的,哪些是不应该做的。人们通过对法律的理解,对他人和自己的行为有了评判的参照物,有了是非曲直的判断标准。有了法律,有了对法律的认识,人们在社会生活中对自己的行为就会有所限制,有所选择。法律的存在,使得人们知道国家对自己和他人的行为抱什么态度,人们可以估计或认识到自己或他人的行为到底是合法还是违法的，在法律上是有效的还是无效的，会产生什么样的法律后果。法律制定出来不是一种摆设，而是要具体实施的，在法律实施的过程中，人们通过案例的介绍、网络的交流和法律的宣传，会不断增强对法律的敬畏意识，会不断自觉约束自己的行为，会不断维护法律的尊严，会不断提高维护社会公平、正义的能力。

改革开放三十年来，中国的法制建设开始进入快车道，也基本形成了一个体系。但是，法制建设毕竟时间不长，经验不足，在社会发展的变革时期，许多法律的制定速度跟不上社会发展的速度，社会管理的一些矛盾还急需法律来进行规范。随着社会的发展，公民的新要求、新期盼，改革发展稳定面临的新课题、新矛盾，迫切需要法律给以回应和调整。利益主体多元化、利益格局复杂化的客观现实，对科学立法、民主立法的要求越来越高，通过立法调整社会利益关系的难度越来越大。

郭美美事件暴露出的法律问题看似不多，但突显了法律在社会利益分配和调控中的作用的缺失。

我们也应该看到郭美美事件的积极意义。网络社会不是炫富场，网络世界也要讲规则，任何人都必须在法律的框架内生活。网络事件可以看出人们对法律的渴求和社会公平正义的迫切愿望，对立法部门工作的推动，对执法部门工作水平的提高，对政府管理部门服务意识的增强，都有积极的意义。中国红十字会的相关人员提到，"要赚钱，就要远离红十字会"，也就是说，红十字会是一个国际性的公益组织，中国红十字会不能以公益组织的名义进行经营活动。

三、相关法条

（一）《中华人民共和国宪法》节选

第五条 中华人民共和国实行依法治国，建设社会主义法治国家。

国家维护社会主义法制的统一和尊严。

一切法律、行政法规和地方性法规都不得同宪法相抵触。

一切国家机关和武装力量、各政党和各社会团体、各企业事业组织都必须遵守宪法和法律。一切违反宪法和法律的行为，必须予以追究。

任何组织或者个人都不得有超越宪法和法律的特权。

（二）《中华人民共和国立法法》节选

第四条 立法应当依照法定的权限和程序，从国家整体利益出发，维护社会主义法制的统一和尊严。

第五条 立法应当体现人民的意志，发扬社会主义民主，保障人民通过多种途径参与立法活动。

第六条 立法应当从实际出发，科学合理地规定公民、法人和其他组织的权利与义务、国家机关的权力与责任。

第七条 全国人民代表大会和全国人民代表大会常务委员会行使国家立法权。

全国人民代表大会制定和修改刑事、民事、国家机构的和其他的基本法律。

全国人民代表大会常务委员会制定和修改除应当由全国人民代表大会制定的法律以外的其他法律；在全国人民代表大会闭会期间，对全国人民代表大会制定的法律进行部分补充和修改，但是不得同该法律的基本原则相抵触。

第八条 下列事项只能制定法律：

（一）国家主权的事项；

（二）各级人民代表大会、人民政府、人民法院和人民检察院的产生、组织和职权；

（三）民族区域自治制度、特别行政区制度、基层群众自治制度；

（四）犯罪和刑罚；

（五）对公民政治权利的剥夺、限制人身自由的强制措施和处罚；

（六）对非国有财产的征收；

（七）民事基本制度；

（八）基本经济制度以及财政、税收、海关、金融和外贸的基本制度；

（九）诉讼和仲裁制度；

（十）必须由全国人民代表大会及其常务委员会制定法律的其他事项。

第九条 本法第八条规定的事项尚未制定法律的，全国人民代表大会及其常务委员会有权作出决定，授权国务院可以根据实际需要，对其中的部分事项先制定行政法规，但是有关犯罪和刑罚、对公民政治权利的剥夺和限制人身自由的强制措施和处罚、司法制度等事项除外。

第五十四条 法律根据内容需要，可以分编、章、节、条、款、项、目。

编、章、节、条的序号用中文数字依次表述，款不编序号，项的序号用中文数字加括号依次表述，目的序号用阿拉伯数字依次表述。

法律标题的题注应当载明制定机关、通过日期。

第五十六条 国务院根据宪法和法律，制定行政法规。

行政法规可以就下列事项作出规定：

（一）为执行法律的规定需要制定行政法规的事项；

（二）宪法第八十九条规定的国务院行政管理职权的事项。

应当由全国人民代表大会及其常务委员会制定法律的事项，国务院根据全国人民代表大会及其常务委员会的授权决定先制定的行政法规，经过实践检验，制定法律的条件成熟时，国务院应当及时提请全国人民代表大会及其常务委员会制定法律。

第六十三条 省、自治区、直辖市的人民代表大会及其常务委员会根据本行政区域的具体情况和实际需要,在不同宪法、法律、行政法规相抵触的前提下,可以制定地方性法规。

较大的市的人民代表大会及其常务委员会根据本市的具体情况和实际需要,在不同宪法、法律、行政法规和本省、自治区的地方性法规相抵触的前提下,可以制定地方性法规,报省、自治区的人民代表大会常务委员会批准后施行。省、自治区的人民代表大会常务委员会对报请批准的地方性法规,应当对其合法性进行审查,同宪法、法律、行政法规和本省、自治区的地方性法规不抵触的,应当在四个月内予以批准。

省、自治区的人民代表大会常务委员会对报请批准的较大的市的地方性法规进行审查时,发现其同本省、自治区的人民政府制定的规章相抵触的,应当作出处理决定。

本法所称较大的市是指省、自治区的人民政府所在地的市,经济特区所在地的市场和经国务院批准的较大的市。

第七十一条 国务院各部、委员会、中国人民银行、审计署和具有行政管理职能的直属机构,可以根据法律和国务院的行政法规、决定、命令,在本部门的权限范围内,制定规章。

部门规章规定的事项应当属于执行法律或者国务院的行政法规、决定、命令的事项。

第七十三条 省、自治区、直辖市和较大的市的人民政府,可以根据法律、行政法规和本省、自治区、直辖市的地方性法规,制定规章。

地方政府规章可以就下列事项作出规定:

(一)为执行法律、行政法规、地方性法规的规定需要制定规章的事项;

(二)属于本行政区域的具体行政管理事项。

第七十八条 宪法具有最高的法律效力,一切法律、行政法规、地方性法规、自治条例和单行条例、规章都不得同宪法相抵触。

第七十九条 法律的效力高于行政法规、地方性法规、规章。

行政法规的效力高于地方性法规、规章。

(三)《中华人民共和国红十字会法》节选

第一条 为了保护人的生命和健康,发扬人道主义精神,促进和平进步事业,保障红十字会依法履行职责,制定本法。

第二条 中国红十字会是中华人民共和国统一的红十字组织,是从事人道主义工作的社会救助团体。

第三条 中华人民共和国公民,不分民族、种族、性别、职业、宗教信仰、教育程度，承认中国红十字会章程并缴纳会费的，可以自愿参加红十字会。

第四条 中国红十字会遵守宪法和法律，遵循国际红十字和红新月运动确立的基本原则，依照中国参加的日内瓦公约及其附加议定书和中国红十字会章程，独立自主地开展工作。

第五条 人民政府对红十字会给予支持和资助，保障红十字会依法履行职责，并对其活动进行监督；红十字会协助人民政府开展与其职责有关的活动。

第六条 中国红十字会根据独立、平等、互相尊重的原则，发展同各国红十字会和红新月会的友好合作关系。

第十二条 红十字会履行下列职责：

（一）开展救灾的准备工作；在自然灾害和突发事件中，对伤病人员和其他受害者进行救助；

（二）普及卫生救护和防病知识，进行初级卫生救护培训，组织群众参加现场救护；参与输血献血工作，推动无偿献血；开展其他人道主义服务活动；

（三）开展红十字青少年活动；

（四）参加国际人道主义救援工作；

（五）宣传国际红十字和红新月运动的基本原则和日内瓦公约及其附加议定书；

（六）依照国际红十字和红新月运动的基本原则，完成人民政府委托事宜；

（七）依照日内瓦公约及其附加议定书的有关规定开展工作。

第二十二条 红十字会为开展救助工作，可以进行募捐活动。

第二十四条 红十字会建立经费审查监督制度。

红十字会的经费使用应当与其宗旨相一致。

红十字会对接受的境外捐赠款物，应当建立专项审查监督制度。

红十字会经费的来源和使用情况每年向红十字会理事会报告。

第二十五条 红十字会的经费使用情况依照国家有关法律、法规的规定，接受人民政府的检查监督。

（四）《中华人民共和国公益事业捐赠法》节选

第二条 自然人、法人或者其他组织自愿无偿向依法成立的公益性社会团体和公益性非营利的事业单位捐赠财产，用于公益事业的，适用本法。

第三条 本法所称公益事业是指非营利的下列事项：

（一）救助灾害、救济贫困、扶助残疾人等困难的社会群体和个人的活动；

（二）教育、科学、文化、卫生、体育事业；

（三）环境保护、社会公共设施建设；

（四）促进社会发展和进步的其他社会公共和福利事业。

第四条 捐赠应当是自愿和无偿的，禁止强行摊派或者变相摊派，不得以捐赠为名从事营利活动。

第五条 捐赠财产的使用应当尊重捐赠人的意愿，符合公益目的，不得将捐赠财产挪作他用。

第六条 捐赠应当遵守法律、法规，不得违背社会公德，不得损害公共利益和其他公民的合法权益。

第七条 公益性社会团体受赠的财产及其增值为社会公共财产，受国家法律保护，任何单位和个人不得侵占、挪用和损毁。

第十六条 受赠人接受捐赠后，应当向捐赠人出具合法、有效的收据，将受赠财产登记造册，妥善保管。

第十七条 公益性社会团体应当将受赠财产用于资助符合其宗旨的活动和事业。对于接受的救助灾害的捐赠财产，应当及时用于救助活动。基金会每年用于资助公益事业的资金数额，不得低于国家规定的比例。

公益性社会团体应当严格遵守国家的有关规定，按照合法、安全、有效的原则，积极实现捐赠财产的保值增值。

公益性非营利的事业单位应当将受赠财产用于发展本单位的公益事业，不得挪作他用。

对于不易储存、运输和超过实际需要的受赠财产，受赠人可以变卖，所取得的全部收入，应当用于捐赠目的。

第二十二条 受赠人应当公开接受捐赠的情况和受赠财产的使用、管理情况，接受社会监督。

第二十八条 受赠人未征得捐赠人的许可，擅自改变捐赠财产的性质、用途的，由县级以上人民政府有关部门责令改正，给予警告。拒不改正的，经征求捐赠人的意见，由县级以上人民政府将捐赠财产交由与其宗旨相同或者相似的公益性社会团体或者公益性非营利的事业单位管理。

第二十九条 挪用、侵占或者贪污捐赠款物的，由县级以上人民政府有关部门责令退还所用、所得款物，并处以罚款；对直接责任人员，由所在单位依照有关规定予以处理；构成犯罪的，依法追究刑事责任。

依照前款追回、追缴的捐赠款物，应当用于原捐赠目的和用途。

第三讲

公民意识是一种责任意识

——以大学生"黑客"事件为例

> 守法是每一个公民应该履行的光荣义务。
>
> ——张友渔
>
> （张友渔，1899~1992，是中国当代著名法学家、政治学家、新闻学家。张友渔曾担任第六届全国人大常委，第一、二、三、四、五届全国政协委员，历任中共北京市委副书记、北京市人民政府常务副市长、中国科学院哲学社会科学部副主任兼法学研究所所长、中国社会科学院副院长、全国人大常务委员会法制委员会副主任、中国法学会会长、中国政治学会会长。他1954年参与第一部宪法的制定，1982年参与宪法的修订工作，著有《中国宪政论》、《中国如何实行宪政》、《法学基本知识讲话》、《关于社会主义法制的若干问题》、《张友渔新闻学论文选》以及《张友渔著作精华录》等。张友渔1984年9月担任中国第一部大型综合性百科全书《中国大百科全书·法学卷》编辑委员会主任，此书在国内外产生了重大影响。）

一、案例介绍

阿华，24岁，四川某大学二年级学生，所学专业为电子信息工程，可以说是网络世界中有专业背景的大学生。一次偶然的机会，阿华侵入到远在千里之外的某大学教务处的数据库中，发现可以获取最高权限，可以进入到教务处数据库中获取学生考试方面的数据资料，能够修改学生的考试成绩。鬼迷心窍的阿华觉得这是一个无本万利的发财机会，如果能够为其他学生提供修改考试成绩的服务岂不可以神不知鬼不觉地获取一笔可观的收入。于是，阿华开始在校园网络上卖起了广告，说什么"考试成绩可以帮助变动的"、"挂科不要紧，我来帮你"，并且标明修改成绩的不同价格，一般的学科成绩如果修改的话需要 400 左右，如果是英语等级考试的话，那就需要 1000 元起。为了避免见面，采用汇款方式进行交易。这个小小的广告一看就知道是违法的广告，但还是有不少大学生抱着不健康的心理要求获得非法的服务。从 2009 年到 2010 年不到一年的时间里，就有 50 多位大学生要求阿华提供服务，帮助修改考试成绩。有需求就有市场，一些学生冒险给阿华的信用卡汇去了钱款，结果确实达到了修改考试成绩的目的，而阿华也通过这一不正当的手段获取了 7 万余元的收入。阿华感到非常满足，也认为自己的手法独到，做得天衣无缝，没有人能够发现自己的"黑客"行为。

法网恢恢，疏而不漏，阿华终究是聪明反被聪明误。阿华的小伎俩没有逃过有正义感的学生的法眼，根据广东学生的举报，广东公安机关最终在四川将阿华抓回到广东归案。经过公安机关侦查，认定阿华的行为构成了破坏计算机信息罪，最后阿华获取的 7 万元不但被法院判处没收，连犯罪用的电脑主机也被没收，而且还被判处有期徒刑 2 年。考虑到阿华是初犯，犯罪后果不是非常严重，因此法院判决缓期 3 年执行。

从这个大学生"黑客"案例可以看出，一些大学生的法律意识是非常薄弱的，许多学生没有想到当了"黑客"会构成犯罪。当然，一些学校的网络安全也存在许多的漏洞，如果网络信息人员安全意识强，管理措施到位，就不可能让大学生"黑客"获取到最高权限的网络管理人员的账号和密码，犯罪分子也不可能轻易能够进入到学校的教务信息系统中去。

二、案例分析

（一）大学生应当树立公民意识

公民意识是指公民对自己在社会生活中所处的社会地位的一种自我认识，也就是公民以宪法和法律规定的公民权利与义务为核心，以自己在社会生活所处的地位为前提，把公民的社会主人公意识和个人的权利义务关系融为一体的一种自我认识。它要求公民具有社会责任感、公共道德感。

公民意识是一种现代法治意识。对人在社会生活中所处的地位的表述有人民、敌人、同志、朋友、公民等词语。在政治领域使用人民、敌人较为普遍；在一般的社会民众中使用同志、朋友较为普遍；在法律生活中，公民是一个专业的术语，是一种法律术语。公民范围内有社会普通民众，有犯罪嫌疑人，有被害人，有罪犯等。公民是一种法律术语，它是从人的宪法和法律的权利义务关系上来界定人的社会地位的。应享有的权利和应履行的义务的状况是公民社会地位的价值观和国家情感的表现形式。这里包括了对国家和社会的责任感。现代公民意识是现代社会民主法治发展的基本条件和保障，是现代民主法治社会发展的前提。公民把自己融入到社会发展之中去，有了为现代社会尽职尽责的理念和行动，公民社会才能真正建立起来。公民社会需要公民去建设、去实践，公民是社会建设与发展的主体。

　　守法是每一个公民应该履行的光荣义务。我国法制的一个显著特点就是权利与义务的一致性。我们不承认无权利的义务，也不承认无义务的权利。任何公民要行使权利都必须履行义务。履行义务不是负担，也不是不光彩的事情，履行义务是为了更好地行使权利，更好地得到法律的保护。一个享有公民权利的人，也应该是一个对社会、对他人负责的人。一个负责任的公民必须注意自己的言行对社会、对他人产生的影响。大学生也是如此，不可能有任何例外。

　　随着网络技术的迅猛发展，网络世界的复杂情形变得也越发难以辨认了。网络"黑客"对互联网的侵袭是一个不容忽视的问题。一些自认为网络技术了得的人开始把网络当成了一个可以为所欲为的市场，在网络管理还不健全的阶段，他们横行网络世界，不遵守基本的道德规范，忽视法律的存在，以为技术高超就可以胡作非为，使得人们越来越感到网络世界的可怕与恐怖。

　　网络世界要不要讲规则？这是一个不容置疑的问题。虽然我国在网络立法方面的速度还不够快，虽然有许多网络问题还没有纳入法律的调整范围，但是，我国毕竟是一个法治社会，阿华想通过学校网络管理的漏洞来获取私利，来扰乱学校管理秩序的行为本身就是一种犯罪行为。按照《计算机信息系统安全专用产品分类原则》的规定，"黑客"是指对计算机信息系统进行非授权访问的人员。阿华以为充当"黑客"是一种能力的体现，能够侵入到学校的教务管理系统是一个神不知鬼不觉的行动，能够通过修改成绩获得报酬是劳动所得，其实这是十足的法盲行为。

　　大学生是正在或接受过高等教育的人，是接受新技术、新知识、新思想的群体，是国家培养的高级专业人才。大学生因为是国家重点培养的人才，他的行为规范就与小学生或普通的社会民众不同，他应该是一个知书达理的人，应该是一个有理想抱负的人，应该是一个守法遵纪的人，应该是一个有文化修养的人，应该是一个为社会能够贡献才智的人。从受教育的程度上来说，大学生不能把自己等同于没有受过良好教育的人。大学生是已满18岁的成年人，是一国的公民，应该承担更大、更多的公民责任。我国的《高等教育法》规定：高等教育必须贯彻国家的教育方针，为社会主义现代化建设服务，与生产劳动相结合，使受教育者成为德、智、体等方面全面发展的社会主义事业的建设者和接班人。

　　（二）智力与犯罪的关系

　　智力是认识客观事物、解决实际问题的能力，是影响人的行为的关键因素之一。一个人的智力与先天的遗传有关，也与后天的开发有关。接受教育越多的人，其利用自身的智力的机会也就越多。在任何国家不是人人都可以接受高等教育的，中国也是如此。一部分人能够上大学，接受高等教育，这既是自己的荣幸，也是社会期盼人才成长的结果。国家为高等教育的接受者提供了许多帮助，为每一位大学生提供了各项学习的保障。但是，智力的程度与能力的状况并不表明个人道德、法律意识的水平。犯罪智力论的观点认为，犯罪者多数是低智力的人，这个观点其实有点像龙勃罗梭的犯罪人类学观点，即天生犯罪人的观点。从实证研究的角度来看，低智力的人犯罪的人数确实要远远高于高智力的人数，因为教育本身就有消除认识障碍、提高人的判断能力的作用，接受了高等教育的人自然就会提高分析问题和判断事物的能力。可是，高智力的人有时也会犯一些低级的错误，包括低技能的犯罪，也会出现与低智力人相同情形的犯罪行为。高智力的人也可能犯罪，犯罪不是低能儿的专利。高智力的人犯罪往往进行的是高端犯罪或高技能的犯罪，这种犯罪的危害性一点都不比低智力的人犯罪的危害小，相反，高智力的人犯罪对社会的危害往往更大，产生的社会影响往往更严重。

人类社会只要存在私有制，存在社会贫富差距，存在社会环境的不完善，犯罪就不会终结，犯罪现象就一定会存在下去。从犯罪人的不同角度出发，我们可以将犯罪人做一些具体的划分。从生物的角度来看，有老年犯罪人、成年犯罪人、未成年犯罪人、男性犯罪人、女性犯罪人，这其中以成年犯罪人和男性犯罪人居多；从心理的角度来看，有贪财犯罪人、贪色犯罪人、游戏犯罪人，这其中以贪财犯罪人居多；从社会学的角度来看，有金领犯罪人、白领犯罪人、蓝领犯罪人、政治犯罪人、一般犯罪人，这其中以一般犯罪人居多；从犯罪心态的角度来看，有故意犯罪人、过失犯罪人，这其中以故意犯罪人居多；从犯罪的组织形式角度来看，有结伙犯罪、集团犯罪、单独犯罪；从犯罪人的智力角度来看，文化程度较低的人容易出现暴力犯罪，文化程度高的人容易出现高智能犯罪。一个既普遍又可悲的事实是大学生的犯罪比例在升高。就大学生来说，一般的暴力犯罪不多，高智力的技术型、贪财型的犯罪容易出现，并且往往是单独作案。

现在计算机犯罪是大学生犯罪的一种主要类型。从1986年深圳市蛇口区某银行系统管理员陈某利用所掌管的计算机盗窃银行存款案成为第一起计算机犯罪大案开始，我国的计算机犯罪呈蔓延趋势。由于计算机犯罪需要一定的专业知识和技能，这种犯罪的智能化特点十分明显。这类犯罪的罪犯一般都接受过良好的教育，具有较高的文化程度，接受过专门的技能训练，具有相当的专业知识和智能。以高智力为特征的大学生群体是计算机犯罪的"易感人群"或"高发人群"。这类人有大专生、本科生，甚至还有博士生。他们一般不会有政治目的，但会有盈利目的或游戏目的，有的人想通过计算机犯罪获利，有的人只是想证明自己有能力挑战网络的设计漏洞或通过运用自己的技能挑战网络的运行规则。由于有高技能支撑，计算机犯罪往往作案时间短，手段隐秘，危害面大，造成的后果严重，这类犯罪也是司法机关打击的重点。当然，智力型犯罪技术含量高，破案难度大，犯罪人的侥幸心理也强。

智力与犯罪没有必然的关系，智力高或低的人都可能犯罪。当然，智力低的人更容易出现技能含量不高的犯罪，不同类型的犯罪与智力的高低确实有相当的关系，高智力的人在计算机、通讯、医学和生物领域的犯罪比例较大。智力犯罪总的趋势是随着社会科学技术的不断进步而不断变更，智力犯罪始终同社会文明的发展和科学技术的进步保持着紧密的联系。一种知识或技术越新颖、越成熟、越普及，被运用于智力犯罪的可能性也越大。被犯罪人利用的知识或技术的层次越高，造成的社会危害后果就越大、越广。智力犯罪人的强项是技术，但弱项却是道德的缺失和法律意识的不强。智力高并不代表法律知识多，也不代表法律意识就强，法律意识的缺失是高智力人犯罪最为关键的因素。

（三）大学开展网络安全教育的重要性

现在在大学开展网络安全教育显得尤为迫切，因为大学生是网民队伍的主体力量，大学生对网络事物最为关注，也最为热心，同时也最容易受到侵害。如果大学生对国家有关的网络信息法律法规不了解，不仅不能很好地保护自己的合法权益，还有可能懵懵懂懂走上违法犯罪的道路。

2011年5月，我国成立了国家互联网信息办公室。国务院新闻办公室加挂国家互联网信息办公室，其主要职责包括：落实互联网信息传播方针政策和推动互联网信息传播法制建设，指导、协调、督促有关部门加强互联网信息内容管理，负责网络新闻业务及其他相关业务的审批和日常监管，指导有关部门做好网络游戏、网络视听、网络出版等网络文化领域业务布局规划，协调有关部门做好网络文化阵地建设的规划和实施工作，负责重点新闻网站的规划建设，组织、协调网上宣传工作，依法查处违法违规网站，指导有关部门督促电信运营企业、接入服务企业、域名注册管理和服务机构等做好域名注册、互联网地址（IP地址）分配、网站登记备案、接入等互联网基础管理工作，在职责范围内指导各地互联网有关部门开展工作。国家互联网信息办公室下属网络新闻宣传局、网络新闻协调局、互联网新闻研究中心等3个部门。

2000年12月28日第九届全国人民代表大会常务委员会第十九次会议通过了《关于维护互联网安全的决定》。《决定》指出，为了兴利除弊，促进我国互联网的健康发展，维护国家安全和社会公共利益，保护个人、法人和其他组织的合法权益，特作如下决定：

1. 为了保障互联网的运行安全，对有下列行为之一，构成犯罪的，依照刑法有关规定追究刑事责任：①侵入国家事务、国防建设、尖端科学技术领域的计算机信息系统；②故意制作、传播计算机病毒等破坏性程序，攻击计算机系统及通信网络，致使计算机系统及通信网络遭受损害；③违反国家规定，擅自中断计算机网络或者通信服务，造成计算机网络或者通信系统不能正常运行。

2. 为了维护国家安全和社会稳定，对有下列行为之一，构成犯罪的，依照刑法有关规定追究刑事责任：①利用互联网造谣、诽谤或者发表、传播其他有害信息，煽动颠覆国家政权、推翻社会主义制度，或者煽动分裂国家、破坏国家统一；②通过互联网窃取、泄露国家秘密、情报或者军事秘密；③利用互联网煽动民族仇恨、民族歧视，破坏民族团结；④利用互联网组织邪教组织、联络邪教组织成员，破坏国家法律、行政法规实施。

3. 为了维护社会主义市场经济秩序和社会管理秩序，对有下列行为之一，构成犯罪的，依照刑法有关规定追究刑事责任：①利用互联网销售伪劣产品或者对商品、服务作虚假宣传；②利用互联网损害他人商业信誉和商品声誉；③利用互联网侵犯他人知识产权；④利用互联网编造并传播影响证券、期货交易或者其他扰乱金融秩序的虚假信息；⑤在互联网上建立淫秽网站、网页，提供淫秽站点链接服务，或者传播淫秽书刊、影片、音像、图片。

4. 为了保护个人、法人和其他组织的人身、财产等合法权利，对有下列行为之一，构成犯罪的，依照刑法有关规定追究刑事责任：①利用互联网侮辱他人或者捏造事实诽谤他人；②非法截获、篡改、删除他人电子邮件或者其他数据资料，侵犯公民通信自由和通信秘密；③利用互联网进行盗窃、诈骗、敲诈勒索。

5. 利用互联网实施本决定第1条、第2条、第3条、第4条所列行为以外的其他行为，构成犯罪的，依照刑法有关规定追究刑事责任。

6. 利用互联网实施违法行为，违反社会治安管理，尚不构成犯罪的，由公安机关依照《治安管理处罚法律》予以处罚；违反其他法律、行政法规，尚不构成犯罪的，由有关行政管理部门依法给予行政处罚；对直接负责的主管人员和其他直接责任人员，依法给予行政处分或者纪律处分。

利用互联网侵犯他人合法权益，构成民事侵权的，依法承担民事责任。

7. 各级人民政府及有关部门要采取积极措施，在促进互联网的应用和网络技术的普及过程中，重视和支持对网络安全技术的研究和开发，增强网络的安全防护能力。有关主管部门要加强对互联网的运行安全和信息安全的宣传教育，依法实施有效的监督管理，防范和制止利用互联网进行的各种违法活动，为互联网的健康发展创造良好的社会环境。从事互联网业务的单位要依法开展活动，发现互联网上出现违法犯罪行为和有害信息时，要采取措施，停止传输有害信息，并及时向有关机关报告。任何单位和个人在利用互联网时，都要遵纪守法，抵制各种违法犯罪行为和有害信息。人民法院、人民检察院、公安机关、国家安全机关要各司其职，密切配合，依法严厉打击利用互联网实施的各种犯罪活动。要动员全社会的力量，依靠全社会的共同努力，保障互联网的运行安全与信息安全，促进社会主义精神文明和物质文明建设。

我国《刑法》规定了非法侵入计算机信息系统罪，非法获取计算机信息系统数据、非法控制计算机信息系统罪，提供侵入、非法控制计算机信息系统程序、工具罪，破坏计算机信息系统罪等犯罪种类。

《刑法》285条：违反国家规定，侵入国家事务、国防建设、尖端科学技术领域的计算机信息系统的，处3年以下有期徒刑或者拘役。

违反国家规定，侵入前款规定以外的计算机信息系统或者采用其他技术手段，获取该计算机信息系统中存储、处理或者传输的数据，或者对该计算机信息系统实施非法控制，情节严重的，处3年以下有期徒刑或者拘役，并处或者单处罚金；情节特别严重的，处3年以上7年以下有期徒刑，并处罚金。

提供专门用于侵入、非法控制计算机信息系统的程序、工具，或者明知他人实施侵入、非法控制计算机信息系统的违法犯罪行为而为其提供程序、工具，情节严重的，依照前款的规定处罚。

《刑法》第286条：违反国家规定，对计算机信息系统功能进行删除、修改、增加、干扰，造成计算机信息系统不能正常运行，后果严重的，处5年以下有期徒刑或者拘役；后果特别严重的，处5年以上有期徒刑。

违反国家规定，对计算机信息系统中存储、处理或者传输的数据和应用程序进行删除、修改、增加的操作，后果严重的，依照前款的规定处罚。

故意制作、传播计算机病毒等破坏性程序，影响计算机系统正常运行，后果严重的，依照第1款的规定处罚。

《刑法》第287条：利用计算机实施金融诈骗、盗窃、贪污、挪用公款、窃取国家秘密或者其他犯罪的，依照本法有关规定定罪处罚。

1994年2月18日国务院发布了《中华人民共和国计算机信息系统安全保护条例》。该《条例》规定：任何组织或者个人，不得利用计算机信息系统从事危害国家利益、集体利益和公民合法利益的活动，不得危害计算机信息系统的安全。计算机信息系统的建设和应用，应当遵守法律、行政法规和国家其他有关规定。对计算机信息系统中发生的案件，有关使用单位应当在24小时内向当地县级以上人民政府公安机关报告。对计算机病毒和危害社会公共安全的其他有害数据的防治研究工作，由公安部归口管理。故意输入计算机病毒以及其他有害数据危害计算机信息系统安全的，或者未经许可出售计算机信息系统安全专用产品的，由公安机关处以警告或者对个人处以5000元以下的罚款；对单位处以15 000元以下的罚款；有违法所得的，除予以没收外，可以处以违法所得1～3倍的罚款。违反本条例的规定，构成违反治安管理行为的，依照《中华人民共和国治安管理处罚法》的有关规定处罚；构成犯罪的，依法追究刑事责任。

2000年9月20日国务院通过了《互联网信息服务管理办法》。该《办法》规定：国家对经营性互联网信息服务实行许可制度；对非经营性互联网信息服务实行备案制度；未取得许可或者未履行备案手续的，不得从事互联网信息服务。从事新闻、出版、教育、医疗保健、药品和医疗器械等互联网信息服务，依照法律、行政法规以及国家有关规定须经有关主管部门审核同意的，在申请经营许可或者履行备案手续前，应当依法经有关主管部门审核同意。互联网信息服务提供者应当向上网用户提供良好的服务，并保证所提供的信息内容合法。从事新闻、出版以及电子公告等服务项目的互联网信息服务提供者，应当记录提供的信息内容及其发布时间、互联网地址或者域名；互联网接入服务提供者应当记录上网用户的上网时间、用户账号、互联网地址或者域名、主叫电话号码等信息。制作、复制、发布、传播本办法第15条所列内容之一的信息，构成犯罪的，依法追究刑事责任；尚不构成犯罪的，由公安机关、国家安全机关依照《中华人民共和国治安管理处罚法》、《计算机信息网络国际联网安全保护管理办法》等有关法律、行政法规的规定予以处罚；对经营性互联网信息服务提供者，并由发证机关责令停业整顿直至吊销经营许可证，通知企业登记机关；对非经营性互联网信息服务提供者，并由备案机关责令暂时关闭网站直至关闭网站。

我国公安部成立了网络安全保卫局。各地公安机关成立有相应的网络安全管理部门，其主要职责是：监督、检查、指导计算机信息系统安全保护工作；组织实施计算机信息系统安全评估、审验；查处计算机违法犯罪案件；组织处置重大计算机信息系统安全事故和事件；负责计算机病毒和其他有害数据防治管理工作；对计算机信息系统安全服务和安全专用产品实施管理。

2000年4月26日，公安部颁布了《计算机病毒防治管理办法》。该办法指出：办法所称的计算机病毒，是指编制或者在计算机程序中插入的破坏计算机功能或者毁坏数据，影响计算机使用，并能自我复制的一组计算机指令或者程序代码。公安部公共信息网络安全监察部门主管全国的计算机病毒防治管理工作。任何单位和个人不得制作计算机病毒。任何单位和个人不得有传播计算机病毒的行为。计算机信息系统的使用单位在计算机病毒防治工作中应当履行下列职责：①建立本单位的计算机病毒防治管理制度；②采取计算机病毒安全技术防治措施；③对本单位计算机信息系统使用人员进行计算机病毒防治教育和培训；④及时检测、清除计算机信息系统中的计算机病毒，并备有检测、清除的记录；⑤使用具有计算机信息系统安全专用产品销售许可证的计算机病毒防治产品；⑥对因计算机病毒引起的计算机信息系统瘫痪、程序和数据严重破坏等重大事故及时向公安机关报告，并保护现场。

广东省公安网警还专门制定了《青少年上网守则》，总结了一些建议，希望对于大学生正确使用互联网有所帮助：①慎信他人。有的人为了骗取您的信任，网络骗子可以把他说成富豪、博士、超级帅哥、超级美女、甚至国家重要部门负责人。你要记住，网络上大家互相是看不见的。例如一些邮件写着："您收到这封邮件会给您带来好运气，只要把这封邮件转发给20个人。"请大家以后看到这样的邮件就应该毫不犹豫地删除掉。他们是在浪费网络资源，害得网络速度慢、邮件服务器堵塞。②慎护隐私。在公共场所上网，应当避免输入自己的个人信息，在离开之前一定要记住将打开的浏览器关闭。不要对任何人公开你的姓名、电话、住址、任何密码等其他重要信息。其实告诉网友你的网名、职业、性别就可以了，没必要说那么多，不然很有可能给您带来麻烦。例如：新浪新闻网站报道过多宗女大学生受到大量色情电话骚扰事件。就是因为她们向网友透露了个人姓名和电话，被网友恶意公布在色情网站的论坛里。③慎收文件。现在都很流行使用QQ传送文件，接收别人的文件是极度危险的动作。图片、文本、屏幕保护、电子宠物等任何格式任何形式的文件都可能有合成过的木马在里面。如果你打开了这些带有木马的文件，你的电脑就完全被人控制，所有硬盘数据可以任人查看、修改、删除，QQ、邮箱、FTP、上网拨号等任何密码都可能被人盗取。有些文件还带有恶性病毒，会导致系统崩溃。所以除非工作需要和不得已的情况，不然绝对不要接收任何不明文件。此外，不要运行电子邮件里来路不明的附件。电子邮件里的附件也有可能带有病毒和木马。④慎会网友。千万要记住，在网上要想伪装自己的身份真是再容易不过的事情。一个自称是"12岁小女孩"的人可能实际上是个没安好心的成年男子。特别是女生，千万别随便和网友见面。如果真的很需要见面就多带几个朋友一起去，这样就安全得多了。最近新闻媒体报道了多起女生单独会见网友被强奸、迷奸、诱奸、轮奸事件。⑤切忌沉迷。上网虽然很有趣，但沉迷其中未必是好事情。合理安排上网时间，不要影响了正常的学习和生活。

（四）大学生应该自觉抵制网络世界的负面诱惑

自1994年我国接入国际互联网以来，互联网在我国始终保持快速发展势头，我国网民已接近5亿，居世界第一，互联网普及率超过了世界平均水平。互联网在我国的运用日益广泛，信息内容丰富多彩，已成为经济社会运行的重要基础设施和影响巨大的新兴媒体，在推动经济社会发展进步，保障人民知情权、参与权、表达权、监督权，丰富群众精神文化生活等方面，发挥着越来越大的积极作用。中国作为世界上最大发展中国家，互联网取得了蓬勃发展，成就举世瞩目。

网络在推动我国经济社会发展，为民众的工作生活带来便利和推动政府工作效能提高的同时，也出现一些不容忽视的负面问题：网上的虚假信息和恶意炒作、淫秽色情和低俗信息、网络诈骗和赌博、非法网络公关等问题，影响互联网健康有序发展。网络舆论的情绪化、鼓吹化、片面化，即个别人的不负责任的言论，损害人民利益，社会各界反应强烈。网络负面影响不仅损害了网络空间的秩序和公信力，而且对青少年起到了不良的诱导作用，对社会风气的毒害极大。加强和完善网络信息管理，是网络继续健康发展的必然要求，也是人民群众的愿望和呼声。发展与管理相辅相成，发展需要管理，管理是为了又好又快地发展。只有健康有序的发展，网络才能成为社会管理的有力工具。反之，网络如果无序的发展，网络世界成为了一个不负责任、缺乏理性的发泄场，就必然会带来一系列新的社会问题和社会矛盾，会阻碍社会的健康发展。没有网络的安全性、可靠性，没有依法管理的有效性，就没有网络社会的健康发展。

网络给人们提供了广阔的资源共享平台，提供了更快更多了解时事的途径和方式，使人们的生活方式发生了很大的变化。但是我们在网上看到的消息、新闻，特别是论坛里的帖子、话题，可能有很多都是不真实的，网络也有负面的作用。网络也成为一些别有用心的人传播网络谣言的工具。2011年9月，国家互联网信息办公室网络新闻宣传局负责人发表讲话，对最近有人在网上捏造所谓"微博名妓若小安"等谎言予以谴责，要求有关属地管理部门和各网站依法查处，坚决制止在网上捏造事实、编造谎言等扰乱网络传播秩序和社会秩序的行为，维护社会和谐稳定。经有关部门查明，最近一些网站炒作的所谓"失足女若小安接客日记"，是一名已婚男子编造并在某网站微博散布的虚假信息，社会影响恶劣。最近以来，已多次发生此类肆意捏造事实、编造谎言在网上传播的事件，如所谓的"国家税务总局关于修订征收个人所得税问题的规定的47号公告"、"广西贺州某粉店使用火葬场尸油煮粉"、"浙江海宁癌症村"、"西北某大学3名女生被强奸，校方为封锁消息承诺保研"、"福建某大学发生爆炸"等，经有关部门查明均属编造。这种在网上编造和传播谣言的行为，污染网络环境，败坏社会风气，扰乱社会秩序，也损害了我国互联网的形象和公信力，引起互联网业界和广大公众的强烈愤慨和谴责。有的人由于种种原因认为社会存在某些方面的不公平，于是产生对社会的不满情绪，他们认为网络是一个为其提供自由言论的法外之地，为维护自身的所谓的利益或发泄对社会的不满，按照愤青、仇富、同情弱者等因素制作网帖，大肆制造、传播谣言。同时利用一些人的好奇心理，帮助他们传播，形成一定的社会舆论以达到个人的目的。如果大学生网民长期关注这些网络谣言，渐渐地会丧失分辨是非的能力，如同毒品让人不能自拔，这就是人们所说的"网络毒品"问题。网络谣言是危害网络、危害社会的毒瘤，清除网络谣言需要广大网民、互联网企业和全社会的共同努力。网民在上网时应守法自律，做到文明上网，不信谣，不传谣。互联网企业和网站要加强信息发布管理，不给谣言提供传播渠道。

此外，现在还有"网络黑社会"、"网络水军"的说法。一些"网络公关公司"、"网络营销公司"，由于不规范的行为也被称为"网络推手"、"网络打手"、"发帖水军"。这些公司之所以被称其为"网络黑社会"，主要在于它们不仅可以为客户提供品牌炒作、产品营销、口碑维护、危机公关等服务，更能按客户指令捏造负面新闻，进行密集发帖，诋毁、诽谤竞争对手，使其无法正常运营，甚至控制舆论，左右法院判决。现在网络上存在一个利用发帖等方式制造网络热点谋利的产业链。国内一批著名企业曾遭过"网络黑社会"的诋毁。"网络水军"顾名思义，就是在网络上频繁地发帖、回帖（灌水）的人。网络水军受雇于网络公关公司，有专职和兼职之分。一般的网络公关公司手底下都有自己的"水军"，这些水军分散在全国各地，有大学生、闲散人员等。但是网络水军是双刃剑，网络水军在发挥正面作用的同时，负面影响也显而易见。网络公关公司每次炒作事件，都要依靠"水军"们同时发帖，才能在网络上形成集束效应。网络公关公司在网络上大量召集闲散网民，作为网络公关中的发帖手，让他们在各大论坛发帖、回帖，或捧或黑某品牌（人），造成群体效应，并最终引导社会舆论，以达到牟取暴利的目的。通常网络水军以谩骂、诽谤为主，语言多数比较夸张。这些浩浩荡荡的网络水军无孔不入，把网络搞得乌烟瘴气。发帖能赚钱，删帖也能赚钱，有的网站专门收集某企业或某人的负面报道，挂在显要位置，守株待兔，等着报道中的被批评者上门送钱，然后删帖，宾主皆大欢喜。这些人利用虚拟的网络世界没有信息充分自由的竞争的现状，没有网络实名制的约束的情况，欺骗了大多数善良的网民。网络水军可以帮助幕后的商业企业，迅速地炒作恶意信息并打击竞争对手，也可以为新开发、新成立的网络产品（如网站、论坛、网络游戏等）恶意提高人气、吸引网民关注和参与。更为甚者，不少无良的网络水军被国外别有用心的机构和资本支持，不断在国内各大论坛发布和张贴攻击信息、造谣言论或挑拨语言，制造网民间的矛盾、进行不可告人的网络文化渗透。目前的法律没有考虑到网络信息的爆炸性传播速度，这是最大的缺陷。网络的传播速度非常快，如果按照正常的法律程序进行，即使打赢了官司，负面信息和恶意诋毁却早已散布到网络的各个角落，已经对品牌造成极大伤害，赢了官司却输了市场、丧失了消费者信心。国务院新闻办在回应"网络水军"问题时说：网络水军危害社会，影响正常的网络秩序，引起广大人民群众的不满，确实需要治理。

网络世界不能是法律的真空地带，无论是网络的营销商还是网络的使用者，既有网络发布、使用和参与网络信息评议的权利，也有遵守互联网法律法规、维护网络环境的义务。对于在网络上编造、传播谣言的行为必须给以谴责、抵制和坚决的打击。从法律上说，网络谣言超越了基本的道德底线和法律底线，可以也必须对谣言的传播进行打击和惩治。任凭谣言在互联网上传播，社会就会失去正常的秩序。网络世界光怪陆离，也充满着形形色色的诱惑，也有许许多多的害人的陷阱，这就需要我们大家共同来抵制，不断增强识别真伪事物的能力。从长远来看，网络环境的净化和行为的规范，离不开网络环境标准立法的约束。管理规范必须落实，如果没有切实有效的长期监管机制，也难见网络环境治理的成效。

三、相关法条

（一）《中华人民共和国宪法》节选

第四十六条 中华人民共和国公民有受教育的权利和义务。

国家培养青年、少年、儿童在品德、智力、体质等方面全面发展。

第四十七条 中华人民共和国公民有进行科学研究、文学艺术创作和其他文化活动的自由。国家对于从事教育、科学、技术、文学、艺术和其他文化事业的公民的有益于人民的创造性工作，给以鼓励和帮助。

第五十一条 中华人民共和国公民在行使自由和权利的时候，不得损害国家的、社会的、集体的利益和其他公民的合法的自由和权利。

（二）《中华人民共和国高等教育法》节选

第九条 公民依法享有接受高等教育的权利。

国家采取措施，帮助少数民族学生和经济困难的学生接受高等教育。

高等学校必须招收符合国家规定的录取标准的残疾学生入学，不得因其残疾而拒绝招收。

第十条 国家依法保障高等学校中的科学研究、文学艺术创作和其他文化活动的自由。

在高等学校中从事科学研究、文学艺术创作和其他文化活动，应当遵守法律。

第五十三条 高等学校的学生应当遵守法律、法规，遵守学生行为规范和学校的各项管理制度，尊敬师长，刻苦学习，增强体质，树立爱国主义、集体主义和社会主义思想，努力学习马克思列宁主义、毛泽东思想、邓小平理论，具有良好的思想品德，掌握较高的科学文化知识和专业技能。

高等学校学生的合法权益，受法律保护。

第五十四条 高等学校的学生应当按照国家规定缴纳学费。

家庭经济困难的学生，可以申请补助或者减免学费。

第五十五条 国家设立奖学金，并鼓励高等学校、企业事业组织、社会团体以及其他社会组织和个人按照国家有关规定设立各种形式的奖学金，对品学兼优的学生、国家规定的专业的学生以及到国家规定的地区工作的学生给予奖励。

国家设立高等学校学生勤工助学基金和贷学金,并鼓励高等学校、企业事业组织、社会团体以及其他社会组织和个人设立各种形式的助学金,对家庭经济困难的学生提供帮助。

获得贷学金及助学金的学生,应当履行相应的义务。

第五十六条 高等学校的学生在课余时间可以参加社会服务和勤工助学活动,但不得影响学业任务的完成。

高等学校应当对学生的社会服务和勤工助学活动给予鼓励和支持,并进行引导和管理。

第五十七条 高等学校的学生,可以在校内组织学生团体。学生团体在法律、法规规定的范围内活动,服从学校的领导和管理。

第五十八条 高等学校的学生思想品德合格,在规定的修业年限内学完规定的课程,成绩合格或者修满相应的学分,准予毕业。

第五十九条 高等学校应当为毕业生、结业生提供就业指导和服务。

国家鼓励高等学校毕业生到边远、艰苦地区工作。

(三)《中华人民共和国教育法》节选

第三十六条 受教育者在入学、升学、就业等方面依法享有平等权利。

学校和有关行政部门应当按照国家有关规定,保障女子在入学、升学、就业、授予学位、派出留学等方面享有同男子平等的权利。

第三十七条 国家、社会对符合入学条件、家庭经济困难的儿童、少年、青年,提供各种形式的资助。

第三十八条 国家、社会、学校及其他教育机构应当根据残疾人身心特性和需要实施教育,并为其提供帮助和便利。

第三十九条 国家、社会、家庭、学校及其他教育机构应当为有违法犯罪行为的未成年人接受教育创造条件。

第四十条 从业人员有依法接受职业培训和继续教育的权利和义务。

国家机关、企业事业组织和其他社会组织,应当为本单位职工的学习和培训提供条件和便利。

第四十一条 国家鼓励学校及其他教育机构、社会组织采取措施,为公民接受终身教育创造条件。

第四十二条 受教育者享有下列权利:

(一)参加教育教学计划安排的各种活动,使用教育教学设施、设备、图书资料;

(二)按照国家有关规定获得奖学金、贷学金、助学金;

(三)在学业成绩和品行上获得公正评价,完成规定的学业后获得相应的学业证书、学位证书；

（四）对学校给予的处分不服向有关部门提出申诉，对学校、教师侵犯其人身权、财产权等合法权益，提出申诉或者依法提起诉讼；

（五）法律、法规规定的其他权利。

第四十三条 受教育者应当履行下列义务：

（一）遵守法律、法规；

（二）遵守学生行为规范，尊敬师长，养成良好的思想品德和行为习惯；

（三）努力学习，完成规定的学习任务；

（四）遵守所在学校或者其他教育机构的管理制度。

第四讲

人民调解能解困促和谐

——以网络遗产继承纠纷为例

> 法发展的重心不在立法、不在法学,也不在司法判决,而在社会本身。
>
> ——埃利希
>
> (埃利希,Ehrlich,1862~1922,是奥地利法学家,社会学法学派在欧洲的首创人之一。埃利希出身于律师家庭,曾在维也纳大学学习法律专业,1899年起在切尔诺夫策大学任罗马法教授。埃利希认为:法的发展的重心不在立法、法学或判决,而在社会本身。法比国家出现得更早,国家制定和执行的法仅是法中很小的一部分,而大量存在的是"活的法",这种法不同于国家执行的法,而是社会组织的内在秩序。早在20世纪初,他就提倡"法的自由发现"、"自由的判决方法",并与德国的H. 坎托罗维奇等人一起,在欧洲创立自由法学派。著作有《法的自由发现和自由法学》、《法律社会学的基本原理》、《法学逻辑》等。)

一、案例介绍

不久前,王女士的丈夫徐先生在一场车祸中丧生。王女士沉浸在悲痛当中。一日在翻看与亡夫的合照时,她突然想起徐先生的QQ邮箱里保存了大量两人从恋爱到结婚期间的信件、照片。王女士想将这些信件和照片进行整理,以留作纪念,不仅如此,她也想保留丈夫的QQ账号。但王女士不知道徐先生QQ账号的密码,因此她只好向腾讯公司求助,但遭到了腾讯公司的拒绝。王女士在百般无奈之下寻求某媒体的帮助。

腾讯客服人员接受媒体采访时表示:想要拿回密码,只能按照"找回被盗号码"的方式操作。也就是说，除提供徐先生本人的基本资料和联系方式外，还得提供号码的使用资料、密保资料；此外，王女士还得邀请徐先生的 QQ 好友为其"作证"，待上述程序全部履行完毕后，才能拿到密码。

"人不在了，让我去哪里找这些资料？"王女士很疑惑，为什么 QQ 账号不能以继承的形式转由其继承人进行管理呢？对此，腾讯客服人员解释说："根据腾讯公司与用户之间达成的协议，QQ 号码所有权归腾讯所有，用户只是拥有号码使用权。如果发现用户长时间不使用，该账号将被收回，这是互联网行业的惯例。用户不能将 QQ 号码作为个人财产处置，不属于法律上遗产继承的范畴。"

QQ 账号是否能够继承？这个问题引起了法律界的广泛关注。山西大学法学院的李老师认为，立法保护数字遗产既不现实也没必要。因为：①"数字遗产属于虚拟事物，若想立法保护并进入继承程序，首先要实现网络实名制。"但众所周知，在我国要实现网络实名制，还有很长的一段路要走。② QQ、电子信箱等数字财产大多有很强的专属性，如果主人离世，这些数字财产的价值大多会随之消亡。③"根据我国《物权法》等相关法律规定，现阶段法律所保护的财产只是现实中的财产，不包括虚拟财产，既然不是财产，也就不存在继承的问题了。"

山西尚地律师事务所的刘律师则持相反的意见，他认为："仅仅是实物才能继承，显然跟不上时代的发展。"网民既然为数字遗产投入了时间、精力、金钱，也就说明此类物品已经具有法律层面上财产的属性，就应该受到法律保护，自然也可以依法被继承。

事实上，网络遗产不仅具有纪念价值，还有很高的金钱价值。普通 6 位数 QQ 号的价格从几百元到上千元不等，有吉利数字的号码价格更是高达上万元。"毛毛虫"是网络游戏资深玩家，他说："很多资深玩家的账号能值几十万甚至上百万，生活中都能买套房子了。"

毫无疑问，网络遗产无论从纪念意义还是金钱意义上来讲都是具有价值的。但是，网络遗产的所有权应当归属账号注册人还是网络公司？网络遗产是否可以由法定继承人或遗嘱继承人继承？这些问题，到现在为止都没有法律法规给出明确答案。

二、案例分析

（一）网络遗产继承纠纷案需解决的问题

这一案件需解决的问题主要包括账号归属协议的有效性、账号中储存信息的归属、网络遗产脱离人身后是否具有价值以及网络遗产继承人如何维权等。

本案中，腾讯公司认为 QQ 账号应当归公司所有，依据是申请人在申请 QQ 账号时腾讯公司与用户签订的协议。我们来看一下该协议的效力：该协议是在双方真实意思表达的情况下签订的，且合同标的并未违反法律的强制性规定；但这一协议是腾讯公司自行拟定的由格式条款组成的格式合同。《合同法》第39条第2款规定:"格式条款是当事人为了重复使用而预先拟定,并在订立合同时未与对方协商的条款。"第40条规定:"格式条款具有本法第52条和第53条规定情形的,或者提供格式条款一方免除其责任、加重对方责任、排除对方主要权利的,该条款无效。"由此可见,该协议中排除账号申请人对于账号的所有权,根据法律规定,应属无效条款。

随着网络的发展,将一些较为重要的信息存入网络账号中保存已经成为非常普遍的现象。这些被存入账号中的信息应当仍然是用户的私人物品,而不属于网络公司所有。

在现实生活当中,有许多东西具有人身专属性,即一旦脱离某些特定主体就会失去原有的价值。比如著名歌手王菲开演唱会,准备演唱10首歌曲,这些歌曲就必须由王菲本人现场演唱,如果由其他人演唱同样的歌曲,对于专门去听王菲演唱会的人来说,虽然听到的是同样的10首歌曲,却失去了歌曲本身的价值。毫无疑问,QQ账号本身具有价值,但它是否属于上述这种具有人身专属性的财产呢?在实践当中,QQ短号、靓号深受网友追捧,有很多人愿意花大价钱去购买,这说明它具有转让价值。既然可以转让,就说明这一数字财产并不具有人身依附性,其中隐藏的价值自然也就不会随着主人的去世而突然消失。即便是那些没什么市场价值的QQ、邮箱、博客,对于死者家属来说有很大的纪念价值,谁能说这不是遗产,不能被人继承呢?《继承法》只规定"遗产是公民死亡时遗留的个人合法财产",并未规定遗产一定要有财产价值,更没有把虚拟财产排除在外。

随着多年来普法活动的开展,上法院打官司以维护自己的私权利对于老百姓来说并不陌生。民事诉讼确实为平息争端提供了很好的平台。但是诉讼程序严格、周期长、成本高也是现实存在的问题。在本案当中,徐先生的QQ号码对于王女士来说财产价值并不大,主要意义在于其纪念价值。如果王女士通过起诉腾讯公司来达到取回丈夫QQ号码的目的,从经济角度来说花费的时间、精力与获取的收益不能匹配。现实中也有很多类似的情况,有些人可能会因为付出与收益不成正比而放弃维权,也有人"不蒸馒头争口气",亏钱也要讨回公道。其实,诉讼对于王女士来讲并不是唯一且最佳的方式,人民调解也可以帮她解决这个问题。

人民调解,是指在人民调解委员会主持下,以国家法律、法规、规章和社会公德规范为依据,对民间纠纷双方当事人进行调解、劝说,促使他们互相谅解、平等协商,自愿达成协议,消除纷争的活动。它是我国法制建设中一项独特的制度,是现行调解制度的一个组成部分。我国的调解制度主要由四个部分组成:一是法院调解，亦称诉讼调解；二是行政调解；三是仲裁调解；四是人民调解。实践证明，人民调解是人民群众自我管理、自我教育的较好形式，它对增进人民团结，维护社会安定发挥了积极作用。被世人誉为"东方之花"。

（二）人民调解以平等自愿为原则

人民调解必须在当事人平等自愿的基础上进行，不得强迫。这一原则贯穿调解过程的始终，主要体现在以下几个方面：

1. 人民调解的启动以自愿为原则。人民调解的启动可由当事人向人民调解委员会提出调解申请，也可以由人民调解委员会主动介入启动，经当事人同意即可进行调解。当事人申请调解并非启动人民调解的唯一方式。

2. 对于纠纷的受理必须坚持平等自愿原则。即受理纠纷基于当事人自愿，而且是各方当事人自愿。如果任何一方当事人不愿意接受调解，或者不愿意接受某人民调解委员会的调解，均不能强迫。

3. 在调解过程中，各方当事人不愿意继续接受调解，或任何一方当事人单方面表示（包括明示与暗示）不再接受调解的，可以随时终止调解；各方或一方当事人要求改由其他组织为其调解的，原调解人或调解机构应立即停止调解。

4. 在调解纠纷及签订协议过程中，人民调解委员会与人民调解员对当事人必须进行耐心细致的劝解、开导、说服，不允许采取歧视、强迫、偏袒和压制的办法，不得逼迫当事人签订调解协议；经调解达成的协议，其是非界限、责任承担、权力义务内容，都必须取决于当事人的意愿，不得强加于人。

5. 调解协议由各方当事人自愿履行。人民调解协议具有合同的效力，而不具有强制执行力。如果当事人签订了协议又不履行，人民调解委员会只能督促而无权强制其履行；当事人持人民调解协议向法院申请执行的，不予支持（经人民法院确认其有效的除外）。

除自愿平等原则外，人民调解还要遵循不违法原则和尊重当事人诉权原则。

不违法原则指的是人民调解的过程、结果以及当事人的权利义务确定应更着重符合情理，不要求必须符合法律条文的具体或明文规定，只要不违背法律的强制性、禁止性规定即可。

尊重当事人诉讼权利的原则是指，人民调解活动不是诉讼的必经程序，不得因未经调解或者调解不成而阻止当事人向人民法院提起诉讼。这一原则要求：纠纷发生后，当事人有权径行向人民法院提起诉讼，不得因未经调解而限制其诉讼权利；在调解纠纷过程中，当事人在任何时候、以任何理由都可以终结调解，向人民法院提起诉讼；经调解达成协议的纠纷，当事人仍然有权利提起诉讼，请求人民法院对纠纷及其协议予以裁判。

（三）人民调解委员会是依法设立的群众性组织

《人民调解法》第 8 条第 1 款规定："村民委员会、居民委员会设立人民调解委员会。企业事业单位根据需要设立人民调解委员会。"该法还明确了人民调解委员会的性质——依法设立的调解民间纠纷的群众性组织，并规定乡镇、街道以及社会团体或者其他组织根据需要可以设立人民调解委员会，调解民间纠纷。

村民委员会设立人民调解委员会。村民委员会设立的人民调解委员会，由村民会议或者村民代表会议推选产生的人民调解委员会委员组成。村民会议由村民委员会召集。召开村民会议，应当有本村 18 周岁以上村民的过半数，或者本村 2/3 以上的户的代表参加，村民会议所作决定应当经到会人员的过半数通过。人数较多或者居住分散的村，可以设立村民代表会议，讨论决定村民会议授权的事项。人民调解委员会成员可以由村民委员会的成员兼任。

居民委员会设立人民调解委员会。居民委员会设立人民调解委员会是由居民会议推选产生的人民调解委员会委员组成。居民会议由居民委员会召集和主持。召开居民会议，必须有全体 18 周岁以上的居民、户的代表或者居民小组选举的代表的过半数出席。会议的决定，由出席人的过半数通过。人民调解委员会成员可以由居民委员会的成员兼任。

企业事业单位根据需要设立人民调解委员会。所谓根据需要设立，首先应根据国家经济社会发展的形势要求设立；其次是根据企事业单位的情况设立。如企事业单位规模较大、职工较多、纠纷多发的，需要设立人民调解委员会。企事业单位设立人民调解委员会，已经成为仅次于村（居）人民调解委员会的重要组织形式。

企业事业单位人民调解委员会委员有三种产生方式：一是召开全体职工大会推选产生；二是由职工代表大会推选产生，职工代表大会推选人民调解委员会委员时，既可以推选职工代表，也可以推选职工代表以外的其他人；三是由工会组织推选产生。

乡镇、街道以及社会团体或者其他组织根据需要参照《人民调解法》有关规定设立人民调解委员会。乡镇、街道人民调解委员会主要调解村（居）人民调解委员会难以调解的疑难、复杂民间纠纷和跨区域、跨单位的民间纠纷。社会团体或者其他社会组织设立的人民调解委员会主要调解专业性较强的矛盾纠纷，如医疗、交通事故、物业管理、劳动争议、消费权益、知识产权等方面纠纷。

乡镇、街道人民调解委员会委员应当由具备高中以上文化程度、具有相关专业知识、熟悉相关纠纷特点、具有一定法律知识水平和丰富的调解经验并符合下列条件之一的公民担任：①本辖区设立的村（居）民委员会、企事业单位人民调解委员会的主任；②本辖区的司法助理员；③在本辖区居住的懂法律、有专长、热心人民调解工作的社会志愿者。

按照《人民调解法》的规定,人民调解委员会由委员3~9人组成,每个人民调解委员会应当设立1名主任,必要时可以设立副主任若干人。人民调解委员会应当有一定比例的妇女委员,少数民族地区应当有一定比例的少数民族委员。人民调解委员会委员每届任期3年,可以连选连任。

《人民调解法》第7条规定:"人民调解委员会是依法设立的调解民间纠纷的群众性组织。"人民调解委员会的调解活动属于群众性自治活动。我国宪法规定,城市和农村按居民和居住地区设立的居民委员会或者村民委员会是群众性自治组织。属于群众性自治活动的还有企事业单位和其他社会组织设立的工、青、妇等各种形式的群团组织的管理和行业协会、社团的自律。这些自治性组织下设的人民调解委员会自然也属于自治性组织。无论何种形式的群众性自治组织,其管理行为都属于自治行为。

人民调解委员会的委员是特定区域、特定条件的公民代表。人民调解员应当是得到广大人民群众的信任,由人民群众推选出来的德高望重、公正廉洁、能为群众办事的公民代表,他们具有一定的文化水平、政策水平和法律知识,有能力为群众解决纠纷。人民调解员来自群众、服务群众,这是人民调解区别于司法调解和行政调解的标志之一。实践中,有的公职人员被人民群众选举为人民调解员,有的单位部门的领导被人民调解委员会聘任为人民调解员,有的专家学者担任人民调解员,但他们不是以公职人员或部门领导的身份参加人民调解工作,而是用自己的专业知识和特长调解纠纷。

人民调解委员会居间调解民间纠纷。所谓民间纠纷,是指公民与公民、法人或其他组织之间有关人身、财产权益的争议以及日常生活中发生的其他纠纷,主要包括合同纠纷、侵权责任纠纷、劳资关系纠纷、婚姻家庭纠纷等。以下纠纷人民调解委员会不予受理:一是法律法规规定只能由专门机关管辖处理的,或者法律、法规禁止采用民间调解方式解决的案件,如打架斗殴致人重伤或死亡的案件属于国家公诉案件,双方不得就定罪量刑事宜申请调解;二是人民法院、公安机关或者其他行政机关已经受理或者解决的案件,如人民法院已作出生效判决的案件,不得再申请人民调解。需要注意的是:人民调解委员会与纠纷当事人不属于管理与被管理的关系,人民调解员与当事人、当事人与当事人之间地位平等。

人民调解协议不具有强制执行的法律效力。虽然,《人民调解法》规定"经人民调解委员会调解达成的调解协议,具有法律约束力",但这种法律约束力仅指合同效力,而非强制执行的效力。人民调解委员会不能执行人民调解协议;只能通过诚信教育、道德约束和社会舆论等方法督促当事人自觉履行在调解协议中约定的义务。

一方当事人拒不履行时，人民调解委员会应当告知另一方当事人到人民法院起诉，通过判决要求对方当事人履行；当事人对人民调解协议有异议时，可以起诉要求人民法院变更、撤销人民调解协议。

人民调解协议只有通过司法确认后才具有强制执行的效力，由人民法院予以执行。经人民调解委员会调解达成协议后，双方当事人认为有必要的，可以自调解协议生效之日起 30 日内共同向人民法院申请司法确认。人民法院应当及时对调解协议进行审查，依法确认调解协议的效力。人民法院依法确认调解协议有效，一方当事人拒绝履行或者未全部履行的，对方当事人可以向人民法院申请强制执行。人民法院依法确认调解协议无效的，当事人可以通过人民调解方式变更原调解协议或者达成新的调解协议，也可以向人民法院提起诉讼。

（四）人民调解的方法

在调解工作实践中，经常会出现这样的情况，人民调解员们在调解同种类型、同等难度的民间纠纷时，尽管经历的调解程序大致相同，但调解结果却大相径庭。有些调解员能够又快又好地解决纠纷，有些调解员却事倍功半，久调不决。这是因为一项调解工作的顺利完成取决于多种因素，其中一个重要的因素就是调解人员的调解方法和技巧。在调解不同类型的纠纷时，除了要运用不同的调解方法，还要根据纠纷的具体情况采用不同的调解技巧，把调解方法和调解技巧有机结合起来，有助于达到事半功倍的效果，顺利完成调解工作。

1. 苗头预测法。苗头预测的方法要求调解员针对纠纷当事人的思想和行为不断变化的特点，抓住带有苗头性、倾向性的问题，及时分析变化的现状和原因，提出解决纠纷的对策，把纠纷解决在萌芽状态，防止矛盾的扩大和深化。主动运用苗头预测的调解方法是人民调解"防调结合，以防为主"工作方针的具体要求。能够抓住纠纷发生或深化的苗头，消除纠纷，或使纠纷尽可能减少，是一种最好的调解。这就要求调解员在调解工作中要注意观察纠纷当事人思想行为发展变化的蛛丝马迹，针对可能出现的问题，抓紧工作，积极疏导，妥善解决，这样才能切实预防矛盾激化和新纠纷发生。用好苗头预测法，一是需要在纠纷发生前及时发现问题，尽量将纠纷遏制在萌芽状态；二是需要在纠纷发生后要准确预测纠纷发展的走势，积极应对，化解纷争，防止矛盾激化、升级。

2. 面对面和背对背调解法。面对面调解法是把纠纷当事人集中到一起，当面摆事实、讲道理、进行调解的方法；背对背调解法则是有意地在调解时隔离各方当事人，由调解员分别对当事人进行说服、教育，使各方不断让步，最终达成一致意见的调解方法。

这两种方法分别在不同的调解或同一调解中不同的阶段发挥作用：面对面调解法往往用于当事人各方矛盾不尖锐、分歧不大或具有一定感情基础的简单纠纷；对于当事人分歧较大、难以沟通、争吵激烈的纠纷则通常采用背对背的调解方法。

在一个纠纷调解过程中，可以将两种方法结合起来使用。如各方当事人一开始争吵激烈，可以先用背对背的调解方式，让调解员分别安抚情绪、了解情况、倾听意见，考察双方的共同点和差异，寻找调解的突破口；当各方当事人情绪平复下来、对于争议主要事实的认知基本达成一致后，可以再采用面对面的方式继续调解。

3. 换位思考法。就是在解决纠纷的过程中，调解员要引导当事人站在对方的立场上考虑问题，同时调解员自己也要从当事人的角度理解当事人的感受，形成与当事人的情感交流，从而使各方当事人更容易接受调解的方法。这种方法一般针对当事人固执己见、刚愎自用的纠纷采用。

4. 褒扬激励法。就是通过表扬鼓励，缩短与当事人的距离，调动当事人的积极性，堵住可能反复的退路，从而使调解成功的调解方法。在调解过程中，使当事人恢复平静的心理状态是很重要的，只有这样他们才能比较冷静地看待纠纷的产生原因、发展过程与自己的观点。适当的赞扬与鼓励有稳定情绪、平息激愤之情的功效。因为赞扬的话使当事人感到他获得了调解员的理解，他无需通过积极的辩解和激烈的言词表明自己行为的正当性，而可以较为平静地向调解员讲述自己的观点，表明自己的态度。此时如果调解员能够耐心开导，多数当事人愿意敞开心扉。需要注意的是，褒扬与鼓励必须是真实可信、符合客观事实的，如果与事实偏差太大，会让当事人误以为调解员在讽刺自己，反而出现不良效果。

5. 舆论压力法。就是人民调解员在进行调解时，通过提示当事人关注周围人从法律与道德角度对此事的看法和评价，给纠纷当事人造成一种压力，使得纠纷当事人放弃自己不正当的要求，从而达成调解的方法。

除上述方法之外，在实践当中，唤起旧情法、重点突破法、冷处理法等调解方法也在不同情况下发挥着重要的作用，人民调解员还可以借助当事人亲友或当地有威望的人的力量促成调解。对于某些上升到严重违法边缘、单纯说服教育已不足以解决问题的案件，甚至可以依靠行政机关或司法机关对无理取闹的当事人适当采取强硬手段法。

除灵活运用人民调解的方法外，准确把握调解的时间、地点、人物、语言、纠纷发生原因等技巧对于调解工作也是非常重要的。比如当事人悲伤痛苦时应婉言抚慰，当事人情绪激动时要耐心劝解，当事人情绪稳定下来时及时讲法说理。当事人对于法律缺乏基本了解、文化水平不高，调解员切忌用书面语言、专业性的语言进行调解，而可多使用俗语和当地的俚语，拉近与当事人的距离。调解人员只有把握了调解的各种技巧，才能有针对性地采取各种调解方法，突破当事人的心理障碍，以达到息事宁人的目的。

（五）人民调解如何化解纠纷

人民调解相对于诉讼来说有几个显著优点：一是成本低，根据《人民调解法》的规定，调解不论成功与否都不收取双方当事人的费用；二是便捷省时，人民调解的程序简单，而且当事人可以对调解时间、地点提出合理要求；三是调解不仅依据法律，更着重情理，对于法律规定不清或缺乏法律规定的纠纷更能妥善解决；四是尊重当事人的意志，若调解成功往往能使双方当事人都得到较为满意的结果。王女士可以向其居住地、腾讯公司所在地或纠纷发生地的街道人民调解委员会申请与腾讯公司进行调解。依据自愿原则，腾讯公司代表可以接受调解，也可以拒绝，人民调解委员会不得强迫其进行调解。若腾讯公司拒绝调解，王女士可以向人民法院提起诉讼；若腾讯公司接受调解，双方可以协商选择人民调解员，可以要求调解公开或不公开进行。人民调解员处理此类纠纷通常会先采用背对背方式进行调解。面对腾讯公司时，除从法律角度解析问题外，还可以对其动之以情、晓之以理，引导其换位思考，体谅一个刚刚失去至亲的人的心情，促使其答应王女士的要求。而在面对王女士时，则可以为她细致分析腾讯公司拒绝提供 QQ 密码的原因：毕竟数字财产占用了一定的网络资源，注销后可以节省管理成本，有一定价值的数字遗产还可转让获利，而让家属继承对他们并无好处。从这个角度来讲，可以劝说王女士向腾讯公司缴纳一定的费用，作为为其办理遗产过户业务的报酬。当双方当事人都可以冷静地从对方角度思考问题时，再将他们召集到一起进行面对面调解，对于继承的手续和收取费用的数额进行具体协商。相信这样不难促成双方达成一致意见。根据《人民调解法》第 28 条的规定："经人民调解委员会调解达成调解协议的，可以制作调解协议书。当事人认为无需制作调解协议书的，可以采取口头协议方式，人民调解员应当记录协议内容。"达成调解协议后，双方当事人应当主动履行协议，根据需要也可以自调解协议生效之日起 30 日内共同向人民法院申请司法确认，使得协议具有强制执行的效力。若协议不成，王女士可以向人民法院提起诉讼，主张自己的权利。

人民调解被国际社会誉为化解社会矛盾的"东方经验"，享有"东方之花"的美誉。多年来，人民调解与司法调解、行政调解、仲裁调解等共同构成的"大调解"体系，为预防和减少民间纠纷、化解社会矛盾、维护社会和谐稳定发挥了重要作用。

三、相关法条

（一）《中华人民共和国人民调解法》节选

第二条 本法所称人民调解，是指人民调解委员会通过说服、疏导等方法，促使当事人在平等协商基础上自愿达成调解协议，解决民间纠纷的活动。

第三条 人民调解委员会调解民间纠纷，应当遵循下列原则：

（一）在当事人自愿、平等的基础上进行调解；

（二）不违背法律、法规和国家政策；

（三）尊重当事人的权利，不得因调解而阻止当事人依法通过仲裁、行政、司法等途径维护自己的权利。

第四条 人民调解委员会调解民间纠纷，不收取任何费用。

第五条 国务院司法行政部门负责指导全国的人民调解工作，县级以上地方人民政府司法行政部门负责指导本行政区域的人民调解工作。

基层人民法院对人民调解委员会调解民间纠纷进行业务指导。

第七条 人民调解委员会是依法设立的调解民间纠纷的群众性组织。

第八条 村民委员会、居民委员会设立人民调解委员会。企业事业单位根据需要设立人民调解委员会。

人民调解委员会由委员3~9人组成，设主任1人，必要时，可以设副主任若干人。

人民调解委员会应当有妇女成员，多民族居住的地区应当有人数较少民族的成员。

第九条 村民委员会、居民委员会的人民调解委员会委员由村民会议或者村民代表会议、居民会议推选产生；企业事业单位设立的人民调解委员会委员由职工大会、职工代表大会或者工会组织推选产生。

人民调解委员会委员每届任期3年，可以连选连任。

第十三条 人民调解员由人民调解委员会委员和人民调解委员会聘任的人员担任。

第十四条 人民调解员应当由公道正派、热心人民调解工作，并具有一定文化水平、政策水平和法律知识的成年公民担任。

县级人民政府司法行政部门应当定期对人民调解员进行业务培训。

第十七条 当事人可以向人民调解委员会申请调解；人民调解委员会也可以主动调解。当事人一方明确拒绝调解的，不得调解。

第十八条 基层人民法院、公安机关对适宜通过人民调解方式解决的纠纷，可以在受理前告知当事人向人民调解委员会申请调解。

第十九条 人民调解委员会根据调解纠纷的需要，可以指定1名或者数名人民调解员进行调解，也可以由当事人选择1名或者数名人民调解员进行调解。

第二十条 人民调解员根据调解纠纷的需要，在征得当事人的同意后，可以邀请当事人的亲属、邻里、同事等参与调解，也可以邀请具有专门知识、特定经验的人员或者有关社会组织的人员参与调解。

人民调解委员会支持当地公道正派、热心调解、群众认可的社会人士参与调解。

第二十一条 人民调解员调解民间纠纷，应当坚持原则，明法析理，主持公道。

调解民间纠纷，应当及时、就地进行，防止矛盾激化。

第二十二条 人民调解员根据纠纷的不同情况，可以采取多种方式调解民间纠纷，充分听取当事人的陈述，讲解有关法律、法规和国家政策，耐心疏导，在当事人平等协商、互谅互让的基础上提出纠纷解决方案，帮助当事人自愿达成调解协议。

第二十三条 当事人在人民调解活动中享有下列权利：

（一）选择或者接受人民调解员；

（二）接受调解、拒绝调解或者要求终止调解；

（三）要求调解公开进行或者不公开进行；

（四）自主表达意愿、自愿达成调解协议。

第二十五条 人民调解员在调解纠纷过程中，发现纠纷有可能激化的，应当采取有针对性的预防措施；对有可能引起治安案件、刑事案件的纠纷，应当及时向当地公安机关或者其他有关部门报告。

第二十六条 人民调解员调解纠纷，调解不成的，应当终止调解，并依据有关法律、法规的规定，告知当事人可以依法通过仲裁、行政、司法等途径维护自己的权利。

第三十一条 经人民调解委员会调解达成的调解协议，具有法律约束力，当事人应当按照约定履行。

人民调解委员会应当对调解协议的履行情况进行监督，督促当事人履行约定的义务。

第三十二条 经人民调解委员会调解达成调解协议后，当事人之间就调解协议的履行或者调解协议的内容发生争议的，一方当事人可以向人民法院提起诉讼。

第三十三条 经人民调解委员会调解达成调解协议后，双方当事人认为有必要的，可以自调解协议生效之日起30日内共同向人民法院申请司法确认，人民法院应当及时对调解协议进行审查，依法确认调解协议的效力。

人民法院依法确认调解协议有效，一方当事人拒绝履行或者未全部履行的，对方当事人可以向人民法院申请强制执行。

人民法院依法确认调解协议无效的，当事人可以通过人民调解方式变更原调解协议或者达成新的调解协议，也可以向人民法院提起诉讼。

第三十四条 乡镇、街道以及社会团体或者其他组织根据需要可以参照本法有关规定设立人民调解委员会，调解民间纠纷。

（二）《中华人民共和国合同法》节选

第三十九条 采用格式条款订立合同的，提供格式条款的一方应当遵循公平原则确定当事人之间的权利和义务，并采取合理的方式提请对方注意免除或者限制其责任的条款，按照对方的要求，对该条款予以说明。

格式条款是当事人为了重复使用而预先拟定，并在订立合同时未与对方协商的条款。

第四十条 格式条款具有本法第 52 条和第 53 条规定情形的，或者提供格式条款一方免除其责任、加重对方责任、排除对方主要权利的，该条款无效。

第四十一条 对格式条款的理解发生争议的，应当按照通常理解予以解释。对格式条款有两种以上解释的，应当作出不利于提供格式条款一方的解释。格式条款和非格式条款不一致的，应当采用非格式条款。

第五十二条 有下列情形之一的，合同无效：

（一）一方以欺诈、胁迫的手段订立合同，损害国家利益；

（二）恶意串通，损害国家、集体或者第三人利益；

（三）以合法形式掩盖非法目的；

（四）损害社会公共利益；

（五）违反法律、行政法规的强制性规定。

第五十三条 合同中的下列免责条款无效：

（一）造成对方人身伤害的；

（二）因故意或者重大过失造成对方财产损失的。

第五讲 民法是权利本位法

——以"人肉搜索第一案"为例

> 一切权利的前提就在于时刻准备着去主张权利。
>
> ——耶林
>
> （鲁道夫·冯·耶林，Rudolph von Jhering，1818~1892，是德国19世纪著名的法学家、缔约过失责任理论的创始人。耶林以其不朽成就，与萨维尼、祁克并列成为19世纪西欧最伟大的法学家，也是新功利主义法学派的创始人，其思想不仅对西欧，而且对全世界都产生了巨大的影响。耶林的《为权利而斗争》是他在世界范围内引起轰动的著作，同时，这也是迄今为止他的著作中唯一被翻译成中文的作品。1881年，即德国民法典诞生前近20年，其已提出损害赔偿请求权中"积极利益"与"消极利益"之区别这一至今仍在德国民法典中使用的概念。而由其"发现"的关于订立合同之前的责任，即缔约过失责任，至今仍在各国法典中使用。耶林在19世纪下半叶的法学声望与19世纪上半叶萨维尼的法学声望被相提并论。）

一、案例介绍

姜岩：女，31岁；王菲：男，28岁。姜岩与王菲系夫妻关系。双方于2006年2月22日登记结婚。姜岩与王菲恋爱5年左右，结婚2年。姜岩得知夫妻关系中出现第三者后，无法承受情感打击，于2007年12月27日服药自杀被救；29日，在亲人陪护期间从自己居住楼房的24层跳楼自杀死亡。事发前，姜岩供职于北京某广告公司。

姜岩在自杀前2个月，在自己的博客中以日记形式记载了自杀前2个月的心路历程，将王菲与其女性东某的合影贴在博客中，认为二人有不正当两性关系，自己的婚姻很失败。并将自己博客的密码告诉一名网友，并委托该网友在12小时后打开博客，她的博客日记中显示出了丈夫王菲的姓名、工作单位地址等信息。此后，姜岩的大学同学张乐奕得知姜岩死亡后，于2008年1月在其注册非经营性的"北飞的候鸟"网站中，披露了王菲的"婚外情"以及王菲的个人信息，引发众多网民使用"人肉搜索"的网络搜索模式，搜寻与王菲及其家人有关的任何信息，使王菲的姓名、工作单位、家庭住址等详细个人信息逐渐被披露。更有部分网民在网站上对王菲进行谩骂、人身攻击，还有部分网民到王菲家庭住址处进行骚扰，在门口刷写、张贴"逼死贤妻"、"血债血偿"等标语。

王菲认为"北飞的候鸟"在网站上刊登的部分文章中披露了其"婚外情"以及姓名、工作单位、住址等个人隐私，并包含有侮辱和诽谤的内容，侵犯了其隐私权和名誉权，故向法院起诉要求张乐奕立即停止侵害、删除侵权信息，为其恢复名誉，消除影响，赔礼道歉，并赔偿其经济损失及精神损害抚慰金5万余元。此案被媒体称为中国"人肉搜索"第一案。

由网络事件而上升到司法程序的女白领"死亡博客"案，亦称"人肉搜索"第一案，在北京市朝阳区法院亚运村法庭开审，吸引了众多网友及媒体前往旁听。2008年12月18日上午，"人肉搜索第一案"一审宣判。法院判决认定张乐奕侵犯王菲的隐私权和名誉权，判令被告赔偿王菲精神损害抚慰金9367元。张乐奕的代理人对法院的判决结果不能接受，当庭表示将上诉。他在庭后接受采访时表示，对法院查明的事实没有异议，但对法院作出判决的原则不能接受。

王菲的代理律师张雁峰告诉记者，因不堪骚扰，王菲的单位已将他辞退，他不敢出门，也一直找不到工作。任何表示愿意接收他的单位，都会受到网友的抵制。以至于18日的庭审，王菲也没有出现。王菲的律师张雁峰说：王菲之所以没有亲自到庭，一是因为担心网友们的"臭鸡蛋"；二是因为他不希望以这种方式站在众人和媒体面前；三是因为网上披露的有关姜岩自杀前后的很多内容都是不实的，王菲打官司就是为了澄清事实。

2008年12月23日，北京市第二中级人民法院对备受媒体和公众关注的"人肉搜索第一案"进行了终审宣判。法院审理后认为：公民依法享有名誉权，公民的人格尊严受法律保护。王菲在与姜岩婚姻关系存续期间与他人有不正当男女关系，其行为违反了我国法律规定、违背了社会的公序良俗和道德标准，使姜岩遭受巨大的精神痛苦，是造成姜岩自杀这一不幸事件的因素之一，王菲的上述行为应当受到批评和谴责。但应当指出，对王菲的批评和谴责应在法律允许的范围内进行，不应披露、宣扬其隐私，否则构成侵权。张乐奕设立"北飞的候鸟"网站，将王菲的姓名、工作单位、家庭住址、照片及与他人有"婚外情"等私人信息在网站中向社会公众披露，并通过该网站与其他网站的链接，扩大了王菲私人信息向不特定社会公众传播的范围，对相关网民对王菲发起"人肉搜索"谩骂王菲、骚扰王菲及其父母正常生活的不当行为有相当的推动和促进作用，严重干扰了王菲的正常生活，造成了王菲社会评价的明显降低。

张乐奕作为"北飞的候鸟"网站的管理者未尽到应尽的管理责任，泄露王菲个人隐私的行为已构成对王菲的名誉权的侵害，张乐奕应当对此承担相应的民事责任。法院认定张乐奕侵害王菲名誉权的事实成立，判令张乐奕删除网站上的侵权文章，由张乐奕在其开办的网站上对王菲赔礼道歉并赔偿王菲精神损害抚慰金及公证费共计5684元。在推迟了3个月之后，被媒体称为中国"人肉搜索"第一案的判决终于作出了。

二、案例分析

（一）民法是权利本位法，可以为公民的财产权和人身权提供基本保障

中国第一次进入司法程序的"人肉搜索"案终于尘埃落定，这一案件的判决结果提醒人们：我国民法中规定了公民享有人身权，公民的人身权受法律保护。我国《民法通则》规定，公民和法人享有名誉权，公民的人格尊严受法律保护。《民法通则》虽然没有直接规定对公民个人隐私权的保护，但一般性地规定了公民的人格尊严受到法律保护，这便为司法解释留下了较大的空间。一般认为，隐私权应当属于人格尊严的一个部分。《最高人民法院关于贯彻执行〈中华人民共和国民法通则〉的若干问题的意见（试行）》第140条第1款规定："以书面、口头等形式宣扬他人的隐私，或者捏造事实公然丑化他人人格，以及用侮辱、诽谤等方式损害他人名誉，造成一定影响的，应当认定为侵害公民名誉的行为。"最高人民法院在《关于审理名誉权案件若干问题的解答》中再次强调指出，"对未经他人同意，擅自公布他人的隐私材料或以书面、口头形式宣扬他人隐私，致他人名誉受到损害的，按照侵害他人名誉权处理"，"文中有侮辱、诽谤或者披露隐私的内容，致其名誉受到损害的，应认定为侵害他人名誉权"。这些规定表明：公民的名誉权和隐私权受法律保护，公民在网络上的个人隐私同样受法律的保护。公民行使自己的言论自由权利必须以不侵害他人合法权利为前提，避免因自己的不当行为造成侵害他人的隐私权、名誉权的不良后果。由此可见：民法最基本的职能就在于对民事权利的确认和保护，这就使的民法具有权利法的特点。

近代民法是权利本位的法。所谓"权利本位的法"，是指一切都从权利出发的法。民法里所规定的都是一个人享有什么样的权利，它非常强调权利。所以，民法是规范社会生活的重要法律，正如恩格斯所指出的，民法乃是"以法律形式表现了社会经济生活条件的准则"。

从《民法通则》第2条规定可以看出，所谓民法是调整平等民事主体的自然人、法人及其他非法人组织之间人身关系和财产关系的法律规范的总称，它是法律体系中的一个独立的法律部门。可以说，凡调整平等主体之间的财产关系和人身关系的法律规范，不论其以何种形式表现出来，均属于民法的范畴。民法既包括形式上的民法（即民法典），也包括单行的民事法律和其他法律、法规中的民事法律规范。由于我国民法典尚未编纂，所以严格地说，我国还没有形式意义上的民法。但因我国《民法通则》是一部民事基本法，规范民事活动的基本准则，因此，也可以说《民法通则》就是形式意义上的民法。

作为一个独立的法律部门的民法，它可以为人权提供基本保障。人权是人按其本质属性享有和应当享有的权利。民法实质上是权利法。它首先对人的人格权、人身权、财产权等基本权利加以规定和保护，为包括政治权利和经济、社会、文化权利等在内的其他权利的保护提供基础。与此同时，民法也是一种行为规范。民法使当事人明确行为的范围及逾越法定范围的后果和责任，从而对其行为后果形成合理预期，从制度上保障社会秩序的良性运转。民法又是裁判规则，它是司法审判机关正确处理民事纠纷所要依循的基本准则。民法为司法裁判提供了一套基本的体系、框架、规范和术语。它为司法过程提供了一套明确的、完整的规范，力求通过法律的制定使整个司法过程都处于法律的严格控制之下。可以说，民法保护民事主体各项权利的功能，集中体现了法律的基本价值。

民事权利是民事主体依法享有并受法律保护的利益范围或者实施某一行为（作为或不作为）以实现某种利益的可能性。简单地说，就是权利主体对实施还是不实施一定行为的选择权。根据民事权利是否以财产利益为内容，民事权利可分为财产权和人身权。财产权是指以财产利益为内容，直接体现财产利益的民事权利。财产权既包括物权、债权、继承权，也包括知识产权中的财产权利。人身权是指不直接具有财产内容，与主体人身不可分离的权利，包括人格权和身份权。我国民法就是调整财产权和人身权的，也就是说民法的调整对象是平等主体的自然人、法人以及其他组织之间的财产关系与人身关系。

根据体现的利益不同，民法调整的财产权和人身权表现为民事财产关系和民事人身关系。财产关系就是指主体之间基于财产而形成的一种权利义务关系。根据财产关系主体的地位不同，财产关系可分为横向财产关系和纵向财产关系。主体地位平等的财产关系就是横向财产关系，主体地位不平等的就是纵向财产关系。民法调整的是横向财产关系，亦即民事财产关系。根据财产关系的内容，可将其分为静态财产关系和动态财产关系。人身关系又称人身非财产关系，是指基于人格和身份发生的、以人身利益为内容、不直接体现财产利益的社会关系。人身关系包括人格关系和身份关系。人格关系又可分为自然人的人格关系和法人及其他组织的人格关系。自然人的人格关系，是自然人基于其生命、身体、健康、姓名、肖像、名誉、隐私等人格利益而发生的社会关系。法人及其他组织的人格关系，是指法人及其他组织基于其名称、名誉等人格利益而发生的社会关系。身份关系是指人与人之间基于彼此的社会身份而形成的、以特定的身份利益为内容的社会关系。民法上的身份关系主要指自然人的身份关系，即指以自然人的血缘与婚姻为纽带而形成的社会关系。民法中所规定的人身权分为人格权和身份权两方面内容。人格权是法律规定的作为民事法律关系主体所应享有的权利，主要包括：姓名权、名誉权、生命权、身体健康权、自由权和肖像权。身份权指因民事主体的特定身份而产生的权利，主要包括：荣誉权、知识产权中的人身权利、监护权和公民在婚姻家庭关系中的身份权，即亲权以及继承权。

如果行为人侵害了民法所规定的这些民事权利，造成了一定损害结果，根据民法规定就要承担相应的民事责任。我国民法所规定的侵权人承担民事责任的主要方式有：停止侵害，排除妨碍，消除危险，返还财产，恢复原状，修理、重作、更换，赔偿损失，支付违约金，消除影响、恢复名誉，赔礼道歉。

(二)"人肉搜索第一案"所涉及的法律问题

"人肉搜索第一案"主要涉及了公布普通公民的个人信息与隐私权侵犯之间的关系、网站对网友的不当留言有无监管义务及承担责任的程度以及道德批判与隐私保护的限度问题。本案在审理时的争议焦点是张乐奕在其网站中披露王菲"婚外情"、姓名、工作单位、家庭住址等信息的行为是否侵犯了王菲的隐私权和名誉权？被告张乐奕的律师辩称，王菲的姓名、单位、电话等属于商务场合用于交流的信息，披露这些信息并不属于侵犯王菲的隐私权。另外，王菲因婚外情导致妻子自杀，本来就是违背社会道德的。人们拥有言论自由，对这种不道德的行为作出评价也不侵犯他的名誉权。原告代理人认为，任何人都应尊重他人隐私，不论在现实生活中还是在网络中都应注意自己的言行，在行使言论自由的同时也要履行维护他人隐私的义务，切勿宣扬他人隐私，否则可能构成对他人名誉权的侵害而承担法律责任。

在审理此案时，为慎重起见，法院召开高级法官联席会议，有54名高级法官就"人肉搜索第一案"展开了热烈讨论。法官指出，搜索本身无可非议，关键的是"人肉搜索"已经不再局限于网络行为，而是实实在在地对人造成物质、精神上的伤害，这与传统的暴力事件性质接近，也就进入了法律监管的范畴。

1. "人肉搜索第一案"侵害了王菲的名誉权。我国《民法通则》规定：公民、法人享有名誉权，公民的人格尊严受法律保护、禁止用侮辱、诽谤等方式损害公民、法人的名誉。名誉权主要表现为名誉利益支配权和名誉维护权，凡败坏他人名誉，损害他人形象的行为，都是对名誉权的侵犯，行为人应负法律责任。被告张乐奕在网站中，将王菲的姓名、工作单位、家庭住址、照片及与他人有

"婚外情"等私人信息向社会公众披露，并通过网站的链接，扩大了王菲私人信息向不特定社会公众传播的范围，推动和促进了相关网民向王菲发起"人肉搜索"、谩骂王菲、骚扰王菲及其父母正常生活这一不当行为，严重干扰了王菲的正常生活，造成了王菲社会评价的明显降低。可以说，由于张乐奕的行为已经使得王菲个人及家庭生活受影响，王菲的名誉权受到了侵害，这是张乐奕的转播行为间接造成的损害。王菲有权维护自己的名誉免遭不正当的贬低，有权在名誉权受侵害时依法追究侵权人的法律责任。

2. "人肉搜索第一案"侵害了王菲的隐私权。在我国2009年前，隐私权不是一个立法概念，民法中虽未明确规定隐私权这一概念，司法实践中对公民隐私的民法保护从属于名誉权，将侵害公民隐私的行为认定为侵害公民名誉权的一种形式。但是隐私权是一项独立的人格权的观点已经被司法界普遍接受，公民隐私也被法律保护。1988年最高人民法院在《关于贯彻执行〈中华人民共和国民法通则〉若干问题的意见（试行）》中，采取变通的方法，规定对侵害他人隐私权，造成名誉权损害的，认定为侵害名誉权，追究民事责任。应当说，这是一个对隐私权保护的司法解释，但是，依据这个司法解释，在对隐私权的保护上，适用了以名誉权的保护方式进行保护，这就是所谓的间接保护方式。2001年3月10日起施行的《最高人民法院关于确定民事侵权精神损害赔偿责任若干问题的解释》规定：违反社会公共利益、社会公德侵害他人人格利益构成侵权。从某种意义上讲，这将包括隐私在内的合法人格利益纳入了直接的司法保护中。2009年12月26日通过的《侵权责任法》第2条已经明确将隐私权作为该法保护的人民民事权利。隐私权正式成为立法确认的权利。正在制定的《民法典》（草案）有了更为明确的规定："自然人享有隐私权，禁止窃取、窃听、偷录、偷拍他人隐私，非经本人同意，不得披露或利用他人私生活秘密或实施其他损害个人隐私的行为。法律另有规定的除外。"这样，法律将以直接保护的方式保护公民的隐私权。"人肉搜索第一案"事件中被搜索人（原告王菲）乃至其家庭成员的姓名、家庭住址、工作单位、电话号码、照片、恋爱史及与他人有"婚外情"等私人信息均被公布于网络论坛，致使王菲及其家庭成员在现实生活中受到了无数的电话骚扰、围追堵截、甚至生命的威胁等。这就使得王菲的个人隐私被露骨地践踏，对他的人格尊严或精神造成伤害，生活不再安宁。所以被告张乐奕的行为构成对王菲隐私权的侵害，应承担相应的侵权法律责任。

法院认定张乐奕以披露王菲隐私的方式造成了对王菲名誉权的侵害，最后判定本案被告张乐奕构成侵犯原告隐私权和名誉权是合法合理的。

（三）隐私权是一项独立的人格权

目前在我国，作为国家根本大法的宪法和作为基本法的民法通则没有将隐私权作为一种独立的人格权加以保护。现在我国民法学者都认为隐私权应当成为一项独立于名誉权的人格权。隐私权的概念最早是 1890 年美国学者布兰代斯和沃伦在《哈佛法律评论》上发表的《论隐私权》这一文章中提出来的。该论文的发表标志着隐私权理论的诞生，它成为被后世最广泛、最经常引用的经典作品之一。后来，美国的判例采纳隐私权，并且逐渐被美国有关的法律确认，以后在世界范围内得到广泛的采用。隐私权已经是两大法系都普遍接受或者认可的重要的法律概念。联合国大会通过的《世界人权宣言》就在第 12 条明文规定："任何人的私生活、家庭、住宅和通信不得任意干涉，他的荣誉和名誉不得加以攻击。人人有权享受法律保护，以免受这种干涉或攻击。" 1966 年联合国大会通过的《公民权利和政治权利国际公约》在其第 17 条中作了几乎相同的规定。

可以说，隐私权作为一项重要的民事权利，在现代社会越来越重要，甚至已经成为一项宪法权利。许多学者认为，现代社会的特点就是对政府的行为越来越要求公开透明，而对个人的隐私越来越要求受到法律的保护，并认为隐私权的保护已经构成现代社会的重要特征，且随着社会的发展，隐私权也会越来越重要。

隐私指自然人所有不愿告人或不便告人的事情。它的内涵简单，但是外延非常丰富，涉及到每个人生活的方方面面。而隐私权是指自然人享有的私人生活安宁与私人信息秘密依法受到保护，不被他人非法侵扰、知悉、收集、利用和公开的一种人格权，而且权利主体对他人在何种程度上可以介入自己的私生活、对自己是否向他人公开隐私以及公开的范围和程度等具有决定权。目前大多数学者认为：隐私权主要包括：①公民享有姓名权、肖像权，住址、住宅电话、身体肌肤形态的秘密，未经许可，不可以刺探、公开或传播；②公民的个人活动，尤其是在住宅内的活动不受监视、窥视、摄影、录像，但依法被监视居住者除外；③公民的住宅不受非法侵入、窥视或骚扰；④公民的性生活不受他人干扰、干预、窥视、调查或公开；⑤公民的储蓄、财产状况不受非法调查或公布，但依法需要公布财产状况者除外；⑥公民的通信、日记和其他私人文件不受刺探或非法公开，公民的个人数据不受非法搜集、传输、处理、利用；⑦公民的社会关系，不受非法调查或公开；⑧公民的档案材料，不得非法公开或扩大知晓范围；⑨不得非法向社会公开公民过去的或现在纯属个人的情况，如多次失恋、被强奸等，不得进行搜集或公开；⑩公民的任何其他属于私人内容的个人数据，不可非法搜集、传输、处理、利用。

人的名誉是指具有人格尊严的名声，是人格的重要内容。所谓名誉权，是人们依法享有的对自己所获得的客观社会评价、排除他人侵害的权利。它为人们自尊、自爱的安全利益提供法律保障。名誉权主要表现为名誉利益支配权和名誉维护权。

虽然隐私权和名誉权有一定的内在联系，在某些时候也会出现竞合的情况，但是二者是两个不同的权利。隐私是一种个人信息、个人活动或个人领域，它与社会的评价无关；而名誉权则是一种社会评价。一般来说，侵犯隐私权的行为则多为非法获取、扩散有关他人私生活的事实，干涉他人私生活等，从而他人的内心安宁受到搅扰，这种行为披露的是真实情况。而侵害名誉权的行为一般是采取无中生有、侮辱、诽谤等方式贬损他人的人格，从而使其名誉受到损害，这种行为散布的是虚假的情节。一般来说，对他人名誉的侵害，肯定会造成人格的贬损、名誉的降低；而对他人隐私的侵害，则未必造成名誉的降低。侵害他人的隐私权有时会导致名誉权受损害的结果，但并非所有侵犯隐私权的行为都构成对他人名誉权的侵犯，所以，侵害隐私权的认定不应以造成名誉降低结果为要件。

如果将侵害隐私权的行为认定为侵害名誉权的方式，一方面不利于全面保护公民的隐私权，另一方面会引起名誉权侵权责任认定上的混乱。因此，隐私权是一项不同于名誉权的独立的人格权，应当从法律上确认他是一项独立的民事权利。将隐私权从名誉权中独立出来，使其与生命健康权、姓名权、名誉权、肖像权等其他人格权利相提并论，成为一项独立人格权。《侵权责任法》第 2 条完成了这一分离。

（四）民事权利与民事义务的关系

民事权利是法律赋予民事主体满足其利益的法律手段，而民事义务是指义务主体为满足权利人的利益需要，在权利限定的范围内必须为一定行为或不为一定行为的约束。民事权利与民事义务是法律界定社会关系的两种方式或手段。民事权利与民事义务作为一定社会利益的体现，共同担负着对个体行为的评价功能。对于权利主体来讲，它有一定的限度，行使权利不能无限制；对于义务主体来讲，应当作为或不应当作为的界限是确定的。民事权利与民事义务的关系实质是指任何人在行使民事权利时要尊重他人的权利、不能侵害他人的合法权益，要在法律允许的范围内行使自己的权利，同时还应以合法的方式行使自己的权利。我国现行《宪法》第 51 条明确规定："中华人民共和国公民在行使自由和权利的时候，不得损害国家的、社会的、集体的利益和其他公民的合法的自由和权利。"这是防止滥用权利的限制性规范，也是我国公民正确行使权利和自由的一条总的指导原则。我国《民法通则》规定，民事主体违反了民事义务就应承担民事责任。民事责任是指民事主体在民事活动中，因实施了民事违法行为，根据民法所承担的对其不利的民事法律后果或者基于法律特别规定而应承担的民事法律责任。民事责任属于法律责任的一种，是保障民事权利和民事义务实现的重要措施，是民事主体因违反民事义务所应承担的民事法律后果，它主要是一种民事救济手段，旨在使受害人被侵犯的权益得以恢复。

任何权利都不可能是绝对的，它都有一条自身正当与合法行使的界限，防止和控制权利和权力的滥用是法律的重要原则，也是实现法治的必然要求。公民的权利和自由总是有一定限制的，不受限制的权利和自由是不存在的。公民只有在遵守法律的前提下才能享有权利和自由。因为"自由是做法律所许可的一切事情的权利；如果一个公民能够做法律所禁止的事情，他就不再自由了，因为其他的人也同样会有这个权利。"

从本案的"人肉搜索"事件中可以发现，王菲在与姜岩婚姻关系存续期间与他人有不正当男女关系，其行为违反了我国法律规定、违背了社会的公序良俗和道德标准，使姜岩遭受巨大的精神痛苦，是造成姜岩自杀这一不幸事件的因素之一，王菲的这些行为应当受到批评和谴责。被告张乐奕处于社会道德的一般善良心态，为自己的同学讨回一个社会舆论上的公道，这无可非议。但是，这里有一个道德批判与民事权利保护的限度问题。对王菲的批评和谴责应在法律允许的范围内进行，不应披露、宣扬其隐私。由于被告的行为使得王菲乃至其家庭成员的姓名、家庭住址、工作单位、电话号码、恋爱史等个人信息均被公布于网络论坛，甚至还从网络谩骂发展到在现实生活对王菲的攻击，致使王菲在现实生活中受到了无数的电话骚扰、围追堵截、甚至生命的威胁等，干扰了王菲及家人的正常生活。网站的管理者对网民发布的信息负有监管义务，保证网站上的信息合法，若发现有关他人隐私或是侮辱他人人格的信息，应该及时删除，否则可能承担侵权责任。作为成年人的被告张乐奕，应当预见到他的这种转播行为将会造成损害事实，应当知道在行使自己的权利时，要注意不能伤害他人的合法权利。同时作为"北飞的候鸟"网站的管理者张乐奕，未尽到应尽的管理责任，对泄露王菲个人隐私的行为应当承担侵权的民事责任。社会鼓励舆论自由，但为保证每个人都能自由公正合法地享有权利，法律必然要求个人的自由只能在一定的限度内行使。

（五）完备的民法体系是法治社会的必然要求

民法体系是以调整财产权和人身权为目的，由民事主体、物权、债权和人身权等制度组成的具有内在联系的法律体系。颁布于1986年、只有156条的《民法通则》可以说是一部"权利宣言"性的法律，在当时，这部法律能够告诉我们，我们具有民事权利，这是一个时代的进步；但在今天这个法治形成的时代，民法就不能仅仅停留在权利的宣示阶段了，更要侧重权利的实现，并为这种具体民事权利的实现设计具体的途径。目前，我国的民法体系不完备，对民事权利的保护还不完善。在审理"人肉搜索第一案"时，由于我国《民法通则》未将隐私权作为一项独立的人格权加以保护，立法中没有规定隐私权，这就出现了立法上的空白，审理本案的法官只有依赖对公民名誉权这种间接保护方法对王菲隐私权进行司法保护。同时随着网络的发展，网络环境下涉及的法律问题很多，而我们现在对网络的管理、规范，尤其是对网络中所涉及到相关问题的法律保护还很不够。对网络环境下的民事权利的保护应该是民法在新的时期必须高度重视的一个问题。因此，本案的"人肉搜索"事件发生后，许多学者提出：应加快我国民法体系的构建与完善，应当参照世界各国立法，制定出我国的民法典，尽快把隐私权作为一项独立的人格权在立法上明确规定。

正如孟德斯鸠所说的，"在民法慈母般的眼神中，每个人就是整个国家。"也正像著名学者王利明在他的《民法典体系研究》中开宗明义地所揭示的，"在经济社会中，重视民法，则权利观念勃兴；贬低民法，则权利观念淡薄。"从民法的性质来看，民法是权利法，是市民社会的基本法，也是保障私权的基本规则，一向有"人民权利的圣经"之称，通常也被视为国家文明程度的标志，也是法治社会所必需的。作为权利法的民法，它对私权进行保护，以使民事主体的民事权利在极大的范围内得以实现，从而有利于民事权利的保障和实现，可以使社会每一个成员能够在法律的范围内自我发展，自我实现，营造一个"人人为我，我为人人"的良好的社会秩序，使民主法治得以实现。

到现在我们还没有一部"中华人民共和国民法"，也就是我们常说的民法典。英国历史法学的创始人梅因认为："一个国家文明的高低，看它的民法和刑法的比例就知道一二。大凡半开化的国家，民法少而刑法多；进化的国家，民法多而刑法少。"制定一部符合我国国情、具有中国特色的民法典，是我国几代民法工作者的期盼，也是一个法治社会所必需的。法治社会需要各个法律部门的共同规范和调整，而民法是实现法治社会的最重要的法律保障。民法体现了人间的一种"平等"、"互相尊重、相互协助"的关系，体现了享有人格尊严的愿望与要求，民法重要的社会功能就是形成一种社会平和的气氛，从而实现社会的文明与进步。

民法的基本原则和具体规范，是我国构建和谐社会的重要法治基础和必备条件。可以说，在我国建设社会主义文明和营造和谐社会的各项法律制度中，没有哪一项法律比民法对构建和谐社会的作用更为直接、更为重要、更具社会效果。

当前，中国民法典的制定已进入关键时期，要制定贴近实际、面向未来的民法典，应该在民法典中体现关注关心人、尊重人、实现人的自由和全面发展的价值理念，对主体制度、物权制度、债和合同制度、人格权制度、侵权责任制度以及财产继承制度等具体制度和规则进行科学的设计。

三、相关法条

（一）《中华人民共和国宪法》节选

第五十一条 中华人民共和国公民在行使自由和权利的时候，不得损害国家的、社会的、集体的利益和其他公民的合法的自由和权利。

(二)《中华人民共和国民法通则》节选

第一条 为了保障公民、法人的合法的民事权益,正确调整民事关系,适应社会主义现代化建设事业发展的需要,根据宪法和我国实际情况,总结民事活动的实践经验,制定本法。

第二条 中华人民共和国民法调整平等主体的公民之间、法人之间、公民和法人之间的财产关系和人身关系。

第三条 当事人在民事活动中的地位平等。

第五条 公民、法人的合法的民事权益受法律保护,任何组织和个人不得侵犯。

第六条 民事活动必须遵守法律,法律没有规定的,应当遵守国家政策。

第七条 民事活动应当尊重社会公德,不得损害社会公共利益,破坏国家经济计划,扰乱社会经济秩序。

第八条 在中华人民共和国领域内的民事活动,适用中华人民共和国法律,法律另有规定的除外。

第五十五条 民事法律行为应当具备下列条件:

(一)行为人具有相应的民事行为能力;

(二)意思表示真实;

(三)不违反法律或者社会公共利益。

第一百零一条 公民、法人享有名誉权,公民的人格尊严受法律保护,禁止用侮辱、诽谤等方式损害公民、法人的名誉。

第一百零六条 公民、法人违反合同或者不履行其他义务的,应当承担民事责任。

公民、法人由于过错侵害国家的、集体的财产,侵害他人财产、人身的,应当承担民事责任。

没有过错,但法律规定应当承担民事责任的,应当承担民事责任。

第一百二十条 公民的姓名权、肖像权、名誉权、荣誉权受到侵害的,有权要求停止侵害,恢复名誉,消除影响,赔礼道歉,并可以要求赔偿损失。

第一百三十四条 承担民事责任的方式主要有:

(一)停止侵害;

(二)排除妨碍;

(三)消除危险;

(四)返还财产;

(五)恢复原状;

（六）修理、重作、更换；
（七）赔偿损失；
（八）支付违约金；
（九）消除影响、恢复名誉；
（十）赔礼道歉。

以上承担民事责任的方式，可以单独适用，也可以合并适用。

第一百三十七条 诉讼时效期间从知道或者应当知道权利被侵害时起计算。但是，从权利被侵害之日起超过20年的，人民法院不予保护。有特殊情况的，人民法院可以延长诉讼时效期间。

第一百四十六条 侵权行为的损害赔偿，适用侵权行为地法律。当事人双方国籍相同或者在同一国家有住所的，也可以适用当事人本国法律或者住所地法律。

（三）《最高人民法院关于贯彻执行〈中华人民共和国民法通则〉若干问题的意见（试行）》节选（1988年1月26日通过）

第一百四十条 以书面、口头等形式宣扬他人的隐私，或者捏造事实公然丑化他人人格，以及用侮辱、诽谤等方式损害他人名誉，造成一定影响的，应当认定为侵害公民名誉权的行为。

（四）《最高人民法院关于审理名誉权案件若干问题的解答》节选（1993年8月7日施行）

对未经他人同意，擅自公布他人的隐私材料或者以书面、口头形式宣扬他人隐私，致他人名誉受到损害的，按照侵害他人名誉权处理。

（五）《最高人民法院关于确定民事侵权精神损害赔偿责任若干问题的解释》节选（自2001年3月10日起施行）

第一条 自然人因下列人格权利遭受非法侵害，向人民法院起诉请求赔偿精神损害的，人民法院应当依法予以受理：
（一）生命权、健康权、身体权；
（二）姓名权、肖像权、名誉权、荣誉权；
（三）人格尊严权、人身自由权。

违反社会公共利益、社会公德侵害他人隐私或者其他人格利益，受害人以侵权为由向人民法院起诉请求赔偿精神损害的，人民法院应当依法予以受理。

第六讲

家暴是婚姻关系的毒瘤

——以李阳家庭暴力事件为例

> 法律的目的是对受法律支配的一切人公正地运用法律，借以保护和救济无辜者。
>
> ——洛克
>
> （约翰·洛克，John Locke，1632~1704，是英国著名哲学家、经验主义的开创人。洛克同时也是第一个全面阐述宪政民主思想的人，在哲学以及政治领域都有重要影响。在知识论上，洛克与大卫·休谟、乔治·贝克莱三人被列为英国经验主义的代表人物，他在社会契约理论上也做出了重要贡献。他发展出了一套与托马斯·霍布斯的自然状态不同的理论，主张政府只有在取得被统治者的同意，并且保障人民拥有生命、自由和财产的自然权利时，其统治才有正当性。洛克相信只有在取得被统治者的同意时，社会契约才会成立，如果缺乏了这种同意，那么人民便有推翻政府的权利。）

一、案例介绍

李阳，男，1969年6月出生，山西人，兰州大学工程力学系毕业，疯狂英语创始人，全球著名英语口语教育专家，英语成功学励志导师，中国教育慈善家，全国新青年十大新锐人物，全国五百多所中学的名誉校长和英语顾问，北京奥运会志愿者英语口语培训总教练。

2011年9月4日，李阳的外籍妻子Kim在网上发微博称李阳对其实施了家庭暴力，并在网上配发了数张额头被打肿、膝盖、耳朵受伤的微博照片。经李阳妻子的友人证实网上发微博称受到家庭暴力的人的确是李阳妻子Kim本人。Kim在家庭暴力事件发生后，采取了积极的求助措施，并希望通过与丈夫共同接受心理辅导来解决问题,但由于李阳方面的原因,辅导没有持续完成。之后李阳和妻子一起在当地派出所签订了一份和解协议,其中涉及四点内容:①李阳做出公开道歉;②承诺不再发生家庭暴力;③为某妇女协会象征性捐款 1000 元;④接受心理咨询师帮助。签完协议后,李阳和妻子两次接受了心理咨询师的帮助,每次一个小时。他从中得到的收获之一是,夫妻在激烈争吵时要先分开,让自己冷静。对此,李阳表示,对于未来的夫妻关系,要看妻子的选择,看怎样能对她更好,"如果她选择离婚,我可以接受。"

Kim 在网上对网民用英文作出回应,称"李阳已经承认了家庭暴力事实,愿意承担责任,并请求宽恕。我们将带着勇气、爱和对上帝的信仰去处理剩下的事。我们这个家需要愈合伤痕,我将永远感激你们的支持,理解和爱心。"她还曾在微博上表示,自己正在学习有关家庭暴力防治方面的法律知识,不少网友则留言鼓励其要坚强、勇敢。"如果当时李阳能真心悔过并愿意接受咨询,我相信我们的婚姻曾经是可能获救的。"此后,Kim 积极关注并投入到妇女保护工作中,希望借此帮助公众改变观念上的误区。但是后来,Kim 还是向法院递交了离婚申请。

2011 年 9 月 11 日,李阳在"家庭暴力"事件之后首次公开对媒体作出回应。李阳其官方微博写到:"我向 Kim 正式道歉,我对她实施了家庭暴力,造成了身体和心灵上的严重伤害,对孩子也产生了不良的影响。我也向所有人道歉,我将深刻反省我的行为。按照 Kim 的要求,我们正在接受心理咨询师的专业帮助"。李阳希望把自己作为一个反面教材,使社会在解决家庭暴力方面得到更多智慧。2011 年 9 月 25 日,中央电视台一套《看见》栏目中,李阳接受主持人柴静专访谈家庭暴力,称家庭和孩子都是实验品,引发网友声讨。

其实在中国,家庭暴力并不罕见,据全国妇联一项调查表明,在中国 2.7 亿个家庭中,30% 的家庭存在家庭暴力,施暴者九成是男性;发生在夫妻间的家庭暴力,受害者 85% 以上是妇女;每年有 10 万个家庭因此而解体。很久以来,"家庭暴力"在中国被解读为"没文化的表现",被打的往往也被人们相像成是"忍气吞声的传统妇女"。而本案"家庭暴力"的主角,是大名鼎鼎的疯狂英语创办者、无数人视为老师的李阳;被打的人是李阳的美国籍妻子。所以这次"名人家庭暴力"、"英语老师打自己老婆"、"美国老婆被打",都形成了传播中的大众心理热点。Kim 也表示,自己的失望不仅是为自己,也为中国女性。另一方面,通过这件事,Kim 发现大部分中国人不能容忍家庭暴力,并给予了她有力的支持。

二、案例分析

(一)李阳家庭暴力事件所涉及的法律问题

从李阳的家庭暴力行为被网上曝光后,引发了媒体广泛关注。这场发生在社会名人身上的家庭暴力事件，不仅让人们从心理、社会等角度讨论家庭暴力行为产生的原因，而且法学界人士也期待法律能够为受害者提供庇护，从根本上制止施暴行为。从李阳的家庭暴力事件可以看出，家庭暴力在我国是普遍存在的，它是一个社会公害，不可能在短期内消除。但很多中国人都认为家庭暴力只是家庭私事，就像李阳妹妹曾对媒体说，这只是一件家庭小事。我们认为，家庭暴力问题绝不是家庭私事，它是一个社会问题，更是一个法律问题。同时对受过高等教育作为社会公众人物且为人师表的李阳来说，他的社会影响无疑是恶劣的。

李阳家庭暴力事件涉及了很多法律问题。首先，家庭暴力是一种违法行为，它侵害了公民人身权利，侵犯了受害人的身体权、健康权、生命权和自由权，同时对受害人的精神也造成了创伤。遭受暴力的人如果长期生活在恐怖、紧张的气氛中，心里充满了恐惧与悲哀，会导致心情抑郁或精神分裂。由于李阳对她妻子Kim施暴，给Kim造成了身体和心灵上的严重伤害，经常失眠，同时对孩子也产生了不良的影响。其次，家庭暴力违反了婚姻法有关夫妻之间权利义务的规定。我国《婚姻法》第15条规定，夫妻双方都有参加生产、工作、学习和社会活动的自由，一方或他方不得加以限制和干涉。夫妻一方行使人身自由权以合法、合理为限，并应互相尊重，反对各种干涉行为。我国法律禁止家庭暴力、虐待、遗弃；禁止夫妻一方以殴打、捆绑、残害、强行限制人身自由或者其他手段给对方的身体或精神方面造成一定伤害后果的暴力行为；禁止构成虐待的持续性、经常性的家庭暴力；禁止有扶养义务的一方不尽扶养义务的违法行为。这些规定强调的是夫妻人格独立和在共同生活中的权利义务平等、对等。同时规定，夫妻有相互扶养义务，即夫妻之间在经济上有供养和生活上扶助的法定义务。夫妻是共同生活的伴侣，应该在精神上相互慰藉，经济上相互扶助，无论丈夫或者妻子，只要生活困难需要扶养的，另一方必须对其尽扶养的义务。再次，家庭暴力违反了男女平等原则和保护妇女合法权益原则。《婚姻法》对夫妻双方地位平等、独立内容做了明确规定。这是宪法中男女平等原则的体现。其核心是指男女双方在婚姻、家庭中生活中的各个方面都平等地享有权利，负担义务，互不隶属、支配。夫妻双方地位平等贯穿于整个婚姻法，表现在人身关系、财产关系、子女抚养等多个方面。《婚姻法》第13条规定：夫妻在家庭中地位平等。这是男女平等原则的具体体现，是对夫妻法律地位的原则性规定。夫妻在人身关系和财产关系两个方面的权利和义务都是完全平等的。我国《婚姻法》第2条中在规定男女平等的同时，又规定保护妇女的合法权益。这两者并不矛盾。我国妇女虽然享有法律规定的各个方面与男子平等的权利，但鉴于男女两性的社会地位包括在婚姻家庭和亲属关系中的地位尚有实际差别的情况，如果只是一味地强调法律上的、形式上的男女平等，忽视实际生活中的、实质上的男女平等，不注意对妇女权益的特殊保护，则不利于充分挖掘男女两性的潜能、实现男女两性关系的可持续发展。另外，我们也正视男女两性的差异，由追求"无性别差异的男女平等"转向"重视性别差异的男女平等"。所以在规定男女平等的同时，也强调对妇女权益的保护。

（二）通过立法措施消除家庭暴力，履行我国所承诺的国际义务

家庭暴力是一个全球性的现象，无论是发达国家还是发展中国家，这种现象都普遍存在，而妇女是主要受害人。国际社会把反对家庭暴力作为一种国家责任。目前，世界上有80多个国家和地区对家庭暴力进行了专门立法。根据联合国《家庭暴力示范立法框架》，反家庭暴力立法的目的不仅仅是惩罚施暴者，也不仅仅是保护妇女，同时包含了预防、制止、救助、惩罚在内的一整套制度措施。因此，反家庭暴力立法需要社会广泛参与、充分论证，平衡好家庭关系中的各个方面，使之真正成为和谐社会建设和人的幸福自由发展的利器。

《消除对妇女一切形式歧视公约》于1979年12月18日在第三十四届联合国大会上通过。我国于1980年7月签署了该《公约》，同年9月，第五届全国人大常委会第十六次会议批准该《公约》在我国生效，我国成为该《公约》最早的缔约国之一。目前，共有183个公约缔约国。该《公约》是联合国为消除对妇女的歧视、争取性别平等的一份重要国际人权文书。《公约》为保护妇女权利提供了一个综合标准，全面要求在政治、经济、社会、文化、家庭等领域给予妇女平等的权利，这些具体的规定为消除对妇女的歧视提供了法律依据，它要求缔约国必须采取法律措施禁止歧视妇女，将男女平等原则写入国家宪法，或者制定男女平等法。1993年联合国为消除家庭暴力发布了《消除对妇女的暴力行为的宣言》，并确定每年11月25日为"国际消除对妇女的暴力日"。我国是《消除对妇女的暴力行为的宣言》等条约的缔约国，因此应履行国际义务，应该将消除家庭暴力的国家承诺充分体现在现行立法中，履行所承诺的义务、消除对妇女的暴力，应采取有效措施，制止家庭暴力，保护妇女、儿童、老人等一切弱势群体的合法权益。

自20世纪90年代，特别是1995年在北京召开联合国第四次世界妇女大会以后，在我国家庭暴力问题逐步引起全社会的关注。目前，我国《宪法》在保障公民权利、男女平等等方面的规定是中国反家庭暴力的立法依据，防止家庭暴力的法律主要是《婚姻法》。2001年4月28日，第九届全国人民代表大会通过的《婚姻法》修正案第一次对家庭暴力问题作了规定，《婚姻法》第3条第2款规定："禁止家庭暴力。禁止家庭成员间的虐待和遗弃。"这是将"禁止家庭暴力"上升为基本原则，并将配偶一方"实施家庭暴力或虐待、遗弃家庭成员"，作为法院认定夫妻感情确已破裂，准予离婚的法定理由之一；还规定配偶一方因

实施家庭暴力或者虐待、遗弃家庭成员，而导致离婚的，无过错方有权请求赔偿。还规定家庭暴力的受害人有权向居民委员会、村民委员会、所在单位和公安机关等寻求救助；相应机构应当应受害人要求采取救助措施；对构成犯罪的，司法机关应依法追究刑事法律责任。《妇女权益保障法》明确规定妇女在政治的、经济的、文化的、社会的和家庭的生活等方面享有同男子平等的权利。《妇女权益保障法》第46条提出："禁止对妇女实施家庭暴力。国家采取措施，预防和制止家庭暴力。公安、民政、司法行政等部门以及城乡基层群众性自治组织、社会团体，应当在各自的职责范围内预防和制止家庭暴力，依法为受害妇女提供救助。"

但目前我国还尚无专门的防止家庭暴力法律法规。有关家庭暴力的法律法规，均散见与各类法律、法条中，并有许多漏洞与缺失，《刑法》和《治安管理处罚法》对家庭暴力犯罪规定的也不明确，缺乏可操作性。不能从根本防治及解决家庭暴力问题，不利于司法操作及社会实践。李阳的家庭暴力行为被网上曝光后，法学界人士认为我国立法不完善和法律的可操作性不强是家庭暴力滋生的法律原因，并提出要从根本上制止施暴行为，应制定专门的反家庭暴力法，以便于在全国范围内制止和惩治家庭暴力的行动有专项法律可依。

（三）家庭暴力与法治精神相违背

法治精神可以说就是人权精神，尊重和保障人权是法治的精髓。人权和权利精神就是以人的权利为本，充分尊重和保障生命、健康和人格尊严。《世界人权宣言》中写到：鉴于对人类家庭所有成员的固有尊严及其平等的和不移的权利的承认，乃是世界自由、正义与和平的基础，有必要使人权受法治的保护。家庭暴力侵犯了家庭成员的人身权利，即家庭成员的生命、健康和人格尊严。从法律上来说，家庭的各种矛盾和冲突，可以通过不同的手段来进行解决和救济，但是决不能诉诸暴力的手段，否则就具有违法性。

家庭暴力，一般指发生在家庭成员之间的暴力行为，就其含义而言，有广义和狭义之分。广义的家庭暴力是指一切具有家庭关系的成员中发生的一方对另一方的暴力行为；也有人认为，广义的家庭暴力是指对家庭成员进行肉体上以及精神上的折磨、伤害和虐待的行为。狭义的家庭暴力，是指男子对妻子行使的暴力行为，对此有人称之为"殴妻现象"；也有人认为，狭义的家庭暴力则指对家庭成员进行肉体上的摧残、虐待和伤害的行为。1993年12月联合国大会正式通过的《消除对妇女的暴力行为的宣言》中指出，对妇女的暴力系"对妇女造成或可能造成身体、心理及性方面伤害或痛苦的任何基于性别的暴力行为，包括威胁要进行这类暴力、强迫或任意剥夺自由，不论其发生在公共生活还是私人生活中"。简言之，此类暴力发生在家庭内部，它既指肉体上的伤害，例如殴打、体罚、行凶、残害、捆绑、限制人身自由等行为，也指精神上的折磨，通常表现为以威胁、恐吓、咒骂、讥讽、凌辱人格等方式，造成对方精神上的痛苦、心理上的压抑等，家庭暴力还包括性虐待。2001年12月24日最高人民法院所作的《关于适用〈中华人民共和国婚姻法〉若干问题的解释（一）》界定的定义为：家庭暴力，是指行为人以殴打、捆绑、残害、强行限制人身自由或者其他手段，给其家庭成员的身体、精神等方面造成一定伤害后果的行为，这是法律上的一种明确概念。可见，我国婚姻法采用的是家庭暴力的广义含义。

英国学者认为："家庭暴力是指男性伴侣为了支配和控制女性，在他们关系存续期间或终止之后对女性所施行的暴力和虐待行为。"从英国学者观点可以看出，"家庭"不仅指有婚姻关系、身份关系的生活共同体，而且还包括同居关系及婚姻关系终止后出现的暴力行为。在美国，所谓"家庭暴力"，一般是指具有家庭关系的成员之间所发生的侵犯或暴力行为。美国官方对"暴力"的定义是"有目的或有可见目的地对另一人造成身体痛苦或伤害行为"。从这些不同的定义中可以看出，家庭暴力是许多不同行为所体现的一种共同性，这些行为的共同目的都是施暴者为了实现对受害人的控制，而且"暴力"主要指男性对女性实施的有害行为。

由此可以说，家庭暴力的特征包括：①从主体来看，施暴者和受害者之间具有特定的亲属关系。施暴者与受害人之间存在特定的亲属身份关系，一般是家庭成员，受害者一般是弱势力的妇女、儿童、老人。施暴者一般在家庭中处于强势地位，受害者一般在家庭中处于弱势地位。正是家庭成员之间的血缘关系和婚姻关系，使得家庭成员之间的暴力行为具有隐蔽的特点，也使得人们对于家庭暴力的态度同对于其他暴力行为的态度具有很大的不同。②家庭暴力侵犯的客体是家庭成员的人身权利，具体指身体权、健康权、生命权和人身自由权等。身体权是指自然人以保持其肢体、器官和其他组织的完整性为内容的人格权；健康权是指自然人以保持其身体完整的生理机能和保持持续、稳定、良好的心理状态为内容的人格权；生命权是自然人以其生命维持和安全利益为内容的人格权；人身自由权是指以身体的动静举止不受非法干预为内容的人格权，亦即在法律范围内按照自己的意志决定自己身体行动的自由权利。③实施家庭暴力的行为人具有主观上的故意，即行为人明知道自己的行为会侵犯家庭成员的人身权利，而希望或者放任这种结果的发生。④实施家庭暴力的行为人应承担相应的法律责任。根据行为人实施家庭暴力给家庭成员所造成伤害后果的情况而定，行为人承担相应的民事责任、行政责任或者刑事责任。家庭暴力既包括家庭成员之间发生的触犯刑律的犯罪行为，又包括家庭成员之间发生的违反《治安管理处罚法》或其他行政法规的轻微伤害行为，还包括民法调整的侵权行为。

实现充分的人权是人类法治精神长期以来追求的理想,作为一种违法行为、严重侵犯受害人的基本人权的家庭暴力,必然与人类法治精神相违背。因此,尊重和保障人权是法治社会的基本特征,是法治精神的精髓所在。我们相信,当"法"的理念深入人心,当法治的脚步声铿锵响起,家庭暴力将会得到有效遏制。

(四) 婚姻法是弱者保护法

婚姻法的功能主要是保护公民在婚姻家庭中的合法权益。我国的婚姻法是婚姻家庭关系的基本准则,即婚姻家庭法,它是调整婚姻家庭关系的法律规范的总称,由调整婚姻、血亲、姻亲及收养等家庭关系的行为规范所形成的法律领域。我国婚姻法既调整婚姻关系,又调整家庭关系,实际上是婚姻家庭法。

婚姻法作为一个重要的法律,具有以下几个特点:①普遍性。婚姻法是适用范围极为广泛的法律。因为它关系到男女老幼,千家万户;关系到社会生产和生活。所以,婚姻法是适用于一切公民的普通法,而不是只适用于部分公民的特别法。②伦理性。婚姻法调整的婚姻关系是男女两性关系,家庭关系是血亲关系,这些关系不仅由社会的经济基础所决定,而且还要受政治、道德、文化、风俗、习惯等因素的影响。婚姻法所规定的当事人之间的权利和义务,就是以这个社会中的伦理道德为基础的。例如,父母有抚养教育子女的义务,子女有赡养扶助父母的义务,夫妻有相互尊重的义务等。③强制性。婚姻法和其他法律一样,都具有强制性。如当事人为一定行为时(如结婚、离婚、收养等),必须依照法律的规定。这些强制性的规范是由法律预先指明、严格规定的,当事人不得违反或自行改变。

婚姻法的调整内容既包括婚姻家庭方面的人身关系,也包括由此而产生的财产关系,其中人身关系是主要方面的内容。为了调整好人身关系,进一步调整不能脱离人身关系而独立存在的财产关系。从婚姻家庭法的调整对象的性质来看,既有婚姻家庭方面的人身关系,又有婚姻家庭方面的财产关系。其中,人身关系占居主导地位,财产关系以人身关系为条件,其居于从属于人身关系的依附地位。所以,婚姻家庭法在性质上应认定为身份法而非财产法,它所调整的对象是基于婚姻家庭而产生的人身关系以及与此相联系的财产关系。

从调整对象的范围来看,婚姻家庭法既调整婚姻关系,又调整家庭关系;既包括婚姻家庭关系的发生、变更和终止的动态运行的全过程,又包括婚姻家庭关系中主体之间的权利和义务。婚姻关系因结婚而成立,又因一方死亡或离婚而终止。所以,关于结婚的条件和程序、夫妻间的权利和义务,关于离婚的处理原则、程序、条件以及离婚后财产分割和生活困难帮助等问题,都属于婚姻关系范围。家庭关系基于子女的出生、法律拟制(如收养)等原因而发生,基于离婚、家庭成员死亡、拟制血亲关系解除等原因而消灭。因此,关于确认家庭成员之间的亲属身份，规定家庭成员之间的权利义务及其产生、变更和终止等方面的事项，均属于家庭关系的范围。无论是婚姻关系还是家庭关系，都要接受婚姻家庭法的规范。

我国婚姻法确定了婚姻自由原则，即必须有结婚当事人共同一致的意思表示，才能够成立婚姻。它包括结婚自由和离婚自由。结婚自由是说结婚必须男女双方自愿且意思表示真实，不容许任何一主对他方进行强迫或任何第三方加以包办及非法干涉。离婚自由是说夫妻双方都有共同作出离婚的决定，达成离婚协议的权利；或者在夫妻感情破裂，婚姻关系无法继续维持下去的情况下，夫妻任何一方都有提出离婚诉讼的权利。我国婚姻法还确定了一夫一妻制原则，即一男一女结为夫妻的婚姻制度；男女平等原则，即男女两性在婚姻家庭生活中处于平等地位，也就是享有平等的权利，负担平等的义务，也就是说，作为任何公民，不得因性别而受到差别待遇。男女结婚后，人格独立，地位平等，享有同等的权利，负担同等的义务；妇女享有与男子平等的权利，并享有特殊保护权益。我国法律禁止家庭暴力，禁止家庭成员之间的虐待行为，提倡夫妻关系应当互相忠实，互相尊重以及家庭成员间应当敬老爱幼，互相帮助。

作为调整婚姻家庭法关系的《婚姻法》，发挥着创造良好的社会氛围和条件，极大地满足社会成员个体需要，保障个体利益，保护弱势群体的利益，维护基本人权的功能。婚姻法强调社会本位，即强调社会性。因为婚姻家庭关系其自身的存在和功能带有鲜明的公法秩序和社会保障、福利属性，具有保护弱者的价值取向。对于处于弱势地位的妇女、儿童、老人，特别对于女性来说，她们需要依靠婚姻家庭法的保护。例如，婚姻法中对重婚罪的规定及对家庭暴力的惩罚，对离异子女的抚养权、探视权的具体细化，对不履行赡养老人义务的惩罚，对无生活能力人的扶养等规定，都体现了社会对弱势群体利益的同情与保护。我国的《宪法》中也明确规定要保障公民在婚姻家庭中的合法权益。《宪法》要求个体服从社会，建立稳定和谐的社会秩序，强化责任与义务，通过引导婚姻家庭关系的和谐发展，进而促进社会的进步和发展。作为两性和血缘关系的组成的婚姻家庭，是依靠制度化的力量（如法律规范、道德规范、习惯规则等）而维持和发展的，各种婚姻家庭制度在保障其社会功能顺利实现方面发挥了不可替代的作用。当社会还需要婚姻家庭的职能时，就需要婚姻家庭制度，特别是婚姻家庭的法律制度，没有婚姻家庭法的保障，婚姻家庭是难以为继的，婚姻家庭的社会职能是难以发挥的。任何一个社会要使文明延续下去，都必须建立一种稳固而有活力的家庭制度。家庭的稳定健康与否直接关系到其所在社会的发展情况，同时也是衡量这个社会文明程度的标准之一。婚姻家庭法在调整婚姻和家庭这样一个复杂的社会关系时发挥其引导作用。同时婚姻法还具有法律的价值。法学理论认为，法律蕴含着多种价值，如正义、公平、效率、秩序等。就公平而言，最简单的理解就是平等的人得到同样的对待。在民主社会制度中，婚姻家庭法一般都带有某种公法特点，重视国家和社会公权力的干预。法律干预婚姻家庭的基本方法是直接而明确的，如增加禁止家庭暴力；增加对家庭成员虐待、遗弃的行政处罚和民事制裁；调整离婚扶养费和抚育费的给付，弥补离婚的不良后果，使因离婚陷于困境的弱者有足够的能力走向新生活。所以说，婚姻家庭法担负着调整社会中最广泛存在的婚姻家庭关系的重任，从这种意义上说婚姻家庭法更关注法治社会中人们所应享有的权利和所应负的义务。

（五）借助法律武器解决家庭暴力

李阳家庭暴力事件出现后，我国法学界人士认为，我国立法不完善和法律的可操作性不强是家庭暴力滋生的法律原因。我国目前还没有制定一部专门的反家庭暴力法，虽然《宪法》、《婚姻法》、《刑法》、《妇女权益保障法》等法律法规都对禁止暴力做了规定。《妇女权益保障法》规定侵害妇女的合法权益，造成财产损失或者其他损害的，应当依法赔偿或者承担其他民事责任；《婚姻法》规定由于实施家庭暴力导致离婚的，无过错方有权请求损害赔偿，如果侵害了生命权、健康权、名誉权或是人身自由权可以根据《民法通则》承担民事赔偿责任，包括精神损失赔偿。根据《治安管理处罚法》规定殴打他人，造成轻微伤害或虐待家庭成员，尚不够刑事处罚，受虐待人要求处理的，可以处5日以下拘留或者警告。依据《婚姻法》规定，实施家庭暴力或虐待家庭成员，受害人有权提出请求，居民委员会、村民委员会以及所在单位应当予以劝阻、调解。对正在实施的家庭暴力，受害人有权提出请求，居民委员会、村民委员会应当予以劝阻；公安机关应当予以制止。对于实施家庭暴力，情节恶劣、后果严重以致构成犯罪的行为，根据《刑法》规定，行为人应当承担刑事法律责任。我国现行《刑法》对实施家庭暴力触犯刑律涉及的罪名有故意伤害罪、非法拘禁罪、侮辱罪、暴力干涉婚姻自由罪、重婚罪、虐待罪、遗弃罪等。《婚姻法》中规定对实施家庭暴力或虐待、遗弃家庭成员构成犯罪的，依法追究刑事责任。受害人可以依照刑事诉讼法的有关规定，向人民法院自诉；公安机关应当依法侦查，人民检察院应当依法提起公诉。但从这些法律规定可以看出，目前我国有关家庭暴力的法律规定散见于不同的单行法和司法解释中。这些法律法规一方面是针对全社会不特定的主体所作出的规范，而不是针对特定主体的规范；另一方面是条款较笼统、职责不分明、可操作性差，尤其对家庭暴力如何处罚，缺乏细致的规定。

在2002年11月15、16日召开的"反对针对妇女的家庭暴力国际研讨会"中，中国法学会研究人员提交的《家庭暴力防治法（建议稿）》，就是针对我国没有反家庭暴力统一立法的现实所做的努力。建议稿认为：在依法治国的大背景下，出台专门的反家庭暴力法，不仅有利于保护妇女儿童不受暴力侵害，而且有利于完善中国特色的法律体系，对于进一步增强群众的法治意识和自我维权意识，对于提升整个社会的法制道德水平有着重要的意义。制定专门的反家庭暴力法，以便于在全国范围内制止和惩治家庭暴力的行动有专项法律可依。反家庭暴力法应包括：①保障性规定。即通过法律条文对家庭成员各自在家庭关系中所享有的权利与应履行的义务进行明确的规定。②制裁性规定。在该类规定中，针对家庭成员中成年者之间不是很严重的身体伤害或精神虐待，主要由有关执法部门根据受害者的选择，而对施暴者采取相应的惩罚措施，如警告，责令赔礼道歉，行政拘留；颁发司法令，命令施暴者从家里搬出居住，阻止施暴者与受害者通讯，制止施暴者接近受害者及其住所；强制施暴者接受心理治疗等。③社会保障性规定。如设立并提供家庭暴力投诉站、伤情鉴定中心、紧急庇护所、心理咨询与治疗机构、电话服务专线、专门的法律援助机构等，为受害者提供庇护、物质资助及法律援助，为施暴人提供心理治疗。

我国法学界人士指出，李阳家庭暴力事件也说明我国应进一步完善婚姻法，增加禁止家庭暴力的规定。可以借鉴美国、英国等国的经验，在处理家庭暴力案件中，特别是在离婚案件中，受害人可以向法官申请禁止令（保护令）。禁止施暴者靠近处于危险中的受害者。违反禁止令的行为人，除了有可能引发其他刑事、民事的藐视法官的诉讼程序和受到制裁外，还可能被处罚款和受到逮捕和刑事控诉。我国《婚姻法》中应建立婚内赔偿制度，即家庭暴力受害方有权就各种损害要求经济赔偿，包括：工资损失、医疗费用、财产损失、咨询费用、逃避暴力的交通费等相关费用、生活费等，并根据夫妻财产状况给予不同的赔偿。挪威1988年的《刑事诉讼法修正案》规定，对配偶、儿童或其他亲密关系者的暴力侵害案件实行"无条件司法干预"的公诉原则。即便受暴妇女撤销了先前的指控，警察和公诉机关在没有被害人同意的情况下，也可以向施暴者提起诉讼。我国可以借鉴挪威这种无条件司法干预原则，改革我国的诉讼制度。可以设立婚姻家庭法庭或合议庭，建立自诉与强制诉讼相结合的诉讼模式。由检察机关根据受害者行为能力与施暴者的侵害程度与情节，强制向法院提起诉讼，追究施暴者的民事或刑事责任。只有两者结合适用，才能确保受害者合法权益得到有效的维护。

完善的立法能够为家庭暴力问题的解决提供最为坚实的基础和后盾；有力的执法能够为家庭暴力问题的解决提供最为有力的执行力保障；有效的司法干预机制能够用法律为受害人擎起没有暴力的蓝天。

三、相关法条

（一）《中华人民共和国婚姻法》节选

第二条 实行婚姻自由、一夫一妻、男女平等的婚姻制度。

保护妇女、儿童和老人的合法权益。

实行计划生育。

第三条 禁止包办、买卖婚姻和其他干涉婚姻自由的行为。禁止借婚姻索取财物。

禁止重婚。禁止有配偶者与他人同居。禁止家庭暴力。禁止家庭成员间的虐待和遗弃。

第四条 夫妻应当互相忠实，互相尊重；家庭成员间应当敬老爱幼，互相帮助，维护平等、和睦、文明的婚姻家庭关系。

第三十二条 男女一方要求离婚的，可由有关部门进行调解或直接向人民法院提出离婚诉讼。

人民法院审理离婚案件，应当进行调解；如感情确已破裂，调解无效，应准予离婚。

有下列情形之一，调解无效的，应准予离婚：

（一）重婚或有配偶者与他人同居的；

（二）实施家庭暴力或虐待、遗弃家庭成员的；

（三）有赌博、吸毒等恶习屡教不改的；

（四）因感情不和分居满 2 年的；

（五）其他导致夫妻感情破裂的情形。

一方被宣告失踪，另一方提出离婚诉讼的，应准予离婚。

第四十三条 实施家庭暴力或虐待家庭成员，受害人有权提出请求，居民委员会、村民委员会以及所在单位应当予以劝阻、调解。

对正在实施的家庭暴力，受害人有权提出请求，居民委员会、村民委员会应当予以劝阻；公安机关应当予以制止。

实施家庭暴力或虐待家庭成员，受害人提出请求的，公安机关应当依照治安管理处罚的法律规定予以行政处罚。

第四十五条 对重婚的，对实施家庭暴力或虐待、遗弃家庭成员构成犯罪的，依法追究刑事责任。受害人可以依照刑事诉讼法的有关规定，向人民法院自诉；公安机关应当依法侦查，人民检察院应当依法提起公诉。

第四十六条 有下列情形之一，导致离婚的，无过错方有权请求损害赔偿：

（一）重婚的；

（二）有配偶者与他人同居的；

（三）实施家庭暴力的；

（四）虐待、遗弃家庭成员的。

（二）《最高人民法院关于适用〈中华人民共和国婚姻法〉若干问题的解释（一）》节选（自 2001 年 12 月 27 日起施行。）

第一条 婚姻法第 3 条、第 32 条、第 43 条、第 45 条、第 46 条所称的"家庭暴力"，是指行为人以殴打、捆绑、残害、强行限制人身自由或者其他手段，给其家庭成员的身体、精神等方面造成一定伤害后果的行为。持续性、经常性的家庭暴力，构成虐待。

（三）《中华人民共和国妇女权益保障法》节选

第二条 妇女在政治的、经济的、文化的、社会的和家庭的生活等各方面享有同男子平等的权利。

实行男女平等是国家的基本国策。国家采取必要措施，逐步完善保障妇女权益的各项制度，消除对妇女一切形式的歧视。

国家保护妇女依法享有的特殊权益。

禁止歧视、虐待、遗弃、残害妇女。

第三十六条 国家保障妇女享有与男子平等的人身权利。

第三十七条 妇女的人身自由不受侵犯。禁止非法拘禁和以其他非法手段剥夺或者限制妇女的人身自由；禁止非法搜查妇女的身体。

第三十八条 妇女的生命健康权不受侵犯。禁止溺、弃、残害女婴；禁止歧视、虐待生育女婴的妇女和不育的妇女；禁止用迷信、暴力等手段残害妇女；禁止虐待、遗弃病、残妇女和老年妇女。

第四十六条 禁止对妇女实施家庭暴力。

国家采取措施，预防和制止家庭暴力。

公安、民政、司法行政等部门以及城乡基层群众性自治组织、社会团体，应当在各自的职责范围内预防和制止家庭暴力，依法为受害妇女提供救助。

（四）《中华人民共和国治安管理处罚法》节选

第四十三条 殴打他人的，或者故意伤害他人身体的，处 5 日以上 10 日以下拘留，并处 200 元以上 500 元以下罚款；情节较轻的，处 5 日以下拘留或者 500 元以下罚款。

第四十五条 有下列行为之一的，处 5 日以下拘留或者警告：

（一）虐待家庭成员，被虐待人要求处理的；

（二）遗弃没有独立生活能力的被扶养人的。

第七讲

继承是与生俱有的权利

——以钟叶氏遗产继承案为例

> 法律的力量仅限于禁止每一个人损害别人的权利,而不禁止他行使自己的权利。
>
> ——罗伯斯比尔
>
> (马克西米连·佛朗索瓦·马里·伊西多·德·罗伯斯比尔,Maximilien François Marie Isidore de Robespierre,1758~1794,又译罗伯斯比,是法国大革命时期重要的领袖人物,是雅各宾派政府的实际首脑之一。罗伯斯比尔出生于法国北部加来海峡省阿拉斯,父亲、祖父和曾祖父都是当地的律师,罗伯斯比尔受家人的影响亦进入法学院学习,1781年获得法学士学位。同年夏天,罗伯斯比尔回到故乡,年底被阿拉斯法庭接纳,开始从事律师工作,1782年初被任命为阿拉斯主教法庭五名法官之一。他受卢梭影响很深,经常为明显受到不公待遇的人们辩护,胜诉率较高。他的政治主张鲜明,支持男性公民普选权,反对国王否决权,支持赋予犹太人民权,呼吁废除奴隶制和死刑,反对新闻审查。他的提议很少被政府采纳,但却为他在全国赢得了极高声望,使他获得了"不可腐蚀者"的称号。罗伯斯比尔在法国和世界历史上影响深远,19世纪很多欧洲革命家都对他怀有敬意。)

一、案例介绍

2011年12月2日,网络上曝出了一则题为《武平公务员饿死九旬老母》的帖子,并在帖子上附着一段视频。在该视频中,一位白发老太太瘦得几乎皮包骨头,躺在住宅楼下杂物间里的一张凉席上,脸色惨白,惨不忍睹。随后,该帖子和视频迅速被数十家网站相继转载。据该帖子称,视频中的皮包骨般的九旬老母是因房屋继承纠纷被其公务员儿子活活"饿死"的。对此，广大网友们议论纷纷，铺天盖地谴责这种不孝的行为。

该视频中的老人是钟叶氏老太太，祖籍广东梅县白渡，去世时已90岁。发出该帖子的人名叫钟艺珍，是钟叶氏老太太大儿子钟兆享的女儿。钟艺珍在帖子声称，钟叶氏老太太是被其做公务员小儿子钟兆洪饿死的，所以发帖子要为奶奶讨个公道。那么，事情的经过到底是怎么样的呢？

原来，视频中的老母亲生前有五子一女，其夫英年早逝，三、六子自小送养他人。在母亲的含辛茹苦下，大儿子钟兆享成家比较早，小儿子钟兆洪也于1978年考上大专，并顺利完成学业。

随后，老母亲的几个子女相继成家。老大钟兆享搬出家庭共同居住的祖宅艰苦创业，并育有一女钟艺珍。老二蜗居一角生活清苦。女儿出嫁外地，老四钟兆洪一家仍与老母亲住在祖屋。在此期间，老四在老母亲及其他兄妹不知情的情况下，单方面把两层小楼的祖宅产权证办理在自己一人名下。2004年，老大钟兆享即钟艺珍之父染上了尿毒症。2010年12月19日，与病魔斗争许久的钟兆享撒手归西。钟兆享死亡时，尚有配偶及其女儿钟艺珍，并遗留一栋500多平方的房屋。

据网络报道称，2011年6月，钟兆洪因自己工作之便得知其兄钟兆享遗留的房屋面临拆迁，可能有巨额拆迁补偿，于是以老母亲之名义申请法律援助，向法院提出诉讼，要求继承长兄钟兆享的房屋遗产。但是，此事后来以老母亲的申请撤诉而告终。

2011年9月底，警方及县妇联接到老母亲将被"饿死"的举报后将其送往医院救治。经抢救和诊断，医生出具了病危通知书和诊断证明，诊断证明上列明为"重度营养不良"。由于长期严重营养不良，老母亲多个脏器已严重衰竭，并最终于同年国庆前夕去世。

在老母亲去世不久后，钟兆洪以儿子的名义，要求继承老母亲1/2的房产。目前，该案件在法院的审理当中。

另外，对关于钟兆洪是否具有公务员身份的问题，武平县经贸局在事发后成立了调查组进行调查。经查，网络上发布的帖子中钟兆洪并不是公务员，也不是副科级干部，不过是经贸局下属的县中小企业服务中心的一名事业单位编制的工作人员，非党员。

二、案例分析

（一）保护公民私人财产所有权的基本原则

钟叶氏老太太的案件，反映了继承法的许多问题。比如继承法是否保护公民私人财产所有权？本案中继承权的客体是什么？拆迁利益是否属于继承的客体范围？钟兆洪的行为是否会导致其丧失法定继承人的地位？钟艺珍是否适用代位继承？

继承法的基本原则，是指贯穿于继承法立法、司法和执法的全过程，对继承的法律行为具有全局性和根本性指导作用的准则。继承法的基本原则体现了继承法的特色，是宪法相关基本原则在继承法上的体现。我国继承法体现的原则多种多样，虽然不同学者对其评价不一，但是保护公民个人私有合法财产继承权是共同认可的基本原则。

我国《宪法》第13条第2款规定："国家依照法律规定保护公民的私有财产权和继承权。"《民法通则》第76条规定："公民依法享有财产继承权。"《继承法》第1条也开篇指出："根据《中华人民共和国宪法》规定，为保护公民私有财产的继承权，制定本法。"《宪法》是国家的根本大法，规定了国家生活的最根本原则，《民法通则》、《继承法》是民事一般法，也必然体现宪法的基本原则，因此，保护公民个人私有合法财产，既是宪法上的要求，也是我国继承法应该遵循的基本原则。这一原则包含了两方面的内容，即保护和救济。第一方面内容是法律保护公民依法享有的对于个人私有财产的继承权，不受任何国家机关、集体和其他人的非法干涉；第二方面内容是当这种继承权受到非法侵犯时，法律提供充足的救济途径，以国家强制力的方式维护公民依法享有的权利。

保护公民个人私有合法财产的原则在继承法上主要表现在以下几个方面：

第一，凡是公民死亡时遗留下来的个人合法财产，均为遗产，都是继承人可以依法继承的。《继承法》第3条明确规定："遗产是公民死亡时遗留的个人合法财产"。该条规定的财产既包括公民的生活资料，也包括生产资料，既包括公民的有形财产，也包括公民的无形财产。

第二，继承权主体广泛。我国《继承法》第6条规定："无行为能力人的继承权、受遗赠权，由他的法定代理人代为行使。限制行为能力人的继承权、受遗赠权，由他的法定代理人代为行使，或者征得法定代理人同意后行使。"此条规定充分保证了无民事行为能力人和限制民事行为能力人的继承权和受遗赠权，法定代理人不得损害被代理人的利益，明显损害被代理人利益的代理行为无效。

第三，继承人的继承权不被非法剥夺。《继承法》第7条规定："继承人有下列行为之一的，丧失继承权：①故意杀害被继承人的；②为争夺遗产而杀害其他继承人的；③遗弃被继承人的，或者虐待被继承人情节严重的；④伪造、篡改或者销毁遗嘱，情节严重的。"除此之外，继承人并不因其他个人品质或政治原因被剥夺继承权。

第四，继承人享有在继承权被侵害时寻求救济的权利，即继承权恢复请求权。《继承法》第8条规定："继承权纠纷提起诉讼的期限为2年，自继承人知道或者应当知道其权利被侵犯之日起计算。但是，自继承开始之日起超过 20 年的，不得再提起诉讼。"继承人在继承权受到非法侵害时可以在规定期间内通过诉讼程序寻求救济。从上述规定可以看出，在本案件中钟叶氏的祖宅房屋和钟兆享死亡时遗留的房产均属于公民的个人合法财产，应该受到法律的保护，继承人可以依照法律的规定进行继承。

（二）继承权的客体包括遗产和债务

继承权的客体，即是继承权的标的，是继承法律关系指向的对象。在我国的继承法上，继承权的客体通说认为是被继承人的遗产和债务，这也是继承法律关系发生的基础。

遗产是指自然人死亡时遗留下来的，依照继承法规定由继承人继承的合法财产。遗产具有以下特征：①遗产应当是被继承人的合法财产，具有合法性。只有被继承人的合法个人财产才可以由继承人继承，以非法手段取得的财产不受法律保护，因此不能作为遗产。另外，遗产也必须是个人财产，而不能是国家或集体的财产，与他人的共有财产中非被继承人财产份额也不能作为遗产。②遗产具有限定性，即具有范围上的限定性和时间上的限定性。范围上的限定性是指只有依继承法可以合法转移给他人的财产才是遗产。时间上的限定性是指遗产是被继承人死亡时遗留下来的个人合法财产。③遗产具有财产性。根据我国继承法上关于继承权的规定，继承的客体不包括身份，而只能是财产。

我国《继承法》第 3 条规定："遗产是公民死亡时遗留的个人合法财产，包括：①公民的收入；②公民的房屋、储蓄和生活用品；③公民的林木、牲畜和家禽；④公民的文物、图书资料；⑤法律允许公民所有的生产资料；⑥公民的著作权、专利权中的财产权利；⑦公民的其他合法财产。"从上述法条来看，我国继承法对遗产的范围采取了正面列举式的表述来说明，但是该条第 7 项也为遗产的范围留下了解释的空间。因此，《继承法》第 4 条规定，"个人承包应得的个人收益，依照本法规定继承"。《最高人民法院关于贯彻执行〈中华人民共和国继承法〉若干问题的意见》第 3 条也规定："公民可继承的其他合法财产包括有价证券和履行标的为财物的债权等。"

在法律实践中，由于社会变迁速度快和财产表现形式复杂化，遗产的范围实难以例举形式规定。因此，为了避免法律规定对遗产有所遗漏，除了专属于被继承人的权利之外（如人身权等），凡是依法可以进行转移的财产或者财产权利都在遗产范围内。在本案件中，据网络的报道，钟兆享死亡后遗留的房屋面临着拆迁，会有拆迁补偿。在我国的拆迁补偿中，一般是给予拆迁补偿款和住房安置补助款或者是进行回迁。但是在以上的拆迁补偿的形式中，都是可以依法进行财产评估和进行财产权转移的，所以拆迁补偿就自然而然地在可以成为遗产的范围内了。

我国的《继承法》采取的是概括继承主义，因此除了积极财产外，消极财产（债务）也应该成为继承权的客体。这里的被继承人的消极财产是指被继承人生前以其个人名义欠下的、用于被继承人个人需要的债务：①此债务是被继承人生前所欠下的；②此债务是被继承人作为债务人的地位而欠下的债务；③此债务是满足被继承人个人某种特殊需要而欠下的；④此债务具有合法性。值得注意的是，根据我国《继承法》的规定和法律实践上来看，被继承人生老病死或者办理丧事行为的费用一般认为不是遗产，不属于继承权的客体，而是被继承人的近亲属应尽的法定义务，由此产生的债务也是属于近亲属的债务，而不属于遗产的范围。在本案中，被继承人钟叶氏老太太生前的治疗疾病费用和丧葬的费用不属于其个人的债务，不属于遗产的范围，不能由继承人进行继承从而分担债务。这些费用的支出属于其近亲属应尽的法定义务，是属于近亲属的债务，应该由近亲属承担。

另外，被继承人因被致害死亡而产生的损害赔偿请求权能否成为继承权的客体呢？我国的《民法通则》对此并无明确的规定。但是，2003年最高人民法院颁布的《最高人民法院关于审理人身损害赔偿案件适用法律若干问题的解释》第17条第1款规定："受害人遭受人身损害，因就医治疗支出的各项费用以及因误工减少的收入，包括医疗费、误工费、护理费、交通费、住宿费、住院伙食补助费、必要的营养费，赔偿义务人应当予以赔偿。"由此可见，侵权人对死亡所负的损害赔偿并不因被继承人死亡而消灭，而是可以由继承人进行继承的。

（三）法定继承是由法律直接规定的继承遗产的方式

法定继承是指将被继承人的遗产按照法律规定的继承人的范围、继承人的顺序和遗产分配原则进行遗产分配的一种方式。法定继承具有如下特征：

1. 由于法定继承是由法律直接规定的继承遗产的方式，因而其各个要素都是由法律作出直接规定的，具有法定性。主要体现在以下方面：首先，继承人的范围由法律规定。我国《继承法》第10条第1、2款规定："遗产按照下列顺序继承：第一顺序：配偶、子女、父母。第二顺序：兄弟姐妹、祖父母、外祖父母。继承开始后，由第一顺序继承人继承，第二顺序继承人不继承。没有第一顺序继承人继承的，由第二顺序继承人继承。"由此可见，法律规定了法定继承的继承人范围。其次，继承人的顺序也是由法律直接规定的，这与遗嘱继承不同。遗嘱继承要求必须是法定继承中的继承人，但并不要求遗嘱继承中继承人的继承顺序，被继承人完全可以根据个人意思设立各个继承人的继承顺序和分配份额。最后，法定继承的分配原则由法律直接规定，我国《继承法》第13条规定："同一顺序继承人继承遗产的份额，一般应当均等。对生活有特殊困难的缺乏劳动能力的继承人，分配遗产时，应当予以照顾。对被继承人尽了主要扶养义务或者与被继承人共同生活的继承人，分配遗产时，可以多分。有扶养能力和有扶养条件的继承人，不尽扶养义务的，分配遗产时，应当不分或者少分。继承人协商同意的，也可以不均等。"在按照法定继承进行分配时必须遵循以上的分配原则。

2. 法定继承以继承人和被继承人之间有亲属身份关系为前提。我国《继承法》第10条规定了配偶、子女、父母、兄弟姐妹、祖父母、外祖父母是法定继承中的继承人，继承法同时还规定了孙子女、外孙子女及晚辈直系血亲以及丧偶儿媳对公婆尽了主要赡养义务的、丧偶女婿对岳父母尽了主要赡养义务的都享有继承权。继承人与被继承人之间具有血缘关系、婚姻关系或者扶养关系，这是两者之间发生继承关系的前提与依据。

3. 法定继承的适用效力具有强制性。因为法定继承的各个要素都是由法律规定的，因此继承法关于继承人的范围、继承人的顺序以及继承遗产的分配原则必须遵守，否则就构成违法行为，侵害其他继承人利益的应承担法律责任。

4. 法定继承具有适用范围。我国《继承法》第5条规定："继承开始后，按照法定继承办理；有遗嘱的，按照遗嘱继承或者遗赠办理；有遗赠扶养协议的，按照协议办理。"第27条规定："有下列情形之一的，遗产中的有关部分按照法定继承办理：①遗嘱继承人放弃继承或者受遗赠人放弃受遗赠的；②遗嘱继承人丧失继承权的；③遗嘱继承人、受遗赠人先于遗嘱人死亡的；④遗嘱无效部分涉及的遗产；⑤遗嘱未处分的遗产。"

关于法定继承人的范围，我国《继承法》第10条做了如下规定："遗产按照下列顺序继承：第一顺序：配偶、子女、父母。第二顺序：兄弟姐妹、祖父母、外祖父母。继承开始后，由第一顺序继承人继承，第二顺序继承人不继承。没有第一顺序继承人继承的，由第二顺序继承人继承。本法所说的子女，包括婚生子女、非婚生子女、养子女和有扶养关系的继子女。本法所说的父母，包括生父母、养父母和有扶养关系的继父母。本法所称的兄弟姐妹，包括同父母兄弟姐妹、同父异母或者同母异父的兄弟姐妹、养兄弟姐妹、有扶养关系的继兄弟姐妹。"第12条规定："丧偶儿媳对公、婆，丧偶女婿对岳父、岳母，尽了主要赡养义务的，作为第一顺序继承人。"综上所述，我国法律规定的第一顺位继承人的范围包括配偶、子女、父母、对公婆尽了主要赡养义务的丧偶儿媳、对岳父母尽了主要赡养义务的丧偶女婿；第二顺位继承人的范围则是兄弟姐妹、（外）祖父母。

配偶是指在合法有效的婚姻存续期间男女双方之间的称谓。在涉及到继承权方面，确定配偶的身份可能涉及如下问题：首先，事实婚姻如果被法律确认有效，则在男女之间获得配偶的身份，可以依法进行继承；其次，关于无效婚姻，我国婚姻法采取的是溯及既往主义，男女双方之间自始至终并未产生夫妻权利义务，自然而然不能成为配偶，不能作为第一顺位继承人发生继承。值得注意的是，在实践中，如果要获得无效婚姻的效果，要通过申请法院确认无效的途径，如《婚姻法解释（三）》第1条第1款规定："当事人以婚姻法第10条规定以外的情形申请宣告婚姻无效的，人民法院应当判决驳回当事人的申请。"

《继承法》第10条规定的子女，包括婚生子女、非婚生子女、养子女和有扶养关系的继子女。需要注意的几个问题是：①在旧社会中由于一夫多妻或者纳妾所生的子女不仅与其生父母有继承关系，与生父的其他配偶形成抚养关系的，也互相有继承权。②形成抚养关系的养父母和养子女互相有继承权。在民间生活中由于年龄差距大而收养的"孙子女"，由于在本质上还是收养关系，在法律上还是视为养父母与养子女的关系，互有继承权。③继子女有双重继承权。有扶养关系的继子女，与继父母之间形成了密切的抚养关系，有权继承继父母的遗产，但是同时也有权继承生父母的遗产，拥有双重继承权。④胎儿亦有继承的地位。在我国继承法中，遗产应该为胎儿保留继承份额，应为其保留而没有保留的应从继承人所继承的遗产中扣回。胎儿出生时是死体的，保留的份额按照法定继承办理，但如果胎儿是出生后死亡的，则是由其继承人继承了。

《继承法》第10条规定的父母，包括生父母、养父母和有扶养关系的继父母。由此可见，我国法律对父母的范围做了扩张，不仅仅如此，与继子女的双重继承资格一致，继父母继承了继子女遗产的，不影响其继承生子女的遗产。另外，如果生父母的子女被他人所收养的，那么其与生子女之间的权利义务即消灭，因而生父母对被他人收养的子女的遗产就不再享有继承权了。同样的道理，如果形成了收养关系而在被继承人死亡前解除了收养关系的，那么其相互之间的权利义务消灭而没有继承权。

《继承法》规定，对公婆或岳父母尽了主要赡养义务的丧偶儿媳或丧偶女婿可以作为第一顺位继承人，这是第一顺位继承人的特殊规定。所谓主要的赡养义务，是指丧偶儿媳或者丧偶女婿为公婆或岳父母的生活提供了主要经济来源，或者在日常生活中为公婆或岳父母提供了主要的劳务扶助和精神抚慰。这里需要注意的是，不论他们是否再婚都并不影响其继承的权利，并且他们的子女也可以进行代位继承。

《继承法》所说的兄弟姐妹，包括同父母的兄弟姐妹、同父异母或者同母异父的兄弟姐妹、养兄弟姐妹、有扶养关系的继兄弟姐妹。这里比较复杂的问题是在继兄弟姐妹之间，要互相有继承权则必须先形成扶养关系，否则无法相互继承。另外，在收养子女与其亲兄弟姐妹之间，本系兄弟姐妹，但因其被收养，那么被收养人与兄弟姐妹之间的权利义务已经消灭，所以互相之间也没有继承权了。

《婚姻法》第28条规定："有负担能力的祖父母、外祖父母，对于父母已经死亡或父母无力抚养的未成年的孙子女、外孙子女，有抚养的义务。有负担能力的孙子女、外孙子女，对于子女已经死亡或子女无力赡养的祖父母、外祖父母，有赡养的义务。"在生活实践中，祖父母或外祖父母抚养未成年的孙子女、外孙子女是比较普遍的现象，也是我国优秀的中华民族传统美德，体现了家庭生活的和谐，因此我国法律也将祖父母、外祖父母也列入了法定继承人的范围了。

在本案件中，由于钟叶氏的三、六子自小送养他人，那么在钟叶氏与此两子之间由于没有形成抚养关系，相互之间的权利义务消灭，彼此之间就没有相互继承权了。所以，在钟叶氏死亡后，其遗产只能由其他形成抚养关系的子女继承。如果子女先于其死亡的，则要发生代位继承。

（四）如何确定继承权资格的丧失

我国《继承法》第7条规定："继承人有下列行为之一的，丧失继承权：①故意杀害被继承人的；②为争夺遗产而杀害其他继承人的；③遗弃被继承人的，或者虐待被继承人情节严重的；④伪造、篡改或者销毁遗嘱，情节严重的。"

故意杀害被继承人，无论是既遂还是未遂，是主犯还是从犯，也无论动机如何，事后是否追究了刑事责任，只要实施了该行为就构成杀害被继承人，就会丧失继承权。若继承人是由于过失杀害继承人的，即使触犯了刑法也不因此丧失继承权。另外，确认是否丧失继承权必须注意如下问题：①精神病人、未满14周岁的人故意实施杀害行为，因其不具有辨认和控制自己行为的能力，主观上不存在故意过失的辨认问题，不会因为故意杀害行为而丧失继承权。②故意伤害致死和故意杀害行为是不同的两个概念。故意伤害致死是指行为人以伤害为目的，死亡并非其追求的结果，主观上对死亡是过失的态度，而故意杀害行为主观上是剥夺他人生命的目的。因此，故意伤害致死不能因此丧失继承权。三是正当防卫或者紧急避险致使被继承人死亡的，继承人也不丧失继承权。

为争夺遗产而杀害其他继承人的，这一法定事由的构成要件有两个：一是继承人有故意杀害其他继承人的行为，无论是否得逞，无论其他继承人是否死亡；二是继承人杀害其他继承人的目的是争夺遗产。

遗弃被继承人的，或者虐待被继承人情节严重的，是指继承人有能力扶养而不扶养被继承人，致使被继承人生活难以维持或者对被继承人故意进行肉体和精神上的折磨。情节严重的，无论是否追究刑事责任，均丧失继承权。

伪造、篡改或者销毁遗嘱，情节严重的亦丧失继承权。遗嘱的内容是被继承人生前的真实的处分自己财产的意思表示，继承人伪造、篡改或者销毁遗嘱是对继承人行使权利的不正当干预，同时侵害了依遗嘱享有继承权的其他继承人的合法权利。

值得注意的是，如果继承人有以上丧失继承权的行为，但是被继承人还是以遗嘱的方式将遗产给予该继承人，那么这样的遗嘱行为是否有效呢？对此，《最高人民法院关于贯彻执行〈中华人民共和国继承法〉若干问题的意见》第 12 条规定："继承人有继承法第 7 条第 1 项或第 2 项所列之行为，而被继承人以遗嘱将遗产指定由该继承人继承的，可确认遗嘱无效，并按继承法第 7 条的规定处理。"从这条规定可以看出，如果是后两项行为的话，那么并不影响被继承人对继承人遗嘱的效力。

在本案件中，如果正如网络报道的那样，钟兆洪有能力扶养而不扶养被继承人钟叶氏老太太，致使钟叶氏生活难以维持而被饿死的话，这种情况就是属于遗弃被继承人的或者虐待被继承人情节严重的情形，无论钟兆洪是否被追究刑事责任，其均丧失了继承钟叶氏老太太遗产的权利。

《继承法》第 11 条规定："被继承人的子女先于被继承人死亡的，由被继承人的子女的晚辈直系血亲代位继承。代位继承人一般只能继承他的父亲或者母亲有权继承的遗产份额。"由此可见，代位继承是指被继承人的子女先于被继承人死亡而由其晚辈直系血亲继承遗产份额的制度，这是法定继承的一种特殊形式。

依照《继承法》的规定，代位继承应该具备以下几个构成要件：①被继承人的子女须先于被继承人死亡。如果被继承人的子女后于被继承人死亡的，则不会发生代位继承，只存在转继承的问题。当然，如果是同时死亡的话，那么依照我国法律的规定，几个辈分不同的人同时死亡的，那么是推定长辈先死，此时也不会发生代位继承。②被代位人没有丧失继承权。如果被代位人已经丧失了继承权，那就不会发生代位继承的问题了。当然，如果代位继承人已经丧失了对被代位人的继承权，那么也无权代表被代位人去继承其应继承的遗产。③代位继承人是被代位人的晚辈直系血亲。《继承法》第 11 条规定："被继承人的子女先于被继承人死亡的，由被继承人的子女的晚辈直系血亲代位继承。代位继承人一般只能继承他的父亲或者母亲有权继承的遗产份额。"从这里可以看出，这里规定代位继承人一般是晚辈直系血亲，但是特殊的亲等不受限制的规则在法律上亦有规定。《最高人民法院关于贯彻执行〈中华人民共和国继承法〉若干问题的意见》第 25 条规定："被继承人的孙子女、外孙子女、曾孙子女、外曾孙子女都可以代位继承，代位继承人不受辈数的限制。"第 26 条规定："被继承人的养子女、已形成扶养关系的继子女的生子女可代位继承；被继承人亲生子女的养子女可代位继承；被继承人养子女的养子女可代位继承；与被继承人已形成扶养关系的继子女的养子女也可以代位继承。"值得注意的是，代位继承人只能继承被代位人应得遗产份额。在本案件中，钟兆享是先于钟叶氏老太太死亡的，那么钟兆享继承钟叶氏老太太的遗产份额则由其女儿钟艺珍代位继承，当然继承的份额也只能是钟兆享应继承的份额。

三、相关法条

(一)《中华人民共和国宪法》节选

第十三条 公民的合法的私有财产不受侵犯。

国家依照法律规定保护公民的私有财产权和继承权。

国家为了公共利益的需要,可以依照法律规定对公民的私有财产实行征收或者征用并给予补偿。

(二)《中华人民共和国继承法》节选

第三条 遗产是公民死亡时遗留的个人合法财产,包括:

(一)公民的收入;

(二)公民的房屋、储蓄和生活用品;

(三)公民的林木、牲畜和家禽;

(四)公民的文物、图书资料;

(五)法律允许公民所有的生产资料;

(六)公民的著作权、专利权中的财产权利;

(七)公民的其他合法财产。

第四条 个人承包应得的个人收益,依照本法规定继承。个人承包,依照法律允许由继承人继续承包的,按照承包合同办理。

第五条 继承开始后,按照法定继承办理;有遗嘱的,按照遗嘱继承或者遗赠办理;有遗赠扶养协议的,按照协议办理。

第六条 无行为能力人的继承权、受遗赠权,由他的法定代理人代为行使。

限制行为能力人的继承权、受遗赠权,由他的法定代理人代为行使,或者征得法定代理人同意后行使。

第七条 继承人有下列行为之一的,丧失继承权:

(一)故意杀害被继承人的;

(二)为争夺遗产而杀害其他继承人的;

(三)遗弃被继承人的,或者虐待被继承人情节严重的;

(四)伪造、篡改或者销毁遗嘱,情节严重的。

第十条 遗产按照下列顺序继承:

第一顺序:配偶、子女、父母。

第二顺序:兄弟姐妹、祖父母、外祖父母。

继承开始后,由第一顺序继承人继承,第二顺序继承人不继承。没有第一顺序继承人继承的,由第二顺序继承人继承。

本法所说的子女,包括婚生子女、非婚生子女、养子女和有扶养关系的继子女。

本法所说的父母，包括生父母、养父母和有扶养关系的继父母。

本法所说的兄弟姐妹，包括同父母的兄弟姐妹、同父异母或者同母异父的兄弟姐妹、养兄弟姐妹、有扶养关系的继兄弟姐妹。

第十一条 被继承人的子女先于被继承人死亡的，由被继承人的子女的晚辈直系血亲代位继承。代位继承人一般只能继承他的父亲或者母亲有权继承的遗产份额。

第十二条 丧偶儿媳对公、婆，丧偶女婿对岳父、岳母，尽了主要赡养义务的，作为第一顺序继承人。

第二十七条 有下列情形之一的，遗产中的有关部分按照法定继承办理：

（一）遗嘱继承人放弃继承或者受遗赠人放弃受遗赠的；

（二）遗嘱继承人丧失继承权的；

（三）遗嘱继承人、受遗赠人先于遗嘱人死亡的；

（四）遗嘱无效部分所涉及的遗产；

（五）遗嘱未处分的遗产。

第八讲

合法的私有财产不可侵犯

——以江西省宜黄自焚事件为例

> 没有任何东西像财产所有权那样如此普遍地唤起人类的想象力，并煽动起人类的激情。
>
> ——布莱克斯通
>
> （威廉·布莱克斯通，WilliamBlackstone，1723~1780，英国著名的法学家，有普通法之父的荣誉。布莱克斯通1738年进入牛津大学攻读法学，1745年获得民法学士学位并被选拔担任万灵学院的研究员。1746年他进入律师界，1952年担任牛津大学教授。当时的英国大学只教授罗马法，普通法教育长期被律师学院所垄断。年轻的布莱克斯通成为首位在牛津大学开设普通法讲座的教授，并受到欢迎。此后，他还在王室法院和普通民事诉讼法院担任过法官。布莱克斯通的代表作是《英国法释义》，该书也是普通法的权威之作。全书包括序言和正文四卷，分述了人权、物权、私法上的不法行为和公共不法行为四部分内容。该书分析了英国法的基本原理和英国民主政体的形成基础，并且阐释了英国宪法的起源、历史和合理性。这部著作采用"评注"的方式研究普通法，使得混乱不堪的普通法得以系统化。它促成了普通法的近代化，获得了"法律圣经"的美誉，对英美法系产生了深远的影响。)

一、案例介绍

2010年12月27日，人民网、中青在线和天涯社区向江西省抚州市宜黄县的钟如九颁发了"2010年度微博人物评选维护权益奖"。事情的缘由是：2010年9月10日，江西省抚州市宜黄县钟如奎与政府拆迁部门发生拆迁纠纷，钟如奎的大伯叶忠诚、母亲罗志凤、妹妹钟如琴自焚被烧成重伤。宜黄县人民政府发布公告称事件是"以泼洒汽油等极端方式对工作人员进行威吓，不慎误烧伤自己3人"。之后为接受凤凰卫视的采访，钟如奎的姊妹钟如翠和钟如九于2010年9月16日上午准备前往北京，但在南昌市昌北机场遭到宜黄县委书记邱建国率官员四十余人拦截。在机场派出所的办公室，钟如翠拨打一个电话给《新世纪周刊》记者刘长。刘长因此在当日早上7时39分，在新浪网发表了第一条微博："紧急求助！今天上午7点，抚州自焚事件伤者钟家的两个女儿在南昌昌北机场，欲买机票去北京申冤，被一直监控她们的宜黄当地四十多个人控制在机场，家属报警无用，现仍在机场，处于被扣状态中，泣血求助网友。"20分钟后，此贴得到网络名人慕容雪村的转发，导致上述内容的微博开始以几何级数增加，不到一个小时，这条微博已被转载近千次，截止当日中午，这条微博被转发2700多次，并获得超过1000条评论。

与此同时，刘长联系《凤凰周刊》记者邓飞，要求其跟进。在钟如九和钟如翠离开南昌机场派出所办公室后，宜黄县来的人依然跟随，在经过一间厕所时，两姐妹躲进卫生间和刘长电话连线，刘长通过QQ传递信息给邓飞，邓飞于早上8点57分在微博上发出消息："昌北机场直播一：被县委书记带队的四十多名官员围住，自焚家属们插翅难飞，航班耽搁，钟如九心力交瘁刚才晕倒，幸而医生现场抢救，现在已无大碍。"9点04分，邓飞发出了第2条微博："昌北机场直播二：两女躲在卫生间和记者保持通话。《新世纪》记者刘长连线家属：钟如九暂时已缓过来，机场派出所一副所长向家属表示：今天是全国民航大检查，需要请家属去附近派出所内接受安全检查，被家属拒绝。目前钟家两个女儿仍然坚守在机场登机口一个卫生间内，不敢出去，靠电话和记者保持联系。"很快，由于邓飞的微博，使得更多的媒体加入直播，有记者直接赶到昌北机场，钟家姐妹因此得以自由活动。在一个多小时内，邓飞发布的20多条微博，点击率高达百万以上，使得宜黄强拆变为一起举国关注的公共事件。

2010年9月17日，钟如九注册了微博，并发布了第1条消息："大家好，我叫钟如九。是江西省抚州市宜黄县自焚家庭的小女儿。我在网络上看到了大家对我们家的关心，非常感谢！"此条微博迅速受到网友关注。9月18日凌晨，钟如九的大伯叶忠诚医治无效死亡。18日凌晨2点51分，钟如九在其微博上发布一条消息："我大伯1:20左右过世了，2:30左右宜黄县委书记邱建国带了一百多人到南昌一附医院，把我大伯的尸体强行抢走了，这个社会还有法吗？他又为何有这么大的胆呀，好心人帮忙转吧，求求你们了。"引发网友强烈反应。18号当天，钟如九根据实际情况，后续发出了几条消息，使得钟如九微博直播的抢尸事件几乎占据了当天互联网各大微博、论坛以及社区的头条位置，钟如九的腾讯微博一夜之间粉丝就飙升至三万余人。而在整个网络上，关于抢尸事件的转帖与评论达百万，使得宜黄当地的普通拆迁事件瞬间成为举国关注的焦点。

为此，在2010年9月18日晚，江西省抚州市委对宜黄县"9·10"拆迁自焚事件中的8名相关责任人作出处理决定。其中，负有重要领导责任的宜黄县委书记邱建国、县长苏建国被立案调查；负有主要领导责任的宜黄县委常委、副县长李敏军被免职、立案调查。此后，钟如奎一家的拆迁纷争得到稳妥处理。钟如九因此获得"2010年度微博人物评选维护权益奖"。

二、案例分析

（一）宜黄县自焚事件暴露的主要问题

江西省抚州市宜黄县自焚事件的缘由系居民住房被拆迁，本来是众多拆迁纠纷中很普通的一件，但由于网络的因素，使事件的影响被几何级地扩大，成为举国关注的公共事件。此事与《物权法》的关联在于，作为生活着的每一个自然人，其在生老病死的过程中，都有衣食住行的需要，而需要的根本解决之道便是具有一定分量的财产，而一部分财产的法律名称，则称之为物权。物权一词在法律上的确认，始于1900年的《德国民法典》。2007年3月16日，第十届全国人民代表大会第五次会议审议通过了《物权法》，从2007年10月1日开始施行。这是中华人民共和国第一次在立法层面确立了物权的概念。之前在《民法通则》中有关物权的部分，采用的是"财产所有权和与财产所有权有关的财产权"的概念，规定得较为原则，不利于普通民众财产的充分保护。2007年制定并开始实施的《物权法》，用5编19章247条的篇幅，对物权进行了定义，并详尽地规定了物权占有、使用的各个方面，对于充分保障公民的基本生活，无疑将会起到举足轻重的作用。

根据我国《物权法》的规定，物权是指是指权利人依法对特定的物享有直接支配和排他的权利，包括所有权、用益物权和担保物权。所有权的具体类型包括国家所有权、集体所有权、私人所有权和业主的建筑物区分所有权。用益物权包括土地承包经营权、建设用地使用权、宅基地使用权和地役权。担保物权则具体包括抵押权、质权和留置权。在规定上述具体制度同时，物权法规定了物权作为民事法律规范所独有的平等保护原则、物权法定原则和公示公信原则。

在公民个人所享有的物权类型当中，所有权无疑是物权的重中之重。所有权所指向的具体对象，用生活的语言来讲，主要是指住房、汽车、储蓄、耕地、劳动工具和生活用品等财产。根据我国《物权法》第39条的规定："所有权人对自己的不动产或者动产，依法享有占有、使用、收益和处分的权利。"同时，该法第40条进一步规定："所有权人有权在自己的不动产或者动产上设立用益物权和担保物权。用益物权人、担保物权人行使权利，不得损害所有权人的权益。"这足以表明，每个人对自己所有的财产，包括房产等在内，享有高度的自主处分权利，不容他人任意干涉。只有这样，才能充分保障公民的衣食住行得到充分的保障。

（二）财产征收的法定条件

尽管所有权人对自己的财产具有充分的处分自由，但是从法律的边际考虑，任何的权利都不可能没有限度，必须有所限制，即通常所指的所有权的限制，其是指依据法律规定对所有权权能的内容和所有权的行使进行的限制。我国的学者认为，限制的原因主要在于四个方面，分别为：维护社会主义基本经济制度；实现公共利益；保护耕地，保障生态环境和资源的合理利用；维护人与人之间的和睦关系，构建和谐社会。基于这四个方面的原因，公民个人所有的财产可能会被征收或征用。征收具体是指国家为了公共利益的需要，而利用公权力强制性地将集体或私人所有的财产征归国有，或者对集体或私人财产权施加某种限制。而征用则是指国家为了公共利益的需要，而强制性地使用公民的私有财产。据此表明，不管是征收还是征用，公共利益的需要都是必不可少的法定前提条件。

根据我国《物权法》第 42 条第 1 款的规定："为了公共利益的需要，依照法律规定的权限和程序可以征收集体所有的土地和单位、个人的房屋及其他不动产。"但是，何为公共利益？我国的法律、行政法规或部门规章没有作出定义；作为立法机关的全国人民代表大会及其常委会没有作出立法解释；作为最高司法机关的最高人民法院对此没有作出相应的司法解释。因此，在行政机关的具体行政行为过程和司法机关的司法实践中，如何确定公共利益的科学内涵，成了解决征收纠纷问题的基本前提。

由于立法的缺失，加之公共利益本身所具有的不确定性、发展性、宽泛性和抽象性等特征，使得如何定义公共利益存在很大的争议。按照美国学者亨廷顿的看法，基于研究方法的不同，对于公共利益主要有三种理解：①公共利益被等同于某些抽象的、重要的理想化的价值和规范；②公共利益被看做是某个特定的个人、群体、阶级或多数人的利益；③公共利益被认为是个人之间或群体之间竞争的结果。在世界范围内，英美法系的判例法，按照不同的判例来确定公共利益具体指向；而在大陆法系的德、法、日等国，则主要用列举的办法，将公共利益进行类型化，避免行政机关的权力滥用。具体到我国，《土地管理法》第 54 条规定："建设单位使用国有土地，应当以出让等有偿使用方式取得；但是，下列建设用地，经县级以上人民政府依法批准，可以以划拨方式取得：①国家机关用地和军事用地；②城市基础设施用地和公益事业用地；③国家重点扶持的能源、交通、水利等基础设施用地；④法律、行政法规规定的其他用地。"这几个方面的土地用途可以作为属于公共利益范畴的参考。2011 年 1 月 21 日开始施行的《国有土地上房屋征收与补偿条例》第 8 条规定："为了保障国家安全、促进国民经济和社会发展等公共利益的需要，有下列情形之一，确需征收房屋的，由市、县级人民政府作出房屋征收决定：①国防和外交的需要；②由政府组织实施的能源、交通、水利等基础设施建设的需要；③由政府组织实施的科技、教育、文化、卫生、体育、环境和资源保护、防灾减灾、文物保护、社会福利、市政公用等公共事业的需要；④由政府组织实施的保障性安居工程建设的需要；⑤由政府依照城乡规划法有关规定组织实施的对危房集中、基础设施落后等地段进行旧城区改建的需要；⑥法律、行政法规规定的其他公共利益的需要。"据此可以表明，我国在立法层面进一步完善了公共利益的适用空间，有利于实践的操作。但是对于公共利益的定义，仍然没有答案，需要进一步在实践中进行总结、明确。

为了厘清公共利益的定义问题，我们根据法律解释学上文义解释的原则，按照我国商务印书馆所出版的《现代汉语词典》的解释，来试图探寻公共利益的中国定义。按照词典的解释，公共是指属于社会的、公有公用的，利益则是指好处。归结到一起，公共利益当是指某种事业属于社会的好处或对公有公用的好处。基于家庭是社会的细胞、公有公用的主体通常是指政府的因素，因此我们认为，公共利益是指有利于公权力机关的利益和有利于不特定多数社会公众的利益。至于不特定多数人的比例，则按照物权法里农村集体或城市里业主委员会的多数比例来确定，这样便于操作，同时也更具有公信力。至于由哪个机关来具体认定某项事业为公共利益的问题，实践中有人民政府、人民法院和人大常委会三种观点，结合域内外的实践和人民法院的性质，由人民法院来具体认定公共利益更具操作性和公信力。

（三）财产征收的法定程序

根据我国《物权法》第42条第2~4款的相关规定："征收集体所有的土地，应当依法足额支付土地补偿费、安置补助费、地上附着物和青苗的补偿费等费用，安排被征地农民的社会保障费用，保障被征地农民的生活，维护被征地农民的合法权益。征收单位、个人的房屋及其他不动产，应当依法给予拆迁补偿，维护被征收人的合法权益；征收个人住宅的，还应当保障被征收人的居住条件。任何单位和个人不得贪污、挪用、私分、截留、拖欠征收补偿费等费用。"在征收的过程中，保证被征收人的得到相应补偿是征收过程必不可少的。但是，《物权法》本身对于如何征收，相应的征收权限和程序如何实施，并无作出具体的规定。只是我国的《城市房地产管理法》第6条规定："为了公共利益的需要，国家可以征收国有土地上单位和个人的房屋，并依法给予拆迁补偿，维护被征收人的合法权益；征收个人住宅的，还应当保障被征收人的居住条件。具体办法由国务院规定。"在2011年1月21日之前，国务院在2001年修订实施的《城市房屋拆迁管理条例》，可以视为征收程序的法定规范性文件。按照该条例的规定，城市房屋拆迁流程为：拆迁主体提出拆迁申请→政府部门审批和发放许可证→发布拆迁公告→签订拆迁补偿安置协议或者作出补偿安置裁决→实施房屋拆迁。上述流程的实质也就是征收的过程，其设计不尽合理，实践中也产生了不少争议。

为规范房屋征收活动，维护公共利益，保障被征收人的合法权益，国务院于2011年1月21日公布了经第141次常务会议通过的《国有土地上房屋征收和补偿条例》，并自公布之日起施行。据此规定，目前我国国有土地上房屋征收的具体程序如下：

没有争议发生的征收程序：①市、县人民政府进行涉及征收的社会稳定风险评估（同时做到征收补偿费用足额到位、专户存储、专款专用）；②市、县人民政府基于公共利益的需要作出征收决定；③市、县人民政府确定的房屋征收部门拟定征收补偿方案；④市、县人民政府组织有关部门论证补偿方案并予以公布，征求公众意见（不少于30天）；⑤市、县人民政府根据征求意见公布修订后的补偿方案；⑥市、县人民政府发布征收公告（载明补偿方案和行政复议、行政诉讼等事项）；⑦房屋征收部门调查登记每户被征收人的征收范围；⑧签订征收补偿协议（内容主要包括补偿方式、补偿金额及其支付期限、用于产权调换房屋的地点面积、搬迁费、临时安置费、周转用房、停产停业损失、搬迁期限、过渡方式、过渡期限等）；⑨补偿；⑩搬迁。

发生争议的征收程序：①市、县人民政府进行涉及征收的社会稳定风险评估（同时做到征收补偿费用足额到位、专户存储、专款专用）；②市、县人民政府基于公共利益的需要作出征收决定；③市、县人民政府确定的房屋征收部门拟定征收补偿方案；④市、县人民政府组织有关部门论证补偿方案并予以公布，征求公众意见（不少于30天）；⑤市、县人民政府根据征求意见公布修订后的补偿方案；⑥市、县人民政府发布征收公告（载明补偿方案和行政复议、行政诉讼等事项）；⑦房屋征收部门调查登记每户被征收人的征收范围；⑧无法达成补偿协议的，市、县人民政府按照补偿方案作出补偿决定并公告（公告的内容主要包括补偿方式、补偿金额及其支付期限、用于产权调换房屋的地点面积、搬迁费、临时安置费、周转用房、停产停业损失、搬迁期限、过渡方式、过渡期限等）；⑨被征收人提起行政复议或行政诉讼；⑩市、县人民政府申请人民法院强制执行（强制执行申请书应当附具补偿金额、专户存储账号、产权调换房屋和周转用房的地点、面积等材料）。

虽然上述程序的适用对象为国有土地上的房屋，但是涉及到其他财产的征收，比如农村集体土地、宅基地、农村住房等，依法亦可参照上述程序来执行。

（四）财产征收纠纷的处理

在财产征收过程中所发生的纠纷，在现实的反映来看，主要体现为房屋征收过程所发生的纠纷。按照《国有土地上房屋征收与补偿条例》的规定，房屋征收的行为主体和可能引发复议、诉讼的情况主要为：市、县人民政府作出征收决定，市、县人民政府确定的房屋征收部门组织实施本行政区域的房屋征收与补偿工作，房屋征收部门可以委托房屋征收实施单位，承担房屋征收与补偿的具体工作；对于市、县人民政府的征收决定不服或者对补偿决定不服的，被征收人可以提起行政复议或行政诉讼；房屋征收部门和被征收人任何一方没有依约履行补偿协议或履行补偿协议不符合约定的，比如实践中经常发生的：①被征收人接受补偿后拒不履行搬迁义务；②被征收人接受补偿或安置履行搬迁义务后又反悔；③补偿签订协议后，被征收人拒不接受补偿或安置，又不履行搬迁义务；④被征收人搬迁、拆除后，征收部门拒不履行补偿义务或兑现产权调换房屋义务。这四个方面均属于民事诉讼的违约范畴，均可以依法提起民事诉讼，待民事判决后，胜诉一方可依法申请人民法院强制执行。倘若被征收人未对市、县人民政府的补偿决定提出行政复议或行政诉讼，又不依法履行搬迁义务的，市、县人民政府或房屋征收部门应当依法申请人民法院强制执行。

需要特别指出的是，按照《国有土地上房屋征收与补偿条例》的规定，除了人民法院外，任何单位都不具有强拆被征收人房屋的权力，如果行政机关或其委托的房屋征收实施单位实行强拆，依法即构成了侵权，依法应承担相应的民事侵权赔偿责任或行政赔偿责任。

此外，对于市、县人民政府已经作出征收决定，而征收部门与被征收人又达不成补偿协议的，此时被征收人是否可以有诉讼救济途径的问题，根据《最高人民法院关于当事人达不成拆迁补偿安置协议就补偿安置争议提起民事诉讼人民法院应否受理问题的批复》的规定："拆迁人与被拆迁人或者拆迁人、被拆迁人与房屋承租人达不成拆迁补偿安置协议，就补偿安置争议向人民法院提起民事诉讼的，人民法院不予受理，并告知当事人可以按照《城市房屋拆迁管理条例》第16条的规定向有关部门申请裁决。"结合实际情况，由于《城市房屋拆迁管理条例》已经被废止，根据新法优于旧法的原则，应当适用《国有土地上房屋征收与补偿条例》的相关规定。该条例第26条第1款的规定："房屋征收部门与被征收人在征收补偿方案确定的签约期限内达不成补偿协议，或者被征收房屋所有权人不明确的，由房屋征收部门报请作出房屋征收决定的市、县级人民政府依照本条例的规定，按照征收补偿方案作出补偿决定，并在房屋征收范围内予以公告。"因此，在征收决定做出后，应当先由房屋征收部门申请市、县人民政府作出补偿决定，被征收人应当等待市、县人民政府作出决定。如果此决定不公平，被征收人则可依照《国有土地上房屋征收与补偿条例》第26条第3款"被征收人对补偿决定不服的，可以依法申请行政复议，也可以依法提起行政诉讼"的规定，提起行政复议或行政诉讼。

（五）公民维权和政府施政的和谐

我国是社会主义法治国家，意味着一切国家机关和武装力量、各政党和各社会团体、各企业事业组织都必须遵守宪法和法律。一切违反宪法和法律的行为，必须予以追究。任何组织或者个人都不得有超越宪法和法律的特权。因此，尽管我国《物权法》赋予公民个人对自己所有财产具有高度完整的权能，但是所有权本身仍然依法受到限制。倘若个人认为其财产所有权受到侵害的时候，应当依法遵循合法途径进行救济，而不应采取极端的措施。同时，作为社会管理者的政府部门，更应当时刻遵循依法行政的理念，面对个人的不理解或不配合时，不应以公务为由而自居，当依法采取适当措施，否则不仅极大影响政府在人民群众心中的形象，更不利于问题的最终处理。因此，我们认为，不管是公民维权还是政府施政，都应当依法来进行。

结合江西宜黄县钟如奎一家的拆迁案件，宜黄县人民政府基于公共利益的原因，需要征收钟如奎的房产，按照2010年的相关法律的规定，如果钟如奎不服，他应当依照《城市房屋拆迁管理条例》的规定，向相应的行政主管机关申请裁决。对行政裁决不服的，钟如奎完全可以就此向人民法院提起行政诉讼。在行政诉讼的判决生效后，钟如奎应当尊重人民法院的判决，接受裁决结果，收取补偿并自行拆迁。如果钟如奎不自行拆除，征收主体在补偿房屋拆迁费用后，可以申请人民法院强制执行。需要特别强调的是，人的生命是极其宝贵的，用毁灭自己生命的自焚方式来对抗行政机关的征收拆迁，是非常不理智也是不适当的，在某种程度上也可以说是不合法的。我国是法治国家，并有完善的法律体系作保障，公民认为自己的权利受到侵害，一定有相应的法律救济途径。只有通过正常的法律途径，对于保护公民自身的权利将是最可行也是最有效的解决方式。如果整个社会形成了依法主张权利的氛围和习惯，我们的国家定会更加有序和谐。

三、相关法条

（一）《中华人民共和国宪法》节选

第十三条 公民的合法的私有财产不受侵犯。

国家依照法律规定保护公民的私有财产权和继承权。

国家为了公共利益的需要，可以依照法律规定对公民的私有财产实行征收或者征用并给予补偿。

（二）《中华人民共和国民法通则》节选

第七十五条 公民的个人财产，包括公民的合法收入、房屋、储蓄、生活用品、文物、图书资料、林木、牲畜和法律允许公民所有的生产资料以及其他合法财产。

公民的合法财产受法律保护，禁止任何组织或者个人侵占、哄抢、破坏或者非法查封、扣押、冻结、没收。

第一百零六条 公民、法人由于过错侵害国家、集体的财产，侵害他人财产、人身的，应当承担民事责任。没有过错，但法律规定应当承担民事责任的，应当承担民事责任。

（三）《中华人民共和国物权法》节选

第四条 国家、集体、私人的物权和其他权利人的物权受法律保护，任何单位和个人不得侵犯。

第四十二条 为了公共利益的需要，依照法律规定的权限和程序可以征收集体所有的土地和单位、个人的房屋及其他不动产。

征收集体所有的土地，应当依法足额支付土地补偿费、安置补助费、地上附着物和青苗的补偿费等费用，安排被征地农民的社会保障费用，保障被征地农民的生活，维护被征地农民的合法权益。

征收单位、个人的房屋及其他不动产，应当依法给予拆迁补偿，维护被征收人的合法权益；征收个人住宅的，还应当保障被征收人的居住条件。

任何单位和个人不得贪污、挪用、私分、截留、拖欠征收补偿费等费用。

第六十四条 私人对其合法的收入、房屋、生活用品、生产工具、原材料等不动产和动产享有所有权。

第六十六条 私人的合法财产受法律保护，禁止任何单位和个人侵占、哄抢、破坏。

（四）《中华人民共和国城市房地产管理法》节选

第六条 为了公共利益的需要，国家可以征收国有土地上单位和个人的房屋，并依法给予拆迁补偿，维护被征收人的合法权益；征收个人住宅的，还应当保障被征收人的居住条件。具体办法由国务院规定。

（五）《最高人民法院关于当事人达不成拆迁补偿安置协议就补偿安置争议提起民事诉讼人民法院应否受理问题的批复》

拆迁人与被拆迁人或拆迁人、被拆迁人与房屋承租人达不成拆迁补偿安置协议，就补偿安置争议向人民法院提起民事诉讼的，人民法院不予受理，并告知当事人可以按照《城市房屋拆迁管理条例》第16条的规定向有关部门申请裁决。

（六）《国有土地上房屋征收与补偿条例》节选（2011年1月19日国务院第141次常务会议通过并公布，自公布之日起施行）

第二条 为了公共利益的需要，征收国有土地上单位、个人的房屋，应当对被征收房屋所有权人（以下称被征收人）给予公平补偿。

第四条 市、县级人民政府负责本行政区域的房屋征收与补偿工作。

市、县级人民政府确定的房屋征收部门（以下称房屋征收部门）组织实施本行政区域的房屋征收与补偿工作。

市、县级人民政府有关部门应当依照本条例的规定和本级人民政府规定的职责分工，互相配合，保障房屋征收与补偿工作的顺利进行。

第五条 房屋征收部门可以委托房屋征收实施单位，承担房屋征收与补偿的具体工作。房屋征收实施单位不得以营利为目的。

房屋征收部门对房屋征收实施单位在委托范围内实施的房屋征收与补偿行为负责监督，并对其行为后果承担法律责任。

第八条 为了保障国家安全、促进国民经济和社会发展等公共利益的需要，有下列情形之一，确需征收房屋的，由市、县级人民政府作出房屋征收决定：

（一）国防和外交的需要；

（二）由政府组织实施的能源、交通、水利等基础设施建设的需要；

（三）由政府组织实施的科技、教育、文化、卫生、体育、环境和资源保护、防灾减灾、文物保护、社会福利、市政公用等公共事业的需要；

（四）由政府组织实施的保障性安居工程建设的需要；

（五）由政府依照城乡规划法有关规定组织实施的对危房集中、基础设施落后等地段进行旧城区改建的需要；

（六）法律、行政法规规定的其他公共利益的需要。

第九条 依照本条例第8条规定，确需征收房屋的各项建设活动，应当符合国民经济和社会发展规划、土地利用总体规划、城乡规划和专项规划。保障性安居工程建设、旧城区改建，应当纳入市、县级国民经济和社会发展年度计划。

制定国民经济和社会发展规划、土地利用总体规划、城乡规划和专项规划，应当广泛征求社会公众意见，经过科学论证。

第十条 房屋征收部门拟定征收补偿方案，报市、县级人民政府。

市、县级人民政府应当组织有关部门对征收补偿方案进行论证并予以公布，征求公众意见。征求意见期限不得少于30日。

第十一条 市、县级人民政府应当将征求意见情况和根据公众意见修改的情况及时公布。

因旧城区改建需要征收房屋，多数被征收人认为征收补偿方案不符合本条例规定的，市、县级人民政府应当组织由被征收人和公众代表参加的听证会，并根据听证会情况修改方案。

第十二条 市、县级人民政府作出房屋征收决定前，应当按照有关规定进行社会稳定风险评估；房屋征收决定涉及被征收人数量较多的，应当经政府常务会议讨论决定。

作出房屋征收决定前，征收补偿费用应当足额到位、专户存储、专款专用。

第十三条 市、县级人民政府作出房屋征收决定后应当及时公告。公告应当载明征收补偿方案和行政复议、行政诉讼权利等事项。

市、县级人民政府及房屋征收部门应当做好房屋征收与补偿的宣传、解释工作。

房屋被依法征收的，国有土地使用权同时收回。

第十四条 被征收人对市、县级人民政府作出的房屋征收决定不服的，可以依法申请行政复议，也可以依法提起行政诉讼。

第十五条 房屋征收部门应当对房屋征收范围内房屋的权属、区位、用途、建筑面积等情况组织调查登记，被征收人应当予以配合。调查结果应当在房屋征收范围内向被征收人公布。

第十六条 房屋征收范围确定后，不得在房屋征收范围内实施新建、扩建、改建房屋和改变房屋用途等不当增加补偿费用的行为；违反规定实施的，不予补偿。

房屋征收部门应当将前款所列事项书面通知有关部门暂停办理相关手续。暂停办理相关手续的书面通知应当载明暂停期限。暂停期限最长不得超过1年。

第十七条 作出房屋征收决定的市、县级人民政府对被征收人给予的补偿包括：

（一）被征收房屋价值的补偿；

（二）因征收房屋造成的搬迁、临时安置的补偿；

（三）因征收房屋造成的停产停业损失的补偿。

市、县级人民政府应当制定补助和奖励办法，对被征收人给予补助和奖励。

第十八条 征收个人住宅，被征收人符合住房保障条件的，作出房屋征收决定的市、县级人民政府应当优先给予住房保障。具体办法由省、自治区、直辖市制定。

第二十五条 房屋征收部门与被征收人依照本条例的规定，就补偿方式、补偿金额和支付期限、用于产权调换房屋的地点和面积、搬迁费、临时安置费或者周转用房、停产停业损失、搬迁期限、过渡方式和过渡期限等事项，订立补偿协议。

补偿协议订立后，一方当事人不履行补偿协议约定的义务的，另一方当事人可以依法提起诉讼。

第二十六条 房屋征收部门与被征收人在征收补偿方案确定的签约期限内达不成补偿协议，或者被征收房屋所有权人不明确的，由房屋征收部门报请作出房屋征收决定的市、县级人民政府依照本条例的规定，按照征收补偿方案作出补偿决定，并在房屋征收范围内予以公告。

补偿决定应当公平，包括本条例第 25 条第 1 款规定的有关补偿协议的事项。

被征收人对补偿决定不服的，可以依法申请行政复议，也可以依法提起行政诉讼。

第二十七条 实施房屋征收应当先补偿、后搬迁。

作出房屋征收决定的市、县级人民政府对被征收人给予补偿后，被征收人应当在补偿协议约定或者补偿决定确定的搬迁期限内完成搬迁。

任何单位和个人不得采取暴力、威胁或者违反规定中断供水、供热、供气、供电和道路通行等非法方式迫使被征收人搬迁。禁止建设单位参与搬迁活动。

第二十八条 被征收人在法定期限内不申请行政复议或者不提起行政诉讼，在补偿决定规定的期限内又不搬迁的，由作出房屋征收决定的市、县级人民政府依法申请人民法院强制执行。

强制执行申请书应当附具补偿金额和专户存储账号、产权调换房屋和周转用房的地点和面积等材料。

第九讲

网络侵权是特殊的侵权

——以"海运女"事件为例

> 要理解法律，特别是要理解法律的缺陷。
>
> ——边沁

（杰里米·边沁，Jeremy Bentham，1748~1832，是英国法理学家、功利主义哲学家、经济学家和社会改革者。边沁是一个政治上的激进分子，亦是英国法律改革运动的先驱和领袖，并以功利主义哲学的创立者、一位动物权利的宣扬者及自然权利的反对者而闻名于世。他还对社会福利制度的发展有重大的贡献。在边沁的一生之中，他曾先后提出或支持过以下的观点：①个人以及经济的自由；②国教分离；③言论自由；④女性的平等权利；⑤废除奴隶制度和体罚（包括儿童）；⑥离婚权；⑦自由贸易；⑧高利贷；⑨同性恋的合法化。1776年发表《政府论断片》，1811年用法文发表《赏罚原理》，1789年在英国发表其杰作《道德和立法原则概述》，因而闻名于世。1823年，大力支持宣传哲学激进主义的《威斯敏斯特评论报》出版。晚年著作《宪法典》，生前未及完成，仅第一卷于1830年出版。由友人和学生整理出版的著作有：《谬误集》、《审判证据原理》、《新逻辑体系》、《义务学》和《行为的动力》等。）

一、案例介绍

2009年年5月8日，在上海的宽带山论坛上，网名为"garros"的朱某陆续上传了曾在上海海运学院就读的前女友殷某的生活照和不雅裸露照片，并在网络硬盘"纳米盘"上为网友提供下载。这些照片一经上传，便立刻在网络上形成溃堤式传播。有网友称"照片比陈冠希还陈冠希"。该事件被冠以"海运女艳照门事件",继而被多家媒体报道。

2009年5月18日,殷小姐委托曾琪律师在《时代报》上发表公开声明,称"海运门不雅照片事件"为故意侮辱女性的恶性事件,要求各搜索门户、论坛、博客等网站尽快采取措施,删除任何侵犯受害人"YH小姐"合法权利的相关文字内容、照片、链接以及不实报道。殷小姐还委托曾琪律师在宽带山论坛上发表了公开声明。声明的内容为:"近期网络上传播的'海运门不雅照片事件'系故意侮辱女性的网络恶性事件,目前公安部门已正式受理。在此次事件中,YH小姐(殷某)系直接受害人,此事已给她本人造成严重负面影响和极大的精神伤害。"这份声明中呼吁:"社会各界人士,共同阻止对该事件的恶意炒作,以善良和同情之心,关怀和帮助YH小姐度过这段人生最困难的时光。"律师同时声明:"通过电子邮件、复制拷贝、转发等各种渠道方式传播YH小姐不雅照片的行为均可能触犯刑法,若(网友)收到相关照片请立即予以删除。YH小姐保留依法追究在此次事件中侵犯其合法权利的相关单位和个人包括刑事责任在内的法律责任的权利。"

2009年5月25日,经上海公证处公证,殷小姐在百度搜索引擎中输入"海运女殷某艳照"进行搜索,发现大量涉及同一女子的裸体照片、生活照和单独反映人体部分隐私器官的照片。直至2009年6月2日,以百度为代表的搜索网站对上述图片及私人信息未进行任何处理,导致原告的照片及个人信息在网络上广泛传播。2009年10月25日,在www.baidu.com网站的另一栏目"百度百科"内,有以"海运女"命名的词条。打开该词条,在"海运女——个人资料"项下,可见"姓名:殷ā;性别:女"等资料,在其他部分还有对此事件的详细描述,其中使用了"赤裸"、"不堪入目"等词汇形容照片,并网络链接"http://www.redianjh.cn/show.php?tid=372",文字说明该链接为"上海海运学院海运女艳照门最全照片合集"。殷小姐认为百度该行为严重侵犯其合法权益,2009年7月13日遂起诉至上海市静安区人民法院。殷小姐所诉侵权内容可分为三部分,即搜索结果中原告身体大面积裸露"不雅照"、生活照、"百度百科"中个人信息及照片下载链接。

百度公司辩称,殷小姐登报声明不构成有效通知,理由是《时代报》系地方性报纸,不符合有关法律规定。涉诉照片是发布并受控于第三方网站,百度作为搜索引擎服务提供商,只是根据用户输入的关键词,自动生成与第三方网站的链接,搜索引擎所起的是检索作用,本身没有刊登、发布、传播涉诉照片。鉴于网站计算机对图片及音频不能全部识别,搜索过滤中存在误差在所难免。为避免搜索结果出现侵犯殷小姐"不雅照",百度投入了近二百人对搜索结果进行过滤和删除,主观上不存在过错。但第三方网站仍然不断上传新的图片,难免在搜索中仍然存在殷小姐部分图片。某些图片系殷小姐生活照，不涉及黄、赌、毒等违反强行性法律、法规的内容，百度没有义务主动作处理。百度称在殷小姐投诉前，已对相关内容进行了断链。开庭后，根据殷小姐投诉，又履行了监管义务，因此不同意殷小姐的诉讼请求。

法院审理后认为，对不特定人主张权利的登报声明，应包括具有适格的主体，否则任何人均可匿名登报声明。殷小姐委托律师刊登公开声明，并未明确表示权利人主体，仅以"YH 小姐"代之，该登报声明不构成有效的通知。法院认为，自 2009 年 5 月 8 日案外人上传殷小姐"不雅照"后，众多新闻媒体对此事进行了跟踪报道，多家报刊均在醒目位置刊登相关新闻，在较短时间内已形成新闻媒体报道的热点，导致大量网友在寻找涉案"不雅照"并下载，而百度恰恰是提供搜索服务的网站。此外，在 2009 年 5 月 15 日匿名案外人的投诉中，亦提及用"殷"进行搜索到的最佳答案"助长了散布不良信息和图片"，百度应不晚于 2009 年 5 月 15 日知道搜索引擎被网友用于搜索涉案不雅照片。本案涉及面广，社会影响大，且殷小姐系年仅 26 岁的女子，在案发后因百度公司的过错，导致她承受精神痛苦和生活困扰，使得她身心遭受了重大打击，法院支持殷小姐要求支付精神损失抚慰金的主张，考虑到百度并非直接发布侵权照片者，遂酌定为 2 万元。2010 年 7 月 1 日下午，上海市静安区人民法院一审判决百度公司停止对殷小姐名誉权的侵害，断开搜索引擎中可辨认殷小姐相貌的涉案图片链接；删除网站上保存殷小姐的个人信息；连续 3 天在百度首页醒目位置刊登向殷小姐道歉声明，消除影响为殷小姐恢复名誉；支付殷小姐经济损失人民币 2000 元、精神损害抚慰金人民币 2 万元。

二、案例分析

（一）"海运女"案暴露出的网络社会的主要问题

"海运女"案暴露出来的网络社会的主要问题是网络行为的失范。失范指的是自由的无度的行为对规范形成冲击，规范对行为的约束力减弱甚至失控的状态。为什么网络社会在发展中会变得"很黄很暴力"？是因为那些恶意制造和传播不良信息之徒在作祟，还是因为网民们的窥私欲及不甚高雅的审美情趣为某些"恶徒"提供了市场？是因为互联网过于自由的言论权对个人隐私权的保护造成了冲击，还是因为网络新闻媒体没有把握好自由度与责任感的道德底线？这些问题都很值得我们反思。总结而言，网络行为失范的主要原因有二：

1. 传统社会向现代社会转型的过程中道德出现真空状态。在社会高速发展的过程中，传统社会价值观、制度与现代社会价值观、道德观之间发生了程度不同的碰撞，面对网络社会的隐蔽性，旧的规范正在或已经失去制约人们网络社会行为的功能，而新的与网络社会发展相适应的规范尚未建立，或虽已建立但不具备制约网络社会行为的能力。这种状态就造成了大量网络失范行为的发生。

2. 传统道德习惯以及制度的约束无法有效转移至迅速崛起的网络社会，以至于网络传播中一旦出现失范行为，便会高速传播，而后在网络空间以及传统社会中形成"合流"和"共鸣"。而网络行为主体却由于网络虚拟性以及匿名性特征的掩盖而更加肆无忌惮，这样使得网络失范行为的影响力和破坏性远远超于传统社会的失范行为，实际中也催生了大量的网络侵权，甚至网络犯罪行为。

网络侵权是一种特殊的民事侵权行为，通常指网络用户或网络服务提供者通过网络平台或网络环境，利用网络技术手段，对他人人身权或财产权造成损害并依法应承担民事责任的行为。网络犯罪是指危害电子信息网络中信息系统及信息内容安全的犯罪行为和利用电子信息网络技术实施的各种危害社会的犯罪行为，可概括为针对电子信息网络的犯罪和利用电子信息网络的犯罪。

（二）网络侵权导致民事责任，网络犯罪导致刑事责任

一般的侵权行为与犯罪行为之间的区别表现在：①社会危害性的不同。一般可从行为所涉及的主客观因素，包括主观故意或过失、数额、范围、手段、后果这几方面来具体衡量社会危害性的大小。②触犯法律类型不同。侵权触犯的是我国民商事方面的法律法规，而犯罪触犯的则是刑法的有关规定。③导致的法律后果也不同。网络侵权与犯罪尽管有其特殊性，但其本质上和一般侵权与犯罪行为是相同的，因此，也可以依以上方法来区别界定。那本案是应当定性为民事案件还是刑事案件呢？

朱某是网络侵权信息上传者，其行为已经涉嫌构成侮辱罪。因为根据《刑法》第 246 条第 1 款规定："以暴力或者其他方法公然侮辱他人或者捏造事实诽谤他人，情节严重的，处 3 年以下有期徒刑、拘役、管制或者剥夺政治权利。"侮辱罪，是指使用暴力或者以其他方法，公然贬损他人人格，破坏他人名誉，情节严重的行为。从法律规定中可以总结出该罪侵犯的客体是他人的人格尊严和名誉权，该罪在客观方面要求必须有侮辱他人的行为、行为要公然进行、情节严重。而本案中朱某未经殷某的允许，擅自将涉及殷某隐私的照片上传至互联网的行为显然已构成对殷某名誉权的侵犯。而所谓"公然"，是指当着第三人甚至众人的面，或者是利用可以使不特定多数人听到、看到等方式，对他人进行侮辱。因为互联网一个开放性的信息交流平台，因此，朱某将照片上传至互联网就符合了"公然"的方式要件。而"情节严重"主要是指手段恶劣，后果严重等情形，本案中殷某的不雅照片一经上传便在网络上形成溃堤式的传播，继而被多家媒体冠以"海运女艳照门事件"名称进行报道，对殷某造成了巨大的精神痛苦和生活困扰，后果极其严重。因此，朱某应承担侮辱罪的刑事责任。

除此之外，朱某的行为还可能构成传播淫秽物品罪。传播淫秽物品罪是指以

传播淫秽的书刊、影片、音像、图片或者其他淫秽物品为表现形式，扰乱国家对淫秽物品的管理秩序，情节严重的行为。2004年9月《最高人民法院、最高人民检察院关于办理利用互联网、移动通讯终端、声讯台制作、复制、出版、贩卖、传播淫秽电子信息刑事案件具体应用法律若干问题的解释（一）》中明确规定，利用互联网或者移动通讯终端传播淫秽图片400张以上的，以传播淫秽物品罪定罪处罚。据《刑法》和相关司法解释的规定，淫秽物品是指具体描绘性行为或者露骨宣扬色情的诲淫性的书刊、影片、录像带、录音带、图片及其他淫秽物品。要确定朱某的行为是否构成本罪，首先要对图片是否"淫秽"作界定，如果被鉴定为淫秽物品后则需进一步根据上传照片的数量、点击率等来确定。2009年5月13日，殷小姐向警方报案称自己的大量裸体照片被人传至网上，同时殷小姐向警方反馈了其所掌握的犯罪嫌疑人的具体情况。随后，朱某被上海警方以涉嫌侮辱罪刑事拘留，之后上海市长宁区检察院调解了结此案，没有对朱某提起公诉。

对于百度公司的行为，法院认为没有及时过滤和删除殷某不雅照片和采取措施断开链接，造成网上传播扩散。由于百度公司的行为不构成犯罪，依据现行刑法追究其刑事责任的依据不足。所以，殷某选择要求其承担网络侵权民事责任。

（三）网络侵权责任的基础理论问题

网络侵权行为与传统侵权行为在本质上是相同的，即行为人因故意或过失侵害他人财产权和人身权，依法应当承担民事责任的致人损害行为。但是由于网络侵权媒介性质——互联网的特殊性，使得网络侵权又具有其特殊性。

1. 网络侵权的特点。网络侵权具有如下几个特点：

（1）侵权场所的特殊性。网络侵权顾名思义是通过计算机在网络环境下实施的侵权行为，而互联网虚拟性的特征以及其海量的数据使得网络侵权具有隐蔽性，受害人往往在成为了侵权对象之后也无法获知侵权行为的存在。

（2）侵害对象的非物质性。大多情况下，网络侵权引起的都是非物质性的损失，如对名誉权、姓名权、肖像权等精神性人格权的侵害，而不会涉及对生命权、健康权等物质性人格权的侵害，因此涉及的也多是精神损害赔偿问题。

（3）侵权影响扩散快、范围广。网络的交互性和实时性，使得网络侵权的后果在全世界迅速蔓延，侵权行为实施地与损害结果发生地的认定极其困难，权利人往往救济无门。而网络远程访问的便捷与链接的无限性则突破了现实生活中的地域限制，模糊了领土和国家的界限，使得网络侵权的影响可以扩散到互联网世界的每一个角落。

（4）侵权行为认定的难度大。任何侵权行为的认定都必须要有事实依据即有证据证明。但在互联网世界中，信息随时被传播、修改或者删除，这样的不稳定性和易变性就给网络侵权的证据保存带来了极大的困难，即使被害人通过复制备份等技术手段保存下来的信息，一旦侵权人以该信息是被仿制或者修改过的，被害人便无从举证。我国现行法中缺乏对于计算机信息资源作为法定证据使用方面的具体规定，因此这些证据就难以产生证据效力。

（5）损害结果的复杂性。包括：①侵权对象复杂，侵权对象不仅包括民事主体在现实世界中享有的权利，还包括网民们在虚拟空间中享有的权利，如网名、虚拟财产等；②损害结果难以消除，因为很多信息如商业秘密、隐私等，一旦公开便无从恢复原状，具有不可逆转性；③损害结果的继发性也使得损害结果难以控制，因为即使网络服务提供商对相关链接、网页予以删除后，只要保有原始信息或者备份信息的网民们再次上传，损害结果便会再次发生，而这种情况往往难以杜绝。

2. 网络侵权的分类。网络侵权有如下几种分类方法：

（1）按侵权主体的不同，可分为网络信息上传者侵权、网络信息传播者侵权和网络服务提供者侵权。网络信息上传者通常是直接侵权者，其在故意或者过失的主观状态之下将被害人的相关信息上传至网上后，进而导致对被害人的相关权利造成侵害。如本案中上传不雅照片的朱某就属于网络信息上传者。网络信息传播者在发现网络信息上传者上传的信息后，通常是通过 BBS、QQ 聊天等网上交流工具进行交流传播，或者通过搜索引擎等手段搜索相关信息进而将这些信息复制链接然后传播出去的，因此，网络信息传播者的行为往往是网络侵权的帮助行为。但由于网络信息传播者通常是不特定的多数网民，此种情况下除了对部分恶意传播侵权信息的人可以追究法律责任之外，一般不宜追究广大网民的侵权责任，因为法律和社会都不能以公众为矛盾的对立面。网络服务提供者大致分为两类：一是网络内容服务提供者；二是网络技术服务提供者。网络内容提供者实际上类似于传统的出版者，其单方面地采集、筛选、加工各种信息，公众只能浏览、评论或下载这些信息而无法对其进行改变。也正因为网络内容服务提供者对于其传播的信息享有完全控制权，因此对于其控制之下的信息传播导致的侵权行为也应当承担相应的侵权责任。网络技术服务提供者则是指提供自动接入、自动传输、信息存储空间、搜索和链接等中间技术服务的网络服务提供者。由于网络技术服务提供者只是按照用户的指令通过技术、设备选择或接受信息，其本身并不组织、筛选其所传播的信息，非侵权行为直接实施者，因此，对于网络技术服务提供者的侵权认定无论是学界还是司法实践中都尚存争议。我国目前对于网络服务提供者的侵权行为的相关法律规定主要散见于《侵权责任法》、《互联网络信息服务管理办法》、《信息网络传播权保护条例》中。其中《侵权责任法》的第 36 条、《信息网络传播权保护条例》的第 20 ~ 23 条等条款均在对网络服务提供者作出责任免除规定的同时，也对其责任免除作出了一定的限制，而上述法律法规的规定来源于"避风港原则"和"红旗原则"理论。"避风港原则"来自于美国1998年制定的《数字千年版权法案》（DMCA法案），最早适用于著作权领域，是指当网络服务提供者只提供空间服务，并不制作网页内容时，如果网络服务提供者被告知侵权，则有删除的义务，否则就被视为侵权；反之，如果侵权内容既不在网络服务提供者的服务器上储存，又没有被告知应该删除何种内容，则网络服务提供者不承担侵权责任。避风港原则包括通知和移除两部分内容，是对网络服务提供者间接侵权责任的限制。适用"避风港原则"需要满足三方面的条件：一为主体条件，必须是提供纯技术服务的网络服务提供者；二为客观条件，必须在被侵权人履行合法的通知程序后对侵权信息及时删除并通知被删除信息的对象；三为主观条件，网络服务提供者本身不存在侵权上的过错，即不明知或不应知侵权事实存在。只有同时具备上述三个条件，该网络服务提供者才能免于承担侵权责任。但是，适用"避风港原则"并不意味着网络服务提供者就不负有主动审查网络内容以防侵权行为发生的义务。因为"避风港原则"是将"明知或者应知"侵权事实存在这一情形排除在外的，而该种情形下则应当适用"红旗原则"。"红旗原则"指的是如果侵权的事实是显而易见的，就像红旗一样飘扬，网络服务提供者就不能视而不见，或以不知道侵权的理由来推脱责任，该种情况下，就算权利人没有发出过通知，网络服务提供者也应当删除侵权信息或者移除链接，否则就应当认定网络服务提供者是侵权的。事实上，"避风港原则"与"红旗原则"是一个问题的两个方面，"避风港原则"是一般原则，而"红旗原则"是其例外。

（2）按侵权客体的不同，可分为侵犯人身权和侵犯财产权。侵犯人身权表现在现实生活中通常是侵犯名誉权、隐私权、肖像权、姓名权等。网络侵犯名誉权通常表现为侵权人通过网站、论坛、博客、聊天窗口等方式，在网上发布一些虚假捏造的信息侵害公民或法人的名誉，给公民或法人形成不良的社会评价的后果。《侵权责任法》制定以前，我国法律并没有规定隐私权的概念，对于隐私权纠纷处理的法律依据，在司法实践中是参照名誉权进行的。网络隐私权应界定为在网络世界中，公民享有的私人生活安宁、私人信息、私人财产等依法受法律保护，未经本人允许，不被他人非法侵扰、知悉、收集、公开、利用的一种人格权。《侵权责任法》将隐私权作为法定权利予以了明确制定。网络侵犯肖像权是指未经肖像权本人同意，擅自在网络上发布、使用其照片进行营利活动的行为。网络侵犯姓名权通常表现为非法使用他人姓名或者冒用他人姓名作为自己的网络域名，侵害他人合法权益的行为。网络侵犯财产权行为通常表现在网络交易行为当中，一方面，消费者要在网络进行交易，必须拥有网上电子账户，将消费者的个人信息交付给网络，这样一来一旦网络系统被病毒或者黑客侵入，消费者网上电子账户锁定的消费者个人财产就有被窃取的威胁；另一方面，由于网络商品或服务信息等都是经营者单方面提供，而且不排除网络经营者以虚假宣传、广告信息不完全行为、虚假商品销售行为、商家信用炒作行为来蒙蔽消费者，使其并不能全面获知商品或服务的相关信息，从而影响其自主选择权和公平交易权。当然，也存在同时侵犯网络人身权及财产权的行为，如网络侵犯著作权的行为，因为著作权兼具人格权及财产权的特征。

3. 网络侵权的构成要件。网络侵权首先是一种侵权行为，其当然也适用一般侵权行为的构成要件即：侵权行为的存在、行为人主观过错、损害结果的出现及侵权行为与损害结果之间存在法律上的因果关系。据此，对网络侵权的一般构成要件如下：

（1）要有网络侵权行为的发生。这是认定网络侵权责任的前提和基础。网络侵权与一般侵权同样要求侵害他人合法权益的违法行为的发生，不同的是网络侵权行为借助的是网络手段，比如，侵权行为人通过病毒、黑客等手段非法侵入并毁坏他人数据资料及相关信息，侵权行为人在网上散播侵犯他人隐私权的图片信息等。

（2）网络侵权行为主体存在主观过错。过错又分为两种形态，一是故意，二是过失。由于网络环境虚拟性的特征，往往使得网络侵权主体主观的过错形态难以认定。其中对于网络服务提供者的主观过错认定尤为复杂，但归根结底，这也是一种过错责任，只要如前文所述，明确并且统一"避风港原则"和"红旗原则"的适用之后，该问题也就可以迎刃而解了。

（3）要有对被侵权人损害结果的出现。损害结果通常包括物质损害和精神损害，但是网络侵权损害结果要比一般侵权行为复杂和难以计算。例如对于网络虚拟财产造成的损害结果，对于侵犯隐私权、名誉权的损害结果等应当如何计算和赔偿，是需要研究解决的问题。目前司法实践中通常是将网络虚拟财产转换成现实中的物质财产进行计算或者根据侵权信息公布的范围、点击数量、获利情况等综合分析计算来确认损害结果的大小。

（4）网络侵权行为和损害事实之间存在法律上的因果关系。也就是说，侵权人的网络侵权行为是导致被侵权人民事权益受到损害直接或者间接因素。由于网络侵权自身的特殊性，使得网络侵权较之一般侵权在因果关系的认定上来看要更有弹性，只要达到技术上的要求，能够证明网络侵权行为和损害事实之间存在因果关系即可。

（四）本案搜索公司的侵权责任

在"海运女"一案中，朱某上传大量涉及殷某的不雅裸露照片的行为是明显侵犯了殷某的隐私权、名誉权及肖像权的，而这些照片在网络上形成的溃堤式传播，给殷某造成严重的负面影响和极大的精神伤害，侵权行为与损害事实之间存在着直接的因果关系。然而本案中的被侵权人殷某却没有起诉作为网络信息上传者的朱某，而是起诉了百度搜索引擎公司，原因有三：一是涉及侵权的不雅照片已经流向了广大网络媒体，起诉网络信息上传者已经没有办法限制或者控制侵权范围的扩大；二是百度作为中国的主流网络服务提供商，其拥有目前世界上最大的中文搜索引擎，是广大网民使用最多的搜索网络信息的工具，因此，起诉百度不仅可以停止侵权网络信息在百度上的传播，还可以对其他的网络服务提供者起到警示作用，从而实现控制侵权范围扩大的目的；三是百度作为一个具有雄厚资产的公司法人，其赔偿能力当然也比其他一般侵权这要强。

本案中百度有两个行为涉嫌构成侵权：一是百度在搜索引擎中根据网民的指令自动形成关于殷某隐私照片内容的搜索链接结果；二是百度在其网站自设栏目"百度百科"中形成以"海运女"命名的词条，内容涉及殷某个人信息及不雅照片的网络链接等内容。

在前一侵权行为中百度未对涉及殷某隐私内容进行任何编辑、修改或选择，而只是一个单纯的网络技术服务提供者。根据《侵权责任法》第36条第2款规定："网络用户利用网络服务实施侵权行为的，被侵权人有权通知网络服务提供者采取删除、屏蔽、断开链接等必要措施。网络服务提供者接到通知后未及时采取必要措施的，对损害的扩大部分与该网络用户承担连带责任。"本案中殷某虽然委托了律师刊登了公开声明，但该声明中未使用殷某真实姓名，仅以YH小姐代之，未明确表示权利人主体，不构成有效的通知。这是否意味着百度可以免责了呢？答案是否定的。《侵权责任法》关于网络服务提供者的免责条款也是来源于"避风港原则"的，但"避风港原则"中并不包括网络服务提供者"知道"的情形，即网络服务提供者不存在侵权上的主观过错。"知道"包括"明知"和"应知"。如果百度是在明知或者应知侵权照片的存在，而没有采取任何措施，则应适用《侵权责任法》第36条第3款，百度应与朱某承担承担连带责任。因此，在本案中认定百度是否"知道"侵权照片的存在，是确定其是否需要承担连带责任的关键。本案中，2009年5月15日曾有匿名案外人向百度投诉提及其搜索服务功能助长了殷某不雅照片的散布。因此，可以认定百度应当不晚于2009年5月15日知道其搜索引擎被用于搜索殷某涉案不雅照片。

而对于后一侵权行为应当认定百度对于侵权行为的存在是属于"应知"的范畴。"百度百科"虽然是一个为用户提供的创造性网络平台，通过用户的参与交流和分享而形成的一部内容开放自由的、由所有网民共同协作编写的百科全书，但百度对于其提供的网络平台中的内容是负有管理职责的。而"百度百科"

中的"百科协议"也有如此条款"词条与评论的删除原则，凡含有色情、暴力、恐怖、不文明内同的词条或评论，都将被径行删除。"该条款正好说明了百度对于百度百科中的信息是负有主动审查义务的。在"百度百科"中形成的"海运女"词条，内容涉及侵犯殷某隐私权内容，说明百度未尽到审查义务或审查删除不及时，因此可以推定百度主观上有过错。

在本案中，殷某因为不雅照片的广泛传播及其造成的重大社会影响，承受着巨大的精神压力及生活困扰，以致没有办法正常生活及进行工作。殷某不仅名誉权、隐私权、肖像权等受到侵犯，其正常生活与工作也受到了影响，对其经济也造成了损失。百度公司在本案中对殷某造成的损害结果是不言而喻的。

搜索公司侵权行为与对殷某损害后果之间有因果关系。在前一侵权行为中，百度提供的搜索技术服务，助长了不雅照片的传播及扩散，使得侵权范围进一步扩大。但百度诉称其在殷某投诉前已对相关内容进行了断链，开庭后也根据殷某投诉履行了监管义务，因此不同意承担侵权责任。根据前文分析，百度在2009年5月15日已经知道侵权照片的存在，但并没有及时采取措施防止侵权范围扩大，而在殷某起诉后，百度网站下的"百度百科"还出现了"海运女"的词条及相关侵权链接。这说明百度在知道侵权内容后也并没有履行好事后监管义务，因此根据《侵权责任法》第36条第3款规定："网络服务提供者知道网络用户利用其网络服务侵害他人民事权益，未采取必要措施的，与该网络用户承担连带责任。"据此，百度应当从知道侵权之日起与朱某承担对殷某造成的损害结果的连带责任。本案涉及对殷某隐私权、名誉权及肖像权等人格权的侵犯，因此百度应当通过停止侵害、消除影响、恢复名誉、赔礼道歉、赔偿经济损失、精神损失等方式来承担其侵权民事责任。

本案法院的判决中认定了百度的侵权行为，并认定其在经匿名案外人投诉后未及时采取相应措施的行为是存在过错的，因此判定百度应当对其未及时采取相应措施导致产生的侵权范围被扩大承担相应的民事侵权连带责任。但是，本案法院未对百度旗下栏目"百度百科"中的侵权行为作出认定，导致对于百度的民事侵权责任程度认定偏轻。

（五）网络侵权行为的法律规制和责任追究刻不容缓

随着网络技术的不断发展，网络侵权事件也将会越来越突出，因此对于网络侵权行为的法律规制和责任追究已经到了刻不容缓的地步。而目前我国关于网络侵权方面的立法明显不足。虽然《侵权责任法》中有对网络侵权责任有规定，但是也只有第36条一个条文，该条第1款规定的是网络用户、网络服务提供者的直接侵权行为，属于一般性或者原则性规定；而第2、3款规定的是在网络用户利用网络实施侵权时，网络服务提供者在何种情况下与网络用户承担连带责任的特殊情况的规定，该条2、3款中并不包括网络服务提供者所提供的内容构成侵权的情形。目前的司法实践中对于网络服务提供者的主要关注点也是其与网络用户承担共同侵权责任的情形，而忽略了其单独承担侵权责任的情形。"海运女"案件中法院对于百度公司侵权行为的认定也体现了此种情况。此外，《侵权责任法》第36条中对于"知道"的规定并不明确，从《侵权责任法》立法审议稿当中对于该表述的多次修改（从"明知"到"知道"再到"应当知道"，而最后以"知道"作为定稿），我们可以理解该条中的"知道"包括"明知"和"应知"，也就是包括故意和过失两种主观过错要件。该条还存在一个问题就是，第2款中的规定受害人只要通知网络服务提供者采取必要措施减少或消除侵权后果，网络服务提供者就必须作出积极处理，否则就要对损害扩大部分与侵权的网络用户承担连带责任。该规定很可能会引导网络服务提供者走向这样一个极端，一旦有人以网络侵权为由要求网络服务提供者对相关侵权内容采取必要措施，网络服务提供者甚至连情况是否属实也不考虑就直接对上述内容进行删除、屏蔽、断开链接等处理，这样一来，网络用户的言论自由权是否受到不合理的限制呢？

《侵权责任法》的出台为网络侵权行为的法律规制和责任追究提供了法律依据，但由于对网络侵权的认定方面缺乏细节的和相对统一的规定，容易使得司法实践操作中出现新的问题。因此，需要进一步完善相关立法，从全局出发，对网络侵权行为从概念、特征、构成要件等基本理论问题以及管辖权、法律适用等系列相关问题做一个系统完整的法律规定。

三、相关法条

（一）《中华人民共和国宪法》节选

第三十三条 国家尊重和保障人权。

第三十八条 中华人民共和国公民的人格尊严不受侵犯。禁止用任何方法对公民进行侮辱、诽谤和诬告陷害。

（二）《中华人民共和国刑法》节选

第二百四十六条 以暴力或者其他方法公然侮辱他人或者捏造事实诽谤他人，情节严重的，处3年以下有期徒刑、拘役、管制或者剥夺政治权利。

前款罪，告诉的才处理，但是严重危害社会秩序和国家利益的除外。

第三百六十四条 传播淫秽的书刊、影片、音像、图片或者其他淫秽物品，情节严重的，处2年以下有期徒刑、拘役或者管制。

（三）《中华人民共和国民法通则》节选

第一百零一条 公民、法人享有名誉权，公民的人格尊严受法律保护，禁止用侮辱、诽谤等方式损害公民、法人的名誉。

（四）《中华人民共和国侵权责任法》节选

第三十六条 网络用户、网络服务提供者利用网络侵害他人民事权益的，应当承担侵权责任。

网络用户利用网络服务实施侵权行为的，被侵权人有权通知网络服务提供者采取删除、屏蔽、断开链接等必要措施。网络服务提供者接到通知后未及时采取必要措施的，对损害的扩大部分与该网络用户承担连带责任。

网络服务提供者知道网络用户利用其网络服务侵害他人民事权益，未采取必要措施的，与该网络用户承担连带责任。

（五）国务院《信息网络传播权保护条例》节选（2006年5月10日国务院第135次常务会议通过，自2006年7月1日起施行）

第十四条 对提供信息存储空间或者提供搜索、链接服务的网络服务提供者，权利人认为其服务所涉及的作品、表演、录音录像制品，侵犯自己的信息网络传播权或者被删除、改变了自己的权利管理电子信息的，可以向该网络服务提供者提交书面通知，要求网络服务提供者删除该作品、表演、录音录像制品，或者断开与该作品、表演、录音录像制品的链接。通知书应当包含下列内容：

（一）权利人的姓名（名称）、联系方式和地址；

（二）要求删除或者断开链接的侵权作品、表演、录音录像制品的名称和网络地址；

（三）构成侵权的初步证明材料。

权利人应当对通知书的真实性负责。

第十五条 网络服务提供者接到权利人的通知书后，应当立即删除涉嫌侵权的作品、表演、录音录像制品，或者断开与涉嫌侵权的作品、表演、录音录像制品的链接，并同时将通知书转送提供作品、表演、录音录像制品的服务对象；服务对象网络地址不明、无法转送的，应当将通知书的内容同时在信息网络上公告。

第十六条 服务对象接到网络服务提供者转送的通知书后，认为其提供的作品、表演、录音录像制品未侵犯他人权利的，可以向网络服务提供者提交书面说明，要求恢复被删除的作品、表演、录音录像制品，或者恢复与被断开的作品、表演、录音录像制品的链接。书面说明应当包含下列内容：

（一）服务对象的姓名（名称）、联系方式和地址；

（二）要求恢复的作品、表演、录音录像制品的名称和网络地址；

（三）不构成侵权的初步证明材料。

服务对象应当对书面说明的真实性负责。

第十七条 网络服务提供者接到服务对象的书面说明后，应当立即恢复被删除的作品、表演、录音录像制品，或者可以恢复与被断开的作品、表演、录音录像制品的链接，同时将服务对象的书面说明转送权利人。权利人不得再通知网络服务提供者删除该作品、表演、录音录像制品，或者断开与该作品、表演、录音录像制品的链接。

第二十条 网络服务提供者根据服务对象的指令提供网络自动接入服务，或者对服务对象提供的作品、表演、录音录像制品提供自动传输服务，并具备下列条件的，不承担赔偿责任：

（一）未选择并且未改变所传输的作品、表演、录音录像制品；

（二）向指定的服务对象提供该作品、表演、录音录像制品，并防止指定的服务对象以外的其他人获得。

第二十一条 网络服务提供者为提高网络传输效率，自动存储从其他网络服务提供者获得的作品、表演、录音录像制品，根据技术安排自动向服务对象提供，并具备下列条件的，不承担赔偿责任：

（一）未改变自动存储的作品、表演、录音录像制品；

（二）不影响提供作品、表演、录音录像制品的原网络服务提供者掌握服务对象获取该作品、表演、录音录像制品的情况；

（三）在原网络服务提供者修改、删除或者屏蔽该作品、表演、录音录像制品时，根据技术安排自动予以修改、删除或者屏蔽。

第二十二条 网络服务提供者为服务对象提供信息存储空间，供服务对象通过信息网络向公众提供作品、表演、录音录像制品，并具备下列条件的，不承担赔偿责任：

（一）明确标示该信息存储空间是为服务对象所提供，并公开网络服务提供者的名称、联系人、网络地址；

（二）未改变服务对象所提供的作品、表演、录音录像制品；

（三）不知道也没有合理的理由应当知道服务对象提供的作品、表演、录音录像制品侵权；

（四）未从服务对象提供作品、表演、录音录像制品中直接获得经济利益；

（五）在接到权利人的通知书后，根据本条例规定删除权利人认为侵权的作品、表演、录音录像制品。

第二十三条 网络服务提供者为服务对象提供搜索或者链接服务，在接到权利人的通知书后，根据本条例规定断开与侵权的作品、表演、录音录像制品的链接的，不承担赔偿责任；但是，明知或者应知所链接的作品、表演、录音录像制品侵权的，应当承担共同侵权责任。

第二十四条 因权利人的通知导致网络服务提供者错误删除作品、表演、录音录像制品，或者错误断开与作品、表演、录音录像制品的链接，给服务对象造成损失的，权利人应当承担赔偿责任。

（六）信息产业部《互联网电子公告服务管理规定》节选（2000年11月6日信息产业部通过公布，2000年11月6日实施）

第十二条 电子公告服务提供者应当对网上用户的个人信息保密，未经上网用户同意，不得向他人泄密，但法律另有规定的除外。

（七）《最高人民法院关于审理涉及计算机网络著作权纠纷案件适用法律若干问题的解释》节选（2000年11月22日最高人民法院审判委员会通过，2006年11月20日第二次修正）

第四条 提供内容服务的网络服务提供者，明知网络用户通过网络实施侵犯他人著作权的行为，或者经著作权人提出确有证据的警告，但仍不采取移除侵权内容等措施以消除侵权后果的，人民法院应当根据民法通则第130条的规定，追究其与该网络用户的共同侵权责任。

第十讲

驰名商标的特殊保护

——以卡地亚事件为例

> 中国司法保护合法的知识产权，法律是惟一的标准。
>
> ——蒋志培
>
> （蒋志培，1949年10月出生，是中国人民大学民商法学博士。蒋志培是中国法学会知识产权法研究会副会长、中国版权协会副理事长、中国知识产权研究会常务理事、国际知识产权协会中国分会（AIPPI）副会长、中国科技法学会常务理事、中国法官学会理事，曾担任最高人民法院民事审判第三庭（知识产权审判庭）庭长，对中国知识产权司法保护作出了杰出的贡献。蒋志培先后参加了我国民法、知识产权法、民诉法等民商事法律的立法工作以及民商事许多司法解释的起草工作，主编、创作和参与创作了《知识产权诉讼》、《网络与电子商务法》、《入世后我国知识产权法律保护研究》、《知识产权指导与参考（1~8卷）》、《最高人民法院知识产权案例与评析》、《知识产权法律适用与司法解释》等多部著作和论文，1999年起创立中国知识产权司法保护网。2004、2005年被英国《知识产权管理杂志》评为全球知识产权50位知名人士之一。）

一、案例介绍

佛山市依诺陶瓷有限公司是一家从事陶瓷制品生产的企业，其"依诺"文字及图形组合商标系从香港依诺（国际）发展有限公司处受让取得，该注册商标核定使用商品为第19类瓷砖、非金属地板砖等。

2009年，佛山依诺公司生产了名为卡地亚系列的瓷砖，其公司网站主页的显著位置突出标明"卡地亚"、"Cartier"商标，网站上的宣传语为："卡地亚，这一被英王爱德华七世誉为'皇帝的珠宝商,珠宝商的皇帝'的法国顶尖奢侈品牌……受到全球名流雅士的推崇和爱戴。今日,依诺瓷砖将秉承卡地亚百余年来的设计,融聚对世界非凡的想象力和创造力,创造出系列瓷砖……完全以高级珠宝的概念去打造,传承百年奢华魅力……创造出'卡地亚'水纹石抛光砖,每一块瓷砖都呈现出极致柔美魅力,荟萃了超凡的设计、精湛的工艺,传承百年奢华魅力,是卡地亚设计理念的上乘之作。"此外,佛山依诺公司在产品宣传册、商品展示牌、商品价签上均标注"Cartier"、"卡地亚"。

卡地亚(Cartier)品牌于1847年在巴黎创立,是世界最具影响力的奢侈品品牌之一。1983年12月15日,卡尔蒂埃尔国际有限公司在中国注册取得"Cartier"文字商标,核定使用商品为第14类贵金属或镀有贵金属的珠宝、珠宝、钟表、表等。此后,卡尔蒂埃尔国际有限公司又将"Cartier"、"卡地亚"商标在其他多个商品类别进行注册。自1983年进入中国市场后相继在各个大城市设立专卖店和特许经销商。2000年至今,国内众多报刊、杂志展示过"Cartier"品牌的各款产品,并对该品牌的发展历史和卓越品质进行广泛报道,卡地亚公司也一直在时尚性杂志上为其新产品做广告。2004～2005年,"Cartier"、"卡地亚"商标被北京、上海、天津三市的工商行政管理局认定为在各类服装和小商品市场具有涉外高知名度的商标。2004年、2005年、2008年、2009年,国家商标局分别在四个商标异议裁定书中认定卡尔蒂埃尔国际有限公司注册并使用在宝石、首饰商品上的"Cartier"、"卡地亚"商标为驰名商标。

2007年6月,卡地亚国际有限公司通过商标转让的方式继受取得卡尔蒂埃尔国际有限公司已经注册的"Cartier"、"卡地亚"系列商标。

2009年11月,卡地亚公司发现佛山依诺公司将其生产、销售的一款瓷砖取名为"卡地亚系列",并在公司网站主页上用"Cartier"、"卡地亚"商标对该系列瓷砖进行宣传,并且瓷砖的展示牌上标注了"Cartier"、"卡地亚",商品价签也标注了"卡地亚系列"。同月,卡地亚公司证实佛山依诺公司在北京的经销商北京裕隆依诺经贸有限公司销售的"卡地亚系列"瓷砖,商品展示牌上同样标注了"Cartier"、"卡地亚",商品价签也标注"卡地亚系列",其销售凭证也对该系列瓷砖标注为"卡地亚"瓷砖。

鉴于卡地亚(Cartier)品牌的公众知名度,事件发生后备受社会关注。腾讯网、新浪网、网易、凤凰网、中国瓷砖网、搜房网、品牌中国网、法制网和相关的知识产权网等各大网站和网络媒体均对该事件进行了网络追踪报道,不少网友和法律界人士纷纷跟帖对佛山依诺公司网站上的宣传语及其生产销售"卡地亚系列"瓷砖的行为发表个人见解。同时,《法制日报》、《上海法制报》等众多报纸媒体也对该奢侈品品牌遭遇侵权事件进行刊载。

卡地亚公司认为"Cartier"、"卡地亚"商标为驰名商标，佛山依诺公司及其北京经销商的行为构成对其注册商标专用权的侵犯，其网站的宣传语以及产品展示牌宣扬"卡地亚"商品魅力和"依诺"瓷砖的优质品质相结合属于引人误解的虚假宣传，构成不正当竞争。

佛山依诺公司认为，驰名商标的认定效力仅限于必要的案件本身，不能产生永久性或任何在时间上的延续效力，因而"Cartier"、"卡地亚"不构成驰名商标，只能按照普通商标的标准予以保护。依诺公司提出，依诺瓷砖曾获多项殊荣，"依诺"品牌在公司广泛宣传下获得消费者的高度认同，不需要借助类别完全不相关的品牌提高自身商品形象，并且依诺公司在商品的包装及广告中仍使用了"依诺"商标，不会造成商品来源的误导。依诺公司称，将"卡地亚"作为瓷砖分类的系列名称并不属于商标意义上的使用，而是合理、正当使用，其网站上转载的"卡地亚"品牌历史也是客观的合理引用，并非虚假宣传。

2009年12月22日，卡地亚公司向北京市第二中级人民法院提起知识产权诉讼，将佛山依诺公司、北京裕隆依诺经贸公司告上法庭。

二、案例分析

（一）"卡地亚"商标侵权纠纷案涉及的法律问题

"卡地亚"商标侵权纠纷案涉及多方面的知识产权法律问题，如商标法对商标保护的相关规定、驰名商标的跨类保护及司法认定、驰名商标跨类保护中的侵权责任、通过傍名牌的方式进行引人误解的虚假宣传构成不正当竞争问题等。其中，以商标法方面的法律问题最为主要。

"商标"一词源于英文trademark。在日常生活中，人们俗称"商标"为"牌子"，并经常将"商标"与商号、商务标语等相混淆。商标的本位是一种符号，其最初的功能是标识产品或服务的来源，代表商品声誉。作为产品或服务的标识，商标的符号意识充斥在社会的每个角落，其主要功能在于使相关公众通过商标识别不同商品或服务的来源，避免相关公众对不同来源的商品或服务产生混淆、误认。而作为世界通用的法律用语，商标已不是简单的商业标记，而是受法律保护的无形财产。我国《商标法》对商标定义为：任何能够将自然人、法人或者其他组织的商品与他人的商品区别开的可视性标志，包括文字、图形、字母、数字、三维标志和颜色组合，以及上述要素的组合。

与商标相对应的概念是商标权。商标权是商标所有人依法对其使用的商标所享有的权利，商标法的基本任务就是确认并保护商标权。在刘春田主编的《知识产权法》一书中，对商标权和商标专用权作如下讲述：商标权类同于所有权，包括对注册商标的占有、使用、收益和处分的权利，在这诸多的权利中，对商标的排除他人的使用权，即通常所说的商标专用权具有特别重要的地位。通常商标注册申请人注册商标的主要目的也在于取得专用其商标的权利。由法律赋予商标注册人在指定商品上专有使用其注册商标的权利是商标权最主要的内容。由此可见，"商标权"和"商标专用权"是两个既相互紧密联系但内涵、外延又不同的概念。商标权是商标所有人对其商标的使用享有的支配权，其权利内容包括注册商标专用权和未注册商标的正当权益。商标法对商标权的保护，应当以保护注册商标专用权为重点，同时有条件地适当保护未注册商标。

商标专用权是权利人独占使用特定商标的权利，商标专用权的对象为注册商标，其权利内容包括专用权、禁止权、许可使用权、转让权。从严格意义上说，在注册制度下的商标权方称作注册商标权或者注册商标专用权，我国商标法保护的唯一客体是注册商标。尽管法律允许使用未注册商标，但在知识产权体系下，除未注册驰名商标依《巴黎公约》的规定受法律特别保护外，其他未注册商标的商标使用人不享有商标法赋予的商标专用权，只能得到商标法的有限保护以及不正当竞争法的保护。给注册商标予以法律保护，有利于鼓励市场竞争的优势者，鼓励正当竞争和净化市场秩序，防止他人不正当地攀附其商标信誉，从而促进市场经济的健康发展，保护消费者和生产、经营者的合法权益。

我国商标法对于注册商标专用权的保护分别从两个方面进行了规定：一是商标权的权利范围。根据商标法的规定，经商标局核准注册的商标为注册商标，商标注册人享有商标专用权，受法律保护；注册商标的专用权以核准注册的商标和核定使用的商品为限。二是侵犯注册商标专用权的行为，即商标侵权行为。《商标法》第52条规定，侵犯注册商标专用权的行为包括以下五类：①未经商标注册人的许可，在同一种商品或者类似商品上使用与其注册商标相同或者近似的商标的；②销售侵犯注册商标专用权的商品的；③伪造、擅自制造他人注册商标标识或者销售伪造、擅自制造的注册商标标识的；④未经商标注册人同意，更换其注册商标并将该更换商标的商品又投入市场的；⑤给他人的注册商标专用权造成其他损害的。对于第5项的弹性条款，根据《商标法实施条例》第50条以及《最高人民法院关于审理商标民事纠纷案件适用法律若干问题的解释》第1条的规定，给他人的注册商标专用权造成其他损害的行为包括以下五种：①在同一种或者类似商品上，将与他人注册商标相同或者近似的标志作为商品名称或者商品装潢使用，误导公众的；②故意为侵犯他人注册商标专用权行为提供仓储、运输、邮寄、隐匿等便利条件的；③将与他人注册商标相同或者相近似的文字作为企业的字号在相同或者类似商品上突出使用，容易使相关公众产生误认的；④复制、摹仿、翻译他人注册的驰名商标或其主要部分在不相同或者不相类似商品上作为商标使用，误导公众，致使该驰名商标注册人的利益可能受到损害的；⑤将与他人注册商标相同或者相近似的文字注册为域名，并且通过该域名进行相关商品交易的电子商务，容易使相关公众产生误认的。

"Cartier"、"卡地亚"在我国是经国家商标局核准注册的商标，因而卡地亚公司对"Cartier"、"卡地亚"商标的注册商标专用权应受到商标法的保护。根据商标法的规定，转让注册商标的，转让人和受让人应当签订转让协议并共同向商标局提出申请，转让注册商标经核准后予以公告，受让人自公告之日起享有商标专用权。卡地亚国际有限公司通过商标转让的方式取得了卡尔蒂埃尔国际有限公司已经注册的"Cartier"、"卡地亚"系列商标，该注册商标的商标专用权已依法转让给卡地亚公司所有，因此卡地亚公司作为原告是适格的诉讼主体。明确上述两点后再考虑佛山依诺公司及北京裕隆依诺公司的行为是否侵犯了卡地亚公司"Cartier"、"卡地亚"商标的注册商标专用权的问题。根据《商标法实施条例》第3条之规定，商标的使用包括将商标用于商品、商品包装或者容器以及商品交易文书上，或者将商标用于广告宣传、展览以及其他商业活动中。佛山依诺公司在其网站页面、商品展示牌及价签上使用"Cartier"及"卡地亚"注册商标，北京裕隆依诺公司在其商品展示牌、宣传册以及销售凭证上使用"Cartier"及"卡地亚"注册商标，两者的行为均属于"复制、摹仿、翻译他人注册的驰名商标或其主要部分在不相同或者不相类似商品上作为商标使用，误导公众，致使该驰名商标注册人的利益可能受到损害的行为"。佛山依诺公司及北京裕隆依诺公司的行为侵犯了卡地亚公司对"Cartier"、"卡地亚"商标享有的注册商标专用权。

（二）商标法赋予驰名商标有别于一般注册商标的特殊保护制度

自从作为一个法律概念出现后，驰名商标已为世界上大多数国家的立法所确认，但各国立法对驰名商标所作的规定并不一致，相关国际公约也回避对驰名商标下定义，从而使得对驰名商标的理解出现很大的差异。对于何谓驰名商标，目前国际的通说是，"驰名商标为在市场上享有较高声誉，并为公众所熟知的商标"。法国在1911年修改《巴黎公约》的华盛顿外交大会上最早提出驰名商标保护问题，14年后，"驰名商标"这一概念出现在《保护工业产权巴黎公约》海牙文本第6条之二上，此后在1934年的伦敦、1958年的里斯本均对《巴黎公约》的这一条款做了修改，再加上1993年通过的《与贸易有关的知识产权协议》，形成了目前国际上对驰名商标的保护标准，即对驰名的商品商标和服务商标实行跨类保护，禁止他人使用与驰名商标相同或类似的标识，不同于一般商标，对驰名商标的保护不限于相同或相似领域，而且也不要求注册才受保护，这就是法律为驰名商标设定的特殊保护制度。

驰名商标扩大保护已被各国普遍采纳。驰名商标无论是否注册都应该得到保护，只是注册驰名商标的禁止效力可以扩张到非类似商品上。这种超越商标法设权模式的保护，其基础是反不正当竞争。因为商标注册是一种权利公示程序，商标权利人通过法定方式向公众宣示权利的存在与变动。驰名商标即使是未注册，但"驰名"本身就起到了公示的效果，为扩大保护范围提供了依据。

我国在完善商标法律制度、逐步与国际接轨的基础上，先后于1996年8月14日、2003年4月17日分别制定了《驰名商标认定和管理暂行规定》和《驰名商标认定和保护规定》两个法律文件，从而建立并逐步强化了对驰名商标的法律保护。为切实保护驰名商标权利人的利益，我国在2001年修改《商标法》时也增加了对驰名商标的保护。在我国，驰名商标是指在中国境内为相关公众广为知晓的商标。我国对驰名商标的特殊保护表现为如下方面：①对未在中国注册的驰名商标予以保护。根据《商标法》第13条第1款，就相同或者类似商品申请注册的商标是复制、摹仿或者翻译他人未在中国注册的驰名商标，容易导致混淆的，不予注册并禁止使用。可见，一般的商标只有经过注册才能得到商标法的保护，但对驰名商标可以按"使用原则"进行保护，即商标法对驰名商标的保护不以注册为前提。②对注册的驰名商标实行"跨类保护"。根据《最高人民法院关于审理商标民事纠纷案件适用法律若干问题的解释》第1条第2项规定，复制、摹仿、翻译他人注册的驰名商标或其主要部分在不相同或者不相类似商品上作为商标使用，误导公众，致使该驰名商标注册人的利益可能受到损害的，属于《商标法》第52条第5项规定的给他人注册商标专用权造成其他损害的行为。因此，注册驰名商标不仅像一般注册商标那样，禁止在相同或类似的商品上使用与其相同或近似的商标，而且对不同类别、性质不相似的商品亦不允许使用与驰名商标相同或近似的商标。在此需要特别注意，未注册驰名商标并不享受"跨类保护"的特殊待遇。③禁止将他人的驰名商标作为企业名称使用或者作为域名注册使用。根据《最高人民法院关于审理商标民事纠纷案件适用法律若干问题的解释》第1条第1款第1、3项，将与他人注册商标相同或者相近似的文字作为企业的字号在相同或者类似商品上突出使用，或将与他人注册商标相同或者相近似的文字注册为域名，并且通过该域名进行相关商品交易的电子商务，容易使相关公众产生误认的，均属于《商标法》第52条第5项规定的给他人注册商标专用权造成其他损害的行为。④赋予驰名商标所有人特别期限的排他权。已注册的一般商标所有人认为在后注册的商标侵犯自己的商标权时，必须于在后注册的商标获得注册之日起5年内提起异议。但对恶意注册的，驰名商标则不受5年的时间限制。由于一旦能被认定为驰名商标，就能获得特殊保护，所以驰名商标的界定显得尤其重要。也正是这个原因，上述案件中"卡地亚公司拥有的'Cartier'、'卡地亚'商标是否为驰名商标"成为案件双方争议的焦点问题。

（三）驰名商标的认定遵循"被动保护、个案处理、按需认定、事实认定"的原则

法律设置驰名商标保护制度的用意，是防止不法商人利用他人驰名商标的声誉从事不正当竞争活动，以维护驰名商标专用权和商标所有权人的利益。所以，驰名商标并不是商标法上的一种特殊商标，而是法律为商标提供的一种可能的特殊保护，只有在谈到法律保护时才应涉及驰名商标。驰名商标只有在涉及侵权时，才有认定的必要。

目前，我国对驰名商标的认定实行行政认定和司法认定相结合，并且司法认定具有最终裁决力的驰名商标认定模式。对于驰名商标的司法认定，人民法院在审理商标纠纷案件中对驰名商标的认定实行"个案认定、被动认定"的司法审判机制和原则。只有在当事人提出请求同时该案具体案情需要认定驰名商标时，才作出认定，并且在该案中认定的驰名商标仅对该案具有效力，并不必然对其他案件产生影响。因此，驰名商标的认定应是在个案中动态展现的，不同侵权案件中应适用不同的标准，不应一概而论。按照统一标准，主动批量地认定驰名商标的做法违背了驰名商标保护制度的立法本意。具体而言，人民法院在审理民事纠纷案件中对驰名商标作认定的情形包括三种：①以违反《商标法》第13条的规定为由，提起的侵犯商标权诉讼；②以企业名称与其驰名商标相同或者近似为由，提起的侵犯商标权或者不正当竞争诉讼；③原告以被诉商标的使用侵犯其注册商标专用权为由提起民事诉讼，被告以原告的注册商标复制、摹仿或者翻译其在先未注册驰名商标为由提出抗辩或者提起反诉的诉讼。人民法院在审理商标侵权纠纷的案件中，认定涉案商标是否为驰名商标，是作为审理案件需要查明的事实来看待，属于对案件基本事实的认定，因而不受当事人诉讼请求的限制，在诉讼中对商标是否驰名进行认定不构成单独的诉讼请求。并且，人民法院对达到驰名要求的商标认定为驰名商标仅是依法给予跨类保护的前提事实，而不是脱离认定具体案件事实的立法本意来追求荣誉称号、广告效应等商业价值，即驰名商标的司法认定要注意防止出现驰名商标的异化现象。

要界定一个驰名商标，主要是从各方面审查其在公众中的知名程度，而不是审查其所标识的商品或服务的质量。目前国际上还没有统一的驰名商标认定标准，只是在世界知识产权组织制定的《关于驰名商标保护规定的联合建议》中规定了驰名商标认定时应考虑的六个要素，即：相关公众对该商标的了解或认识程度；该商标的任何使用的持续时间、程度和地理范围；该商标的任何宣传工作的持续时间、程度和地理范围，包括在交易会或展览会上对使用该商标的商品或服务所做的广告或公告及介绍；该商标的任何注册或任何注册申请期限的地理范围，以反映使用或认识该商标的程度；成功实施该商标权的记录，尤其是该商标

由主管机关认定为驰名商标的范围；与该商标相关的价值。至于具体的认定标准则由各国主管机关具体制定。

根据我国商标法律规定，在认定驰名商标时应当考虑相关公众对该商标的知晓程度、该商标使用的持续时间、该商标的任何宣传工作的持续时间、程度和地理范围以及该商标作为驰名商标受保护的记录等因素。卡地亚（Cartier）品牌自1983年进入中国市场后，相继在各个大城市设立专卖店和特许经销商；2000年至今，国内众多报刊、杂志该品牌的发展历史和卓越品质进行广泛报道；卡地亚公司一直在时尚性杂志上为其新推出的产品做广告宣传等，均表明"Cartier"、"卡地亚"商标在我国境内存在持续性的使用，商标权利人为保持商标的影响力，对"Cartier"、"卡地亚"商标进行了持续的宣传，宣传行为的覆盖地域范围也较为广泛。另外，北京、上海、天津等地工商行政管理局在向各类服装和小商品市场发布的通告中也认可"Cartier"、"卡地亚"商标具有涉外高知名度，国家商标局也曾四次在商标异议裁定书中认定"Cartier"、"卡地亚"商标为驰名商标。以上事实均反映出"Cartier"、"卡地亚"商标在相关公众中具有较高的知晓程度，在中国境内属于相关公众广为知晓的商标，应认定为驰名商标。

（四）驰名商标跨类侵权的法律责任

为了既利用驰名商标蕴含的商誉和经济价值，又降低侵权的法律风险，不少企业和个人将与驰名商标相同或类似的标识用于与驰名商标不相同或不相类似的商品或服务领域，企图名利双收，殊不知自己的行为已经构成对驰名商标的跨类侵权。

在立法层面，我国《商标法》将驰名商标的跨类侵权行为定性为侵犯注册商标专用权的行为，要求跨类侵权行为人承担商标法上的侵权责任，而国外相关方面的立法对驰名商标跨类保护中的侵权责任作了不同的定性。如法国知识产权法规定，在与注册中指定的不类似的商品或服务商使用驰名商标给商标所有人造成损失或者构成对该商标不当使用的，侵害人应当承担民事责任，而不是承担商标侵权责任。又如日本法律规定，在同类或者类似的商品上使用与他人的驰名商标相同或者近似的标识，并且有可能造成消费者混淆的行为，属于不正当竞争的行为。这就产生驰名商标跨类保护中的侵权行为出现法律责任竞合时，应对侵权人追究怎样的法律责任。不同的定性意味着不同的责任分担以及侵权救济，这对保护驰名商标权利人的利益，实现驰名商标权利人利益与社会利益的平衡至关重要。我国有学者提出，不应将驰名商标的跨类侵权行为依据商标法认定为侵犯注册商标专用权的行为，而应依据民法和不正当竞争法的有关规定，根据案件的具体情况，分别认定为民法上的侵权行为与不正当竞争行为。在我国司法实践中，不同的法院对于驰名商标跨类保护中的侵权责任问题也存在不相同的做法，不是统一将驰名商标跨类保护中的侵权责任定为商标侵权责任。具体到该案，法院判令佛山依诺陶瓷有限公司和北京裕隆依诺公司停止侵犯卡地亚公司注册商标专用权的行为及不正当竞争行为，也说明了驰名商标跨类侵权中的法律责任不仅仅为侵犯商标权。

另外，前述我国对注册驰名商标和未注册驰名商标的保护范围实行"差别待遇"，未注册驰名商标的保护范围限于"相同或者类似的商品或服务"，对注册驰名商标才实行跨类保护。因而，驰名商标跨类保护中的侵权行为法律责任竞合问题仅涉及已注册的驰名商标，而不包括未在我国注册的驰名商标。《最高人民法院关于审理商标民事纠纷案件适用法律若干问题的解释》第2条明确规定了侵犯未注册驰名商标的行为应承担的责任，即复制、摹仿、翻译他人未在中国注册的驰名商标或其主要部分，在相同或者类似商品上作为商标使用，容易导致混淆的，应当承担停止侵害的民事法律责任。

（五）引人误解的虚假宣传行为构成不正当竞争

不正当竞争泛指在工商业活动中违反诚实信用及公平竞争原则的一切商业行为。狭义的不正当竞争是指经营者以假冒、虚伪表示、侵犯商业秘密等不正当手段进行竞争的行为。广义的不正当竞争还包括垄断和限制竞争等行为。不正当竞争概念最早出现时，主要是指侵犯工业产权的行为，包括冒用竞争对手的商业标识诋毁竞争对手的商品声誉以及窃取竞争对手的商业秘密等。反不正当竞争法与知识产权法有着密切的联系，从法律体系上看，多数国家都把反不正当竞争法归入知识产权法律体系中。有人用一个比喻生动地展现了两者之间的关系，即专利法、商标法、著作权法三大传统的知识产权法律好比浮在海面上的三座冰山，反不正当竞争法则是托着这三座冰山的海水。尽管反不正当竞争法的调整范围越来越广，与知识产权毫不相干的一些领域也被纳入反不正当竞争的调整范围中，但保护知识产权仍是反不正当竞争法的主要任务。

根据我国反不正当竞争法的相关规定，经营者在市场交易中，应当遵循自愿、平等、公平、诚实信用的原则，遵守公认的商业道德。前述对注册驰名商标超越商标法设权模式的跨类保护，其基础是反不正当竞争。第三人在不相类似的商品上使用驰名商标也可能引起混淆，其主观上往往是存在恶意借用他人商业声誉的意图，属于违反诚实商业习惯的不正当竞争行为。该案中，佛山依诺公司与北京裕隆依诺公司的宣传行为构成不正当竞争中的"引人误解的虚假宣传行为"。

虚假宣传行为是经营者利用广告或其他方式，通过虚假的直接陈述、暗示性虚假陈述、隐瞒重大事实等方式对商品作与实际情况不符的虚假宣传，误导用户和消费者的行为。我国《反不正当竞争法》第9条第1款对经营者的虚假宣传行为作了明确规定：经营者不得利用广告或者其他方法，对商品的质量、制作成分、性能、用途、生产者、有效期限、产地等作引人误解的虚假宣传。最高人民法院也通过司法解释对经营者引人误解的虚假宣传行为作具体规定,分别为"对商品作片面的宣传或者对比;将科学上未定论的观点、现象等当作定论的事实用于商品宣传;以歧义性语言或者其他引人误解的方式进行商品宣传。"由此可见,引人误解的虚假宣传既包括捏造现实中根本不存在的虚假事实对产品进行宣传,也包括利用真实事实对商品作片面宣传或对比,将科学上未定论的观点、现象等当作定论的事实用于商品宣传,以及用真实事实但以歧义性语言或者其他引人误解的方式进行商品宣传。虚假宣传的表现形式包括虚假广告和虚假事实陈述。虚假广告是通过广告宣传产生消费者对商品的实际性能和功用等客观事实的混淆。而虚假事实陈述是对商品的具体事实陈述中以明示或者隐瞒的方式导致消费者对产品的客观事实产生误认,并由这种误认错误地作出上购买与否的判断。佛山依诺公司和北京裕隆依诺公司通过宣传上的渲染手段使消费者对产品的真实情况与驰名商标"卡地亚"产生错误的联想,该行为已构成虚假事实陈述。

民法的帝王条款"诚实信用原则"是虚假宣传违法性判断的基础。虚假宣传违背市场主体的诚实信用义务,构成对其他市场主体特别是用户和消费者的欺诈。无论是虚假广告还是虚假陈述,其违法性判断均主要体现在对商品客观事实的表述。在司法实践中,虚假宣传中的虚假判断包括以下几方面:①对商品本身的事实部分明示或者暗示的虚假宣传;②对商品经营者的明示或暗示的虚假宣传;③对销售条件的明示或者暗示的虚假宣传;④对其他事实的虚假宣传,并影响消费者的选择。认定虚假宣传,不仅要有虚假的表述,还要有引人误解的结果。对于引人误解的判断,司法解释明确规定了"人民法院应当根据日常生活经验、相关公众一般注意力、发生误解的事实和被宣传对象的实际情况等因素,对引人误解的虚假宣传行为进行认定"。佛山依诺公司在自己的网站上对产品进行宣传时,介绍了"卡地亚"品牌的发展历史、卓越品质及取得的荣誉,并且这种介绍并不仅仅是客观描述,而是被化作佛山依诺公司商品所具有的品质,宣称其瓷砖商品传承卡地亚百年奢华魅力。佛山依诺公司的宣传行为属于"以歧义性语言或者其他引人误解的方式进行商品宣传行为"。佛山依诺公司在主观上存在借助他人商誉宣传自己产品、提高自身商品知名度的故意,客观上也起到了引人误解的效果,其行为违背了诚实信用原则,构成不正当竞争。而北京裕隆依诺公司在销售"依诺"瓷砖时,亦明知商品展示牌上宣传的"卡地亚"品牌的卓越品质与"依诺"瓷砖无关,将二者的商品结合起来宣传势必会引起消费者的误解。在此情况下,北京裕隆依诺公司仍坚持对其销售的产品进行虚假宣传,其行为亦违背诚实信用原则,同样构成不正当竞争。

三、相关法条

（一）《中华人民共和国商标法》节选

第十四条 认定驰名商标应当考虑下列因素：

（一）相关公众对该商标的知晓程度；

（二）该商标使用的持续时间；

（三）该商标的任何宣传工作的持续时间、程度和地理范围；

（四）该商标作为驰名商标受保护的记录；

（五）该商标驰名的其他因素。

第五十一条 注册商标的专用权，以核准注册的商标和核定使用的商品为限。

第五十二条 有下列行为之一的，均属侵犯注册商标专用权：

（一）未经商标注册人的许可，在同一种商品或者类似商品上使用与其注册商标相同或者近似的商标的；

（二）销售侵犯注册商标专用权的商品的；

（三）伪造、擅自制造他人注册商标标识或者销售伪造、擅自制造的注册商标标识的；

（四）未经商标注册人同意，更换其注册商标并将该更换商标的商品又投入市场的；

（五）给他人的注册商标专用权造成其他损害的。

第五十六条 侵犯商标专用权的赔偿数额，为侵权人在侵权期间因侵权所获得的利益，或者被侵权人在被侵权期间因被侵权所受到的损失，包括被侵权人为制止侵权行为所支付的合理开支。

前款所称侵权人因侵权所得利益，或者被侵权人因被侵权所受损失难以确定的，由人民法院根据侵权行为的情节判决给予50万元以下的赔偿。

销售不知道是侵犯注册商标专用权的商品，能证明该商品是自己合法取得的并说明提供者的，不承担赔偿责任。

（二）《中华人民共和国商标法实施条例》节选（自2002年9月15日起施行）

第三条 商标法和本条例所称商标的使用，包括将商标用于商品、商品包装或者容器以及商品交易文书上，或者将商标用于广告宣传、展览以及其他商业活动中。

第五十条 有下列行为之一的，属于商标法第52条第5项所称侵犯注册商标专用权的行为：

（一）在同一种或者类似商品上，将与他人注册商标相同或者近似的标志作为商品名称或者商品装潢使用，误导公众的；

（二）故意为侵犯他人注册商标专用权行为提供仓储、运输、邮寄、隐匿等便利条件的。

（三）最高人民法院《关于审理商标民事纠纷案件适用法律若干问题的解释》节选（自 2002 年 10 月 16 日起施行）

第一条 下列行为属于商标法第 52 条第 5 项规定的给他人注册商标专用权造成其他损害的行为：

（一）将与他人注册商标相同或者相近似的文字作为企业的字号在相同或者类似商品上突出使用，容易使相关公众产生误认的；

（二）复制、摹仿、翻译他人注册的驰名商标或其主要部分在不相同或者不相类似商品上作为商标使用，误导公众，致使该驰名商标注册人的利益可能受到损害的；

（三）将与他人注册商标相同或者相近似的文字注册为域名，并且通过该域名进行相关商品交易的电子商务，容易使相关公众产生误认的。

第八条 商标法所称相关公众，是指与商标所标识的某类商品或者服务有关的消费者和与前述商品或者服务的营销有密切关系的其他经营者。

第二十二条 人民法院在审理商标纠纷案件中，根据当事人的请求和案件的具体情况，可以对涉及的注册商标是否驰名依法作出认定。

认定驰名商标，应当依照商标法第 14 条的规定进行。

当事人对曾经被行政主管机关或者人民法院认定的驰名商标请求保护的，对方当事人对涉及的商标驰名不持异议，人民法院不再审查。提出异议的，人民法院依照商标法第 14 条的规定审查。

（四）《最高人民法院关于审理涉及驰名商标保护的民事纠纷案件应用法律若干问题的解释》节选（自 2009 年 5 月 1 日起施行）

第一条 本解释所称驰名商标，是指在中国境内为相关公众广为知晓的商标。

第二条 在下列民事纠纷案件中，当事人以商标驰名作为事实根据，人民法院根据案件具体情况，认为确有必要的，对所涉商标是否驰名作出认定：

（一）以违反商标法第 13 条的规定为由，提起的侵犯商标权诉讼；

（二）以企业名称与其驰名商标相同或者近似为由，提起的侵犯商标权或者不正当竞争诉讼；

（三）符合本解释第 6 条规定的抗辩或者反诉的诉讼。

第五条 当事人主张商标驰名的，应当根据案件具体情况，提供下列证据，证明被诉侵犯商标权或者不正当竞争行为发生时，其商标已属驰名：

（一）使用该商标的商品的市场份额、销售区域、利税等；

（二）该商标的持续使用时间；

（三）该商标的宣传或者促销活动的方式、持续时间、程度、资金投入和地域范围；

（四）该商标曾被作为驰名商标受保护的记录；

（五）该商标享有的市场声誉；

（六）证明该商标已属驰名的其他事实。

前款所涉及的商标使用的时间、范围、方式等，包括其核准注册前持续使用的情形。

对于商标使用时间长短、行业排名、市场调查报告、市场价值评估报告、是否曾被认定为著名商标等证据，人民法院应当结合认定商标驰名的其他证据，客观、全面地进行审查。

第九条 足以使相关公众对使用驰名商标和被诉商标的商品来源产生误认，或者足以使相关公众认为使用驰名商标和被诉商标的经营者之间具有许可使用、关联企业关系等特定联系的，属于商标法第 13 条第 1 款规定的"容易导致混淆"。

足以使相关公众认为被诉商标与驰名商标具有相当程度的联系，而减弱驰名商标的显著性、贬损驰名商标的市场声誉，或者不正当利用驰名商标的市场声誉的，属于商标法第 13 条第 2 款规定的"误导公众，致使该驰名商标注册人的利益可能受到损害"。

（五）《中华人民共和国反不正当竞争法》节选

第二条 经营者在市场交易中，应当遵循自愿、平等、公平、诚实信用的原则，遵守公认的商业道德。

本法所称的不正当竞争，是指经营者违反本法规定，损害其他经营者的合法权益，扰乱社会经济秩序的行为。

本法所称的经营者，是指从事商品经营或者营利性服务（以下所称商品包括服务）的法人、其他经济组织和个人。

第五条 经营者不得采用下列不正当手段从事市场交易，损害竞争对手：

（一）假冒他人的注册商标；

（二）擅自使用知名商品特有的名称、包装、装潢，或者使用与知名商品近似的名称、包装、装潢，造成和他人的知名商品相混淆，使购买者误认为是该知名商品；

（三）擅自使用他人的企业名称或者姓名，引人误认为是他人的商品；

（四）在商品上伪造或者冒用认证标志、名优标志等质量标志，伪造产地，对商品质量作引人误解的虚假表示。

第九条 经营者不得利用广告或者其他方法，对商品的质量、制作成分、性能、用途、生产者、有效期限、产地等作引人误解的虚假宣传。

广告的经营者不得在明知或者应知的情况下，代理、设计、制作、发布虚假广告。

第二十一条 经营者假冒他人的注册商标，擅自使用他人的企业名称或者姓名，伪造或者冒用认证标志、名优标志等质量标志，伪造产地，对商品质量作引人误解的虚假表示的，依照《中华人民共和国商标法》、《中华人民共和国产品质量法》的规定处罚。

经营者擅自使用知名商品特有的名称、包装、装潢，或者使用与知名商品近似的名称、包装、装潢，造成和他人的知名商品相混淆，使购买者误认为是该知名商品的，监督检查部门应当责令停止违法行为，没收违法所得，可以根据情节处以违法所得1倍以上3倍以下的罚款；情节严重的，可以吊销营业执照；销售伪劣商品，构成犯罪的，依法追究刑事责任。

（六）《最高人民法院关于审理不正当竞争民事案件应用法律若干问题的解释》节选（自2007年2月1日起施行）

第七条 在中国境内进行商业使用，包括将知名商品特有的名称、包装、装潢或者企业名称、姓名用于商品、商品包装以及商品交易文书上，或者用于广告宣传、展览以及其他商业活动中，应当认定为反不正当竞争法第5条第2项、第3项规定的"使用"。

第八条 经营者具有下列行为之一，足以造成相关公众误解的，可以认定为反不正当竞争法第9条第1款规定的引人误解的虚假宣传行为：

（一）对商品作片面的宣传或者对比的；

（二）将科学上未定论的观点、现象等当作定论的事实用于商品宣传的；

（三）以歧义性语言或者其他引人误解的方式进行商品宣传的。

以明显的夸张方式宣传商品，不足以造成相关公众误解的，不属于引人误解的虚假宣传行为。

人民法院应当根据日常生活经验、相关公众一般注意力、发生误解的事实和被宣传对象的实际情况等因素，对引人误解的虚假宣传行为进行认定。

第十一讲

恶意买卖违反合同法的原则

——以淘宝商城事件为例

> 法律并非致力于实现所有由允诺产生的预期,其所要实现的,必须是合理的预期。
>
> ——科宾
>
> (A. L. 科宾,Arthur Linton Corbin,1874~1967,科宾于1899年从法学院毕业,是20世纪美国最著名的合同法学家。科宾从1903年起在耶鲁大学法学院讲授法律,特别是合同法,曾任美国法学会合同法特别顾问。科宾于20世纪完成合同法经典巨著《科宾论合同》(共八卷),以特有的深邃的思想、透彻的分析力和渊博的学识对美国合同法所作的精辟、独到的论述,至今仍具有无与伦比的学术魅力,是美国各大学法学院学生研究合同法的必读文献之一。科宾对美国法学的贡献很多,其中最重要的贡献是与卡多佐等人于20世纪30年代奠定了"信赖利益学说"在合同法上的地位。从信赖利益理论发展起来的允诺禁反言制度的出现,使长期受对价交换理论排挤的信任、公平等因素重新受到了重视,并藉此将合同法从片面注重形式性、外部性的迷津中解救了出来。科宾为创立英美合同法新时代做出了巨大的贡献,被誉为美国20世纪最伟大的合同法专家。)

一、案例介绍

要说2011年10月国内最受人关注的互联网事件,恐怕非"淘宝商城事件"莫属。淘宝商城是淘宝网打造的一个商业零售购物网站(Business – to – Consumer,简称B2C),其整合数千家品牌商、生产商,为商家和消费者之间提供一站式服务方案。迄今为止,淘宝商城拥有4亿多买家、5万多家商户、7万多个品牌。据中国电子商务研究中心发布的数据显示，在 2011 年国内各 B2C 购物网站中，淘宝商城市场份额居于第一位。

2011 年 10 月 10 日，淘宝商城的收费新规定在网络引起轩然大波。中国最大的 B2C 电子商务平台"淘宝商城"官方发布了《2012 年度淘宝商城商家招商续签及规则调整公告》，要求提高商户的保证金和技术服务费年费。其中，对于保证金，公告规定续约商家 2012 年度的保证金须在 2011 年 12 月 26 日前一次性缴纳，保证金的金额按照店铺类型及所经营商品商标状态区分，从 1 万元改为"1 万、5 万、10 万、15 万"四个档次的商家违约责任保证金制度，一旦出现一定程度的违约行为，商家将被扣除至少 1 万元的保证金作为消费者保障基金。而对于技术服务费年费则从每年 6000 元提高到 3 万元或 6 万元两个档次，续签商家 2012 年度年费须在 2011 年 12 月 26 日前一次性缴纳。淘宝商城把保证金和年费大幅度提高，使得许多淘宝商城的中小卖家无力承担，小卖家甚至面临着从淘宝商城退回到淘宝集市的无奈选择，即由 B2C 转为 C2C。

2011 年 10 月 11 日起，数千个中小卖家因无法接受新的收费规则而在互联网上结成"反淘宝联盟"，有组织地恶意攻击淘宝商城的大卖家，对部分大卖家实施"批量拍货再申请赔偿"或者"拍商品、给差评、再申请退款"的恶意攻击行为。数万名自称中小卖家的网民结集在"反淘宝联盟 YY 在线"，利用淘宝商城"卖家 72 小时不发货可以得到赔偿，涉及的店铺将扣分乃至关店；若卖家 72 小时内发货，则买家可享受 7 天包退权益"的规定，对要打击的被指定大卖家进行商品的集中拍货。如果店主不发货，则统一向淘宝商城申请赔偿；如果店主发货，则统一确定收货，统一给该店铺的各项评级打 0 分或者 1 分，并立即申请退款。自称"中小卖家"的网民还通过对淘宝商城的大卖家宣称要对其实施上述操作，致使数十个大卖家被迫将部分或全部商品下架，部分合规经营店铺的正常经营秩序也受到严重干扰，一些消费者的正常购买行为也受到影响。

10 月 12 日，淘宝商城针对攻击事件在官方网站发出紧急公告，声明对恶意攻击其他商家的行为不会容忍，也绝不会妥协，并称已向警方报案。

10 月 14 日，淘宝商城针对被攻击的大卖家出台了一些保护措施，但部分大卖家仍然不敢开放货到付款功能，有的甚至直接关店停业。

10 月 15 日，淘宝商城再次发布公告，称将坚持新规定不会让步，并对备受争议的收费规则作出详细解释。

淘宝商城事件引起商务部的高度关注。10 月 15 日晚上，商务部要求相关方面从稳定物价和改善中小企业经营环境的高度妥善处理事件，希望淘宝商城充分听取各方意见，采取积极行动回应相关商户特别是中小商户合理要求，并强调相关企业和个人必须通过合法途径表达诉求。对于商务部的要求，淘宝商城回应称暂时延缓新签和续签 2012 年合约。

10 月 18 日，反淘宝联盟在 YY34158 频道的公告栏上发布对淘宝商城新规调整的最新声明，表示"淘宝新规的调整并未达到广大网商的要求，一意孤行的姿态并未改变，行为方式仍然未受到第三方的有效监管，并不是真正接受了中小卖家的意见"。同时，不少反对者认为行业定价机制应由淘宝商城、网商、政府职能部门共同参与制定，要求淘宝商城负责人和中小卖家进行直接对话，回应其诉求。

10 月 21 日晚，围攻淘宝商城的部分小卖家转而攻击支付宝，通过制造"支付宝将用户资金挪用，资金链断裂"等舆论，呼吁以提现的方式对淘宝商城施压。

淘宝商城提高保证金和技术服务费的事情在网络闹得沸沸扬扬，最终以出台扶植政策的方式平息了这场风波。淘宝商城事件虽已告一段落，但事件给我们带来的诸多法律问题却值得深思。

二、案例分析

（一）淘宝商城事件暴露出的主要问题

在谈论淘宝商城事件时，很多网友着力于在网络暴力、商业垄断等方面进行讨论，一些法律界人士则从《合同法》、《反不正当竞争法》、《反垄断法》、《消费者权益保护法》、《治安管理处罚法》甚至《刑法》等众多角度对事件作解读。北京邮电大学教授刘德良认为，"中小卖家的网络攻击行为属于违法，并不可取。民事上涉及不履行合同和侵害商誉权，刑事上可能涉及合同欺诈以及诋毁商誉，此外网络攻击程度严重，也可能受到刑事责任追究。"著名法商专家王春晖教授认为，此次事件不应仅关注新规则本身的法律性质问题，而应关注新规则引发的对中国互联网产业在某些相关市场上的寡头垄断和滥用支配地位问题。北京大学反垄断法专家盛杰民教授则表示，认定一家企业是否具有市场支配地位是很复杂的，首先要界定"相关市场"，其次要推定和认定市场支配地位也需要专业数据和分析。中小卖家应该改变目前的维权方式，向反垄断主管部门举报。华东政法大学高等教育与教育法制研究所副研究员樊玉成则提出，淘宝事件前后呈现出三种法律行为：一是淘宝的单方提价行为；二是以淘宝商城中小卖家主体的反对行为；三是政府的监管行为。

诚然，一个法律事件的背后往往涉及到多方面的深层次社会问题和法律问题，但单纯从淘宝商城事件的始末来看，该事件暴露出来的法律问题主要在合同法上。淘宝卖家与淘宝商城的纠纷源于在双方存在合法有效之合同的基础上，淘宝商城就合同相关内容单方面作出大幅度调整。事件的焦点集中于淘宝商城发布《2012 年度淘宝商城商家招商续签及规则调整公告》的性质是什么、淘宝商城是否有权单方面对规则进行大幅度调整和更改、淘宝商城此次提高招商标准与收费规则是否需要与商户协商、淘宝商城中小卖家利用交易规则在互联网上其他商户进行报复行为是否合法等问题上。

（二）合同自由是合同法的灵魂所在

合同是民事主体之间意思表示的合意，要约与承诺是达成合意的方式，也是合同自由的充分体现。合意一经达成，合同便宣告成立，当事人受合同的拘束。合同自由原则最早起源于罗马法，合同的法律效果伴随着合同的演进从取决于法定性转变为取决于当事人合意。而合同自由真正作为一个原则在法律上出现则始于近代民法。自愿原则是我国民法的一项基本原则，其内涵是指民事主体在民事活动中，充分表达自己的真实意思，并根据自己的意思设立、变更、终止民事法律关系。该原则实际上就是传统民法中所谓的意思自治原则或者合同自由原则。我国《合同法》虽然未明文规定合同自由原则，但实际上《合同法》规定的自愿原则与合同自由原则的内容和精神是完全一致的。《合同法》第4条规定，当事人依法享有自愿订立合同的权利，任何单位和个人不得非法干预。根据胡康生主编的《中华人民共和国合同法释义》对该法条的解读，合同自愿原则既包括了缔约的自愿，也包括在不违法的情况下由当事人自愿约定合同内容，在履行合同过程中当事人可以协议补充或者变更合同有关内容，并且当事人还可以自由约定违约责任和解决争议的方法。可见，自愿原则基本上涵盖了合同自由原则的内容，具体来说包括如下几个方面：①订立合同的自由，也称缔约自由，即作为平等主体的双方当事人均有权决定是否与对方缔结合同。除非为了公共利益，法律并不强制当事人缔约，当事人可以自主地决定是否订立合同。订立合同的自由是合同自由其他内容的前提与基础，若当事人不享有此项自由，也就谈不上其他自由。②选择相对人的自由，即当事人有权自主决定与任何人订立合同。③决定合同内容的自由。当事人有权自由决定合同的内容是合同自由原则的核心。当事人在法律规定的范围内可以自由约定合同条款，设定双方的权利和义务。只要当事人在合同中约定的内容不违背法律法规和社会公共利益，任何人不得干涉当事人订立合同的内容。并且，在意思表示真实的条件下，当事人可以订立对价不充分的合同，这并不妨碍合同法对整个社会交易的公平性要求。根据该自由，当事人有权通过协议改变法律的任意性规定，只要合同符合法律规定的生效要件即为生效，即可受到法律的保护。④变更、解除合同的自由。即合同成立后当事人可以通过自由协商变更合同的条款或者解除合同。法律既然允许契约当事人自由约定合同内容，合同成立后当事人根据形势变化决定对合同相关条款进行调整或者解除合同，只要不违背法律法规，法律便不干涉合同的变更或解除。⑤选择合同形式的自由。即除法律另有强行性规定以外，当事人在订立合同时可以自由选择合同的形式。⑥选择争议解决方式的自由。即契约当事人可以自主决定解决争议的途径，涉外合同的当事人还可以选择合同纠纷所适应的法律。

根据合同自由原则，合同的本质是当事人通过自由协商决定相互间的权利义务关系，并根据自身意志调整相互间的关系。订立合同的过程就是双方当事人采取要约和承诺方式进行协商的过程。合同一旦生效对双方当事人都具有约束力，任何一方当事人不得随意加以变化。但由于客观情况的变化给当事人履行合同带来了一定影响，这时，法律允许当事人对合同内容加以调整和变化，以更好地实现当事人的利益和订立合同的目的。因而，合同依法成立后，当事人经协商一致可以变更合同。我国《合同法》第77条规定的合同变更仅指合同中权利和义务的变更，不包括当事人的变更。除法定的合同变更事由以外，合同的变更主要是通过当事人的协商产生。合同变更的过程，就是当事人协商一致的过程，故也应当遵守合同法关于要约、承诺的规定。其中，要约是订立合同过程中的首要环节。没有要约，就不存在承诺，合同也就无从产生。但没有承诺，合同始终没有成立，要约也就失去存在的价值。我国《合同法》对要约的定义是"要约是希望和他人订立合同的意思表示"，强调要约追求合同成立的目的，并且要约之意思表示应当符合"内容具体确定"以及"表明经受要约人承诺，要约人即受该意思表示约束"两个规定。但是，即使是具体法律拘束力的要约，也仅仅是一种意思表示，并不是民事法律行为，要约必须经过受要约人的承诺才产生要约人预期的法律效果。因为要约仅是表达要约人一方要求订立合同的意思，合同是否能够成立有待于受要约人是否作出承诺，没有承诺就没有所谓合意存在，合同也就不能成立。承诺是受要约人同意接受要约的全部条件以订立合同的意思表示。承诺的内容必须与要约的内容一致，要求承诺对要约的内容必须是绝对的、无条件的，不得限制、扩张或者变更要约的实质性内容，否则就不构成承诺，而应视为对原要约的拒绝，构成一项新的要约。此外，当事人在变更合同的过程中，对需要变更的内容达不成统一意见时，根据合同法的规定，对变更的内容约定不明确的推定为未变更。

淘宝商城与商户作为B2C模式下的电子商务平台提供方和具体经营者，不能适用《消费者权益保护法》的相关规定来限制淘宝商城的提费行为。淘宝商城的技术服务费等收费项目也不属于《价格法》规定的政府定价或者政府指导价约束范围。作为一般商业企业，淘宝商城对自己经营的商品或者服务内容的定价享有经营自主权，其定价由企业根据市场竞争情况确定。从形式上看，淘宝商城在2012年的招商规则中提高保证金和技术服务年费的单方提价行为并不违法。那么，淘宝商城的单方提价行为究竟有没有违反合同约定呢？

淘宝商城提高入驻费用，是针对2012年度淘宝商城招商作出的，并非是在合同履行期间单方擅自变更合同主要内容，因此，不需要与合同相对方协商并征得其同意。根据合同自由原则，对于 2012 年拟入驻淘宝商城的新商户而言，只要商户愿意接受淘宝商城的招商规则，那么双方所签的合同即为合法有效，淘宝商城发布的招商续签及规则调整公告则可视为发出一个希望不确定的他人向自己发出要约的要约邀请。对于仍在合同有效期内的现有商家而言，需要查看卖家与淘宝之间 2011 年的合同内有关调整规则或合同条款方面的具体内容以及关于合同期限的具体约定。基于缔约自由和决定合同内容的自由，在合约期满后，淘宝商城和淘宝商户均有权自行选择是否续订合同以及如何续订合同。但从淘宝商城的行为来看，续订合同意味着必须接受新条款的约束，选择不续订则淘宝商城将在现有合同履行完毕后终止对商家的服务。也就是说，对于现有商户，只有接受新规则和收费规定，按新的规则和收费规定对合同进行修改才能续签；若不接受新的招商规则和收费规定，则不能续签合同。由于合同的修改需要当事人协商一致，遵守合同法关于要约、承诺的规定。对现有商户而言，淘宝商城发布的招商续签及规则调整公告实质是在原合同到期之际向其发出了一个修改合同的要约。因而，对意欲 2012 年度入驻淘宝商城的商户来说，可以有多种选择，要么接受要约对合同内容进行修改并续签，要么修改条件向淘宝商城发出一个新要约，又或是直接拒绝淘宝商城发出的修改合同的要约，不续签合同。这三种情况都是合同双方自愿的商业行为，只要不违反法律的相关规定，就应受法律保护，不能强制其中一方作出或不作出某种行为。若现有商户接受淘宝商城新的规则和收费规定，一旦作出承诺，则产生合同修改的法律效力，新的规则和收费规定就是双方就合同修改得出的协商一致的结果。如果现有商户不接受淘宝商城新的规则和收费规定，即是对需要变更的内容达不成统一意见，不产生合同变更的法律效果。当合同有效期届至但双方仍未续签合同，则合同权利义务归于消灭。

至于淘宝商城是否可以对规则进行大幅调整和更改，对于现有商户而言，需要区分两种情况：一是原合同有效且未履行完毕时的调整和修改。原合同未履行完毕时，只要淘宝商城和商户双方协商一致，就可以对规则进行大幅调整和更改，也就是说，这种修改必须是建立在充分协商、取得合同相对人同意的基础之上，若双方对需要变更的内容达不成统一意见则推定为未变更。二是原合同已履行完毕，原合同的权利义务终止后的调整和修改。合同是有期限的民事法律关系，因订立而产生，因履行、解除、抵销、免除、混同等事由消灭，并不可能永远存续。债务已经按照约定履行是合同权利义务终止的最正常、最主要的原因。如果合同已按约、全面履行，合同目的达成，债权人的债权得以实现，债务人的债务随即归于消灭，合同便不复存在。因而，在原合同履行完毕后淘宝商城发出公告对规则进行大幅调整和更改，相当于向原先签订过合同的商户发出要约邀请，要约邀请的内容属于淘宝商城意思自治的范围，其当然有权利对规则进行大幅调整和更改。中小商户企图以恶意攻击大商户的形式迫使淘宝商城恢复原来的合同或者作出其他让步，实际上就是采取非法的的手段强制淘宝商城与之交易，是无视规则和契约的行为，属于对合同自由原则的践踏。

（三）恶意买卖违反诚实信用原则

诚实信用原则是合同法中一项极其重要的原则。在大陆法系，诚实信用原则被称为债法中的最高指导原则或者"帝王原则"，其含义是指民事主体在从事民事活动中应诚实守信，以善意的方式行使权利和履行义务，不得滥用权利及规避法律或合同规定的义务。随着社会交易的发展，诚实信用原则不仅具有确定行为规则的作用，而且具有衡平利益冲突、填补法律漏洞、为解释合同提供准则等作用。合同法上的缔约过失、后契约义务及附随义务等规定便是法院采纳诚实信用原则创造、补充法律的杰作。诚实信用原则有两个功能：①确定诚实可信，以善意方式行使权利和履行义务等行为规则。②诚实信用原则不仅要求平衡当事人之间的各种利益冲突和矛盾，而且要求平衡当事人的利益和社会利益之间的冲突与矛盾。诚实信用原则兼顾合同自由与合同正义的要求，在自由和公平之间起着平衡的作用。

作为直接规范交易关系的法律原则，诚实信用原则要求合同当事人在合同订立、履行、变更、解除的各个阶段，甚至在合同关系终止以后，当事人都应当严格依据诚实信用原则行使权利和履行义务。其中，在合同订立阶段，尽管合同尚未成立，但依据诚实信用原则当事人已负有附随义务。当事人在订立合同时要忠于事实真相，不作虚伪陈述；诚实守信，不欺诈他人，也不得基于恶意与他人谈判；相互照顾与协助；严格遵守自己的允诺。依据诚实信用原则产生的订约过程中的附随义务，由于一方当事人不履行而给另一方当事人造成信赖利益的损失，应承担缔约过失责任。在合同订立后尚未履行以前，双方当事人均应当依据诚实信用原则，严守诺言，认真做好各种履约准备，不随意毁约。在合同履行阶段，当事人除应履行法律和合同规定的义务以外，还应履行依诚实信用原则所产生的各自附随义务。诚实信用原则的内容之一就是权利不得滥用，当事人在行使解除权和履行抗辩权时要出于善意，不得恶意使对方处于不利的境地。在合同履行期到来以前，一方无正当理由向另一方明确表示其不履行合同，则另一方有权解除合同，并要求预期违约方承担违约责任。但如果一方向另一方并没有明确表示其将不履行合同，或者基于正当理由表示不履行合同，则依据诚实信用原则另一方不得擅自单方解除合同。

淘宝商城中小商家因无法接受新的收费规则，而组成"反淘宝联盟"有组织地利用交易规则对淘宝商城大卖家实施"批量拍货再申请赔偿"或者"拍商品、给差评、再申请退款"的恶意攻击行为。从表面上看,反淘宝联盟在此事件中并未违反合同设定的具体规则,他们自以为合理利用了合同规则,但实际上却违背了合同法原则。如前所述,诚实信用原则的内容之一就是权利不得滥用,当事人在行使解除权和履行抗辩权时要出于善意,不得恶意使对方处于不利的境地。我国《民法通则》和《合同法》也明确规定当事人行使权利和履行义务应当遵守诚实信用原则。依《合同法》的规定可知,任何淘宝商城买家通过电子商务平台在网络购物中拍下商品即与卖家建立了合同关系,双方当事人应本着诚实信用原则积极履行合同。恶意买卖的中小商家实施的表面符合淘宝商城交易规则的买卖行为,实质上是一种违反诚实信用原则的权利滥用行为。鉴于诚实信用原则可以直接适用于具体案件,被中小商户滥用的权利将不受法律的保护,其对合同解除权的行使也将不能获得法律的认同。因此,恶意买卖的中小商户应该履行合同义务,除非卖方存在违约行为,否则无权申请退款。若中小商户不履行合同,仍坚持下单后拒收或恶意差评,使无辜商户蒙受损失以及降低淘宝商业信誉,便属于违背依诚实信用原则所应负的责任,给对方造成损失的应当承担损害赔偿责任。

(四) 违背诚实信用原则的行为可能构成缔约过失责任

缔约过失责任是指在合同订立过程中,一方因违背其依据诚实信用原则和法律规定的义务,给对方造成信赖利益损失所应承担的损害赔偿责任。诚实信用原则是合同法的基本原则,民事主体在从事民事活动中,应讲诚实、守信用,以善意的方式行使权利并履行义务。根据诚实信用原则的要求,合同在订立时或成立后,当事人负有一定的附随义务。缔约过失责任的构成要件之一是缔约方违反先合同义务。先合同义务的发生以双方进入订立合同过程为标志,如果民事主体之间没有形成缔约关系,则不产生缔约过失的问题。先合同义务一般包括五项,即相互协助促成合同缔结,防止无正当理由终止缔约协商的协助义务;相互保护对方人身财产安全的保护义务;将合同相关信息详尽告知对方的通知义务;不向外界泄露或擅自使用所熟知的对方商业秘密的保密义务;在缔约过程中相互真诚相待,不得有欺诈、虚伪的意思存在,保证合同真实性的忠实义务。当事人如不履行这些义务,不仅会给合同相对方造成损害,而且也会妨害社会经济秩序。因此,法律要求当事人必须履行依诚实信用原则产生的义务,否则将要承担缔约过失责任。

在淘宝商城事件中,恶意买卖的中小商户显然没有做到在缔约过程中真诚相待,其在拍货时便不存在完成合同项下买卖交易的意思表示,而是以虚伪的意思以及虚假的交易行为欺骗无辜商家进行买卖,其合同真实性自始至终就不存在,更谈不上履行其他先合同义务。故淘宝商城恶意买卖的中小商户的行为可能构成违背诚实信用原则的缔约过失行为。但因为《合同法》第42条规定的缔约过失的三种情况，其中第3项"有其他违背诚实信用原则的行为"的规定是弥补具体法条穷尽时的补充规则，也即我们所说的兜底条款。法律对该原则性规定缺乏具体的认定标准，只能在具体的案件中由法官根据实际案情进行判断。

（五）法律仅保护正当的利益，基于合同规则的行为不得违反法律以及公序良俗，不得以合法形式掩盖非法目的

《民法通则》第6条规定"民事活动必须遵守法律，法律没有规定的，应当遵守国家政策"，其第7条规定"民事活动应当尊重社会公德，不得损害社会公共利益"。前者被称为民法的合法原则，后者被称为公序良俗原则或禁止权利滥用原则。《合同法》第7条基本将合法原则和公序良俗原则合二为一，规定："当事人订立、履行合同，应当遵守法律、行政法规，尊重社会公德，不得扰乱社会经济秩序，损害社会公共利益。"为了保障当事人所订立的合同符合国家的意志和社会公共利益，协调不同当事人之间的利益冲突以及当事人的个别利益与整个社会和国家利益的冲突，保证正常的交易秩序，我国合同法确认了合法原则。但即使法律规定再完备，也不可能对层出不穷的社会经济现象作出规制，这就要求当事人在订约和履约过程中也必须要遵守公序良俗的要求，依据诚实信用原则履行各项附随义务。

公序良俗是现代民法一项重要的法律原则。公序良俗是公共秩序和善良风俗的合称。所谓公序，是指社会的公共秩序，即国家社会存在及其发展所必要的一般秩序。这种秩序是否等同于法律秩序，理论上有不同的主张。根据法律规范的逻辑关系和合同法的立法意旨，这种公共秩序应指一般社会秩序，既包括法律秩序，也包括法律规范强制之外形成的社会秩序。合同法虽然将合同自由作为首要原则，但合同自由与任何法律自由一样，都不是绝对的自由。民事主体的意思自治有一个限制，即强行法与善良风俗。强行法即为公共秩序，其背后价值是公共利益，与合同追求的个人利益处于一种对立统一关系，当二者对立的时候，公共利益的价值高于个人利益，违反公共秩序的合同就必然无效。而善良风俗包含道德因素，是法律对道德规则和社会自发形成的规范的一种肯定性回应。对于善良风俗的认定，裁决权在于法院。合法与公序良俗原则要求当事人订立的合同不违背法律、法规的强行性规定，并且不得扰乱社会经济秩序、损害社会公共利益，合同当事人在订立和履行合同时不能过失或者故意地危害社会利益、善良风俗、经济秩序和他人利益。

反淘宝联盟在淘宝事件中实施的行为表面上合理利用了双方设定的合同具体规则，但实际上这种行为是以合法形式掩盖非法目的，以攻击无辜的大商户的方式抗议淘宝商城修改规则，既侵犯了无辜大商户的权益，又扰乱了市场交易秩

序，违背了合法与公序良俗原则。诚然，作为利益受损方的中小商家享有表达不满的自由以及寻求自力救济的权利，但自由与维权自救并不等同于不受任何限制或者肆意妄为。任何人所享有的自由和权利都应以不侵害他人的合法权益为限。反淘宝联盟在合同规则之内进行维权抗争，似乎可以为其恶意行为寻求某种正当性基础，但规则本身并非法律，规则之内的行为也未必是适法行为，而可能是以合法形式掩盖非法目的行为。如果因其行使自身权利和自由却给其他商户造成利益损失，显然逾越了权利行使的合理边界。即使中小商户认为淘宝商城的做法损害了自身利益，但以有组织的大规模恶意买卖的方式攻击无辜的大商户来胁迫淘宝商城妥协退让的做法已扰乱淘宝商城的交易秩序，也给无辜的商家造成了很大的损失。由于反淘宝联盟通过恶意买卖或者宣称要对其实施恶意买卖致使数十个大卖家被迫将部分或全部商品下架，部分合规经营店铺的正常经营秩序也受到严重干扰，一些消费者的正常购买行为也受到影响。这些行为看似合乎合同所设规则，但显然违反了法律规定以及公序良俗的要求，无论行为人出于何种理由，均不能豁免其行为的违法性。现代法治为纠纷当事人提供了包括诉讼在内的诸多纠纷解决方式，但严禁受害方动用"私刑"进行维权或者报复。淘宝中小商户可以联合起来通过合法正当的方式维权，而不应该联合攻击其他无辜商户，通过损害市场交易秩序及他人利益的方式来达到维权目的。

另一方面，对于受到恶意攻击的淘宝商户而言，单个商户受到攻击受损的是该商户的个人利益，但若发展成为有组织有规模的攻击行为扰乱社会经济秩序，则损害的是社会公共利益。我国《合同法》第52条规定的合同无效情形中，便有"以合法形式掩盖非法目的"、"损害社会公共利益"、"违反法律、行政法规的强制性规定"。结合前述民事主体的意思自治的限制为强行法与善良风俗，违反公序良俗的合同无法律效力。因此，受攻击的商户对恶意买卖大可主张买卖合同无效。同时，淘宝商家以用户身份实施利用淘宝规则的买卖不以消费为目的，而是以降低受攻击的淘宝商户信誉评级为目的，已有侵权之嫌，受攻击的淘宝商户有权对恶意买卖人主张侵权。问题的关键在于如何判断哪些是恶意买卖、哪些是真实买卖。

（六）滥用市场支配地位的行为涉嫌违反反垄断法，须加强法律监管

尽管淘宝商城收费新规并不违反法律规定，而是行使企业自主经营权的行为。但鉴于淘宝商城在中国B2C市场中占绝对支配地位，淘宝中小商家严重依赖于淘宝商城，对淘宝商城的定价可以说是毫无博弈之力。并且，绝对的优势经常导致权利滥用，淘宝商城不但有能力决定其服务的内容，甚至可以提出不合理的服务条件。淘宝商城大幅度提高相关服务的价格，已经涉嫌违反反垄断法有关滥用市场支配地位的禁止性规定。根据《反垄断法》第17条第2款，市场支配

地位，是指经营者在相关市场内具有能够控制商品价格、数量或者其他交易条件，或者能够阻碍、影响其他经营者进入相关市场能力的市场地位。同时，第17条第1款第1项列举了"以不公平的高价销售商品或者以不公平的低价购买商品"的行为属于滥用市场支配地位的行为。根据《价格法》第2条规定，价格法所称价格包括商品价格和服务价格，因此淘宝商城的行为属于"以不公平的高价销售商品的行为"。当然，淘宝商城是否涉嫌滥用市场支配地位，应当由相关主管部门根据反垄断法的规定予以调查确定。无论淘宝商城的行为最终是否定为垄断行为，对其均应加强法律监管。

淘宝商城作为一家大型电子商务服务提供商，既制订规则，又执行规则，却没有监管部门监督淘宝商城的运营、收费以及保障制度的执行。淘宝商城拥有如此巨大的电子消费市场和如此众多的商家，其交易规则的制定绝不能由淘宝商城独自决定，而应考虑到社会、市场、法律等诸多因素。我国现阶段由于缺乏相关法律制度支持，企业定价时利益相关者并不能直接参与其中，以致无法形成良性的定价互动机制。淘宝商城2012年保证金和技术服务费虽属于市场调节价，由经营者淘宝商城自主制定，但市场经济终归是法治经济，《价格法》对经营者自主定价仍有诸多规制，如经营者定价应当遵循公平、诚实、信用的原则；经营者定价的基本依据是生产经营成本和市场供求状况；经营者应当努力改进生产经营管理，降低生产经营成本，为消费者提供价格合理的商品和服务，并在市场竞争中获取合法利润。尽管淘宝商城事件中反淘宝联盟的维权行为过激，但从侧面反映出事件主要源于淘宝商城的不负责任。企业作为市场经济中的主体扮演着极其重要的角色，企业在追求自身利润最大化的同时也要考虑企业利益相关者的权益。一些处于强势地位的企业若利用其支配地位，必然使得秉承自愿原则的市场交易日渐丧失平等的基础。正因为淘宝商城在电子商务领域具有举足轻重的地位，其定价直接关涉众多消费者、商户的切身利益。淘宝商城利用自己的绝对支配地位突然变更规则和提高准入门槛，侵害了广大中小卖家的生存环境。因而，对立法者而言，对具有市场支配地位企业的电子商务交易规则必须进行积极的规制，完善法律监管。在制定相关法律规则时必须考量利益相关者参与定价以及参与的方式与范围，平衡企业与利益相关者之间的利益，既要保证企业正常运作及赢利，又要全面维护利益相关者的合法权益。

三、相关法条

（一）《中华人民共和国合同法》节选

第四条 当事人依法享有自愿订立合同的权利，任何单位和个人不得非法干预。

第五条 当事人应当遵循公平原则确定各方的权利和义务。

第六条 当事人行使权利、履行义务应当遵循诚实信用原则。

第七条 当事人订立、履行合同,应当遵守法律、行政法规,尊重社会公德,不得扰乱社会经济秩序,损害社会公共利益。

第八条 依法成立的合同,对当事人具有法律约束力。当事人应当按照约定履行自己的义务,不得擅自变更或者解除合同。

第十三条 当事人订立合同,采取要约、承诺方式。

依法成立的合同,受法律保护。

第十四条 要约是希望和他人订立合同的意思表示,该意思表示应当符合下列规定:

(一)内容具体确定;

(二)表明经受要约人承诺,要约人即受该意思表示约束。

第十五条 要约邀请是希望他人向自己发出要约的意思表示。寄送的价目表、拍卖公告、招标公告、招股说明书、商业广告等为要约邀请。

商业广告的内容符合要约规定的,视为要约。

第二十一条 承诺是受要约人同意要约的意思表示。

第二十二条 承诺应当以通知的方式作出,但根据交易习惯或者要约表明可以通过行为作出承诺的除外。

第三十条 承诺的内容应当与要约的内容一致。受要约人对要约的内容作出实质性变更的,为新要约。有关合同标的、数量、质量、价款或者报酬、履行期限、履行地点和方式、违约责任和解决争议方法等的变更,是对要约内容的实质性变更。

第四十二条 当事人在订立合同过程中有下列情形之一,给对方造成损失的,应当承担损害赔偿责任:

(一)假借订立合同,恶意进行磋商;

(二)故意隐瞒与订立合同有关的重要事实或者提供虚假情况;

(三)有其他违背诚实信用原则的行为。

第五十二条 有下列情形之一的,合同无效:

(一)一方以欺诈、胁迫的手段订立合同,损害国家利益;

(二)恶意串通,损害国家、集体或者第三人利益;

(三)以合法形式掩盖非法目的;

(四)损害社会公共利益;

(五)违反法律、行政法规的强制性规定。

第六十条 当事人应当按照约定全面履行自己的义务。

当事人应当遵循诚实信用原则,根据合同的性质、目的和交易习惯履行通知、协助、保密等义务。

第七十七条 当事人协商一致，可以变更合同。

法律、行政法规规定变更合同应当办理批准、登记等手续的，依照其规定。

(二)《中华人民共和国民法通则》节选

第四条 民事活动应当遵循自愿、公平、等价有偿、诚实信用的原则。

第五条 公民、法人的合法的民事权益受法律保护，任何组织和个人不得侵犯。

第六条 民事活动必须遵守法律，法律没有规定的，应当遵守国家政策。

第七条 民事活动应当尊重社会公德，不得损害社会公共利益，破坏国家经济计划，扰乱社会经济秩序。

(三)《中华人民共和国反垄断法》节选

第三条 本法规定的垄断行为包括：

(一) 经营者达成垄断协议；

(二) 经营者滥用市场支配地位；

(三) 具有或者可能具有排除、限制竞争效果的经营者集中。

第十七条 禁止具有市场支配地位的经营者从事下列滥用市场支配地位的行为：

(一) 以不公平的高价销售商品或者以不公平的低价购买商品；

(二) 没有正当理由，以低于成本的价格销售商品；

(三) 没有正当理由，拒绝与交易相对人进行交易；

(四) 没有正当理由，限定交易相对人只能与其进行交易或者只能与其指定的经营者进行交易；

(五) 没有正当理由搭售商品，或者在交易时附加其他不合理的交易条件；

(六) 没有正当理由，对条件相同的交易相对人在交易价格等交易条件上实行差别待遇；

(七) 国务院反垄断执法机构认定的其他滥用市场支配地位的行为。

本法所称市场支配地位，是指经营者在相关市场内具有能够控制商品价格、数量或者其他交易条件，或者能够阻碍、影响其他经营者进入相关市场能力的市场地位。

第十八条 认定经营者具有市场支配地位，应当依据下列因素：

(一) 该经营者在相关市场的市场份额，以及相关市场的竞争状况；

(二) 该经营者控制销售市场或者原材料采购市场的能力；

(三) 该经营者的财力和技术条件；

(四) 其他经营者对该经营者在交易上的依赖程度；

(五) 其他经营者进入相关市场的难易程度；

(六) 与认定该经营者市场支配地位有关的其他因素。

（四）《中华人民共和国价格法》节选

第二条 在中华人民共和国境内发生的价格行为，适用本法。

本法所称价格包括商品价格和服务价格。

商品价格是指各类有形产品和无形资产的价格。

服务价格是指各类有偿服务的收费。

第三条 国家实行并逐步完善宏观经济调控下主要由市场形成价格的机制。价格的制定应当符合价值规律，大多数商品和服务价格实行市场调节价，极少数商品和服务价格实行政府指导价或者政府定价。

市场调节价，是指由经营者自主制定，通过市场竞争形成的价格。

本法所称经营者是指从事生产、经营商品或者提供有偿服务的法人、其他组织和个人。

政府指导价，是指依照本法规定，由政府价格主管部门或者其他有关部门，按照定价权限和范围规定基准价及其浮动幅度，指导经营者制定的价格。

政府定价，是指依照本法规定，由政府价格主管部门或者其他有关部门，按照定价权限和范围制定的价格。

第六条 商品价格和服务价格，除依照本法第 18 条规定适用政府指导价或者政府定价外，实行市场调节价，由经营者依照本法自主制定。

第七条 经营者定价，应当遵循公平、合法和诚实信用的原则。

第八条 经营者定价的基本依据是生产经营成本和市场供求状况。

第九条 经营者应当努力改进生产经营管理，降低生产经营成本，为消费者提供价格合理的商品和服务，并在市场竞争中获取合法利润。

第十一条 经营者进行价格活动，享有下列权利：

（一）自主制定属于市场调节的价格；

（二）在政府指导价规定的幅度内制定价格；

（三）制定属于政府指导价、政府定价产品范围内的新产品的试销价格，特定产品除外；

（四）检举、控告侵犯其依法自主定价权利的行为。

第十八条 下列商品和服务价格，政府在必要时可以实行政府指导价或者政府定价：

（一）与国民经济发展和人民生活关系重大的极少数商品价格；

（二）资源稀缺的少数商品价格；

（三）自然垄断经营的商品价格；

（四）重要的公用事业价格；

（五）重要的公益性服务价格。

第十二讲

企业经营管理的"宪法"

——以国美电器股权之争事件为例

> 服从法律更多是一个利益激励的问题而不是敬重或尊重的问题。
>
> ——波斯纳
>
> （理查德·A·波斯纳，Richard Allen Posner，1939 年出生，是 70 年代以来美国最为杰出的法律经济学家之一。波斯纳是美国联邦上诉法院法官，曾任芝加哥大学法学院教授，于 1973 年发表《法律的经济分析》一书，奠定了"法律经济学"的理论基础与分析架构。他将人们从互相自愿的交易中各自获得利益的简明经济理论和与经济效率有关的市场经济原理应用于法律制度和法学理论研究，为法律经济学的研究奠定了基础，从而对法学一般理论的发展作出了卓越的贡献。法学家 Richard Posner 曾说："对于公平正义的追求，不能无视于其代价！"特别指出法律原则，不能缺乏经济学的效率概念。）

一、案例介绍

国美电器控股有限公司（以下简称国美电器），中国大陆最大的家电零售连锁企业，成立于 1987 年，创始人为黄光裕，2004 年 6 月在香港成功上市，后来在中国内地各大城市和香港设立 42 家分公司、1200 多家直营店面。

2006 年时任永乐电器董事长的陈晓主动向时任大中电器董事长的张大中提出两企业合作发展计划，并于当年 4 月签订战略合作协议。仅仅几个月后，永乐电器不顾与大中电器之前的战略合作协议，于 2006 年 7 月并入国美电器。2007 年底，国美收购大中电器。

2008年11月23日,国美电器董事会主席黄光裕因涉嫌对其兄黄俊钦控股的*ST金泰(上海证券交易所代码:600385)股价进行操纵而被公安机关拘留调查。2008年11月28日,国美电器发布公告,任命公司执行董事兼行政总裁陈晓兼任公司董事会代理主席。2010年5月18日,北京市第二中级人民法院认定黄光裕犯非法经营罪、内幕交易罪、单位行贿罪,三罪并罚,判定执行有期徒刑14年,罚金6亿元,没收财产2亿元。

2010年6月28日,国美电器发布公告,宣布任命王俊洲为公司总裁,陈晓任公司董事会主席及执行董事。2008年陈晓任国美电器董事会代理主席后,因其管理理念与黄光裕在任时差别较大,引发国美电器管理层内部分化。经过两年多的发展酝酿,矛盾终于在2010年夏秋之际进入白热化。

2010年8月4日,黄光裕独资拥有并为国美电器控股有限公司的主要股东的Shinning Crown Holdings Inc ("shinning crown")向国美电器控股有限公司董事会提交的"大股东致国美电器控股有限公司董事局要求召开临时股东大会的函",以国美电器第一大股东的身份要求董事会召开临时股东大会,提出以下五项议案:①撤消股东周年大会授予本公司董事配发、发行及处置本公司股份之一般授权;②撤消陈晓先生的执行董事(及董事局主席)职务;③撤消孙一丁先生的执行董事职务(但建议董事局保留其行政副总裁职务);④提名邹晓春先生为空缺的执行董事职务候选人;⑤提名黄燕虹女士为空缺的执行董事职务候选人。此五项议案实为对国美电器董事会进行重组。

此时的"陈黄之争"已经不仅仅是国美电器的内部事件,为获得舆论支持,双方通过网络媒体展开争夺大战。"做人不能太陈晓,用人不能用陈晓"的用语在网络盛传。永乐内部人士在网上回顾:当年国美收购永乐时,陈晓出来辟谣,声称永乐不会被出卖,并带领大家神情激昂而悲壮地唱起国歌,信誓旦旦地要保卫永乐,感动得大家热泪盈眶。然而3个小时之后,一个电话,永乐被卖出。此时,黄光裕虽然身陷囹圄,却得到了超过90%网友的支持。

2010年8月17日深夜,黄光裕方面独家授权新浪财经发布名为《为了我们国美更好的明天》的公开信。开头即将这场纷争定调为"由于陈晓阴谋窃取公司的控制权而引发的一场大变局",同时历数陈晓三宗罪:引入苛刻融资"去黄化";以"盲目股权激励"笼络高管;稀释大股东股份、提高外资股份,企图变"国美电器"为"美国电器"。此公开信一经新浪网发布,24小时内即获得超过一万条评论,黄光裕的"疾呼"获得了许多同情。8月20日,国美电器通过新浪财经网发表的《致国美全体员工的公开信》称,"在投资者的选择中,既解决资金困难问题,同时又保证大股东的权益成为当时谈判的焦点。公司管理层跟贝恩、华平、KKR、黑石、TPG、凯雷等投资者逐一接触,这些投资者无一例外地提出了为保证投资的安全,希望稀释大股东的投资方案,最后只有贝恩接受了维持大股东股权基本不变的融资方案。"并呼吁所有国美员工在攸关公司命运的关键时刻团结起来。双方利用网络舆论,引起事件的网络大爆发,最主要的目的并非争取民意,而是借此影响当事人和相关投资者的判断,进而影响特别股东大会的表决。

2010年9月28日,国美电器在香港召开特别股东大会。此次特别股东大会审议内容除代表黄光裕方利益的shinning crown以大股东名义提出的五项议案外,还包括陈晓方提出的三项议案:①重选竺稼为国美非执行董事;②重选Ian Andrew Reynolds为国美非执行董事;③重选王励弘为国美非执行董事。会议表决结果为,黄光裕方提出的五项议案仅第一项获得通过,其他均被否决;陈晓方提出的议案均获得通过。特别股东会后,黄光裕方面发出声明表示国美创始股东对投票结果表示失望,将计划继续积极参与国美相关事务。国美已偏离了快速、健康发展的轨道,正在丧失核心竞争力和行业领先地位,大股东方面对不具代表性的董事会之忧虑依然没变,也将保留采取适当行动的权利,保障自己及其他股东的利益。在这一场战役中,陈晓留任国美董事会主席,似乎成为赢家,但因黄光裕方提出的撤消增发股份获得通过,黄光裕方股份不至于被摊薄,黄光裕家族仍然是国美电器的大股东。特别股东大会当晚,国美方面发表声明表示,对于大股东与董事会就本公司战略的意见分歧,国美董事会希望通过与大股东之间进一步的沟通与探讨,为公司发展达成共识。而对于增发新股问题,国美声明中表示如果公司在未来发展上需要透过发行新股或可换股证券融资,董事会将寻求股东批准。

2011年3月10日,陈晓辞去国美电器董事会主席职务。在陈晓看来,是其主动辞去国美电器董事会主席的职务,并在媒体采访时表示"现在外界都在说是大股东和贝恩投资联手让我出局,但我要说的是,如果我自己坚持不走,没有任何人可以赶我出局,不过那样对我没有任何意义。"

2011年6月,国美电器向北京市第二中级人民法院递交起诉状,状告前董事局主席陈晓合同违约,未履行其离职协议中的保密条款,案件已获得正式受理。2012年1月5日,备受关注的国美诉陈晓一案在北京市第二中级法院开庭审理,国美执行董事邹晓春亲自出庭,并首次披露陈晓在离职前曾签订高管离职协议,其中包括相关的保密条款:约定不能对任何人公开和评论有关国美电器的任何信息。协议同时约定国美向陈晓支付税后人民币1000万元,作为陈晓履行离职协议里各项承诺的费用。而2011年5月10日某财经媒体刊载了一篇《国美事件再露面,陈晓大爆国美财务漏洞》的报道,在这篇报道中,陈晓认为国美财务黑洞惊人,并抨击了行业现存不健康的零供关系,指出国美从总部到柜台的每个环节都向供应商收费,并存在大量灰色收费,最终供应商承担的这些成本被转嫁到消费者身上。随后国美发布的官方声明中强烈回应,陈晓的言论严重违反早前与国美签订的协议,对公司的声誉、经营活动等造成了影响。诉讼中陈晓的诉讼代理人对原告国美方提供的3份证据表示异议,认为3份证据均为新闻报道,并不能用于证明被告陈晓曾接受过记者的采访,也不能证明被告陈晓曾说过报道中的内容,故请求法院驳回原告方的全部请求。此案尚在进一步审理中。

二、案例分析

(一)国美电器"陈、黄之争"暴露的主要问题

"陈、黄之争"从2008年底初始至2011年国美电器向陈晓提起诉讼,历时两年多,引发各界媒体广泛关注和网络的广泛讨论,也引起法学界对事件中暴露的问题深入探讨。"陈、黄之争"事件总体上反映的是公司治理结构的中国化问题,其核心是在公司的所有权和经营权相分离的情况下,如何通过管理结构整合协调好所有权人和实际经营人的利益协调,实现公司稳定和公司、股东利益最大化的问题。国美电器"陈、黄之争"又被视为"中国职业经理人的标志性个案"。在西方成熟的公司治理结构下,企业所有人往往将企业交给职业经理人管理,形成良好的所有人和经营人关系,也使公司的发展不局限于原始创业人一代,实现良好的传承与发展。我国《公司法》虽然也借鉴发达国家的做法规定了公司的"组织结构",但就上市公司而言,公司治理问题主要表现为一股独霸下的内部人控制、信息披露不透明以及小股东权益保护方面的制度缺陷。

(二)公司法是企业经营管理的"宪法"

公司是以营利为目的,从事商事经营活动的组织。公司依据组织形态和股东责任为划分标准,可将公司区分为有限责任公司、股份有限公司、无限公司和两合公司。我国《公司法》规定"公司是指依照本法在中国境内设立的有限责任公司和股份有限公司。"可见,我国《公司法》仅针对有限责任公司和股份有限公司而立,在《公司法》角度,不认可无限公司和两合公司。

公司具有法人性、营利性、社会性、资合性、社团性和自治性。我国《公司法》第3条第1款规定:"公司是企业法人,有独立的法人财产,享有法人财产权。"法人是因法律拟制而具有民事权利能力和民事行为能力的组织。公司的法人性意味着公司能够以自己名义为民事行为,并以其独立的法人财产承担行为后果。公司的营利性是公司区别于其他法人的重要特征。根据《民法通则》,我国法人分为企业法人、机关法人、事业单位法人和社会团体法人,其中只有企业法人可以通过生产经营活动,获取利润并在股东间按一定比例或规定进行分配,从而实现股东与公司利益。公司具有的社会性指向公司作为社会成员应当承担的社会责任。公司的社会责任理论源于经济学上的企业社会责任观,强调公司在实现

自身利益最大化时还应兼顾职工利益、环境利益、社会公共利益等。公司的资合性是指公司以资产为其存在的信用基础，其直接体现即为公司以其独立财产作为债务的担保，而与股东个人财产无关。公司社团性要求公司股东为两人或以上。《公司法》第二章第三节关于"一人公司"的规定是公司社团性的例外。"一人公司"是有限责任公司的一种，因其股东人数为一人，《公司法》在注册资本与投资限制、登记特殊要求、公司章程的制定、公司重要事项的决议要求、财务报告及审计以及法人人格否定上都作了特殊规定。公司自治性表现在，"公司在法律强行性规定和公序良俗容忍的范围和限度内，有权为了追求自身的经济利益，以自己的名义实施各种商事行为，从而为自己创设一定的商事权利、设定一定的商事义务，国家对此只能消极地予以确认和保护，而不能积极地予以干涉和妨碍。"公司自治是公司作为商事活动主要主体所必需，使其行为体现公司意志并承担相应法律后果。

有限责任公司指特定人数以下的股东以其出资额为限对公司债务负责的公司。有限责任公司由若干股东共同出资设立，公司以其独立的法人财产为限对外承担责任，股东以其出资额为限对公司的债务承担责任。有限责任公司除具有资合性的公司共同特征外，有限责任公司还具有人合性。有限责任公司一般规模较小、结构简单，往往基于股东之间的相互信任而设立，股东之间联系紧密并通常由各股东共同实施公司的管理。在公司章程制定、公司股权转让限制等方面，股东都可以通过约定反映股东各方意志。

股份有限公司是指特定人数以上的股东以其所认缴股份为限对公司债务负责的公司。与有限责任公司不同，股份有限公司是典型的资合公司，股份有限公司的股东之间以纯粹的资产相联系，不具有如有限责任公司般的人合性。股份有限公司的资本被分为若干等份，并以股份的形式存在。股份可以通过买卖等形式流转，因而股份有限公司的股东具有很大的流动性。股份有限公司因其股东的流动性大，对股东权益的保护相较于有限责任公司更需要完善的信息公开和公司治理制度，因此，各国公司法都对股份有限公司的信息公开作了较为严格的规定，通过公司的信息公开制度，使广泛的分散的股东可以及时了解公司运营状况，行使股东权利；另一方面，也都对公司治理规范作强制性较高的规定，如我国《公司法》规定股份有限公司必须设董事会、监事会并对其构成、职权及任期作了明确规定。

上市公司，是指其股票在证券交易所上市交易的股份有限公司。上市公司是股份有限公司的一种，从这个角度讲，股份有限公司可以分为上市的股份有限公司和非上市的股份有限公司，两者的最重要区别在于上市公司可以通过在证券交易所发行股票进行筹资，吸收社会闲散资金，以推动公司发展。上市公司是公众持股的特殊公司，为保障股票流动的安全性和流动股东的利益，法律对上市公司的规制往往是最为严格的。如我国《证券法》规定上市公司和公司债券上市交易的公司，应当在每一会计年度结束之日起 4 个月内，向国务院证券监督管理机构和证券交易所报送包含公司财务会计报告和经营情况、董事监事及高级管理人员情况、已发行股票和债权情况、公司实际控制人等内容的年度报告，并予公告。另外，《公司法》还从上市公司特殊事项议事规则、关联交易议事规则等方面对上市公司加强管理和规制。

（三）股东有限责任原则及其例外

股东有限责任原则是现代公司的本质所在。股份有限公司将其资本分为若干等份，股东通过认缴出资取得股份（上市公司的股东可以通过证券交易所对股票进行交易，获得股票），股东以其拥有股份为限对公司的债务承担法律责任，股东个人资产与公司资产相互独立，公司对其独立资产享有占有、使用、收益和处分的权利，公司也仅以其独立资产为限对其行为后果承担法律责任。股份公司的股东只承担间接有限责任，即股东对公司债权人不承担直接责任，只对公司承担一定额度的出资义务。我国《公司法》对公司股东有限责任原则的规定在第 3 条："……公司以其全部财产对公司的债务承担责任。有限责任公司的股东以其认缴的出资额为限对公司承担责任；股份有限公司的股东以其认购的股份为限对公司承担责任。"

公司是独立法人，法律之所以将其拟制为"人"，视其拥有与自然人相同的行为能力，最重要的一点是公司拥有能够对其行为承担法律责任的独立财产。正因为如此，股东可利用公司法人地位和有限责任逃避债务，为避免这一现象，公司法理论上便出现了"揭开公司面纱"制度。"揭开公司面纱"制度又称为公司法人资格否认、股东有限责任待遇之例外，指控制股东为逃避法律义务或责任而违反诚实信用原则，滥用法人资格或股东有限责任待遇、致使债权人利益严重受损时，法院或仲裁机构有权责令控制股东直接向公司债权人履行法律义务、承担法律责任。公司法人资格否认制度以公司法人资格的存在为前提，如果该组织始终没有取得法人资格或者其法人资格存在瑕疵，则谈不上否认其法人资格问题。

（四）股东权利是股东获利并参与公司治理的基本保障

股东是公司的投资者或持有公司股份的人。股东权利从性质上看是民事权利的一种，是公司的投资者或股份持有人对公司享有的权利。一般认为，股东权是指股东基于股东资格、依据公司法和公司章程规定而享有的，从公司获取经济利益并参与公司治理的权利。

除了广泛的股东分红的权利外，我国《公司法》从不同角度规定了股东权利，包括股东知情权、优先认购权、质询权等。《公司法》第 4 条规定："公司股东依法享有资产收益、参与重大决策和选择管理者等权利。"这是我国《公司法》关于股东权利的总则性规定。

　　股东知情权是指股东知悉、了解公司经营状况和管理状况的权利。因有限责任公司与股份有限公司的不同，《公司法》从不同角度对股东这一权利进行了规定。有限责任公司股东享有的知情权指股东查阅、复制公司章程、股东会会议记录、董事会会议决议、监事会会议决议、财务会计报告以及股东查阅公司会计账簿的权利。而针对股份有限公司股东分散性、变动性强的特点，股份有限公司股东享有的知情权除查阅公司章程、股东大会、董事会和监事会会议记录和公司财务会计报告外，股东还享有查阅股东名册和公司债券存根的权利。此外，股份有限公司股东特别是中小股东一般不能直接参与到公司管理运作中，为保障其投资权益，《公司法》还赋予其向公司提出质询或建议的权利。

　　公司具有营利性不仅是公司本身作为独立的商事个体具有追求利益的本性，还包含了将其资产投入公司的股东所具有的营利性。股东以其资产设立公司或从证券交易中购买股票的行为是投资行为，投资具有追逐资本之外合法利益的本性，股东在此投资行为中享有的资产利益即表现为股东享有的分红权。股东分红权，即股东的股利分配请求权，股东基于其公司股东的资格和地位所享有的请求公司向自己分红的权利。股东分红的对象是公司弥补亏损和提取公积金后的税后利润。有限责任公司股东和股份有限公司股东均享有分红权，但两者在具体的表现上有所不同。有限责任公司股东获得的分红是公司在获得盈利后，股东按照其实际缴纳的出资比例对盈利进行分配。有限责任公司的人合性，股东之间一般不是纯粹的资产关系，因而在获利分配上往往易于协商，而股份有限公司规模大，股东之间的牵连只是资本关系，特别是对于上市公司的中小股东来讲，红利分配本应是其获利来源之一，但在现实中却难以实现。我国股市不健康的表现之一即是广大小股东参与股市投资大多追求的是股票买卖差价获利，而普遍忽视了上市公司获利分红。《公司法》明确规定获得红利是股东的权利、股份有限公司章程必须规定利润分配方法、股东大会应审批公示的利润分配方案、董事会作为公司的执行机构应对股东大会负责并制定公司的利润分配方案，但在面临股份有限公司实际分红问题的时候，往往是公司少数大股东因其出资比例占绝对优势而操纵股东大会、董事会的决策，仅考虑自身利益而不进行分红，致使中小股东的分红权不能实际享有。因而，如何从股东分红权角度保障中小股东权益是我国公司法、证券法领域亟待解决的问题。

　　股东优先购买权是公司法关于有限责任公司股东权利的规定。有限责任公司具有人合性特征，现代公司法为维护有限责任公司这一特性，认可有限责任公司股东向股东之外的人转让股权应受到一定限制，即在同等条件下，其他股东享有优先购买的权利。

《公司法》在第三章关于有限责任公司股权转让中规定"自然人股东死亡后，其合法继承人可以继承股东资格；但是，公司章程另有规定的除外。"有限责任公司股东的资格可以继承，但法律同时也允许了股东通过合意在公司章程中作特别规定。股份有限公司的股票分为记名股票和无记名股票，公司向发起人、法人发行的股票应当为记名股票。基于股份有限公司的资合性，其股份的转让除法律特别规定外，都遵循自由转让的原则。股份有限公司股东资格的继承实际上就是股票的继承，通过股票的转让实现。记名股票的转让应由股东以背书方式或法律法规规定的其他方式转让，无记名股票的转让采取交付的方式。

股东表决权是股东享有的基本权利，是股东对公司管理权利的实现途径。股东表决权以一股一权为原则，它是股东根据所持有股份数受到平等待遇的原则在表决权层面的反映。有原则就有例外，在股东构成复杂的股份有限公司，股东大会对一般事项的表决采取一股一表决权的方式投票，为保障中小股东参与公司管理运营的权利，在股东大会选举董事、监事时，《公司法》倡导实行累积投票制。累积投票制是指股东大会选举董事或者监事时，每一股份拥有与应选董事或监事人数相同的表决权，股东拥有的表决权可以集中使用。通过这种投票制度，中小股东可以将其表决权集中投给所支持的候选人，增强其竞争能力，实现话语权。

股份转让权是股东享有的重要权利之一，《公司法》分别用第三章和第五章第二节对有限责任公司和股份有限公司的股份转让作了详细规定。股权转让是一种民事法律行为，除应当满足《民法通则》和相关法律对民事法律行为的一般性规定外，还应满足《公司法》对特定股权转让的限制性规定。有限责任公司基于其人合性的特点，股权转让可能引起股东的变更，从而使公司的人合性受到威胁，股东之间的特殊关系不再存在，影响到公司生存的根基，因而法律对有限责任公司股权转让规定了较多的强制性条款，如股东向股东以外的人转让股权的，必须经其他股东过半数同意方能实施；股东在同等条件下享有优先购买权等。与此不同，股份有限公司股权转让采取自由转让原则，除对公司发起人、董事、监事和高级管理人员所持有的公司股份转让规定限制外，对一般股东股份的转让均可以自由进行。

股东对公司瑕疵决议有提起诉讼的权利。《公司法》第22条赋予了股东对公司股东会（股东大会）、董事会决议提起无效确认之诉和撤销诉讼的权利。针对决议违法情形不同，《公司法》明确区分了股东相应的提起不同诉讼的权利。若股东认为公司决议的实体性内容违反法律、行政法规的，可提起确认决议无效之诉；若股东认为公司决议的实体性内容虽未违反法律、行政法规规定但违反了公司章程规定的，则应提起撤销公司决议之诉；若公司决议系产生的程序（如会议召集程序、表决方式）违法，不论违反的是法律、行政法规抑或公司章程，该决议均为可撤销的，股东可以向法院提起撤销之诉。此外，股东对公司瑕疵决议提起诉讼还要遵守有关除斥期间的规定。所谓除斥期间即法律规定某种民事实体权利存在的期间。权利人若在此期间内不行使相应的民事权利，则在该法定期间届满时导致该民事权利的消灭。除斥期间是不变期间，不因任何原因中止、中断或者延长。《公司法》规定股东对公司瑕疵决议提起诉讼的权利受除斥期间约束，股东若要提起诉讼，应当在决议作出之日起60日内提起，否则此权利消灭。

股东代表诉讼又称股东派生诉讼，指当公司拒绝或怠于通过诉讼追究公司董事、监事、高级管理人员、控股股东、实际控制人和第三人对公司所负的义务或责任时，具备法定资格的股东有权依据法定程序以自己名义、为公司利益而提起诉讼。股东代表诉讼提起权属于股东共益权，是股东以参与公司经营、监督公司业务执行为目的的权利，因而这种权利的行使往往会波及其他股东。股东代表诉讼提起权的权利主体并非所有股东。有限公司股东无论持股比例大小均享有此权利。《公司法》规定股份有限公司连续180日以上单独或者合计持有公司1%以上股份的股东才享有股东代表诉讼提起权。此外，我国《公司法》还就股东代表诉讼提起权的行使设置了前置程序，即股东在行使此诉讼提起权之前，除因情况紧急、不立即起诉将使公司利益受到无法弥补的损害外，股东均应先通过公司内部救济途径提起诉讼，内部救济无效时，方可以自己名义提起诉讼，救济公司利益。

（五）现代公司治理结构的优化

公司治理，泛指公司管理层对股东和利益相关者负责的一系列的制度安排和商业实践。股东是公司存在的基础，是原始意义上的公司管理者、经营者。股份有限公司的出现，采取从公众募集资金的方式充实公司资本，使所有股东都参与公司的治理变得不具有可操作性，公司所有权与经营权的分离成为现代公司的最突出特点。公司是法人，能以自己行为反应自己意志并承担相应后果。而公司又是法律拟制的"人"，它不能向自然人一样真实的"思考"，公司需要一定的会议体组织来实施决策的确定、执行和监督，这样的会议体组织即是公司的股东会（股东大会）、董事会（执行董事）、监事会（监事）、高级管理人员和独立董事，这些公司机关就构成了现代公司治理机构的基本框架。

有限责任公司的股东会、股份有限公司的股东大会是由全体股东组成的会议体组织，是公司重大事项的决策机关。股东会、股东大会是公司的必备机关，因其具有最广泛的代表性，代表公司利益和投资者利益，是公司的权力机关。《公司法》规定股东会、股东大会的职权包括：①决定公司的经营方针和投资计划；

②选举和更换非由职工代表担任的董事、监事，决定有关董事、监事的报酬事项；③审议批准董事会的报告；④审议批准监事会或者监事的报告；⑤审议批准公司的年度财务预算方案、决算方案；⑥审议批准公司的利润分配方案和弥补亏损方案；⑦对公司增加或者减少注册资本作出决议；⑧对发行公司债券作出决议；⑨对公司合并、分立、变更公司形式、解散和清算等事项作出决议；⑩修改公司章程；⑪公司章程规定的其他职权。股东会和股东大会会议制度可分为定期会议和临时会议。定期会议依照公司章程规定召开，股份有限公司每年应召开一次年会。临时股东会（股东大会）是在两次定期股东会（股东大会）之间召开的，以决定临时出现的需要股东表决的公司重大事项的会议。《公司法》第40条规定有限责任公司的临时股东会在以下三种情况下应当召开：①代表1/10以上表决权的股东提议召开的；②公司1/3以上的董事提议召开的；③监事会或者不设监事会的公司的监事提议召开的。对于股份有限公司临时股东大会的召开条件，《公司法》第101条作了详细的规定，其中第3项规定："单独或者合计持有公司10%以上股份的股东请求时"，法律赋予了持有一定比例股份的股东享有召开临时股东大会的权利。此外，《公司法》第103条第2款还规定"单独或者合计持有公司3%以上股份的股东"有向股东大会或临时股东大会提交议案的权利。《公司法》关于临时股东会、股东大会召开情形的法定规定，均为强制性规定，当符合法律规定时，董事会必须无条件召集会议。

董事会是公司的意思决定机关，对股东会负责，主要负责公司营运一般事项的决定和公司内部管理。《公司法》第47条和第109条规定了公司董事会的职权：①召集股东会会议，并向股东会报告工作；②执行股东会的决议；③决定公司的经营计划和投资方案；④制订公司的年度财务预算方案、决算方案；⑤制订公司的利润分配方案和弥补亏损方案；⑥制订公司增加或者减少注册资本以及发行公司债券的方案；⑦制订公司合并、分立、变更公司形式、解散的方案；⑧决定公司内部管理机构的设置；⑨决定聘任或者解聘公司经理及其报酬事项，并根据经理的提名决定聘任或者解聘公司副经理、财务负责人及其报酬事项；⑩制定公司的基本管理制度；⑪公司章程规定的其他职权。

国美电器事件从某种程度上看，实际上是以黄光裕为代表的大股东与以陈晓为代表的公司董事会之间对公司控制权的争夺。理清上市公司股东大会与董事会的关系实为必要。股东大会是上市公司股东行使资产收益、参与重大决策和选任管理者权利的最主要途径。公司所有权与经营权分离是现代公司的最突出特点，现代公司法对股东大会职权的范围一般限定为公司重大事项的决策，而将公司日常营运和管理权利纳入董事会职权范围。但这种区分并不绝对，特别是在我国公司治理法律尚未完善的情况下，常常出现股东大会，特别是公司大股东与董事会争权的事件，国美电器控制权之争就是典型。从国外公司法看，股东对公司运营、管理的权利往往受到限制，从而避免股东直接介入公司事务、避免公司股东之间实际的不平等、也避免公司被揭开面纱的可能。我国《公司法》规定，董事会成员除职工代表董事外均由股东大会选举产生，持有一定比例的股份的股东享有向股东大会提出议案的权利，股东大会议事规则采取"一股一权"原则，这些规定都使公司股东尤其是大股东可以直接参与公司事务，甚至影响董事会决议的作出。

监事会是公司治理结构中另一重要机关。现代公司治理结构的设计贯穿着"权力制衡"的思想，公司董事会作为公司日常决策和运营机关，同时设置监事会对公司财务进行检查监督、对董事和管理管理人员履行职权的监督和调查，以避免董事会权力过于集中。《公司法》规定公司均应设监事会，股东人数较少或规模较小的有限责任公司可以仅设 1~2 名监事，不设监事会。虽然《公司法》将监事会的设立规定了强制事项，并明确监事会的职权，但在现实生活中，监事会往往沦为虚设。从制度设计上看，监事会必需成员包括股东和职工代表，董事和高级管理人员不得兼任监事。这使得实际上公司监事在公司内部地位上往往低于其监督对象，即董事和高级管理人员，监督作用难以实际发挥。

根据《公司法》第 217 条，高级管理人员是指公司的经理、副经理、财务负责人，上市公司董事会秘书和公司章程规定的其他人员。在《公司法》第六章专列一章规定公司董事、监事、高级管理人员的资格和义务。对公司高管任职资格的规定从不具有行为能力、被判处刑罚执行期满一定时间内不得任职以及道德风险约束等角度规定任职的消极资格。此外，还规定了公司高管的忠实义务和勤勉义务以及在违反法定义务和违法行使职权时的法律责任。从我国目前《公司法》的规定看，对公司管理管理人员的规定偏重于限制和法律责任，而忽略了对公司高管的激励机制。现代公司高管以其专业管理知识运作公司，为公司、股东创造价值，而公司高管本身的价值却被忽略，这种忽略和无视在现实与立法中同样存在，这也是国美电器控制权之争透露的另一问题。因而，有学者提出，在下一次公司法修订时立法者应当在制度设计上确认公司高管的营利性，并大力引进股票期权、董事经理责任保险、经营判断规则、年薪制等利益激励措施。此外，对董事、监事、高级管理人员等的角色定位上还必须明确其与股东、公司之间的关系。公司董事、监事和高级管理人员是公司实际运行的操作人，其行为应当对公司负责、对公司全体股东负责，而不仅仅是为大股东利益服务。

独立董事指独立于公司股东且不在公司中内部任职，与公司或公司经营管理者没有重要的业务联系或专业联系，并对公司事务做出独立判断的董事。独立董事制度是现代公司法的新兴制度，其创设源于制约公司管理层滥用管理权力、保护中小股东利益的目的。在我国,《公司法》将独立董事设定为上市公司必备的公司机关。根据中国证监会2001年8月发布的《关于在上市公司建立独立董事制度的指导意见》(以下简称《指导意见》),独立董事对上市公司及全体股东负有诚信与勤勉义务。独立董事应当独立履行职责,不受上市公司主要股东、实际控制人或者其他与上市公司存在利害关系的单位或个人的影响。独立董事的特别职权包括:①公司的重大关联交易,应当在获得独立董事认可后,方可提交董事会讨论;②向董事会提议聘用或解聘会计师事务所;③向董事会提请召开临时股东大会;④提议召开董事会;⑤独立聘请外部审计机构和咨询机构;⑥可以在股东大会召开前公开向股东征集投票权。此外,独立董事还应当对上市公司重大事项发表独立意见。《公司法》及《指导意见》虽然对独立董事赋予了法定职权,给独立董事职能的行使提供了一定保障,但从独立董事制度在我国的实际运行来看,大多上市公司的独立董事作用虚化,独立董事并没能很有效地实现对公司管理层的制约,因而如何完善独立董事制度是我国公司立法中仍须解决的问题。

三、相关法条

(一)《中华人民共和国公司法》节选

第三条 公司是企业法人,有独立的法人财产,享有法人财产权。公司以其全部财产对公司的债务承担责任。

有限责任公司的股东以其认缴的出资额为限对公司承担责任;股份有限公司的股东以其认购的股份为限对公司承担责任。

第四条 公司股东依法享有资产收益、参与重大决策和选择管理者等权利。

第二十条 公司股东应当遵守法律、行政法规和公司章程,依法行使股东权利,不得滥用股东权利损害公司或者其他股东的利益;不得滥用公司法人独立地位和股东有限责任损害公司债权人的利益。

公司股东滥用股东权利给公司或者其他股东造成损失的,应当依法承担赔偿责任。

公司股东滥用公司法人独立地位和股东有限责任,逃避债务,严重损害公司债权人利益的,应当对公司债务承担连带责任。

第二十二条 公司股东会或者股东大会、董事会的决议内容违反法律、行政法规的无效。

股东会或者股东大会、董事会的会议召集程序、表决方式违反法律、行政法规或者公司章程,或者决议内容违反公司章程的,股东可以自决议作出之日起60日内,请求人民法院撤销。

股东依照前款规定提起诉讼的,人民法院可以应公司的请求,要求股东提供相应担保。

公司根据股东会或者股东大会、董事会决议已办理变更登记的，人民法院宣告该决议无效或者撤销该决议后，公司应当向公司登记机关申请撤销变更登记。

第三十四条 股东有权查阅、复制公司章程、股东会会议记录、董事会会议决议、监事会会议决议和财务会计报告。

股东可以要求查阅公司会计账簿。股东要求查阅公司会计账簿的，应当向公司提出书面请求，说明目的。公司有合理根据认为股东查阅会计账簿有不正当目的，可能损害公司合法利益的，可以拒绝提供查阅，并应当自股东提出书面请求之日起15日内书面答复股东并说明理由。公司拒绝提供查阅的，股东可以请求人民法院要求公司提供查阅。

第三十五条 股东按照实缴的出资比例分取红利；公司新增资本时，股东有权优先按照实缴的出资比例认缴出资。但是，全体股东约定不按照出资比例分取红利或者不按照出资比例优先认缴出资的除外。

第三十八条 股东会行使下列职权：

（一）决定公司的经营方针和投资计划；

（二）选举和更换非由职工代表担任的董事、监事，决定有关董事、监事的报酬事项；

（三）审议批准董事会的报告；

（四）审议批准监事会或者监事的报告；

（五）审议批准公司的年度财务预算方案、决算方案；

（六）审议批准公司的利润分配方案和弥补亏损方案；

（七）对公司增加或者减少注册资本作出决议；

（八）对发行公司债券作出决议；

（九）对公司合并、分立、解散、清算或者变更公司形式等事项作出决议；

（十）修改公司章程；

（十一）公司章程规定的其他职权。

对前款所列事项股东以书面形式一致表示同意的，可以不召开股东会会议，直接作出决定，并由全体股东在决定文件上签名、盖章。

第四十条 股东会会议分为定期会议和临时会议。

定期会议应当按照公司章程的规定按时召开。代表1/10以上表决权的股东，1/3以上的董事，监事会或者不设监事会的公司的监事提议召开临时会议的，应当召开临时会议。

第四十三条 股东会会议由股东按照出资比例行使表决权；但是，公司章程另有规定的除外。

第四十五条 有限责任公司设董事会，其成员为3人至13人。本法第51条另有规定的除外。

两个以上的国有企业或者其他两个以上的国有投资主体投资设立的有限责任公司，其董事会成员中应当有公司职工代表；其他有限责任公司董事会成员中可以有公司职工代表。董事会中的职工代表由公司职工通过职工代表大会、职工大会或者其他形式民主选举产生。

董事会设董事长 1 人，可以设副董事长。董事长、副董事长的产生办法由公司章程规定。

第四十七条 董事会对股东会负责，行使下列职权：

（一）召集股东会会议，并向股东会报告工作；

（二）执行股东会的决议；

（三）决定公司的经营计划和投资方案；

（四）制订公司的年度财务预算方案、决算方案；

（五）制订公司的利润分配方案和弥补亏损方案；

（六）制订公司增加或者减少注册资本以及发行公司债券的方案；

（七）制订公司合并、分立、解散或者变更公司形式的方案；

（八）决定公司内部管理机构的设置；

（九）决定聘任或者解聘公司经理及其报酬事项，并根据经理的提名决定聘任或者解聘公司副经理、财务负责人及其报酬事项；

（十）制定公司的基本管理制度；

（十一）公司章程规定的其他职权。

第五十四条 监事会、不设监事会的公司的监事行使下列职权：

（一）检查公司财务；

（二）对董事、高级管理人员执行公司职务的行为进行监督，对违反法律、行政法规、公司章程或者股东会决议的董事、高级管理人员提出罢免的建议；

（三）当董事、高级管理人员的行为损害公司的利益时，要求董事、高级管理人员予以纠正；

（四）提议召开临时股东会会议，在董事会不履行本法规定的召集和主持股东会会议职责时召集和主持股东会会议；

（五）向股东会会议提出提案；

（六）依照本法第 152 条的规定，对董事、高级管理人员提起诉讼；

（七）公司章程规定的其他职权。

第七十二条 有限责任公司的股东之间可以相互转让其全部或者部分股权。

股东向股东以外的人转让股权，应当经其他股东过半数同意。股东应就其股权转让事项书面通知其他股东征求同意，其他股东自接到书面通知之日起满 30

日未答复的，视为同意转让。其他股东半数以上不同意转让的，不同意的股东应当购买该转让的股权；不购买的，视为同意转让。

经股东同意转让的股权，在同等条件下，其他股东有优先购买权。两个以上股东主张行使优先购买权的，协商确定各自的购买比例；协商不成的，按照转让时各自的出资比例行使优先购买权。

公司章程对股权转让另有规定的，从其规定。

第七十六条 自然人股东死亡后，其合法继承人可以继承股东资格；但是，公司章程另有规定的除外。

第九十九条 股份有限公司股东大会由全体股东组成，股东大会是公司的权力机构，依照本法行使职权。

第一百条 本法第38条第1款关于有限责任公司股东会职权的规定，适用于股份有限公司股东大会。

第一百零一条 股东大会应当每年召开一次年会。有下列情形之一的，应当在2个月内召开临时股东大会：

（一）董事人数不足本法规定人数或者公司章程所定人数的2/3时；
（二）公司未弥补的亏损达实收股本总额1/3时；
（三）单独或者合计持有公司10%以上股份的股东请求时；
（四）董事会认为必要时；
（五）监事会提议召开时；
（六）公司章程规定的其他情形。

第一百零五条 本法和公司章程规定公司转让、受让重大资产或者对外提供担保等事项必须经股东大会作出决议的，董事会应当及时召集股东大会会议，由股东大会就上述事项进行表决。

第一百零六条 股东大会选举董事、监事，可以根据公司章程的规定或者股东大会的决议，实行累积投票制。

本法所称累积投票制，是指股东大会选举董事或者监事时，每一股份拥有与应选董事或者监事人数相同的表决权，股东拥有的表决权可以集中使用。

第一百零九条 股份有限公司设董事会，其成员为5人至19人。

董事会成员中可以有公司职工代表。董事会中的职工代表由公司职工通过职工代表大会、职工大会或者其他形式民主选举产生。

本法第46条关于有限责任公司董事任期的规定，适用于股份有限公司董事。

本法第47条关于有限责任公司董事会职权的规定，适用于股份有限公司董事会。

第一百一十九条 本法第54条、第55条关于有限责任公司监事会职权的规定，适用于股份有限公司监事会。

监事会行使职权所必需的费用，由公司承担。

第一百三十八条 股东持有的股份可以依法转让。

第一百四十二条 发起人持有的本公司股份，自公司成立之日起1年内不得转让。公司公开发行股份前已发行的股份，自公司股票在证券交易所上市交易之日起1年内不得转让。

公司董事、监事、高级管理人员应当向公司申报所持有的本公司的股份及其变动情况，在任职期间每年转让的股份不得超过其所持有本公司股份总数的25%；所持本公司股份自公司股票上市交易之日起1年内不得转让。上述人员离职后半年内，不得转让其所持有的本公司股份。公司章程可以对公司董事、监事、高级管理人员转让其所持有的本公司股份作出其他限制性规定。

第一百四十七条 有下列情形之一的，不得担任公司的董事、监事、高级管理人员：

（一）无民事行为能力或者限制民事行为能力；

（二）因贪污、贿赂、侵占财产、挪用财产或者破坏社会主义市场经济秩序，被判处刑罚，执行期满未逾5年，或者因犯罪被剥夺政治权利，执行期满未逾5年；

（三）担任破产清算的公司、企业的董事或者厂长、经理，对该公司、企业的破产负有个人责任的，自该公司、企业破产清算完结之日起未逾3年；

（四）担任因违法被吊销营业执照、责令关闭的公司、企业的法定代表人，并负有个人责任的，自该公司、企业被吊销营业执照之日起未逾3年；

（五）个人所负数额较大的债务到期未清偿。

公司违反前款规定选举、委派董事、监事或者聘任高级管理人员的，该选举、委派或者聘任无效。

董事、监事、高级管理人员在任职期间出现本条第1款所列情形的，公司应当解除其职务。

第一百四十八条 董事、监事、高级管理人员应当遵守法律、行政法规和公司章程，对公司负有忠实义务和勤勉义务。

董事、监事、高级管理人员不得利用职权收受贿赂或者其他非法收入，不得侵占公司的财产。

第一百五十二条 董事、高级管理人员有本法第150条规定的情形的，有限责任公司的股东、股份有限公司连续180日以上单独或者合计持有公司1%以上股份的股东，可以书面请求监事会或者不设监事会的有限责任公司的监事向人民法院提起诉讼；监事有本法第150条规定的情形的，前述股东可以书面请求董事会或者不设董事会的有限责任公司的执行董事向人民法院提起诉讼。

监事会、不设监事会的有限责任公司的监事，或者董事会、执行董事收到前款规定的股东书面请求后拒绝提起诉讼，或者自收到请求之日起30日内未提起诉讼，或者情况紧急、不立即提起诉讼将会使公司利益受到难以弥补的损害的，前款规定的股东有权为了公司的利益以自己的名义直接向人民法院提起诉讼。

他人侵犯公司合法权益，给公司造成损失的，本条第1款规定的股东可以依照前两款的规定向人民法院提起诉讼。

第一百五十三条 董事、高级管理人员违反法律、行政法规或者公司章程的规定，损害股东利益的，股东可以向人民法院提起诉讼。

（二）中国证券监督管理委员会《关于在上市公司建立独立董事制度的指导意见》节选（2001年8月16日实施）

一、上市公司应当建立独立董事制度

（一）上市公司独立董事是指不在公司担任除董事外的其他职务，并与其所受聘的上市公司及其主要股东不存在可能妨碍其进行独立客观判断的关系的董事。

（二）独立董事对上市公司及全体股东负有诚信与勤勉义务。独立董事应当按照相关法律法规、本指导意见和公司章程的要求，认真履行职责，维护公司整体利益，尤其要关注中小股东的合法权益不受损害。独立董事应当独立履行职责，不受上市公司主要股东、实际控制人、或者其他与上市公司存在利害关系的单位或个人的影响。独立董事原则上最多在5家上市公司兼任独立董事，并确保有足够的时间和精力有效地履行独立董事的职责。

五、上市公司应当充分发挥独立董事的作用

（一）为了充分发挥独立董事的作用，独立董事除应当具有公司法和其他相关法律、法规赋予董事的职权外，上市公司还应当赋予独立董事以下特别职权：

1. 重大关联交易（指上市公司拟与关联人达成的总额高于300万元或高于上市公司最近经审计净资产值的5%的关联交易）应由独立董事认可后，提交董事会讨论；独立董事作出判断前，可以聘请中介机构出具独立财务顾问报告，作为其判断的依据。

2. 向董事会提议聘用或解聘会计师事务所；

3. 向董事会提请召开临时股东大会；

4. 提议召开董事会；

5. 独立聘请外部审计机构和咨询机构；

6. 可以在股东大会召开前公开向股东征集投票权。

（二）独立董事行使上述职权应当取得全体独立董事的1/2以上同意。

（三）如上述提议未被采纳或上述职权不能正常行使，上市公司应将有关情况予以披露。

（四）如果上市公司董事会下设薪酬、审计、提名等委员会的，独立董事应当在委员会成员中占有 1/2 以上的比例。

六、独立董事应当对上市公司重大事项发表独立意见

（一）独立董事除履行上述职责外，还应当对以下事项向董事会或股东大会发表独立意见：

1. 提名、任免董事；
2. 聘任或解聘高级管理人员；
3. 公司董事、高级管理人员的薪酬；
4. 上市公司的股东、实际控制人及其关联企业对上市公司现有或新发生的总额高于 300 万元或高于上市公司最近经审计净资产值的 5% 的借款或其他资金往来，以及公司是否采取有效措施回收欠款；
5. 独立董事认为可能损害中小股东权益的事项；
6. 公司章程规定的其他事项。

第十三讲

公司经营风险的特殊化解

——以中华网投资集团破产案为例

> 没有信仰的法律将退化成为僵死的教条，而没有法律的信仰将蜕变成为狂信。
>
> ——伯尔曼
>
> （哈罗德·伯尔曼，Harold J. Berman，1918~2007，是美国当代最具世界影响力的法学家之一，世界知名的比较法学家、国际法学家、法史学家、社会主义法专家以及法与宗教关系领域最著名的先驱人物。伯尔曼1947年29岁时在耶鲁大学获得法学博士学位，转年即进入哈佛大学法学院任教。到1985年，他去了爱莫蕾法学院，直至去世。在将近60年的教学研究生涯中，伯尔曼教授著作等身，共出版了25本专著，发表过四百多篇学术论文。为他赢得最高学术声誉的是《法律和革命：西方法律传统的形成》（1983），他的这部代表作被译成了德、法、中、俄、波兰、西班牙、意大利和立陶宛语，而他的其他作品被译为他国语言的总和达到20种。他的重要著作还有《信念与秩序：法律和宗教的谐调》、《法律与革命：新教改革对西方法律传统的影响》等。）

一、案例介绍

CDC Corp（Nasdaq：CHINA）中华网投资集团（简称 CDC 集团）已在2011年10月4日按美国破产法第十一章的规定向亚特兰大破产法庭提交了破产保护申请，并已获美国亚特兰大破产法庭批准，正式进入破产保护程序。截至2011年6月30日，CDC 集团总资产为3.774亿美元，总负债为2.502亿美元。CDC 集团从上市之初的股价最高达220.31美元，市值达50亿美元，融资8600万美元，受破产申请消息影响，CDC集团股价在纳斯达克常规交易中大幅下跌45美分，2011年10月5日跌至42美分，市值1477.6万美元，跌幅为51.72%，此后该公司的股票交易被叫停，该公司2011年的股价已经下跌了88%。CDC集团发言人称：公司正积极开展资产重组，预计破产保护申请能够为公司留出时间来筹措资金并作出符合公司及股东最大利益的决定，使重组后的公司更健康地运营，亦为近千名美国员工保住工作机会，预计公司很快就会走出破产保护程序，并希望成为一家实力更强的企业。

CDC集团成立于1997年6月，主要从事商业软件应用及信息技术咨询等业务，于1999年7月在纳斯达克交易所上市，是中国大陆第一家在美上市的互联网企业。2000年3月，中华网分拆旗下的门户网站，以中华网科技公司的名称在香港创业板上市，募资1.7亿美元。2009年8月，中华网又整合旗下软件业务，以CDC软件的名称在纳斯达克上市，再度募资5760万美元。CDC集团持有中华网科技79%的股份，持有CDC软件85%的股份。除两家上市公司外，CDC集团旗下尚有CDC全球服务、CDC游戏两家公司。除了网络概念外，中华网还拥有china.com、hongkong.com、taiwan.com等"金字招牌"的域名。上市后，中华网并未集中于主营业务广告、无线等，而是在收购方面推出大量动作，中华网仅2000年就收购50家公司。而通常情况下，并购后若没有合理整合，公司业务不仅不能扩大、反倒容易陷入业务流失。2004年，事实上已被甩出"四大门户"之列的中华网开始了新计划拆分上市，中华网持续着融资、收购、整合、拆分上市的循环，从2006年进军游戏市场，到2009年涉猎软件开发，中华网一直走着这样的循环。几年下来，市场并没有看到CDC软件在CRM、SCM的某个领域表现出核心竞争力，营业收入主要来源还是靠销售硬件和软件许可，并未如市场预期般发展为有能力承接较高附加值核心业务的主流软件公司。

据公开资料披露，CDC集团申请破产保护的直接原因是"对赌失败"。2009年，CDC集团发行1.68亿美元可转换优先债券并与12家购买债券的机构投资者签订"对赌协议"，规定如CDC集团在2009年11月13日前，无法使旗下CDC软件或CDC游戏完成通过首次公开募股或其他方式得以顺利完成IPO，债券持有者将有权要求公司以约定计算方式赎回债券，赎回价格须加上应计及未付利息，利息按2006年11月13日至赎回日支付，惩罚性年利率为12.5%。总部位于加利福尼亚州的对冲基金Evolution Capital Management LLC及其子公司就是CDC集团发行可转换票据的投资者。遗憾的是，CDC游戏未能在期限内上市，意味着CDC集团必须向Evolution Capital Management LLC及其子公司赎回债券。

2010年3月，作为这批债券的最后一名投资者，Evolution Capital Management

LLC 及其子公司决定起诉 CDC 集团，指控其违反多条保密协议和无担保公司债券买卖协议、干涉公司业务关系，并索赔 2.95 亿美元，此后又对 CDC 及其下属公司提起诉讼，索赔超过 6 千万美元。2010 年 11 月 12 日，纽约高等法院宣布批准 Evolution Capital Management LLC 及其子公司针对 CDC 集团的初步禁制令，根据法庭判决，CDC 集团不得在诉讼进行期间单方面废除高级可转债的债券购买协议，也不得对相关条款作出任何肯定或否定。

判决宣布数天后，CDC 集团则发表声明指责 Evolution Capital Management LLC 及其子公司"干预 CDC 的管理和运营，损害其公司利益"。对此，CDC 集团向 Evolution Capital Management LLC 及其子公司提起诉讼，指控后者涉嫌干涉 CDC 集团旗下两个业务部门的分拆计划，但法院裁定该公司在针对该对冲基金投资者的诉讼案中败诉。该法院不仅禁止 CDC 集团进行资产转让和出售，使 CDC 集团无法偿还赔偿，还不允许 CDC 集团聘请律师进行辩护。并且这家美国对冲基金拒绝与 CDC 集团商讨还款事宜，企图吞并 CDC 集团。破产保护申请是 CDC 集团目前情况下惟一的选择，CDC 集团破产程序中最大的无担保债权人也正是 Evolution Capital Management LLC 及其子公司。

《美国破产保护法》第十一章的重点是在保护，适用于资产超过负债的企业，通过保护程序，让企业有序地处理资产来偿还债务。通过破产保护能够使 CDC 集团有时间来筹措资金和解决目前的债务问题，并作出对客户、债权人和股东最有利的决定。CDC 集团在美国雇有上千名员工，希望通过破产保护竭力保住他们的工作机会，使他们不致沦为美国失业大军的成员；确保企业的资金可以正常用于研发、生产和经营活动；同时也防止一些债权人敌意地干扰企业的正常运营进入破产保护程序后，CDC 集团将向法庭递交重组方案，包括 CDC 集团正在与有关金融机构商讨过渡性贷款，或出售部分非核心资产。

受母公司 CDC 集团破产申请的影响，同样在美国纳斯达克交易所上市的中华网集团子公司——香港上市的中华网软件股价同样遭遇大跌，跌幅超过 40%。中华网科技公司在声明中表示，本次申请破产保护只涉及母公司 CDC 集团本身，对该子公司的业务经营并无直接影响，中华网科技公司是一家在香港上市的独立公司，作为一个老牌门户网站，中华网将会正常运营 china.com 域名，其页面结构与新浪、搜狐等门户网站类似，新闻链接均可正常访问。

CDC 集团的情况在我国赴美上市的企业中也并不是个例，据统计自 2010 年 12 月以来，已有 8 家在美上市的中国公司被摘牌，2011 年 3 月以来，24 家在美上市中国公司的审计师提出辞职或曝光审计对象的财务问题，19 家在美上市中国公司遭停牌或摘牌。

二、案例分析

（一）破产法是化解公司经营风险的基本法

在市场经济下，任何一个企业都可能如上述案例中的 CDC 集团一般，因竞争失败、经营不善、承担赔偿责任、甚至因天灾人祸等而陷于困境，难免无力清偿债务。

当债务人有清偿能力而不履行债务或对债务有争议时，通过法律上的债权制度和民事诉讼与执行制度便可以保障债的确认与履行，使被阻断的商品交换关系重新得以有序进行。但在债务人丧失清偿能力，对所负的多数债务无法还清的情况下，仅靠上述法律制度就不足以公正解决债务问题了。此时，要么法律对债务人倾尽所有、苟延馋喘、永不翻身地偿还债务的情况坐视不理；要么在债务人已无足够的财产还清所有债务，多数人的债权在债务人不足清偿的有限财产上发生竞合的情况下，法律仍允许债务人对个别债权人清偿，或允许债权人个别强制执行债务人财产，如此则出现先获偿还或先得执行的债权人可能全额获偿，而其他债权人则可能分文不获，造成同等权利的债权却得不到同等清偿的不公平现象。

所以，当债务人丧失清偿能力时，要公正解决债务清偿问题，要解决对债务人的挽救问题，要保障社会经济秩序，实现法的公平、正义价值，就必须有一种与原有的债权制度和民事诉讼与执行制度不同的特别法律制度来调整，这就是破产法。

自由市场经济的存在，决定了个别市场主体发生不能支付到期债务的破产现象不可避免。从经济状态角度来阐述，破产是指债务人陷入经济崩溃，不能支付到期债务，属对客观经济事实的描述。从法律秩序的角度来阐述，破产，乃指法院基于债务人不能支付到期债务的客观经济状态，而适用的、概括性地解决债务人和众多债权人之间债权债务关系的特别法律程序，包括破产清算程序、和解程序和重整程序。针对破产现象，破产法通过规制和调整上述破产程序中各主体之间权利义务法律关系，化解公司经营失败给国家和社会的风险。破产法成为经济改革、避免经济危机及社会动荡的基本法。

破产程序具有如下特征：

1. 破产程序以债务人发生不能支付到期债务为前提。若上述案例中的 CDC 集团未出现陷入经济崩溃、丧失清偿能力的基础事实，那么，只要通过适用民法以及民事诉讼程序实现个别清偿行为或强制执行程序，即可开展正常经营活动并满足债权人利益要求，不需要适用破产程序解决债权债务矛盾。

2. 法院介入其中并发挥重要的指挥与监督作用。破产程序始于法院之受理或宣告，终于法院终结裁定，必须在法院的指挥与监督下依法进行。

3. 破产程序具有优先适用效力。作为特定情况下对债务人与众多债权人之间债权债务关系的概括性解决程序,破产程序具有优先于个别民事执行程序的绝对效力,否则必将影响破产程序的公正、有序进行。同时,破产程序具有优先于和解程序、公司清算程序、公司重整程序的相对效力,即以上程序必须纳入破产法内,破产程序开始后,不得再请求破产法外的和解、公司清算以及公司重整。

CDC 集团在与 Evolution Capital Management LLC 及其子公司之间的诉讼中败诉后,为避免因赔偿败诉赔偿超过 6 千万美元给公司造成毁灭性打击,其生存的唯一选择就是获得破产程序的保护,一旦正式进入破产程序则产生优先于民事执行程序的绝对效力,即 Evolution Capital Management LLC 及其子公司无法通过法院强制执行程序对 CDC 集团的财产进行分配,从而获得暂时喘息以谋出路的机会。

破产程序的根本宗旨在于,以国家公权力介入,通过特殊调整手段保障债务人丧失清偿能力时债权债务关系的公平解决,维护全体债权人和债务人的合法权益;或者对债务人全部财产强制变价公平分配给全体债权人,同时终结债务人市场主体资格;或者对债务人积极采取挽救措施维持其市场主体资格,同时保证债权人债权得到公正实现。总之,其目的在于合理解决债务人与债权人之间的债权债务关系。

破产程序的社会功能具体而言:

1. 保证全体债权人公平受偿。在债务人已无力清偿全部到期债务的情况下,如果仍由债务人依自己的意志对债权人进行个别清偿,则可能出现对各债权人厚此薄彼的现象,有的债权人能够得到较多甚至足额的清偿,有的债权人则只能得到较少甚至完全得不到清偿。如果由各债权人按照民事诉讼法的规定分别对债务人的财产申请执行,则势必造成执行在先的债权人能得到较多的清偿,而执行在后的债权人可能因债务人的财产已执行完毕而得不到清偿。这些都不利于公平保护所有债权人的利益,不符合债权平等的原则,不利于经济秩序的稳定。而按照各国破产法的规定,在法院受理对债务人的破产申请后,对债务人财产的民事执行程序应当中止,债务人不得对部分债权人个别清偿,破产人的财产必须按照破产法规定的程序在全体破产债权人间进行公平分配,所有破产债权人都必须依破产程序公平受偿。从而使全体债权人的利益都能得到平等的保护。

2. 给破产人以经济上复苏的机会。对经营失败的企业,如果只有清算、消亡一条路,则不但会使债权人因其债权受偿率低而受到很大损失,企业财产因破产清算而贬损造成社会财富减少,而且会因此造成职工失业增加,引起社会的动荡。为此,各国企业破产法中都规定了企业法人的重整程序,当作为债务人的企业法人丧失清偿能力或者有可能丧失清偿能力时,债务人或者债权人可以依法向法院申请对债务人进行重整。

CDC 集团申请破产保护，并提出包括筹措资金、出售部分非核心资产以偿还债务的重整计划正是如此，若经法院裁定许可债务人重整的，由债务人或者管理人提出包括企业重整的经营方案、债权的调整和清偿方案以及其他有利于企业重整方案在内的重整计划草案，经债权人会议按债权分类表决通过和重整企业的出资人表决通过、法院批准后，债务人即可按重整计划继续经营并清偿债务，从而可以避免企业进入破产清算程序，使经营失败的企业有可能通过重整而得到复苏、振兴的机会。这不仅对债务人和债权人双方都有利，而且可以避免因企业进入破产清算程序，使经营失败的企业有可能通过重整而得到复苏、振兴的机会。这不仅对债务人和债权人双方都有利，而且可以避免因企业破产清算而引起的社会震荡。尤其是如 CDC 集团在美雇佣的员工超过千名，职工失业将直接导致失业者安置、福利、救济等一系列社会问题，若能通过 CDC 集团的重整计划维持企业的持续经营，不仅保住众多员工的工作机会，而且也有利于实现完全清偿企业债务。

当然，在激烈的市场竞争中，总会有一些企业会因竞争失败而进行破产清算进而消亡，这是市场经济中优胜劣汰的客观规律作用的必然结果。我们不可能也不应当通过重整制度而企图使所有经营失败的企业都避免破产清算，而只是尽可能使那些有挽救可能的企业通过重整的机会获得新生。

3. 促使债权债务关系的即时处理，维护社会经济秩序稳定。破产程序不仅要使得债权人与债务人之间的债权债务法律关系处理的合理和公正，而且使其得到高效且有效的解决。因为，破产程序涉及的利害关系涵盖了企业职工工资福利、社会保险、国家税费、公司资产、未结合同、其他债权人利益等一系列问题，这就意味着破产程序的设计需要促使债权债务关系的即时处理，避免因矛盾积压导致的问题加重衍生更多的矛盾，引起社会动荡。

(二) 我国企业的破产条件

破产条件，是指破产程序开始所应当具备的要件，它关涉到破产程序的启动标准、启动效力等破产法中的核心问题。破产条件可分为形式要件与实质要件。形式要件包括：破产申请、申请人资格、法院有管辖权等；实质要件包括：具有破产能力、存在破产原因等。

破产能力，即民商事主体能够适用破产程序而被宣告破产的资格，是法院对债务人适用破产程序并宣告其破产的必要条件。破产能力取决于法律的规定。规定破产能力制度，实际上是从法律上规定主体适用破产法的资格，具备破产能力的主体，法院才能得以宣告该债务人破产。如果法律上没有规定该类主体的破产能力，法院则无权宣告其破产。除法定例外情形外，营利性法人原则上具有破产能力。

破产原因，是指当事人得以提出破产申请、法院据以启动破产程序所必需的法定事由。同时，由于破产原因是划分债务人是否破产的界限，所以我国学界又称之为"破产界限"。破产原因是判断破产申请能否成立、法院能否受理申请以及能否作出破产宣告的决定性因素，其不仅关涉债权人和债务人切身利益，而且可能影响到失业人数与社会秩序等诸多方面。我国《企业破产法》第2条规定了启动破产程序的法定事由："企业法人不能清偿到期债务，并且资产不足以清偿全部债务或者明显缺乏清偿能力，依照本法规定清理债务。企业法人有前款规定情形，或者有明显丧失清偿能力可能的，可以依照本法规定进行重整。"具体而言，破产程序启动的原因一般包括了以下情形：

1. 支付不能。支付不能又称不能清偿或无力清偿，是指债务人对于已到期而受请求的全部或大部分债务不能清偿的客观状态。有时也称为现金流量标准下的确定债务人"无偿还能力"的破产原因规则。支付不能显然表明债务人丧失清偿能力，判断的标准为：①须通过资金、信用、劳力等多个方面综合衡量是否不能清偿；②须为对已到期且经过请求的全部或大部分债务不能清偿，而非某单个债务，至于债务为金钱债务抑或非金钱债务在所不计；③须为对债务持续地不能清偿，而非一时或暂时的支付不能。以上三个条件作为认定不能清偿债务的标准，既是债权人申请债务人破产时法院审查的客观标准，也是债务人本人申请破产时法院审查判断的标准。当然，在债权人申请债务人破产的情形下，债务人也可以据以进行抗辩。

2. 支付停止。支付停止是指债务人对已到期的全部或大部分债务表示不再清偿的主观行为。首先，须为对已到期的全部或大部分债务表示停止支付，而非某单个债务；其次，须为持续性的停止支付；最后，须为表示停止支付的主观行为，至于以明示行为抑或默示行为表示均无不同。债务人是否丧失清偿能力，债权人往往不得而知，故德、日两国立法将支付停止推定为支付不能，以利于债权人提起破产申请，维护自身合法权益。考虑到停止支付的复杂原因与实际性质，债务人停止支付只能推定为不能清偿债务，既然是推定，自然可以举证推翻。债务人可以通过举证证明自己不符合前述不能清偿债务的各项条件，若得以证明，法院也就不能宣告债务人破产。当然，债务人要避免被宣告破产的，应当负举证责任，否则就可推定债务人不能清偿债务而认为构成破产原因。

3. 资不抵债。资不抵债又称债务超过，是指债务人的消极财产总额超过积极财产总额的客观状态。其显著特点在于，将债务人的信用、劳力等因素排除在外而仅考虑资产因素，且不区分债务是否到期而对消极财产总额与积极财产总额进行统一衡量。

值得注意的是，现代公司是否具有继续存在的根基已不再限于企业的资产和负责之间的比例，只要资产负债在泡沫破灭前风险属于可控的范围，都是应得到承认和许可的，仅仅将资不抵债作为独立的破产原因早已与时代发展的潮流不合。尤其是现代互联网公司亏损面广、资产负债率高的现象十分普遍，若只要是资不抵债即破产则必然导致大量企业申请破产（或被拖入破产），引起大范围的社会动荡。故应将资不抵债作为清算中法人的破产原因，而于和解、重整的情况下则推定为支付不能。所以，CDC 集团在总资产为 3.774 亿美元、总负债为 2.502 亿美元这种未达到资不抵债程度的情况下，申请进入破产保护程序，原因在于对于纽约高等法院宣布批准对 Evolution Capital Management LLC 及其子公司超过 6 千万美元的赔偿丧失清偿能力，即支付不能。此时，若 CDC 集团选择继续经营并偿还赔偿，则意味着公司将超风险、超能力经营，这将使市场承受更大的风险；若 CDC 集团选择结束公司经营以全部公司资产偿还债务，则意味着不仅是 CDC 集团更是资本市场丧失了一个仍然有生存希望和经营能力的公司，况且就此破产清算债权人所获得的财产很可能并不能使债务得到完全清偿。因此，在支付不能的情况下 CDC 集团有机会通过破产重整程序实现复兴，其积极意义不仅在于其自身，更在于债权人和整个社会。

（三）破产程序法可以保障债权公正实现

简单而言，破产程序是指对资不抵债的企业进行破产处理的司法程序，或法院审理破产案件的过程。债务人既不能以其现有财产清偿全部债务，又不能达成和解结束债务关系时，由法院强制执行其全部财产，使所有债权人平均受偿，而免除其余无法清偿的债务，上述事项须经过法院指引和监督下的系列程序才能最终实现破产目的。大陆法系和英美法系的破产程序基本相同。破产程序一般有：

1. 破产申请。破产程序开始之前提条件是破产申请。破产申请采用申请主义为主、职权主义为辅的原则，即：法院原则上必须依当事人的申请，方能受理破产案件作出破产宣告为申请主义。当存在破产原因，在涉及社会的公共利益或债权人的公平受偿利益等法定情况时，法院即可依职权宣告破产，无须当事人之申请，这是职权主义。破产申请的主体主要是债务人、债权人和依法负有清算责任的人。

首先，债务人依法可以向人民法院提出重整、和解或者破产清算申请，这有助于杜绝超风险经营，防范市场系统风险。

其次，在债权人方面，提出破产申请的债权人的请求权必须具备以下条件：①须为具有给付内容的请求权；②须为法律上可强制执行的请求权；③须为已到期的请求权。但也存在例外，以下几种情况的当事人不能申请债务人破产：①基于物权或人身权提出的无给付内容的请求；②已超过诉讼时效期间的债权；③丧失了申请执行权的债权；④未到期的债权。

最后，依法负有清算责任的人有权申请。我国《企业破产法》第 7 条规定了清算法人中"负有清算责任的人"提起破产申请的义务。企业法人已解散但未清算或者未清算完毕，资产不足以清偿债务的，依法负有清算责任的人应当向人民法院申请破产清算。

2. 破产申请受理。破产申请受理，又称立案，是法院在收到破产申请后，认为申请符合法定条件而予以接受，并由此开始破产程序的司法行为。一般而言，破产申请受理过程中的审查远比一般的民事诉讼的立案审查要求严格。

法院收到破产申请后，应审查其形式要件与实质要件。前者主要包括法院有无管辖权、申请人及申请形式是否符合法律规定等。后者主要包括债务人是否具有破产能力、是否存在破产原因等。经审查决定受理的，应当制作案件受理通知书，并送达申请人和债务人。通知书作出时间为案件受理时间，即破产程序开始以法院受理破产案件为标志。破产申请受理后，法院需要开始进行通知与公告、财产保全、指定破产管理人等工作。

破产案件受理对不同的主体产生不同的法律效力：

（1）对于债务人而言，破产案件受理后，债务人处分与管理财产的权利应当受到限制。自人民法院受理破产申请的裁定送达债务人之日起至破产程序终结之日，债务人的有关人员承担财产保全义务、说明义务和提交义务等一系列义务。债务人未经人民法院许可不得对个别债权清偿，也不得以其财产设立新的担保。债务人的有关人员或者财产持有人应当向管理人清偿债务或者交付财产。而管理人对破产申请受理前成立而债务人和对方当事人均未履行完毕的合同，有权决定解除或者继续履行，并通知对方当事人。管理人自破产申请受理之日起2个月内未通知对方当事人，或者自收到对方当事人催告之日起30日内未答复的，视为解除合同。管理人决定继续履行合同的，对方当事人应当履行；但是，对方当事人有权要求管理人提供担保。管理人不提供担保的，视为解除合同。

（2）对于债权人而言，破产程序是为全体债权人利益设计的概括执行程序，具有加速债权到期的效力和破产财产保全的效力。首先，虽然债权人提起破产申请的前提必须是债权到期的债权人，但破产程序开始后，无论债权是否届满，均有权申报债权，因为破产程序一般而言是最终的债权实现机会。其次，对债务人财产享有抵押权、质权、留置权等优先担保物权的债权人，在破产申请受理后不得行使优先权，即自动冻结债权人的个别追索行为。具体表现为：破产案件受理后，债权人只能通过破产程序行使权利；有财产担保的债权人，在破产案件受理后至破产宣告前的期间，未经人民法院准许，不得行使优先权；债务人的开户银行，不得扣划债务人的既存款和汇入款抵还贷款，违反此规定的，扣划无效，应当退还扣划的款项。

（3）对其他民事程序的影响。有关债务人财产的保全措施应当解除，执行程序应当中止。已经开始而尚未终结的有关债务人的民事诉讼或仲裁应当中止。在管理人接管债务人的财产后,该诉讼或者仲裁继续进行。有关债务人的民事诉讼,只能向受理破产申请的人民法院提起。

3. 对破产债权的申报及确认。破产债权的申报是指法院受理破产案件后,债权人在法律规定或法院指定的期限内主张并证明其债权的制度。具体内容包括申报期限、申报规范、申报内容以及申报效力等。债权的申报、调查和确认是民事债权转化为破产债权的重要环节,也是破产程序继续运行的前提。相关债权人应当在破产法规定或法院指定的申报债权的期限内申报债权,并且债权人应当以法定方式,向法定接受人申报,申报内容应当符合法律规定。

债权申报首先只是债权人要求参加破产程序的意思表示,还不能马上确认其债权,因此,在此阶段的债权申报只具有形式上的意义,没有确定债权的实质效果。只要债权人呈报债权数额,就构成有效的债权申报,法院就应当进行登记。这就意味着还需要经过破产债权的确认程序。

破产债权的确认是指对申报的债权经过债权调查,最后按照一定标准确定为参加破产程序的破产债权制度。申报的债权经过确认,即发生破产债权效力,破产债权人可以参加债权人会议,按照确认的数额行使表决权。我国《企业破产法》采用了异议确认和无异议确认两种方式,具体程序是:管理人对申报的债权进行形式审查,编制债权表;然后交由债权人会议核实调查,债权人、债务人无异议的,法院裁定确认;有异议的法院诉讼确认。

4. 和解程序、重整程序和破产宣告清算程序。不能把破产案件简单地归结为清算倒闭事件,破产清算是公平清理债务的一种方法但不是唯一方法。破产法鼓励当事人积极寻求以避免企业倒闭清算的方式来公平清理债务。将破产清算程序、和解程序纳入统一的破产程序,是现代破产法发展的主要趋势,破产清算程序不再动辄适用而成为特定情况下的特别措施,债务人通过和解、重整等程序实现康复目标受到更多的关注。

和解程序是指债务人为避免破产清算提出和解协议草案,债权人会议讨论通过并经法院认可,以解决债权债务关系的一种康复程序。在破产程序中的不同阶段,和解程序可以实现不同的具体目的:避免对债务人适用破产程序,避免法院宣告债务人破产,避免通过破产清算分配破产人的财产。

重整程序,是指对已具破产原因或者有破产原因的情形但又有再生希望的债务人,依法定程序使其实现债务调整,并走向复兴的再建型债务清理程序。法律设定重整程序的目的,不仅在于债权债务关系的处理,更在于实现债务人的重生。上述 CDC 集团选择申请破产保护的目的也正是期望通过重整程序在清理债务的同时,借助债权调整、股权变化、营业整体或部分转让、追加投资等多样化的重整手段，实现公司从巨额债务中康复的目标。因此，CDC集团积极地提出了重整程序中具有核心地位的重整计划，即通过对债务人内部经营方略、股权结构以及外部债权债务的重新安排而实现康复的计划。若该重整计划能够经过利害关系人通过，并经过法院的审查批准，则意味着债务人CDC集团在负责执行的重整计划顺利进行完毕后，即可实现对以重整计划减免的债务不再承担清偿责任。

但是，如果上述和解、重整的康复程序不能进行，则法院则将依法审查并宣告债务人破产，开始进入破产清算程序，即破产宣告。法院宣告债务人破产的情形主要包括：债务人不能支付到期债务且重整计划草案未获通过或批准，或者和解协议未获通过或认可；债务人或管理人未按期提出重整计划草案；重整期间发生债务人经营状况和财产状况继续恶化、缺乏挽救可能性等法定情形；债务人不能执行或不执行重整计划；和解协议因债务人的欺诈或者其他违法行为而不成立；债务人不能执行或不执行和解协议等。

法院进行破产宣告后破产程序即进入清算阶段，对破产财产在债权人中进行分配。破产财产管理人将及时拟定破产财产变价方案和破产分配方案，提交债权人会议讨论，并按照债权人会议或法院依法裁定的变价方案适时变价出售破产财产后，最后按各债务人应受偿顺序、比例进行公平清偿。

破产法设立的重整、和解和破产清算三种程序之间，破产程序存在一定的可转换性。在它们之间，当事人有一定程度的选择自由。具体说，包括以下要点：债务人在提出破产申请时可以选择适用重整程序、和解程序或者清算程序，债权人在提出破产申请时可以选择适用重整程序或者清算程序；债权人申请债务人破产清算的案件，在破产宣告前，债务人可以申请和解，债务人或者其出资人可以申请重整；债务人申请适用破产清算的案件，在破产宣告前，债权人或者债务人的出资人可以申请重整，债务人也可以申请和解；债务人进入重整程序或者和解程序后，可以在具备破产法规定的特定事由时，经破产宣告转入破产清算程序；债务人一旦经破产宣告进入破产清算程序，则不得转入重整或者和解程序。

5. 破产程序终结。破产程序终结，又称破产程序终止，是指破产程序进行过程中发生应当终止破产程序的法定原因，法院裁定结束破产程序。破产程序终结的原因主要包括：①破产财产在破产清算程序中分配完毕，即告破产清算程序终结；②和解协议或重整计划依法执行完毕，破产程序终结；③债权人同意废止，即破产程序进行过程中，破产人取得债权人同意而请求法院裁定终结破产程序；④破产人无财产可供分配，法院应裁定终结破产程序。

三、相关法条

《中华人民共和国企业破产法》节选

第一条 为规范企业破产程序，公平清理债权债务，保护债权人和债务人的合法权益，维护社会主义市场经济秩序，制定本法。

第二条 企业法人不能清偿到期债务，并且资产不足以清偿全部债务或者明显缺乏清偿能力的，依照本法规定清理债务。

企业法人有前款规定情形，或者有明显丧失清偿能力可能的，可以依照本法规定进行重整。

第三条 破产案件由债务人住所地人民法院管辖。

第四条 破产案件审理程序，本法没有规定的，适用民事诉讼法的有关规定。

第七条 债务人有本法第 2 条规定的情形，可以向人民法院提出重整、和解或者破产清算申请。

债务人不能清偿到期债务，债权人可以向人民法院提出对债务人进行重整或者破产清算的申请。

企业法人已解散但未清算或者未清算完毕，资产不足以清偿债务的，依法负有清算责任的人应当向人民法院申请破产清算。

第八条 向人民法院提出破产申请，应当提交破产申请书和有关证据。

破产申请书应当载明下列事项：

（一）申请人、被申请人的基本情况；

（二）申请目的；

（三）申请的事实和理由；

（四）人民法院认为应当载明的其他事项。

债务人提出申请的，还应当向人民法院提交财产状况说明、债务清册、债权清册、有关财务会计报告、职工安置预案以及职工工资的支付和社会保险费用的缴纳情况。

第十条 债权人提出破产申请的，人民法院应当自收到申请之日起 5 日内通知债务人。债务人对申请有异议的，应当自收到人民法院的通知之日起 7 日内向人民法院提出。人民法院应当自异议期满之日起 10 日内裁定是否受理。

除前款规定的情形外，人民法院应当自收到破产申请之日起 15 日内裁定是否受理。

有特殊情况需要延长前两款规定的裁定受理期限的，经上一级人民法院批准，可以延长 15 日。

第十一条 人民法院受理破产申请的，应当自裁定作出之日起 5 日内送达申请人。

债权人提出申请的，人民法院应当自裁定作出之日起 5 日内送达债务人。债务人应当自裁定送达之日起 15 日内，向人民法院提交财产状况说明、债务清册、债权清册、有关财务会计报告以及职工工资的支付和社会保险费用的缴纳情况。

第十二条 人民法院裁定不受理破产申请的，应当自裁定作出之日起 5 日内送达申请人并说明理由。申请人对裁定不服的，可以自裁定送达之日起 10 日内向上一级人民法院提起上诉。

人民法院受理破产申请后至破产宣告前，经审查发现债务人不符合本法第 2 条规定情形的，可以裁定驳回申请。申请人对裁定不服的，可以自裁定送达之日起 10 日内向上一级人民法院提起上诉。

第十三条 人民法院裁定受理破产申请的，应当同时指定管理人。

第十四条 人民法院应当自裁定受理破产申请之日起 25 日内通知已知债权人，并予以公告。

通知和公告应当载明下列事项：

（一）申请人、被申请人的名称或者姓名；

（二）人民法院受理破产申请的时间；

（三）申报债权的期限、地点和注意事项；

（四）管理人的名称或者姓名及其处理事务的地址；

（五）债务人的债务人或者财产持有人应当向管理人清偿债务或者交付财产的要求；

（六）第一次债权人会议召开的时间和地点；

（七）人民法院认为应当通知和公告的其他事项。

第十五条 自人民法院受理破产申请的裁定送达债务人之日起至破产程序终结之日，债务人的有关人员承担下列义务：

（一）妥善保管其占有和管理的财产、印章和账簿、文书等资料；

（二）根据人民法院、管理人的要求进行工作，并如实回答询问；

（三）列席债权人会议并如实回答债权人的询问；

（四）未经人民法院许可，不得离开住所地；

（五）不得新任其他企业的董事、监事、高级管理人员。

前款所称有关人员，是指企业的法定代表人；经人民法院决定，可以包括企业的财务管理人员和其他经营管理人员。

第十六条 人民法院受理破产申请后，债务人对个别债权人的债务清偿无效。

第十七条 人民法院受理破产申请后，债务人的债务人或者财产持有人应当向管理人清偿债务或者交付财产。

债务人的债务人或者财产持有人故意违反前款规定向债务人清偿债务或者交付财产，使债权人受到损失的，不免除其清偿债务或者交付财产的义务。

第十八条 人民法院受理破产申请后，管理人对破产申请受理前成立而债务人和对方当事人均未履行完毕的合同有权决定解除或者继续履行，并通知对方当事人。管理人自破产申请受理之日起 2 个月内未通知对方当事人，或者自收到对方当事人催告之日起 30 日内未答复的，视为解除合同。

管理人决定继续履行合同的，对方当事人应当履行；但是，对方当事人有权要求管理人提供担保。管理人不提供担保的，视为解除合同。

第十九条 人民法院受理破产申请后，有关债务人财产的保全措施应当解除，执行程序应当中止。

第二十条 人民法院受理破产申请后，已经开始而尚未终结的有关债务人的民事诉讼或者仲裁应当中止；在管理人接管债务人的财产后，该诉讼或者仲裁继续进行。

第二十一条 人民法院受理破产申请后，有关债务人的民事诉讼，只能向受理破产申请的人民法院提起。

第四十四条 人民法院受理破产申请时对债务人享有债权的债权人，依照本法规定的程序行使权利。

第四十五条 人民法院受理破产申请后，应当确定债权人申报债权的期限。债权申报期限自人民法院发布受理破产申请公告之日起计算，最短不得少于 30 日，最长不得超过 3 个月。

第四十六条 未到期的债权，在破产申请受理时视为到期。

附利息的债权自破产申请受理时起停止计息。

第四十七条 附条件、附期限的债权和诉讼、仲裁未决的债权，债权人可以申报。

第四十八条 债权人应当在人民法院确定的债权申报期限内向管理人申报债权。

债务人所欠职工的工资和医疗、伤残补助、抚恤费用，所欠的应当划入职工个人账户的基本养老保险、基本医疗保险费用，以及法律、行政法规规定应当支付给职工的补偿金，不必申报，由管理人调查后列出清单并予以公示。职工对清单记载有异议的，可以要求管理人更正；管理人不予更正的，职工可以向人民法院提起诉讼。

第四十九条 债权人申报债权时，应当书面说明债权的数额和有无财产担保，并提交有关证据。申报的债权是连带债权的，应当说明。

第五十三条 管理人或者债务人依照本法规定解除合同的，对方当事人以因合同解除所产生的损害赔偿请求权申报债权。

第五十六条 在人民法院确定的债权申报期限内，债权人未申报债权的，可以在破产财产最后分配前补充申报；但是，此前已进行的分配，不再对其补充分配。为审查和确认补充申报债权的费用，由补充申报人承担。

债权人未依照本法规定申报债权的，不得依照本法规定的程序行使权利。

第五十七条 管理人收到债权申报材料后，应当登记造册，对申报的债权进行审查，并编制债权表。

债权表和债权申报材料由管理人保存，供利害关系人查阅。

第七十条 债务人或者债权人可以依照本法规定，直接向人民法院申请对债务人进行重整。

债权人申请对债务人进行破产清算的，在人民法院受理破产申请后、宣告债务人破产前，债务人或者出资额占债务人注册资本1/10以上的出资人，可以向人民法院申请重整。

第七十一条 人民法院经审查认为重整申请符合本法规定的，应当裁定债务人重整，并予以公告。

第七十二条 自人民法院裁定债务人重整之日起至重整程序终止，为重整期间。

第七十三条 在重整期间，经债务人申请，人民法院批准，债务人可以在管理人的监督下自行管理财产和营业事务。

有前款规定情形的，依照本法规定已接管债务人财产和营业事务的管理人应当向债务人移交财产和营业事务，本法规定的管理人的职权由债务人行使。

第七十四条 管理人负责管理财产和营业事务的，可以聘任债务人的经营管理人员负责营业事务。

第七十八条 在重整期间，有下列情形之一的，经管理人或者利害关系人请求，人民法院应当裁定终止重整程序，并宣告债务人破产：

（一）债务人的经营状况和财产状况继续恶化，缺乏挽救的可能性；

（二）债务人有欺诈、恶意减少债务人财产或者其他显著不利于债权人的行为；

（三）由于债务人的行为致使管理人无法执行职务。

第七十九条 债务人或者管理人应当自人民法院裁定债务人重整之日起6个月内，同时向人民法院和债权人会议提交重整计划草案。

前款规定的期限届满，经债务人或者管理人请求，有正当理由的，人民法院可以裁定延期3个月。

债务人或者管理人未按期提出重整计划草案的，人民法院应当裁定终止重整程序，并宣告债务人破产。

第八十条 债务人自行管理财产和营业事务的，由债务人制作重整计划草案。

管理人负责管理财产和营业事务的，由管理人制作重整计划草案。

第八十一条 重整计划草案应当包括下列内容：

（一）债务人的经营方案；

（二）债权分类；

（三）债权调整方案；

（四）债权受偿方案；

（五）重整计划的执行期限；

（六）重整计划执行的监督期限；

（七）有利于债务人重整的其他方案。

第八十四条 人民法院应当自收到重整计划草案之日起30日内召开债权人会议，对重整计划草案进行表决。

出席会议的同一表决组的债权人过半数同意重整计划草案，并且其所代表的债权额占该组债权总额的2/3以上的，即为该组通过重整计划草案。

债务人或者管理人应当向债权人会议就重整计划草案作出说明，并回答询问。

第八十五条 债务人的出资人代表可以列席讨论重整计划草案的债权人会议。

重整计划草案涉及出资人权益调整事项的，应当设出资人组，对该事项进行表决。

第八十六条 各表决组均通过重整计划草案时，重整计划即为通过。

自重整计划通过之日起10日内，债务人或者管理人应当向人民法院提出批准重整计划的申请。人民法院经审查认为符合本法规定的，应当自收到申请之日起30日内裁定批准，终止重整程序，并予以公告。

第八十七条 部分表决组未通过重整计划草案的，债务人或者管理人可以同未通过重整计划草案的表决组协商。该表决组可以在协商后再表决一次。双方协商的结果不得损害其他表决组的利益。

未通过重整计划草案的表决组拒绝再次表决或者再次表决仍未通过重整计划草案，但重整计划草案符合下列条件的，债务人或者管理人可以申请人民法院批准重整计划草案：

（一）按照重整计划草案，本法第82条第1款第1项所列债权就该特定财产将获得全额清偿，其因延期清偿所受的损失将得到公平补偿，并且其担保权未受到实质性损害，或者该表决组已经通过重整计划草案；

（二）按照重整计划草案，本法第82条第1款第2项、第3项所列债权将获得全额清偿，或者相应表决组已经通过重整计划草案；

（三）按照重整计划草案，普通债权所获得的清偿比例，不低于其在重整计划草案被提请批准时依照破产清算程序所能获得的清偿比例，或者该表决组已经通过重整计划草案；

（四）重整计划草案对出资人权益的调整公平、公正，或者出资人组已经通过重整计划草案；

（五）重整计划草案公平对待同一表决组的成员，并且所规定的债权清偿顺序不违反本法第113条的规定；

（六）债务人的经营方案具有可行性。

人民法院经审查认为重整计划草案符合前款规定的，应当自收到申请之日起30日内裁定批准，终止重整程序，并予以公告。

第八十八条 重整计划草案未获得通过且未依照本法第87条的规定获得批准，或者已通过的重整计划未获得批准的，人民法院应当裁定终止重整程序，并宣告债务人破产。

第八十九条 重整计划由债务人负责执行。

人民法院裁定批准重整计划后，已接管财产和营业事务的管理人应当向债务人移交财产和营业事务。

第九十条 自人民法院裁定批准重整计划之日起，在重整计划规定的监督期内，由管理人监督重整计划的执行。

在监督期内，债务人应当向管理人报告重整计划执行情况和债务人财务状况。

第九十一条 监督期届满时，管理人应当向人民法院提交监督报告。自监督报告提交之日起，管理人的监督职责终止。

管理人向人民法院提交的监督报告，重整计划的利害关系人有权查阅。

经管理人申请，人民法院可以裁定延长重整计划执行的监督期限。

第九十二条 经人民法院裁定批准的重整计划，对债务人和全体债权人均有约束力。

债权人未依照本法规定申报债权的，在重整计划执行期间不得行使权利；在重整计划执行完毕后，可以按照重整计划规定的同类债权的清偿条件行使权利。

债权人对债务人的保证人和其他连带债务人所享有的权利，不受重整计划的影响。

第九十三条 债务人不能执行或者不执行重整计划的，人民法院经管理人或者利害关系人请求，应当裁定终止重整计划的执行，并宣告债务人破产。

人民法院裁定终止重整计划执行的，债权人在重整计划中作出的债权调整的承诺失去效力。债权人因执行重整计划所受的清偿仍然有效，债权未受清偿的部分作为破产债权。

前款规定的债权人，只有在其他同顺位债权人同自己所受的清偿达到同一比例时，才能继续接受分配。

有本条第 1 款规定情形的，为重整计划的执行提供的担保继续有效。

第九十四条 按照重整计划减免的债务，自重整计划执行完毕时起，债务人不再承担清偿责任。

第九十五条 债务人可以依照本法规定，直接向人民法院申请和解；也可以在人民法院受理破产申请后、宣告债务人破产前，向人民法院申请和解。

债务人申请和解，应当提出和解协议草案。

第九十六条 人民法院经审查认为和解申请符合本法规定的，应当裁定和解，予以公告，并召集债权人会议讨论和解协议草案。

对债务人的特定财产享有担保权的权利人，自人民法院裁定和解之日起可以行使权利。

第九十七条 债权人会议通过和解协议的决议，由出席会议的有表决权的债权人过半数同意，并且其所代表的债权额占无财产担保债权总额的 2/3 以上。

第九十八条 债权人会议通过和解协议的，由人民法院裁定认可，终止和解程序，并予以公告。管理人应当向债务人移交财产和营业事务，并向人民法院提交执行职务的报告。

第九十九条 和解协议草案经债权人会议表决未获得通过，或者已经债权人会议通过的和解协议未获得人民法院认可的，人民法院应当裁定终止和解程序，并宣告债务人破产。

第一百条 经人民法院裁定认可的和解协议，对债务人和全体和解债权人均有约束力。

和解债权人是指人民法院受理破产申请时对债务人享有无财产担保债权的人。

和解债权人未依照本法规定申报债权的，在和解协议执行期间不得行使权利；在和解协议执行完毕后，可以按照和解协议规定的清偿条件行使权利。

第一百零二条 债务人应当按照和解协议规定的条件清偿债务。

第一百零三条 因债务人的欺诈或者其他违法行为而成立的和解协议，人民法院应当裁定无效，并宣告债务人破产。

有前款规定情形的，和解债权人因执行和解协议所受的清偿，在其他债权人所受清偿同等比例的范围内，不予返还。

第一百零四条 债务人不能执行或者不执行和解协议的，人民法院经和解债权人请求，应当裁定终止和解协议的执行，并宣告债务人破产。

人民法院裁定终止和解协议执行的，和解债权人在和解协议中作出的债权调整的承诺失去效力。和解债权人因执行和解协议所受的清偿仍然有效，和解债权未受清偿的部分作为破产债权。

前款规定的债权人，只有在其他债权人同自己所受的清偿达到同一比例时，才能继续接受分配。

有本条第 1 款规定情形的，为和解协议的执行提供的担保继续有效。

第一百零五条 人民法院受理破产申请后，债务人与全体债权人就债权债务的处理自行达成协议的，可以请求人民法院裁定认可，并终结破产程序。

第一百零六条 按照和解协议减免的债务，自和解协议执行完毕时起，债务人不再承担清偿责任。

第一百零七条 人民法院依照本法规定宣告债务人破产的，应当自裁定作出之日起 5 日内送达债务人和管理人，自裁定作出之日起 10 日内通知已知债权人，并予以公告。

债务人被宣告破产后，债务人称为破产人，债务人财产称为破产财产，人民法院受理破产申请时对债务人享有的债权称为破产债权。

第一百零八条 破产宣告前，有下列情形之一的，人民法院应当裁定终结破产程序，并予以公告：

（一）第三人为债务人提供足额担保或者为债务人清偿全部到期债务的；

（二）债务人已清偿全部到期债务的。

第一百零九条 对破产人的特定财产享有担保权的权利人，对该特定财产享有优先受偿的权利。

第一百一十条 享有本法第 109 条规定权利的债权人行使优先受偿权利未能完全受偿的，其未受偿的债权作为普通债权；放弃优先受偿权利的，其债权作为普通债权。

第一百一十一条 管理人应当及时拟订破产财产变价方案，提交债权人会议讨论。

管理人应当按照债权人会议通过的或者人民法院依照本法第 65 条第 1 款规定裁定的破产财产变价方案，适时变价出售破产财产。

第一百一十二条 变价出售破产财产应当通过拍卖进行。但是，债权人会议另有决议的除外。

破产企业可以全部或者部分变价出售。企业变价出售时，可以将其中的无形资产和其他财产单独变价出售。

按照国家规定不能拍卖或者限制转让的财产，应当按照国家规定的方式处理。

第一百一十三条 破产财产在优先清偿破产费用和共益债务后，依照下列顺序清偿：

（一）破产人所欠职工的工资和医疗、伤残补助、抚恤费用，所欠的应当划入职工个人账户的基本养老保险、基本医疗保险费用，以及法律、行政法规规定应当支付给职工的补偿金；

（二）破产人欠缴的除前项规定以外的社会保险费用和破产人所欠税款；

（三）普通破产债权。

破产财产不足以清偿同一顺序的清偿要求的，按照比例分配。

破产企业的董事、监事和高级管理人员的工资按照该企业职工的平均工资计算。

第一百一十四条 破产财产的分配应当以货币分配方式进行。但是，债权人会议另有决议的除外。

第一百一十六条 破产财产分配方案经人民法院裁定认可后，由管理人执行。

管理人按照破产财产分配方案实施多次分配的，应当公告本次分配的财产额和债权额。管理人实施最后分配的，应当在公告中指明，并载明本法第117条第2款规定的事项。

第一百二十条 破产人无财产可供分配的，管理人应当请求人民法院裁定终结破产程序。

管理人在最后分配完结后，应当及时向人民法院提交破产财产分配报告，并提请人民法院裁定终结破产程序。

人民法院应当自收到管理人终结破产程序的请求之日起15日内作出是否终结破产程序的裁定。裁定终结的，应当予以公告。

第一百二十一条 管理人应当自破产程序终结之日起10日内，持人民法院终结破产程序的裁定，向破产人的原登记机关办理注销登记。

第一百二十二条 管理人于办理注销登记完毕的次日终止执行职务。但是，存在诉讼或者仲裁未决情况的除外。

第十四讲

谁能守护证券资本市场

——以带头大哥777和余凯股票操纵案为例

> 公开是现代社会疾病的救生药,阳光是最好的杀虫剂,电光是最棒的警察。
>
> ——布兰迪斯

(路易斯·布兰迪斯,Louis Dembitz Brandeis,1856~1941,是上世纪初美国最高法院的一名大法官,也是美国历史上第一位犹太裔大法官。布兰迪斯在出任这一职务之前当了37年律师。因为对下层人民满怀同情,他赢得了"人民的律师"称号。布兰迪斯赞同政府对经济进行有效监管,反对大企业的垄断,他的观点直到今天仍有借鉴意义。布兰迪斯法官写下了有关隐私权的判决,现代隐私法即由此而来。他有些模糊的概念注定要使隐私法与今日的现代技术发生冲突。当时,布兰迪斯法官否定了警察有权实施未经批准的监听。自从美国法学家Samuel D. Warren和布兰迪斯于1890年在《哈佛法律评论》上发表著名的《隐私权》一文后,公民的隐私权保护便成为一个重要的理论和司法实践问题,现代隐私法即由此而来。)

一、案例介绍

网名"带头大哥777",真名为王秀杰,其2006年初开设的"带头大哥777"博客受到众多股民的追捧而在网络上迅速蹿红,点击率已经突破910万,单日平均点击率超过30万次,点击率超过徐静蕾的"纪录",其博客当时堪称"中国第一博"。在这个全民皆股的时代,"带头大哥777"博客备受追捧的原因在于,"带头大哥"每天在其博客中具体预测大盘点位和个股价格,其自称对股票预测准确率超过90%,又自诩为"散户的保护神",数次准确预测每日大盘走向,且推荐的数只个股都涨停。

随后"带头大哥777"王秀杰为非法获利，自 2006 年 5 月至 2007 年 5 月多次在互联网上开设 QQ 讲坛，在未经中国证监会许可的情况下，发布招募会员信息在网上进行证券指导、传授炒股经验，先后以每人每年 3000 元、5000 元、7000 元、9000 元、10 000 元、13 000 元、27 000 元、37 000 元不等的标准建立 777 团队、快乐 777 团队、777 财聚团队、777 财宝团队、777 黄金客户、777 铂金客户、777 钻石客户收费，经营收入 205 612.72 元。

根据我国法律规定，提供股票投资和操作培训需要证券咨询资格并经证监会许可，而王秀杰的"带头大哥777"未经中国证监会许可在收费 QQ 群中提供股票投资和操作的指导、提供股票咨询，属于违反国家规定的非法经营，扰乱市场秩序，违法收入 205 612.72 元，情节严重，其行为已构成非法经营罪。因此，法院依照《中华人民共和国刑法》第 225 条第 3 项、第 52 条、第 53 条、第 64 条、第 47 之规定，判决被告人王秀杰犯非法经营罪，判处有期徒刑 3 年，并处罚金人民币 600 000.00 元，追缴违法所得款人民币 205 612.72 元上缴国库。"带头大哥777"企图通过网络渠道提供股票信息、证券咨询并传授炒股经验，利用股民的投机心理进行非法经营证券业务，以此获得巨额非法利益，这属于扰乱证券市场秩序的行为。

无独有偶，更有甚者利用网络非法发行股票、传播虚假股票信息影响股民的投资行为，干扰经济金融秩序、操纵证券市场以获取暴利。在广东证监局 2008 年 7 月 22 日披露的案件中得知，有不法分子设立虚假公司网站，假冒已通过证监会发行审核的某拟上市企业的名义，编造虚假网上配售新股信息，诈骗投资者认购新股款。2011 年 12 月我国证券监督委员会又公布了一起违法案件，利用"抢帽子"交易操纵证券市场。余凯等人的操纵证券市场的模式是，先买入股票，然后发布撰写的荐股文章，并在相关的网站公开推荐预先买入的股票，吸引投资者入市，等文章发布后的当日或第二个交易日，卖出持有的股票。

余凯，系中国证券业协会登记注册的证券从业人员，自 2009 年 5～12 月期间，余凯等人共写了 84 篇荐股文章，他们将这些荐股文章交给了一个名叫白杰旻的人，由白杰旻以他自己及北京禧达丰投资顾问有限公司的名义，在东方财富网、新浪网、中金在线、金融界、全景网等 5 个财经网站发布。北京禧达丰投资成立于 2002 年 1 月，是经证监会批准的具有证券投资咨询业务资格的机构，白杰旻正是其总经理，他也是中国证券业协会登记注册的从业人员，执业岗位也与余凯相同，均为证券投资咨询业务。因此，余凯等人的荐股文章交由他及禧达丰投资发表，外表上根本看不出其中有什么秘密。而实际上白杰旻是在为余凯实施市场操纵做掩护，协助余凯等人发布荐股文章，得到的回报是收取固定费用 15

万元。

余凯等人操纵市场的典型作案流程如下：其一，2009年5月25日19：15，中金在线网等两个网站发布了署名为禧达丰投资、白杰旻的荐股文章《超低价智能电网概念井喷行情即将展开》，推荐"东方电子"股票。余凯等人操作的账户组于发布当日买入"东方电子"股票约620万股，买入金额2800万元。后在5月26日全部卖出，卖出金额3100万元，获利300万元。其二，2009年11月6日17：59，全景网等2个网站发布了署名为禧达丰投资、白杰旻的荐股文章《拔"海南国际旅游岛概念"头筹》，推荐"亿城股份"股票。2009年11月9日16：50分，东方财富网等4个网站发布了署名禧达丰投资、白杰旻的荐股文章《"海南国际旅游岛"概念我最正宗》，推荐"亿城股份"。余凯等人操作的账户组分别在11月6日、9日买入"亿城股份"合计约800万股，买入金额5800万元，11月9日、10日全部卖出，卖出金额6000万元，获利200万元。除前述分工外，证监会还查明，2008年2月至2009年3月，余凯等人使用其控制的8个个人证券账户预先买入"ST金花"、"ST松辽"、"澳柯玛"等45只股票，此时余凯等人所写的荐股文章利用的是其他证券分析师的名义。

为逃避证监会的监管以及增加执法机关的调查取证难度，余凯等人通过种种手段制造假象，处处设防：联系方式更是经常变化，往往是买一批电话号用完就扔掉；其控制有40多个证券资金账户，巨额资金在这些账户中倒来倒去，全部通过网上交易来完成，而且这些账户经常换；证券营业部也不停地换，网上操作的地址也是经常变换，作案地点涉及全国十多个城市。

然而，法网恢恢，疏而不漏。余凯和白杰旻的多次配合操作，造成股票价格异动，引起了证券交易所的关注，案件迅速被转到证监会。经查明，该团伙自2009年5～12月，余凯首先利用其控制的30多个证券资金账户，先行买入准备荐股文章推荐的"莲花味精"、"TCL集团"、"粤富华"、"科大讯飞"、"亿城股份"、"ST东海"等32只股票，而后余凯等人先后将其撰写的80余篇荐股文章，委托他人在东方财富网、新浪网、中金在线、金融界和全景网等5个财经网站发布。在荐股文章发布后、股价攀升后即迅速卖出股票，以此获利。此前他曾用同样手法，使用其控制的8个个人证券账户预先买入了"ST金花"、"ST松辽"、"澳柯玛"等45只股票。从2008年至2009年，两年内以同样手法以其控制的共50多个证券资金账户操纵证券市场，余凯等人累计交易金额50多亿元，非法获利超5000万元。

据《证券法》第77条规定，证监会认定其涉嫌构成《刑法》第182条规定的操纵证券市场罪。按照《行政执法机关移送涉嫌犯罪案件的规定》，证监会于2010年4月将该案移送公安机关。2010年10月，公安机关侦查终结，移送检察院审查起诉。2011年6月，法院开庭审理此案，余凯等人对所犯罪行供认不讳。目前，案件还在进一步审理之中。

二、案例分析

（一）证券法是证券资本市场的守护者

资本市场既是虚拟市场、资金密集型市场，也是信息密集型、诚信密集型、风险密集型的市场。即使在繁荣的资本市场背后也有可能潜伏着利益冲突、道德风险和法律风险。在计划经济向市场经济过渡的过程中，机制的不健全和法律的缺失，为投机者利用违法手段造成市场波动提供了空间，资本市场的"原罪"也在这片充满诱惑的制度夹缝中产生。不仅上市公司及其高管存在道德风险，市场中介机构也存在道德风险。在股价飙升起伏的情况下，内幕交易、操纵市场和虚假陈述的现象不仅没有禁绝，反而愈演愈烈，带头大哥777非法经营和余凯操纵市场等案件证明，市场经济是法治经济，应当具有职业道德和社会责任，试图依靠非法手段实现资本积累犹如饮鸩止渴，注定是条不归路。所以，资本市场应厉行法治，梳理好资本市场主体之间的法律关系，明确和落实各方主体的权利、义务和责任，构建各方主体诚信行事的市场法治环境。

透过上述违法案件，我们应当深刻反思《证券法》及相关配套法规的问题所在：如何认定非法证券活动、识别法律禁止的证券交易行为、规范证券服务机构、推进证券监管的发展，从而建立健全完善的法律体系，维护社会主义市场经济的健康运行，引导投资者在法治的框架下实现对利润的追求。这对于净化资本市场、保护广大投资者的合法权益、提高上市公司的竞争力都具有积极作用。

我国《证券法》中的"证券"仅指"资本证券"，是可享有按期自证券发行人处取得一定收益的权益证券。《证券法》第2条第1款规定："在中华人民共和国境内，股票、公司债券和国务院依法认定的其他证券的发行和交易，适用本法；本法未规定的，适用《中华人民共和国公司法》和其他法律、行政法规的规定。"这一规定实际上清楚地界定了我国《证券法》所指证券的外延包括：股权证券（即股票）、公司债券与国务院认定的其他衍生证券（如证券投资基金份额）等。其中，最为大家熟悉的证券即是股票、公司债券。股票是股份有限公司为筹集资本而发行的、用以证明股东所持有股东权的有价证券（或凭证）。公司债券是指公司依法定程序发行，承诺在一定期限到来时还本付息的有价证券，其实质是公司向债券持有人出具的债务凭证。

证券其主要发行目的是筹集资金，主要购买目的在于追逐投资回报。证券具有流通性、风险性和公共性的一般特征。所谓流通性，是指证券持有人可根据自己的意愿无偿或有偿地将自己的证券转让他人。风险性指的是，证券投资是一种具有市场风险的行为，证券投资者所持有的证券可能因证券市场的行情跌落而使其价值受损，或因证券发行人的经营失误而得不到预期利益甚至折本。公共性指的是，证券涉及的投资者人数众多，如我国目前的证券投资者已超过一亿人，证券市场及其立法、关涉公众投资者的公共利益，因此必须对资本市场和证券市场予以强力监管。证券法正是在证券市场充满风险、投资欺诈盛行、市场调控失灵的情况之下应运而生，在本质上属于市场经济管理法，肩负着规范证券市场运作、维护投资者合法权益的重大使命。

《证券法》乃以证券法律关系为调整对象的法典，调整的主体涉及上市公司、证券公司、证券交易所、证券登记结算机构、证券服务机构与投资等民事关系主体，还涉及规定证券市场主体与行政机关（包括但不限于中国证监会、财政主管部门）之间的行政关系主体。而实质上，证券法乃公司法的特别法，公司法亦为民法的特别法，证券法调整的法律关系还与其他很多法律存在交叉现象，调整证券资本市场中的法律关系还需要公司法、信托法、证券投资基金法、民法（含合同法、物权法、侵权法、担保法）、刑法、会计法、民事诉讼法和税法等法律中有关证券的法律规范。倘若证券法未对某一法律关系作出规定，补充适用一般法规定；倘若证券法与公司法对某一法律关系均作规定，应当优先适用证券法；倘若证券法与公司法均未对某一法律关系作出规定，则应当补充适用民法一般规定。

证券法调整法律关系的目的在于协调利益冲突，追求资本市场主体和利益相关者利益最大化。具体而言，其最高目标在于追求利益多赢（包括投资者、上市公司、证券公司、证券交易所、证券登记结算机构、证券服务机构及其高管人员等利益相关者的利益多赢），最低目标在于避免利益多输，尤其是遏制证券市场中强势主体（如证券交易内幕信息的知情人，上市公司董事、监事和高管等）对公众投资者、控制股东对中小股东、上市公司对公司外部人的机会主义行为。

（二）《证券法》的基本原则是证券法的灵魂

《证券法》包含着一套既充分体现立法宗旨又指导和整合全部立法条文，并贯穿于整部《证券法》的总则和分则的基本原则，贯穿于证券发行、交易、管理以及证券立法、执法和司法的全过程。证券法基本原则是证券法律规范的立法准则；是证券执法和私法的基本准则；是证券市场参与者的行为准则。证券基本原则也是证券法宗旨与证券法具体规范之间的桥梁，它既要体现证券法宗旨，又要成为制定、解释与实施证券法具体规范的原则。

1. 公开、公平、公正原则。信息就是证券市场的血液。我国《证券法》第3条规定了整个《证券法》的首要和基础性原则——"三公原则"，即证券发行、交易活动，必须实行公开、公平、公正的原则。

《证券法》将公开原则列为"三公原则"之核心，是指有关证券市场的各类真实信息和所有活动（包括证券发行、证券投资、证券交易、证券服务、证券立法、证券监管、证券司法等）都应当向社会公众公开的原则，也称信息公开原则或信息披露原则。证券市场的公开性，是证券市场公平性和公正性的前提和基础。《证券法》为使信息公开制度贯彻到底，确保信息公开制度的可操作性，规定了证券市场的信息公开应当符合真实性、准确性、完整性、合法性、最新性、易得性和公开性标准，并规定了违反公开原则的法律责任。实践证明，证券市场信息透明时往往市场信心大振，而市场信息虚假误导或谣言充斥时，则市场信心萎靡不振。

公平原则是指各类证券市场的主体应当受到平等的法律保护。公平原则要求证券市场活动中各方当事人之间的权利与义务内容应当大致对等，不能失衡。由公平原则派生出的一个要求是，虽然股权投资有风险，但股东的投资收益与投资成本、投资风险应当在证券市场合理风险允许的范围内大致成正比。

公正原则是指证券市场的立法者、决策者、监管者和自律者，作为证券市场秩序的"守夜人"和社会公共利益的受托人和代理人，应当不偏不倚、一视同仁，在证券立法、决策和监管活动中应当平等、公允地对待各类证券市场主体。

"三公"原则的要求说明了为什么我国《证券法》和《刑法》必须严厉监管和惩罚"带头大哥777"制造虚假股票预测误导投资者和余凯利用网络荐股文章操纵股价和交易量的行为，此类违法行为直接扰乱了证券市场信息的真实性和准确性，破坏了公平交易与公平竞争的证券市场秩序，极大损害投资者的权益。

2. 平等、自愿、有偿、诚实信用原则。根据我国《证券法》第 4 条的规定，证券发行、交易活动的当事人，应当遵守平等、自愿、有偿、诚实信用的原则。

平等原则作为资本市场法治最根本的原则，是私法自治原则的核心支柱，证券发行、交易活动的当事人具有平等的地位，不允许任何主体有凌驾于他人之上的优越地位。既反对强势主体（如控制股东和机构大户）恃强凌弱、欺行霸市，也反对弱势主体以小讹大、以弱讹强。平等原则的显著例子是股东平等、同股同权。

自愿原则也称意思自治原则，该原则要求国家、全社会和证券市场充分尊重证券发行、交易活动当事人的意志自由，任何单位和个人不得非法干涉。

有偿原则是对公平原则的具体化，要求证券发行、交易活动的当事人按照市场经济客观规律的要求，贯彻有偿原则，不允许任何当事人凭借优势地位强迫对方接受不等价的证券行为。

《民法通则》规定的诚实信用原则也适用于证券法和资本市场领域。《证券法》第 4 条亦明确要求证券发行、交易活动的当事人遵守诚实信用原则，该法第 5 条更明文禁止欺诈、内幕交易和操作证券市场的行为。《证券投资基金法》第 4

条规定从事证券投资基金活动，应当遵循自愿、公平、诚实信用的原则，不得损害国家利益和社会公共利益。《信托法》第 5 条要求当事人进行信托活动，必须遵守法律、行政法规，遵循自愿、公平和诚实信用原则，不得损害国家利益和社会公共利益。

而在上述案件介绍中的"带头大哥777"和余凯的行为却违背诚实信用的基本原则，利用虚假信息误导投资者的交易行为，一旦交易行为建立在错误的信息背景基础上，投资者的意志自由实质上受到了严重侵害，此类违背自愿与诚信原则的严重违法行为乃《证券法》所严厉禁止。

3. 统一监管、自律监管与审计监督相结合原则。制约和化解市场风险，维护市场正常秩序，必须对证券市场进行监管。我国《证券法》中规定："国务院证券监督管理机构依法对全国证券市场实行集中统一监督管理。国务院证券监督管理机构根据需要可以设立派出机构，按照授权履行监督管理职责。""在国家对证券发行、交易活动实行集中统一监督管理的前提下，依法设立证券业协会，实行自律性管理。"这一原则对于制约和化解市场风险，维护市场正常秩序具有重要的意义。各国对证券市场的监管包括由政府设立证券监管部门进行监管和由证券经营机构等成立自律性组织进行监管两种模式。我国对证券资本市场实行政府统一监管与行业自律相结合的监管模式。同时结合国家审计监督，是由国家审计机关对证券交易所、证券公司、证券登记结算机构、证券监督管理机构依法进行的审计监督。

《证券法》第 7 条在坚持分业经营、分业监管的基础上，确立了"一龙治水"的证券行政监督管理体制："国务院证券监督管理机构依法对全国证券市场实行集中统一监督管理。国务院证券监督管理机构根据需要可以设立派出机构，按照授权履行监督管理职责。"《证券法》第 178 条规定："国务院证券监督管理机构依法对证券市场实行监督管理，维护证券市场秩序，保障其合法运行。"余凯操纵市场案件中，正是由证监会立案稽查，并且针对余凯利用网络在多个城市的众多证券营业部进行违法行为，证监会实施逐个营业部、逐个账户现场追查，历时半年多查实余凯团伙操纵市场的所有细节。

中国证监会依据《证券法》第 179 条之授权，在对证券市场实施监督管理中履行下列职责：①依法制定有关证券市场监督管理的规章、规则，并依法行使审批或者核准权；②依法对证券的发行、上市、交易、登记、存管、结算，进行监督管理；③依法对证券发行人、上市公司、证券交易所、证券公司、证券登记结算机构、证券投资基金管理公司、证券服务机构的证券业务活动，进行监督管理；④依法制定从事证券业务人员的资格标准和行为准则，并监督实施；⑤依法监督检查证券发行、上市和交易的信息公开情况；⑥依法对证券业协会的活动进行指导和监督；⑦依法对违反证券市场监督管理法律、行政法规的行为进行查处；⑧法律、行政法规规定的其他职责。国务院证券监督管理机构可以和其他国家或者地区的证券监督管理机构建立监督管理合作机制，实施跨境监督管理。

证监会的监管职责履行依赖于《证券法》第 180、183 条赋予的监管手段，依法履行职责过程中被检查、调查的单位和个人应当配合，如实提供有关文件和资料，不得拒绝、阻碍和隐瞒，证监会有权采取对相关主体进行现场检查、调查取证、查阅复制证券交易记录、封存文件资料、查询资金账户、冻结资金、限制交易等严厉措施。

（三）法律禁止的证券交易行为

证券交易要维护资金的安全、维护社会的经济秩序，就必然对一些交易行为作出一定的限制。我国目前对证券交易行为进行限制的主要有：

1. 操纵市场。操纵市场行为是指行为人利用资金、持股和信息等优势或者滥用职权等手段，影响证券市场价格和证券交易量，诱导其他投资者在不了解事实真相的情况下从事证券交易活动的行为。余凯等人即是利用网络文章荐股的信息舆论优势制造证券市场的供需假象，以此影响并误导其他投资者交易特定股票，人为地扭曲了证券市场的正常价格，扰乱了公开公平公正的证券市场秩序，属于操纵市场行为。操纵市场的行为是造成虚假供求关系、误导资金流向的罪魁，是引发证券市场公平交易和公平竞争机制失衡的重要隐患。

《证券法》第 77 条将操纵证券的手段概括为以下四类：①联合或连续买卖。行为人单独或通过合谋，集中资金优势、持股优势或者利用信息优势联合或者连续买卖，操纵证券交易价格或者证券交易量。②对敲。行为人与他人串通，以事先约定的时间、价格和方式相互进行证券交易，影响证券交易价格证券交易量。③对倒。在自己实际控制的账户之间进行证券交易，影响证券交易价格证券交易量。④以其他手段操纵证券市场。这属于兜底条款，法律禁止的市场操纵行为不再局限于影响证券交易价格的行为模式，影响证券交易量的操纵手段也在法律禁止之列。例如，案例介绍中的"抢帽子"交易方式就是典型，即证券机构、专业中介机构及其工作人员买卖或者持有相关的证券，并对该证券或其发行人、上市公司公开做出评价、预测或投资建议，以便通过期待市场波动取得经济利益的行为。

《证券法》第 77 条第 2 款规定了操纵市场行为对受害投资者的民事赔偿责任，"操纵证券市场行为给投资者造成损失的，行为人应当依法承担赔偿责任。"但对于操纵证券市场与损害结果之间因果关系的确定以及行为人承担赔偿责任数额的范围、损失的计算方法，现行法律法规、司法解释尚无明文规定。《证券法》第 203 条规定了市场操纵者的行政责任。《刑法》第 182 条规定了操纵证券、期货交易价格罪。最高人民检察院和公安部联合发布的《关于经济犯罪案件追诉标准的补充规定》规定了操纵证券、期货市场罪的追诉标准。

2. 内幕交易。内幕交易是指证券交易内幕信息的知情人和非法获取内幕信息的人（如上市公司高管人员、控股股东、实际控制人和行政审批部门等方面的知情人员）在公司并购、业绩增长等重大信息公布之前，泄露信息或利用内幕信息买卖证券谋取私利的证券交易活动。内幕交易行为人为达到获利或避损的目的，利用其特殊地位或机会获取内幕信息进行证券交易，违反了证券法的"公开、公平、公正"原则，侵犯了投资公众的平等知情权和财产权益。

内幕交易行为在客观上表现为以下几种基本方式：①内幕人员利用内幕信息买卖证券或者根据内幕信息建议他人买卖证券；②内幕人员向他人泄露内幕信息，使他人利用该信息进行内幕交易；③非内幕人员通过不正当手段或者其他途径获得内幕信息，并根据该信息买卖证券或者建议他人买卖证券。

3. 虚假陈述。证券市场的虚假陈述，也称不实陈述，泛指证券发行交易过程中不正确或不正当披露信息和陈述事实的行为。虚假陈述的类型主要有：①虚假记载，即负有信息披露义务的相关主体，在履行披露信息义务时，在其公开的文件中作出与事实不相符合的记载的行为；②误导性陈述，即负有信息披露义务的相关主体在其公开的文件中或者通过媒体，作出误导市场投资者对其投资行为发生错误判断并产生重大影响的陈述；③重大遗漏，即信息披露义务人在信息披露文件中，未将应当记载的事项完全记载或者仅部分予以记载；④不当披露，即信息披露义务人未在适当期限内或者未以法定方式公开披露应当披露的信息。

当前，编造、传播虚假陈述信息的"重灾区"往往体现在互联网上，非法证券活动在网络传播迅速，炒股博客大量兴起，网络论坛、QQ、MSN等网络传播平台广泛运用，其文章、笔帖中都有自称的"小道消息"、"内幕信息"或"精确的市场预测"、"强力的个股推介"等，并进而吸收会员、收取费用，严重侵犯投资者合法权益。"带头大哥777"正是如此利用了投资者对内幕信息的投机心理，在网络上编造大量虚假陈述或信息误导以吸纳会员并谋取钱财。

4. 其他不法交易行为。证券公司损害客户利益的欺诈行为。证券公司在从事证券经纪业务时与其客户之间存在代理关系，而代理人对被代理人具有诚信义务，包括忠实义务与勤勉义务。《证券法》第79条第1款禁止证券公司及其从业人员从事损害客户利益的欺诈行为。

上市公司高管或大股东的短线交易行为。我国《证券法》第47条和第195条规定，禁止上市公司董事、监事、高级管理人员、持有上市公司股份5%以上的股东将其持有的该公司股票在买入后6个月内卖出，或者在卖出后6个月内又买入的证券交易行为。

法人非法利用他人账户从事证券交易。投资者账户（包括证券账户与资金账户）既是记载投资者开展证券交易活动中资产、负债和权益变动状态的主要信息平台，也是证券监管的重要手段。实践中，经常有法人尤其是国有法人和上市公司以他人名义开户交易，逃避国有资产监管和上市公司监管，扰乱证券市场秩序。为从源头上遏制法人借用和出借账户的现象，弥补法律监管漏洞，《证券法》第80条从正面禁止法人非法利用他人账户从事证券交易，禁止法人出借自己或者他人的证券账户，且认定协助他人违法利用他人账户开展交易的行为也具有违法性。

（四）识别非法证券活动，保护投资者权益

近年来，非法发行股票和非法经营证券业务在我国部分地区出现蔓延趋势，严重危害社会稳定和金融安全。当前，非法证券活动的主要形式为：一是编造公司即将在境内外上市或股票发行获得政府部门批准等虚假信息，诱骗社会公众购买所谓"原始股"；二是非法中介机构以"投资咨询机构"、"产权经纪公司"、"外国资本公司或投资公司"等名义，未经法定机关批准，向社会公众非法买卖、代理买卖未上市的公司股票，或者以"内幕信息"、股市预测等提供证券买卖指导；三是不法分子以证券投资为名，以高额回报为诱饵，诈骗群众钱财。

非法证券活动是一种典型的涉众型违法犯罪活动，严重干扰正常的经济金融秩序，因此需要掌握以下必要的证券法律常识，提高对非法证券活动的识别能力。需要重点把握的主要在以下几个方面：

1. 任何单位和个人经营证券业务，必须经证监会批准。具体说来，股票承销、经纪（代理买卖）、证券投资咨询等证券业务由证监会依法批准设立的证券机构经营，未经证监会批准，其他任何机构和个人不得经营证券业务。《证券法》第169条第1款就规定："投资咨询机构、财务顾问机构、资信评级机构、资产评估机构、会计师事务所从事证券服务业务，必须经国务院证券监督管理机构和有关主管部门批准。"当事人未经批准擅自从事证券业务的，属于非法经营证券业务，应予以取缔；涉嫌犯罪的，依照《刑法》第225条以非法经营罪追究刑事责任。

2. 公开发行股票必须经过证监会核准。根据《证券法》的规定，向不特定对象发行股票或向特定对象发行股票后股东累计超过200人的，均为公开发行。公开发行股票应依法报经证监会核准。未经证监会核准，采用广告、公告、广播、电话、传真、信函、推介会、说明会、网络、短信、公开劝诱等公开方式或变相公开方式向社会公众发行股票，均属于非法公开发行股票。因此，如有陌生电话或在互联网上发布所谓"原始股、内部职工股"发售的消息，或者已通过发行审核但尚未取得证监会核准文件的公司公开招股，均涉嫌非法发行，投资者不得参与认购其股票，并应积极向有关部门举报，构成犯罪的依照《刑法》第179条以擅自发行股票罪追究刑事责任。

3. 公开发行股票应当由有资格的证券公司承销。根据《证券法》的规定，发行人向不特定对象发行的证券，应当由证券公司承销，并与证券公司签订承销协议。不法分子虚拟公司名义，委托非证券从业机构与投资者签订申购协议，协议还约定将投资款汇到个人账户，明显违反了相关法律法规的规定，投资者不要轻易相信。

4. 个人投资者非合法新股网下配售对象。根据证监会《证券发行与承销管理办法》的规定，目前在沪深两市发行上市的新股可以通过网上申购和网下配售两种方式发行，网下配售仅针对机构投资者，个人投资者仅可以通过网上申购方式购买新股，即通过交易所交易系统下单申购新股。个人投资者不能成为新股网下配售的对象。

5. 投资者应依据公司《招股说明书》和股票发行公告等公开发行股票必备文件进行股票投资。根据《证券法》的规定，公司公开发行股票，必须在证监会指定的信息披露媒体上刊登《招股说明书》和股票发行公告，公告相关信息。在假冒公司股票配售诈骗案中，相关证券媒体和深沪交易所网站均无公司相关股票发行公告，有关网下申购的信息只在甚至没有备案号的黑网站上发布。投资者应通过证监会指定的信息披露媒体了解新股发行上市信息，或致电所开户的证券营业部、深沪交易所了解新股的发行时间、方式等，不要轻易相信其他媒体或网站有关股票发行上市的报道。

三、相关法条

（一）《中华人民共和国证券法》节选

第一条 为了规范证券发行和交易行为，保护投资者的合法权益，维护社会经济秩序和社会公共利益，促进社会主义市场经济的发展，制定本法。

第二条 在中华人民共和国境内，股票、公司债券和国务院依法认定的其他证券的发行和交易，适用本法；本法未规定的，适用《中华人民共和国公司法》和其他法律、行政法规的规定。

政府债券、证券投资基金份额的上市交易，适用本法；其他法律、行政法规另有规定的，适用其规定。

证券衍生品种发行、交易的管理办法，由国务院依照本法的原则规定。

第三条 证券的发行、交易活动，必须实行公开、公平、公正的原则。

第四条 证券发行、交易活动的当事人具有平等的法律地位，应当遵守自愿、有偿、诚实信用的原则。

第五条 证券的发行、交易活动，必须遵守法律、行政法规；禁止欺诈、内幕交易和操纵证券市场的行为。

第七条 国务院证券监督管理机构依法对全国证券市场实行集中统一监督管理。

国务院证券监督管理机构根据需要可以设立派出机构，按照授权履行监督管理职责。

第八条 在国家对证券发行、交易活动实行集中统一监督管理的前提下，依法设立证券业协会，实行自律性管理。

第九条 国家审计机关依法对证券交易所、证券公司、证券登记结算机构、证券监督管理机构进行审计监督。

第十条 公开发行证券，必须符合法律、行政法规规定的条件，并依法报经国务院证券监督管理机构或者国务院授权的部门核准；未经依法核准，任何单位和个人不得公开发行证券。

有下列情形之一的，为公开发行：

（一）向不特定对象发行证券的；

（二）向特定对象发行证券累计超过200人的；

（三）法律、行政法规规定的其他发行行为。

非公开发行证券，不得采用广告、公开劝诱和变相公开方式。

第三十七条 证券交易当事人依法买卖的证券，必须是依法发行并交付的证券。

非依法发行的证券，不得买卖。

第三十八条 依法发行的股票、公司债券及其他证券，法律对其转让期限有限制性规定的，在限定的期限内不得买卖。

第三十九条 依法公开发行的股票、公司债券及其他证券，应当在依法设立的证券交易所上市交易或者在国务院批准的其他证券交易场所转让。

第四十三条 证券交易所、证券公司和证券登记结算机构的从业人员、证券监督管理机构的工作人员以及法律、行政法规禁止参与股票交易的其他人员，在任期或者法定限期内，不得直接或者以化名、借他人名义持有、买卖股票，也不得收受他人赠送的股票。

任何人在成为前款所列人员时，其原已持有的股票，必须依法转让。

第四十七条 上市公司董事、监事、高级管理人员、持有上市公司股份5%以上的股东，将其持有的该公司的股票在买入后6个月内卖出，或者在卖出后6个月内又买入，由此所得收益归该公司所有，公司董事会应当收回其所得收益。但是，证券公司因包销购入售后剩余股票而持有5%以上股份的，卖出该股票不受6个月时间限制。

公司董事会不按照前款规定执行的，股东有权要求董事会在 30 日内执行。公司董事会未在上述期限内执行的，股东有权为了公司的利益以自己的名义直接向人民法院提起诉讼。

公司董事会不按照第 1 款的规定执行的，负有责任的董事依法承担连带责任。

第六十三条 发行人、上市公司依法披露的信息，必须真实、准确、完整，不得有虚假记载、误导性陈述或者重大遗漏。

第六十四条 经国务院证券监督管理机构核准依法公开发行股票，或者经国务院授权的部门核准依法公开发行公司债券，应当公告招股说明书、公司债券募集办法。依法公开发行新股或者公司债券的，还应当公告财务会计报告。

第六十六条 上市公司和公司债券上市交易的公司，应当在每一会计年度结束之日起 4 个月内，向国务院证券监督管理机构和证券交易所报送记载以下内容的年度报告，并予公告：

（一）公司概况；

（二）公司财务会计报告和经营情况；

（三）董事、监事、高级管理人员简介及其持股情况；

（四）已发行的股票、公司债券情况，包括持有公司股份最多的前 10 名股东的名单和持股数额；

（五）公司的实际控制人；

（六）国务院证券监督管理机构规定的其他事项。

第六十七条 发生可能对上市公司股票交易价格产生较大影响的重大事件，投资者尚未得知时，上市公司应当立即将有关该重大事件的情况向国务院证券监督管理机构和证券交易所报送临时报告，并予公告，说明事件的起因、目前的状态和可能产生的法律后果。

下列情况为前款所称重大事件：

（一）公司的经营方针和经营范围的重大变化；

（二）公司的重大投资行为和重大的购置财产的决定；

（三）公司订立重要合同，可能对公司的资产、负债、权益和经营成果产生重要影响；

（四）公司发生重大债务和未能清偿到期重大债务的违约情况；

（五）公司发生重大亏损或者重大损失；

（六）公司生产经营的外部条件发生的重大变化；

（七）公司的董事、1/3 以上监事或者经理发生变动；

（八）持有公司 5% 以上股份的股东或者实际控制人，其持有股份或者控制公司的情况发生较大变化；

（九）公司减资、合并、分立、解散及申请破产的决定；

（十）涉及公司的重大诉讼，股东大会、董事会决议被依法撤销或者宣告无效；

（十一）公司涉嫌犯罪被司法机关立案调查，公司董事、监事、高级管理人员涉嫌犯罪被司法机关采取强制措施；

（十二）国务院证券监督管理机构规定的其他事项。

第六十八条　上市公司董事、高级管理人员应当对公司定期报告签署书面确认意见。

上市公司监事会应当对董事会编制的公司定期报告进行审核并提出书面审核意见。

上市公司董事、监事、高级管理人员应当保证上市公司所披露的信息真实、准确、完整。

第六十九条　发行人、上市公司公告的招股说明书、公司债券募集办法、财务会计报告、上市报告文件、年度报告、中期报告、临时报告以及其他信息披露资料，有虚假记载、误导性陈述或者重大遗漏，致使投资者在证券交易中遭受损失的，发行人、上市公司应当承担赔偿责任；发行人、上市公司的董事、监事、高级管理人员和其他直接责任人员以及保荐人、承销的证券公司，应当与发行人、上市公司承担连带赔偿责任，但是能够证明自己没有过错的除外；发行人、上市公司的控股股东、实际控制人有过错的，应当与发行人、上市公司承担连带赔偿责任。

第七十条　依法必须披露的信息，应当在国务院证券监督管理机构指定的媒体发布，同时将其置备于公司住所、证券交易所，供社会公众查阅。

第七十一条　国务院证券监督管理机构对上市公司年度报告、中期报告、临时报告以及公告的情况进行监督，对上市公司分派或者配售新股的情况进行监督，对上市公司控股股东和信息披露义务人的行为进行监督。

证券监督管理机构、证券交易所、保荐人、承销的证券公司及有关人员，对公司依照法律、行政法规规定必须作出的公告，在公告前不得泄露其内容。

第七十二条　证券交易所决定暂停或者终止证券上市交易的，应当及时公告，并报国务院证券监督管理机构备案。

第七十三条　禁止证券交易内幕信息的知情人和非法获取内幕信息的人利用内幕信息从事证券交易活动。

第七十四条　证券交易内幕信息的知情人包括：

（一）发行人的董事、监事、高级管理人员；

（二）持有公司 5% 以上股份的股东及其董事、监事、高级管理人员，公司的实际控制人及其董事、监事、高级管理人员；

（三）发行人控股的公司及其董事、监事、高级管理人员；

（四）由于所任公司职务可以获取公司有关内幕信息的人员；

（五）证券监督管理机构工作人员以及由于法定职责对证券的发行、交易进行管理的其他人员；

（六）保荐人、承销的证券公司、证券交易所、证券登记结算机构、证券服务机构的有关人员；

（七）国务院证券监督管理机构规定的其他人。

第七十五条 证券交易活动中，涉及公司的经营、财务或者对该公司证券的市场价格有重大影响的尚未公开的信息，为内幕信息。

下列信息皆属内幕信息：

（一）本法第 67 条第 2 款所列重大事件；

（二）公司分配股利或者增资的计划；

（三）公司股权结构的重大变化；

（四）公司债务担保的重大变更；

（五）公司营业用主要资产的抵押、出售或者报废一次超过该资产的 30%；

（六）公司的董事、监事、高级管理人员的行为可能依法承担重大损害赔偿责任；

（七）上市公司收购的有关方案；

（八）国务院证券监督管理机构认定的对证券交易价格有显著影响的其他重要信息。

第七十六条 证券交易内幕信息的知情人和非法获取内幕信息的人，在内幕信息公开前，不得买卖该公司的证券，或者泄露该信息，或者建议他人买卖该证券。

持有或者通过协议、其他安排与他人共同持有公司 5% 以上股份的自然人、法人、其他组织收购上市公司的股份，本法另有规定的，适用其规定。

内幕交易行为给投资者造成损失的，行为人应当依法承担赔偿责任。

第七十七条 禁止任何人以下列手段操纵证券市场：

（一）单独或者通过合谋，集中资金优势、持股优势或者利用信息优势联合或者连续买卖，操纵证券交易价格或者证券交易量；

（二）与他人串通，以事先约定的时间、价格和方式相互进行证券交易，影响证券交易价格或者证券交易量；

（三）在自己实际控制的账户之间进行证券交易，影响证券交易价格或者证券交易量；

（四）以其他手段操纵证券市场。

操纵证券市场行为给投资者造成损失的，行为人应当依法承担赔偿责任。

第七十八条　禁止国家工作人员、传播媒介从业人员和有关人员编造、传播虚假信息，扰乱证券市场。

禁止证券交易所、证券公司、证券登记结算机构、证券服务机构及其从业人员，证券业协会、证券监督管理机构及其工作人员，在证券交易活动中作出虚假陈述或者信息误导。

各种传播媒介传播证券市场信息必须真实、客观，禁止误导。

第七十九条　禁止证券公司及其从业人员从事下列损害客户利益的欺诈行为：

（一）违背客户的委托为其买卖证券；

（二）不在规定时间内向客户提供交易的书面确认文件；

（三）挪用客户所委托买卖的证券或者客户账户上的资金；

（四）未经客户的委托，擅自为客户买卖证券，或者假借客户的名义买卖证券；

（五）为牟取佣金收入，诱使客户进行不必要的证券买卖；

（六）利用传播媒介或者通过其他方式提供、传播虚假或者误导投资者的信息；

（七）其他违背客户真实意思表示，损害客户利益的行为。

欺诈客户行为给客户造成损失的，行为人应当依法承担赔偿责任。

第八十条　禁止法人非法利用他人账户从事证券交易；禁止法人出借自己或者他人的证券账户。

第八十四条　证券交易所、证券公司、证券登记结算机构、证券服务机构及其从业人员对证券交易中发现的禁止的交易行为，应当及时向证券监督管理机构报告。

第一百二十二条　设立证券公司，必须经国务院证券监督管理机构审查批准。未经国务院证券监督管理机构批准，任何单位和个人不得经营证券业务。

第一百二十五条　经国务院证券监督管理机构批准，证券公司可以经营下列部分或者全部业务：

（一）证券经纪；

（二）证券投资咨询；

（三）与证券交易、证券投资活动有关的财务顾问；

（四）证券承销与保荐；

（五）证券自营；

（六）证券资产管理；

（七）其他证券业务。

第一百七十八条 国务院证券监督管理机构依法对证券市场实行监督管理，维护证券市场秩序，保障其合法运行。

第一百七十九条 国务院证券监督管理机构在对证券市场实施监督管理中履行下列职责：

（一）依法制定有关证券市场监督管理的规章、规则，并依法行使审批或者核准权；

（二）依法对证券的发行、上市、交易、登记、存管、结算，进行监督管理；

（三）依法对证券发行人、上市公司、证券公司、证券投资基金管理公司、证券服务机构、证券交易所、证券登记结算机构的证券业务活动，进行监督管理；

（四）依法制定从事证券业务人员的资格标准和行为准则，并监督实施；

（五）依法监督检查证券发行、上市和交易的信息公开情况；

（六）依法对证券业协会的活动进行指导和监督；

（七）依法对违反证券市场监督管理法律、行政法规的行为进行查处；

（八）法律、行政法规规定的其他职责。

国务院证券监督管理机构可以和其他国家或者地区的证券监督管理机构建立监督管理合作机制，实施跨境监督管理。

第一百八十条 国务院证券监督管理机构依法履行职责，有权采取下列措施：

（一）对证券发行人、上市公司、证券公司、证券投资基金管理公司、证券服务机构、证券交易所、证券登记结算机构进行现场检查；

（二）进入涉嫌违法行为发生场所调查取证；

（三）询问当事人和与被调查事件有关的单位和个人，要求其对与被调查事件有关的事项作出说明；

（四）查阅、复制与被调查事件有关的财产权登记、通讯记录等资料；

（五）查阅、复制当事人和与被调查事件有关的单位和个人的证券交易记录、登记过户记录、财务会计资料及其他相关文件和资料；对可能被转移、隐匿或者毁损的文件和资料，可以予以封存；

（六）查询当事人和与被调查事件有关的单位和个人的资金账户、证券账户和银行账户；对有证据证明已经或者可能转移或者隐匿违法资金、证券等涉案财产或者隐匿、伪造、毁损重要证据的，经国务院证券监督管理机构主要负责人批准，可以冻结或者查封；

（七）在调查操纵证券市场、内幕交易等重大证券违法行为时，经国务院证券监督管理机构主要负责人批准，可以限制被调查事件当事人的证券买卖，但限制的期限不得超过 15 个交易日；案情复杂的，可以延长 15 个交易日。

第一百八十一条 国务院证券监督管理机构依法履行职责，进行监督检查或者调查，其监督检查、调查的人员不得少于 2 人，并应当出示合法证件和监督检查、调查通知书。监督检查、调查的人员少于 2 人或者未出示合法证件和监督检查、调查通知书的，被检查、调查的单位有权拒绝。

第一百八十二条 国务院证券监督管理机构工作人员必须忠于职守，依法办事，公正廉洁，不得利用职务便利牟取不正当利益，不得泄露所知悉的有关单位和个人的商业秘密。

第一百八十三条 国务院证券监督管理机构依法履行职责，被检查、调查的单位和个人应当配合，如实提供有关文件和资料，不得拒绝、阻碍和隐瞒。

第一百八十四条 国务院证券监督管理机构依法制定的规章、规则和监督管理工作制度应当公开。

国务院证券监督管理机构依据调查结果，对证券违法行为作出的处罚决定，应当公开。

第一百八十五条 国务院证券监督管理机构应当与国务院其他金融监督管理机构建立监督管理信息共享机制。

国务院证券监督管理机构依法履行职责，进行监督检查或者调查时，有关部门应当予以配合。

第一百八十六条 国务院证券监督管理机构依法履行职责，发现证券违法行为涉嫌犯罪的，应当将案件移送司法机关处理。

第一百八十七条 国务院证券监督管理机构的人员不得在被监管的机构中任职。

第一百九十七条 未经批准，擅自设立证券公司或者非法经营证券业务的，由证券监督管理机构予以取缔，没收违法所得，并处以违法所得 1 倍以上 5 倍以下的罚款；没有违法所得或者违法所得不足 30 万元的，处以 30 万元以上 60 万元以下的罚款。对直接负责的主管人员和其他直接责任人员给予警告，并处以 3 万元以上 30 万元以下的罚款。

第二百零二条 证券交易内幕信息的知情人或者非法获取内幕信息的人，在涉及证券的发行、交易或者其他对证券的价格有重大影响的信息公开前，买卖该证券，或者泄露该信息，或者建议他人买卖该证券的，责令依法处理非法持有的证券，没收违法所得，并处以违法所得 1 倍以上 5 倍以下的罚款；没有违法所得或者违法所得不足3万元的，处以3万元以上60万元以下的罚款。单位从事内幕交易的，还应当对直接负责的主管人员和其他直接责任人员给予警告，并处以3万元以上30万元以下的罚款。证券监督管理机构工作人员进行内幕交易的，从重处罚。

第二百零三条 违反本法规定，操纵证券市场的，责令依法处理非法持有的证券，没收违法所得，并处以违法所得1倍以上5倍以下的罚款；没有违法所得或者违法所得不足30万元的，处以30万元以上300万元以下的罚款。单位操纵证券市场的，还应当对直接负责的主管人员和其他直接责任人员给予警告，并处以10万元以上60万元以下的罚款。

（二）《最高人民检察院、公安部关于公安机关管辖的刑事案件立案追诉标准的规定（二）》节选（2010年5月7日印发）

第三十五条 内幕交易、泄露内幕信息案（刑法第180条第1款）

证券、期货交易内幕信息的知情人员、单位或者非法获取证券、期货交易内幕信息的人员、单位，在涉及证券的发行，证券、期货交易或者其他对证券、期货交易价格有重大影响的信息尚未公开前，买入或者卖出该证券，或者从事与该内幕信息有关的期货交易，或者泄露该信息，或者明示、暗示他人从事上述交易活动，涉嫌下列情形之一的，应予立案追诉：

（一）证券交易成交额累计在50万元以上的；

（二）期货交易占用保证金数额累计在30万元以上的；

（三）获利或者避免损失数额累计在15万元以上的；

（四）多次进行内幕交易、泄露内幕信息的；

（五）其他情节严重的情形。

第三十九条 操纵证券、期货市场案（刑法第182条）

操纵证券、期货市场，涉嫌下列情形之一的，应予立案追诉：

（一）单独或者合谋，持有或者实际控制证券的流通股份数达到该证券的实际流通股份总量30%以上，且在该证券连续20个交易日内联合或者连续买卖股份数累计达到该证券同期总成交量30%以上的；

（二）单独或者合谋，持有或者实际控制期货合约的数量超过期货交易所业务规则限定的持仓量50%以上，且在该期货合约连续20个交易日内联合或者连续买卖期货合约数累计达到该期货合约同期总成交量30%以上的；

（三）与他人串通，以事先约定的时间、价格和方式相互进行证券或者期货合约交易，且在该证券或者期货合约连续20个交易日内成交量累计达到该证券或者期货合约同期总成交量20%以上的；

（四）在自己实际控制的账户之间进行证券交易，或者以自己为交易对象，自买自卖期货合约，且在该证券或者期货合约连续 20 个交易日内成交量累计达到该证券或者期货合约同期总成交量 20% 以上的；

（五）单独或者合谋，当日连续申报买入或者卖出同一证券、期货合约并在成交前撤回申报，撤回申报量占当日该种证券总申报量或者该种期货合约总申报量 50% 以上的；

（六）上市公司及其董事、监事、高级管理人员、实际控制人、控股股东或者其他关联人单独或者合谋，利用信息优势，操纵该公司证券交易价格或者证券交易量的；

（七）证券公司、证券投资咨询机构、专业中介机构或者从业人员，违背有关从业禁止的规定，买卖或者持有相关证券，通过对证券或者其发行人、上市公司公开作出评价、预测或者投资建议，在该证券的交易中谋取利益，情节严重的；

（八）其他情节严重的情形。

第十五讲

虚拟财产亦不容侵犯

——以"天龙八部"网络游戏案为例

> 法无明文规定不为罪，法无明文规定不处罚。
>
> ——费尔巴哈
>
> （安塞尔姆·里特尔·冯·费尔巴哈，Paul Johann Anselm，1775~1833，是德国著名刑法学家，是刑罚目的报应论的创始人，也是犯罪心理学的创始人。费尔巴哈先后获得哲学博士、法学博士学位，并曾担任副教授、兼职法官、教授、枢密司法官候选人、上诉法院副院长以及院长等职。费尔巴哈生育的多个孩子中有个儿子也叫费尔巴哈，是一位著名的共产主义思想家。现代学者们普遍认为，将启蒙时代混乱、零星的刑法思想修正为严谨的理论与体系的最大功臣，应当首推费尔巴哈。正是由于费尔巴哈为近代刑法学的发展奠定了理论基础，对实现刑法近代化作出了卓越的贡献，因此，后世学者一般都将费氏称为"近代刑法学之父"、"近代刑法学之鼻祖"或者"近代刑法理论的创造者。"费尔巴哈在犯罪的本质方面提出了权利侵害说，并提出了作为罪刑法定原则主要理论基础之一的心理强制说，其又提出一般预防论与法律报应论相结合的折衷论。在费氏诸多的贡献中最为人称道的莫过于其阐述罪刑法定原则的经典内涵。1801年费尔巴哈以拉丁文将罪刑法定主义概括为"法无明文规定不为罪，法无明文规定不处罚"两句脍炙人口的法谚。)

一、案例介绍

2008年1月23日晚，北京搜狐互联网信息服务公司（下面简称"搜狐公司"）发现了80多个异常"天龙八部"游戏账号。经过对异常情况的排查，他们认为这些账号的异常很可能是黑客入侵留下的痕迹。之后，搜狐公司再经过对服务器及相关数据分析检查，初步怀疑入侵者是通过侵入该公司娱乐频道的一台链接外部网络、且同时与内网链接的服务器入侵该公司系统的。技术人员同时还发现，截止到当年的 2 月 17 日，在不到一个月的时间内，该入侵者持续通过大多来自湖北省武汉市的 IP 地址侵入搜狐公司"天龙八部"网络游戏系统，对核心数据进行修改操作，非法窃取虚拟游戏点数 1500 余万点。其后，搜狐公司向警方报案求助。

武汉市警方接到报案后，迅速展开侦查，最终锁定了本案的犯罪嫌疑人夏彪、付强。夏彪现年 28 岁，大学毕业后，在武汉市某科技有限公司担任计算机安全维护员；他的同乡付强年仅 24 岁。两人平时非常喜欢玩网络游戏。

经武汉市警方查证，2007 年 12 月，夏、付两人在使用电脑时，发现自己竟然能够非法入侵到搜狐公司的媒体服务器。几经试验，他们获取了该公司"天龙八部"游戏服务器数据库管理员的用户名和密码。于是 2 人便萌发了借着这次机会"要做点事情"的想法。两人在和一位朋友一起喝酒时对此大加炫耀，该朋友听了很感兴趣，并表示他在淘宝网上有网店，可以把他们修改的点数拿去卖钱。

在 2007 年 12 月至去年 3 月间，夏彪、付强两人多次非法入侵搜狐媒体服务器，窃取"天龙八部"游戏点数 2000 多万点，共卖了 105 万元，非法获利 76 万余元，两人各分得赃款 23 万余元。

2008 年 3 月 29 日，夏彪、付强在武汉被抓获，同年 9 月，武汉市检察院以夏彪、付强犯盗窃罪，向武汉市中级人民法院提起公诉。10 月 6 日，武汉市中级人民法院公开开庭审理此案，法庭上，夏、付二人均对犯罪事实供认不讳，但控辩双方就网上虚拟财产是否是财产、涉案虚拟财产的价值如何认定以及此类案件是否应以盗窃罪指控等焦点问题，展开多轮激烈辩论。

辩护律师认为，随意可虚拟、可修改的"游戏虚拟点数"并不是我国现行法律明确规定和保护的"财产"。因为，该虚拟点数不能直接在现实中使用，且其对不玩游戏或不玩"天龙八部"游戏的人来说，毫无财产价值。因此，本案行为不构成盗窃罪，而是构成破坏计算机信息系统罪。

而公诉人认为，财产的关键是财产属性和财产特点，本案中"游戏点数"、"元宝"，其流通的正常渠道是游戏用户花钱从游戏供应商处购买，同时也满足了游戏用户的某种需求。一旦失去这些点数或"元宝"，就会造成拥有者在金钱或精神方面的损失。因而，将点数、"元宝"等虚拟财产界定为财产，不会使财产在核心意义上发生变化，也就是说，游戏点数、"元宝"应该属于受法律保护的范畴。

最终，法庭在判决书中认为：夏彪、付强对搜狐公司网站游戏网络点数进行修改，窃取游戏点数非法获利，且数额特别巨大，已构成盗窃罪，但鉴于2人归案后认罪态度好，且积极退还全部非法所得，可依法予以从轻处罚。

2009年7月29日，武汉市中级法院一审以盗窃罪，判处罪犯夏彪有期徒刑12年，剥夺政治权利1年。判处付强有期徒刑10年。没收非法所得，另各处罚金3万元。

二、案例分析

（一）本案所反映出的法律问题

夏彪、付强盗窃"天龙八部"网络游戏虚拟财产案（下面简称"天龙八部"案）一出，引发了法律专家与社会公众的普遍关注。与本案相关的讨论包括了从行为定性到判决量刑，几乎涵盖了案情的方方面面。总括来说，"天龙八部"案其中隐含的法律问题有如下几个：

1. 夏、付二人修改游戏虚拟点数的行为是民事违法行为还是刑事犯罪行为？随着网络的飞速发展，这些虚拟的财产也逐渐可以被买卖并且在网络市场上流通。因此，针对这些虚拟财产的各类违法行为也就应运而生了。这些违法行为有的是通过木马程序盗用他人的账号及内有虚拟货币，有的则是像夏、付那样通过直接修改后台数据来增加自己的虚拟货币。而很多的时候，这些违法行为的实施者有相当一部分认为自己只是利用网络系统的后台漏洞，自己干的是一种"技术活"；而"受害者"则大多抱着一种"盗了也白盗、告了也白告"的心理，只要能把自己的账号拿回来也就可以了。即使偶尔有些小额的金钱损失也并不在意。而在司法实践中，对于将上述行为作为犯罪来惩处的案例也相对少见。上述的案件特点导致许多人，甚至司法工作者对该类网络违法行为的刑事违法性缺乏清楚的认识。因此，当夏、付二人被重判的判决公布后，很多网友纷纷表示，以往自己或多或少也曾有想利用网站的漏洞牟利的想法，但是现在知道这种行为是一种犯罪行为，以后再也不敢这么做了。

2. 网络的虚拟财产是否是受我国法律保护的财产权利之一？本案的一个主要的争议焦点，是网络虚拟财产的法律性质。本案所涉及的游戏虚拟点数，只是平时我们通称的"虚拟财产"的一种。从广义上来说，以电磁记录为载体表现出来的虚拟物品和货币代号，在理论上称为虚拟财产。虚拟财产的来源和表现形式有很多种，包括了人们日常在网络上使用的各类电子邮件、即时通讯软件、游戏的账号及账号内含有的虚拟货币。案情中提及的"非法修改点数"，是指将游戏点数转换为元宝进行出卖，获取现实货币。上述行为均以财产的交易处分，转移其所有权而形成，与此同时，网站运营商在其点数修改后，损失的点数代表其将对等值点数提供相应之服务。上述行为的本质是一种民事行为，即买卖行为。

在此过程中，网络运营商与代理商及玩家形成了交钱并提供等值服务的关系。但是，虚拟财产是否在我国《刑法》阐述的"公私财产"的范围之内，是否符合刑法意义上财产罪的调整对象的特征要求，我们就要深入探讨刑法学中"公私财产"的特性。

3. 夏、付二人是否构成我国刑法所称"盗窃罪"？抑或构成危害计算机信息系统安全类罪？夏、付二人在实施本案的犯罪行为时，采取了侵入搜狐公司系统，对核心数据进行修改操作的手段。而同时，我国刑法中也规定了非法获取计算机信息系统数据罪等危害计算机信息系统安全的犯罪。那么，夏、付二人究竟是构成侵犯公私财产权利的盗窃罪，还是构成危害计算机信息系统安全类罪呢？这个问题我们在下面的讨论中会涉及到。

（二）犯罪是超过了国民容忍程度的严重违法行为

中华文明发展五千年，创造了人类文明史上不计其数的璀璨成果。而在法制建设上，中华法系的发展也是极具特色的。与欧洲诸国较早地出现民、刑法的部门法区分，法律与君主权力在一定程度上的分离不同的是，我国直到近代之前，仍然主要地呈现出法自君出，礼主刑辅，诸法合体，统一于刑事法制的特征。也许是受到这样法制传统的影响，我国长久以来都没有细致地区分一般违法行为与犯罪行为，乃至于在现行1997《刑法》实施之前，出现了大批的一般违法行为被以原1979《刑法》中的"流氓罪"定罪处罚的现象。

对于什么行为是犯罪，应该从犯罪的内涵以及构成要件两个方面加以考察。

1. 从犯罪的内涵来说，我国刑法认为"一切危害国家主权、领土完整和安全，分裂国家、颠覆人民民主专政的政权和推翻社会主义制度，破坏社会秩序和经济秩序，侵犯国有财产或者劳动群众集体所有的财产，侵犯公民私人所有的财产，侵犯公民的人身权利、民主权利和其他权利，以及其他危害社会的行为，依照法律应当受刑罚处罚的，都是犯罪……"从上述的表述，我们会发现，犯罪存在于我们社会生活的绝大多数领域。

我们可以从犯罪的三个特征来理解犯罪的内涵：①社会危害性。所谓的社会危害性，是指犯罪行为给社会带来的实际损害或造成实际损害的可能性。不论是一般违法行为还是犯罪行为都会造成一定的社会危害，但是犯罪行为造成的社会危害程度要更高。②刑事违法性。即认定某个行为是否构成犯罪行为必须要以刑事法律的规定为准，其他非刑事领域的部门法不能为定罪依据。③刑罚当罚性。也即是说，犯罪行为应当要受到刑罚惩罚。当然，一般违法行为也会受到一定的法律惩罚。这些法律惩罚有些是民事范畴的，如赔偿损失、赔礼道歉等；有些是行政范畴的，如吊销证照、治安管理处罚等。但是它们都不是刑罚惩罚。一般违法行为与刑事犯罪行为之间是相互联系又相互区别的。当一般违法行为达到了一定的社会危害程度就会上升为刑事犯罪行为。概括来说，刑法规定的犯罪行为，是超过了国民容忍程度的严重违法行为。

2. 从犯罪的构成要件来说，犯罪构成是确定某一具体行为是否构成犯罪所必须具备的客观和主观要件的总和。犯罪的内涵，只能笼统地确定某一个行为是否构成犯罪。而犯罪构成则是追究行为人刑事责任的依据，是区分罪与非罪、此罪与彼罪界限的标准。

一般认为，犯罪构成包括四个要件。这四个要件是有内在联系、缺一不可的整体：

（1）犯罪客体，指刑法所保护而为犯罪行为所侵害的权利和利益。犯罪客体是我国刑法分则划分不同章、节罪名的主要依据。

（2）犯罪的客观方面，指行为人所实施的危害行为（作为或不作为）和由危害行为所造成的危害结果，以及它们之间的因果关系。此外，犯罪的客观方面还包括犯罪的方法、手段、时间、地点等因素。犯罪的客观方面是犯罪客体以及犯罪的主观方面的具体载体。

（3）犯罪主体，即实施犯罪行为的法律主体。一般指达到法定年龄，具有刑事责任能力的自然人。但我国刑法也规定了单位犯罪，即公司、企业、事业单位、机关、团体等法人或非法人单位实施的危害社会行为，在法律有规定的情况下，也应当负刑事责任。

（4）犯罪的主观方面，指行为人实施侵害行为时的主观心理态度，即故意或过失。我国刑法按照行为人主观意识特征的不同，将犯罪的主观方面分为直接故意、间接故意、过于自信的过失和疏忽大意的过失。

我们在考察夏彪、付强两人是否构成犯罪，以及构成什么犯罪的时候，也应当从上述犯罪的内涵和犯罪构成来着手。结合本案案情，从主体上来说，夏、付二人均是具有刑事责任能力的自然人；从主观方面来说，他们也清楚意识到自己修改并贩卖游戏虚拟点数所会产生的危害结果。但是要搞清楚他们的行为性质是什么，也即是他们到底构成什么犯罪，我们还要继续探讨他们行为的对象和所侵犯的客体，也即刑法所保护的权益。

（三）与时俱进地解释刑法中"财产"的概念

要理解夏、付二人的行为性质，其关键点在于搞清楚他们到底侵犯了什么权益。从案情中，我们可以看到夏、付二人通过在网上贩卖其修改得来的游戏点数，得到了100余万元，并从中获利70余万元。这里涉及了游戏点数与现实货币之间的交易关系。我们之所以不认为夏、付二人的贩卖行为是一种合法的营利行为，是因为修改游戏点数的实质是使游戏系统不按照预设的点数增加规则增加了游戏账号的点数。也就是说，这部分点数是平白无故地多出来的。而他们后续的贩卖行为与搜狐公司正常的点数销售行为之间是一个此消彼长的关系，他们的贩卖行为直接导致搜狐公司损失同等价值的营业额。

　　这个案件里面的虚拟财产与我们熟知的传统形态"财产"似乎并不相同。虚拟财产中的"虚拟"二字，并非指这种财产的价值是虚幻的，也不是指该种"财产"的法律性质是虚幻的。相对于传统的财产形态，虚拟财产依托于网络空间而存在，现实生活中很难感受到此种财产的存在，这与传统形态的财产有很大差异。

　　随着网络游戏业的飞速发展，网络中逐渐衍生的虚拟财产与我们的生活越来越息息相关。网络中的虚拟财产其实由来已久。早期网络论坛为了鼓励用户参与论坛的互动发帖回复，于是制定了一定的发帖鼓励制度，并设立相应的积分制度，这种制度中的积分可以算做虚拟财产的雏形。随后，网络游戏时代来临，各类的网络游戏铺天盖地而来，简单的积分点数转变成了虚拟货币的形式。这种虚拟的货币在网络中被赋予了一定的购买能力，玩家们可以用这些货币从系统甚至其他玩家的手里购买游戏物品。所以在网络游戏中，即便是拥有修改能力的运营商也必须遵守公平运营的原则，不可随意修改了这个虚拟财产所表示的虚拟数字，以及玩家可支配的宝物、装备和游戏时间。在玩家之间，对于网络资源的调配以及虚拟财产的拥有便成了"财富"的象征。当然，虚拟货币离不开虚拟的网络世界。在非玩家的眼里，这些虚拟货币一文不值。

　　但是，虚拟财产交易逐渐突破了网络虚拟空间，转向真实的社会空间。其中一个明证便是虚拟财产与真实财产之间的交易日益增多。在现实生活中，用真实的财物或者服务性活动，来换得相应的游戏中的虚拟财产，变成了玩家间非常常见的现象。这样，虚拟财产就与传统形态的财产有了接轨。对于虚拟财产的认定，以及盗窃网络虚拟财产的定罪量刑，我国法律在制定上尚有不足，这造成我国在盗窃网络虚拟财产方面执法和司法的不顺畅，公民在此方面的合法权益也很难得到保障。因而，我们不难理解用现实中的法律规范对网络中虚拟财产进行调整的可行性与必要性了。

　　因此，与时俱进地解释"财产"的涵义是我们在本案中正确适用法律的前提。法律的滞后性决定了再缜密的立法，也不可能包容大量随着社会生活飞速发展而新出现的司法问题。制定法存在的问题、疏漏甚至空白，需要司法机关在司法实践中予以说明、补充和完善。因此，对法律进行解释是法律实施过程中必不可少的一个重要环节。

　　法律解释，是对制定法的说明和诠释。司法解释是司法机关在适用法律过程中对法律所作的解释，是法律解释的一个重要方面。在对刑法进行解释时，我们一般使用的解释方法包括：

1. 文理解释（字面解释）。根据刑法用语的文义及其通常使用方式阐述刑法意义的解释方法。严格遵循法律条文的字面含义，是刑法解释的常态。

2. 扩大解释。将法律条文的含义适度扩大化，即其外延会变化。但是要特别注意的是，扩大解释必须要受限于文理解释，也即是对概念的适度扩大，不得使该概念超出其原本应有的含义范围。

3. 缩小解释（限制解释）。将刑法中的含义解释为小于字面的含义。

4. 当然解释。是指刑法规定虽未明示某一事项，但依形式逻辑、规范目的及事物属性的当然道理，将该事项解释为包括在该规定的适用范围之内。

5. 补正解释。在刑法文字发生错误时，通过解释补充刑法的错误。

6. 体系解释。根据刑法条文在整个刑法中的地位，联系相关法条的含义，阐明其含义。

7. 历史解释。根据历史背景及刑法发展的源流，阐明刑法条文真实含义的解释方法。

8. 比较解释。将刑法的相关规定或外国立法与判例作为参考资料来阐明其含义。

法律解释方法的使用并非是非此即彼、互相排斥的。事实上，在对某一法律概念的解释中同时使用若干种不同的解释方法互相印证是很常见的现象。

而在本案中法院认为财产也包括虚拟财产。这其中的解释逻辑是这样的：一般来说，财产是指自然人或者法人拥有的金钱、物资、房屋、土地等物质财富，这些物质财富应当具有金钱价值、并受到法律保护。而对于虚拟财产而言，玩家通过大量时间和游戏过程（即修炼级别）获得虚拟财产的增加，该财产既可以通过现实货币交易，也可以通过虚拟空间互相交易，具备一般意义上的财产的占有、使用、处分的主要特性。因此，这些"点数"或"元宝"具备用现实价格衡量的交换价值，从我国法律原则上看，只要是合法财产均应当受到平等的财产保护。本案中的虚拟财产应该认定为具有财产属性，属于刑法所称"公私财产"的一种，也即可以认定为夏彪、付强盗窃犯罪的对象成立。也正因如此，法院才认定夏彪、付强两人构成了侵犯财产权利的盗窃罪，而非危害计算机信息系统安全类罪。

（四）严格遵行罪刑法定原则，禁止任意解释刑法

在"天龙八部"案中，法院与时俱进地解释了"财产"这一法律概念的涵义，正确适用了刑法。但是，作为一般公民却又生出另一层的担心：法院既然拥有解释刑法的权力，那么倘若法院任意行使这一权力，会不会导致无辜的人被入罪呢？

先贤们很早就认识到，刑法是一把双刃剑，它一方面对公民的权利起到了积

极保护的作用，但是另一方面由于对犯罪进行追诉的是以公检法为代表的国家机器，国家机器的权力是如此强大，倘若该权力失控，弱小的公民个体是无法与之抗衡的。中西社会的刑法发展史均证明了若刑法被司法者任意解释，则公民的权利会遭到毁灭性的损害。正因如此，罪刑法定这一与罪行擅断相抗衡的思想潮流应运而生。罪刑法定这一思想的实质是以立法者事前创立的法律规则，限制司法者事后的法律解释和适用。例如，英国哲学家洛克就提出："处在政府之下的人们的自由，应有长期有效的规则作为生活的准绳，这种规则为社会一切社会成员所共同遵守，并为社会所建立的立法机关所制定。"又如，意大利著名刑法学家贝卡利亚指出："只有法律才能为犯罪规定刑罚，只有代表根据社会契约而联合起来的整个社会的立法者才能拥有这一权威。任何司法官员（它是社会的一部分）都不能自命公正地对社会的另一成员科处刑罚。超越法律限度的刑罚就不再是一种正义的刑罚。因此，任何一个司法官员都不得以热忱或公共福利为借口，以增加对犯罪公民的既定刑罚。"罪刑法定真正成为刑法的基本原则，则有赖于近代刑法学鼻祖费尔巴哈的大力倡导。费氏将罪刑法定原则完整地阐述为"法无明文规定不为罪，法无明文规定不处罚"两句脍炙人口法谚。

我国1979年的《刑法》并没有规定罪刑法定原则，而1997年修订后的《刑法》（即现行刑法）从完善中国刑事法治、保障人权的需要出发，明文规定了罪刑法定原则，并废止类推解释，成为刑法典修订和我国刑法发展的一个重要标志。

我国《刑法》明文规定了三大基本原则，它们分别是罪刑法定原则（《刑法》第3条）、法律面前人人平等原则（《刑法》第4条）、罪责刑相适应原则（《刑法》第5条）。这三大法定原则具有全局性、根本性，其精神贯穿于刑法的始终。而其中为首的罪刑法定原则被表述为"法律明文规定为犯罪行为的，依照法律定罪处刑；法律没有明文规定为犯罪行为的，不得定罪处刑。"罪行法定包括罪的法定和刑的法定。罪的法定是指只有当行为人的行为符合刑法明文规定的犯罪构成要件，才能构成犯罪；刑的法定是指当行为人被认定犯罪，必须依照刑法的规定接受刑罚处罚，该处罚在刑种、刑期、量刑上都受制于刑法的明文规定。

罪刑法定原则又包括以下内容：①构成要件和罪责明确性。构成要件与罪责必须由法律所明定，且用于规定该构成要件与罪责的法律概念必须具有可预测性、可司法性。不允许使用过于空泛的法律概念，以免导致审判者或执法者对法律进行恣意解释。②禁止溯及既往。即刑法效力只能及于法律生效后发生的行为，不得追溯处罚法律生效前已发生的行为。③禁止类推适用。司法机关只能依据立法机关经过立法程序而明定之法条判定罪行，不得比附援引近似的条文科罪论刑。④禁止使用习惯法。一切罪与刑的宣判，均应以成文法为依据。排斥使用不成文的习惯法。

罪刑法定原则要求刑法中使用的法律概念必须具有明确性，但是法律概念本身就具有一定的笼统性与滞后性，难以操作。因此，我们必须允许司法机关在法律适用过程中为了统一标准而对法律规定进行解释，但一般不允许司法机关对罪名和刑罚进行变更。总的来说，刑法的解释应当在法律的框架内进行，也即必须在立法者预先设定的立法意蕴所允许的范围内进行解释。以罪刑法定为指导精神，以实现刑法的谦抑性和人道性为司法的终极归宿，使到刑法解释能起到阐明立法精神，弥补立法的模糊性和滞后性的作用。

三、相关法条

（一）《中华人民共和国刑法》节选（部分条文附未经第八修正案修正前条文对比）

第三条 法律明文规定为犯罪行为的，依照法律定罪处刑；法律没有明文规定为犯罪行为的，不得定罪处刑。

第四条 对任何人犯罪，在适用法律上一律平等。不允许任何人有超越法律的特权。

第五条 刑罚的轻重，应当与犯罪分子所犯罪行和承担的刑事责任相适应。

第十二条 中华人民共和国成立以后本法施行以前的行为，如果当时的法律不认为是犯罪的，适用当时的法律；如果当时的法律认为是犯罪的，依照本法总则第四章第八节的规定应当追诉的，按照当时的法律追究刑事责任，但是如果本法不认为是犯罪或者处刑较轻的，适用本法。

第十三条 一切危害国家主权、领土完整和安全，分裂国家、颠覆人民民主专政的政权和推翻社会主义制度，破坏社会秩序和经济秩序，侵犯国有财产或者劳动群众集体所有的财产，侵犯公民私人所有的财产，侵犯公民的人身权利、民主权利和其他权利，以及其他危害社会的行为，依照法律应当受刑罚处罚的，都是犯罪，但是情节显著轻微危害不大的，不认为是犯罪。

第二百六十四条 盗窃公私财物，数额较大的，或者多次盗窃、入户盗窃、携带凶器盗窃、扒窃的，处3年以下有期徒刑、拘役或者管制，并处或者单处罚金；数额巨大或者有其他严重情节的，处3年以上10年以下有期徒刑，并处罚金；数额特别巨大或者有其他特别严重情节的，处10年以上有期徒刑或者无期徒刑，并处罚金或者没收财产。

（未经第八修正案修正前条文为：第264条 盗窃公私财物，数额较大或者多次盗窃的，处3年以下有期徒刑、拘役或者管制，并处或者单处罚金；数额巨大或者有其他严重情节的，处3年以上10年以下有期徒刑，并处罚金；数额特别巨大或者有其他特别严重情节的，处 10 年以上有期徒刑或者无期徒刑，并处罚金或者没收财产；有下列情形之一的，处无期徒刑或者死刑，并处没收财产：

（一）盗窃金融机构，数额特别巨大的；

（二）盗窃珍贵文物，情节严重的。）

第二百八十六条 违反国家规定，对计算机信息系统功能进行删除、修改、增加、干扰，造成计算机信息系统不能正常运行，后果严重的，处 5 年以下有期徒刑或者拘役；后果特别严重的，处 5 年以上有期徒刑。

违反国家规定，对计算机信息系统中存储、处理或者传输的数据和应用程序进行删除、修改、增加的操作，后果严重的，依照前款的规定处罚。

故意制作、传播计算机病毒等破坏性程序，影响计算机系统正常运行，后果严重的，依照第一款的规定处罚。

（二）《最高人民法院关于审理盗窃案件具体应用法律若干问题的解释》节选（自 1998 年 3 月 17 日起施行）

第一条 根据刑法第 264 条的规定，以非法占有为目的，秘密窃取公私财物数额较大或者多次盗窃公私财物的行为，构成盗窃罪。

（一）盗窃数额，是指行为人窃取的公私财物的数额。

（二）盗窃未遂，情节严重，如以数额巨大的财物或者国家珍贵文物等为盗窃目标的，应当定罪处罚。

（三）盗窃的公私财物，包括电力、煤气、天然气等。

（四）偷拿自己家的财物或者近亲属的财物，一般可不按犯罪处理；对确有追究刑事责任必要的，处罚时也应与在社会上作案的有所区别。

第二条 刑法第 265 条规定的"以牟利为目的"，是指为了出售、出租、自用、转让等谋取经济利益的行为。

第三条 盗窃公私财物"数额较大"、"数额巨大"、"数额特别巨大"的标准如下：

（一）个人盗窃公私财物价值人民币 500 元至 2000 元以上的，为"数额较大"。

（二）个人盗窃公私财物价值人民币 5000 元至 20 000 元以上的，为"数额巨大"。

（三）个人盗窃公私财物价值人民币 30 000 元至 100 000 元以上的，为"数额特别巨大"。

各省、自治区、直辖市高级人民法院可根据本地区经济发展状况，并考虑社会治安状况，在前款规定的数额幅度内，分别确定本地区执行的"数额较大"、"数额巨大"、"数额特别巨大"的标准。

第五条 被盗物品的数额，按照下列方法计算：

（一）被盗物品的价格，应当以被盗物品价格的有效证明确定。对于不能确定的，应当区别情况，根据作案当时、当地的同类物品的价格，并按照下列核价方法，以人民币分别计算：

1. 流通领域的商品，按市场零售价的中等价格计算；属于国家定价的，按国家定价计算；属于国家指导价的，按指导价的最高限价计算。

2. 生产领域的产品，成品按本项之 1 规定的方法计算；半成品比照成品价格折算。

3. 单位和公民的生产资料、生活资料等物品，原则上按购进价计算，但作案当时市场价高于原购进价的，按当时市场价的中等价格计算。

4. 农副产品，按农贸市场同类产品的中等价格计算。

5. 进出口货物、物品，按本项之 1 规定的方法计算。

6. 金、银、珠宝等制作的工艺品，按国有商店零售价格计算；国有商店没有出售的，按国家主管部门核定的价格计算。

黄金、白银按国家定价计算。

7. 外币，按被盗当日国家外汇管理局公布的外汇卖出价计算。

8. 不属于馆藏三级以上的一般文物，包括古玩、古书画等，按国有文物商店的一般零售价计算，或者按国家文物主管部门核定的价格计算。

9. 以牟利为目的，盗接他人通信线路、复制他人电信码号的，盗窃数额按当地邮电部门规定的电话初装费、移动电话入网费计算；销赃数额高于电话初装费、移动电话入网费的，盗窃数额按销赃数额计算。移动电话的销赃数额，按减去裸机成本价格计算。

10. 明知是盗接他人通信线路、复制他人电信码号的电信设备、设施而使用的，盗窃数额按合法用户为其支付的电话费计算。盗窃数额无法直接确认的，应当以合法用户的电信设备、设施被盗接、复制后的月缴费额减去被复制前 6 个月的平均电话费推算；合法用户使用电信设备、设施不足 6 个月的，按实际使用的月平均电话费推算。

11. 盗接他人通信线路后自己使用的，盗窃数额按本项之 10 的规定计算；复制他人电信码号后自己使用的，盗窃数额按本项之 9、10 规定的盗窃数额累计计算。

（二）有价支付凭证、有价证券、有价票证，按下列方法计算：

1. 不记名、不挂失的有价支付凭证、有价证券、有价票证，不论能否即时兑现，均按票面数额和案发时应得的孳息、奖金或者奖品等可得收益一并计算。股票按被盗当日证券交易所公布的该种股票成交的平均价格计算。

2. 记名的有价支付凭证、有价证券、有价票证，如果票面价值已定并能即时兑现的，如活期存折、已到期的定期存折和已填上金额的支票，以及不需证明手续即可提取货物的提货单等，按票面数额和案发时应得的利息或者可提货物的价值计算。如果票面价值未定，但已经兑现的，按实际兑现的财物价值计算；尚未兑现的，可作为定罪量刑的情节。

不能即时兑现的记名有价支付凭证、有价证券、有价票证或者能即时兑现的有价支付凭证、有价证券、有价票证已被销毁、丢弃，而失主可以通过挂失、补领、补办手续等方式避免实际损失的，票面数额不作为定罪量刑的标准，但可作为定罪量刑的情节。

（三）邮票、纪念币等收藏品、纪念品，按国家有关部门核定的价格计算。

（四）同种类的大宗被盗物品，失主以多种价格购进，能够分清的，分别计算；难以分清的，应当按此类物品的中等价格计算。

（五）被盗物品已被销赃、挥霍、丢弃、毁坏的，无法追缴或者几经转手，最初形态被破坏的，应当根据失主、证人的陈述、证言和提供的有效凭证以及被告人的供述，按本条第1项规定的核价方法，确定原被盗物品的价值。

（六）失主以明显低于被盗当时、当地市场零售价购进的物品，应当按本条第1项规定的核价方法计算。

（七）销赃数额高于按本解释计算的盗窃数额的，盗窃数额按销赃数额计算。

（八）盗窃违禁品，按盗窃罪处理的，不计数额，根据情节轻重量刑。

（九）被盗物品价格不明或者价格难以确定的，应当按国家计划委员会、最高人民法院、最高人民检察院、公安部《扣押、追缴、没收物品估价管理办法》的规定，委托指定的估价机构估价。

（十）对已陈旧、残损或者使用过的被盗物品，应当结合作案当时、当地同类物品的价格和被盗时的残旧程度，按本条第9项的规定办理。

（十一）残次品，按主管部门核定的价格计算；废品，按物资回收利用部门的收购价格计算；假、劣物品，有价值的，按本条第9项的规定办理，以实际价值计算。

（十二）多次盗窃构成犯罪，依法应当追诉的，或者最后一次盗窃构成犯罪，前次盗窃行为在一年以内的，应当累计其盗窃数额。

（十三）盗窃行为给失主造成的损失大于盗窃数额的，损失数额可作为量刑的情节。

第七条 审理共同盗窃犯罪案件，应当根据案件的具体情形对各被告人分别作出处理：

（一）对犯罪集团的首要分子，应当按照集团盗窃的总数额处罚。

（二）对共同犯罪中的其他主犯，应当按照其所参与的或者组织、指挥的共同盗窃的数额处罚。

（三）对共同犯罪中的从犯，应当按照其所参与的共同盗窃的数额确定量刑幅度，并依照刑法第 27 条第 2 款的规定，从轻、减轻处罚或者免除处罚。

第十三条 对于依法应当判处罚金刑的盗窃犯罪分子，应当在 1000 元以上盗窃数额的 2 倍以下判处罚金；对于依法应当判处罚金刑，但没有盗窃数额或者无法计算盗窃数额的犯罪分子，应当在 1000 元以上 100 000 万元以下判处罚金。

（三）《中华人民共和国民法通则》节选

第七十一条 财产所有权是指所有人依法对自己的财产享有占有、使用、收益和处分的权利。

第七十二条 财产所有权的取得，不得违反法律规定。

按照合同或者其他合法方式取得财产的，财产所有权从财产交付时起转移，法律另有规定或者当事人另有约定的除外。

第七十五条 公民的个人财产，包括公民的合法收入、房屋、储蓄、生活用品、文物、图书资料、林木、牲畜和法律允许公民所有的生产资料以及其他合法财产。

公民的合法财产受法律保护，禁止任何组织或者个人侵占、哄抢、破坏或者非法查封、扣押、冻结、没收。

第十六讲

刑罚是惩罚犯罪的强制方法

——以深圳"永利高"网络赌博案为例

> 刑罚的威慑力不在于刑罚的严酷性,而在于其不可避免性。
>
> ——贝卡利亚
>
> (西萨尔·贝卡利亚,Cesare Bonesana Beccaria,1738~1794,是意大利刑法学家、政治家、哲学家,被称为近代资产阶级刑法学鼻祖。贝卡利亚在从事法学学习和研究的过程中,也从没有放弃过对数学和经济学的研读,著有《论米兰公国1762年货币混乱及其对策》一书以及由其学生为其整理出版的《公共经济教程》。其最广为人知的法学著作是初版于1764年的《论犯罪与刑罚》,是人类历史上第一部对刑罚原则进行系统阐述的著作。在该书中,贝卡利亚提出了刑罚制度的限度,是达到安全有秩序的适当目标。如果刑罚超过限度就是暴政。他认为,刑事审判的效力来自刑罚的确定性,而不是残酷性。贝氏是坚定不移的死刑反对者,他在书中完整准确地阐述了死刑的缺陷,并反复告诫世人,死刑的错误是不可挽回的。《论犯罪与刑罚》被誉为刑法学乃至法学领域里最重要的经典著作之一。这部著作篇幅虽然不长,但影响却极为深远。)

一、案例介绍

2011年5月20日,广东省首例网络赌球案由广州市天河区法院作出一审判决。这起网络赌球案,涉案投注金额超过7亿人民币,是公安部督办的案件。

根据起诉书,依法出庭支持公诉的广州市天河区检察院指控:2009年10月,被告人周燕峰、陈焕义、黄林江、赵壮炎开始以非法牟利为目的,按"管理人"—"大股东"—"股东"—"总代理"—"代理"层级管理的形式,利用服务器设立在境外"永利高"赌博网站接受足球、篮球等体育竞技博彩投注，并按每万元投注额抽取 10~30 元不等的"回水费"或者充当庄家赌博进行赢利。

其中，被告人周燕峰为"永利高"赌博网站"大股东"，管理本案其他被告人陈焕义等下线；被告人陈焕义为"永利高"赌博网站"股东"，管理被告人黄林江、赵壮炎等下线；被告人黄林江、赵壮炎为"永利高"赌博网站"总代理"，管理"代理"层级的下线。2010 年 1 月 1 日至 2010 年 3 月 25 日，被告人周燕峰共接受博彩投注人民币 763 946 869 元，被告人陈焕义共接受博彩投注人民币 52 469 285 元，被告人黄林江共接受博彩投注人民币 1 884 656 元，被告人赵壮炎共接受博彩投注人民币 1 884 656 元。2010 年 3 月 25 日，被告人周燕峰、陈焕义、黄林江、赵壮炎在广州市天河区及海珠区被公安干警抓获。

法院判决被告人周燕峰犯开设赌场罪，判处有期徒刑 6 年，并处罚金人民币 60 万元。判决被告人陈焕义犯开设赌场罪，判处有期徒刑 3 年 6 个月，并处罚金人民币 10 万元。判决被告人黄林江犯开设赌场罪，判处有期徒刑 2 年，并处罚金人民币 4 万元，判决被告人赵壮炎犯开设赌场罪，判处有期徒刑 2 年，并处罚金人民币 4 万元。四被告不服一审判决提出上诉。2011 年 7 月，广州市中级人民法院判决宣告维持一审判决。

然而，这起涉案金额达到 7 亿多人民币的案件只是猖獗网络赌球的"冰山一角"。"永利高"赌博集团是一个由香港人吴某（另案处理）掌控的跨境赌博集团。该集团聘请一个以程某（另案处理）为首的专业网络技术团队进行网站技术维护。程某在与成都某科技公司取得联系后，共同开发出"掘金者"赌博软件（打水软件），并为"永利高"、"bw3388"、"金沙"、"新球"、"皇冠"等赌博网站的股东和总代理，为赌客代理开设参赌账号，为赌博活动提供技术支持。"永利高"赌博集团是由"开发赌博软件""赌博软件维护""组织人员参赌"等构成的网络赌博团伙。

自 2010 年开始，广东警方经过联合行动，分别在广州、深圳、汕头、佛山、东莞、中山、江门 7 市打掉了"永利高"赌博集团在广东的 7 个主要分支，抓获嫌疑人 278 人。

二、案例分析

（一）"永利高"案中所反映出的犯罪与惩罚的问题

在我国，赌博是一种被明令禁止的违法行为。但是，尽管如此，各类形式的博彩游戏还是常见于老百姓的日常生活之中。我们需要明确的是，一般违法赌博行为、赌博犯罪与群众正常娱乐活动之间存在明显的界限。对于不以营利为目的，带有少量财物输赢的娱乐活动，不应以赌博罪论处，比如逢年过节时以家庭成员为主进行的小金额的麻将或者其他棋牌的博彩游戏就不宜作为违法行为处理。而即使在违法的赌博活动中，对虽参与赌博，但不属于聚众赌博、开设赌场或者以赌博为业，也只能按照《治安管理处罚法》作为一般违法行为进行处理，不得升格为犯罪处理。

随着网络在我国的迅速发展，如本案中提及的"永利高"等一些境外的赌博网络也逐步渗透到了中国国内。与传统的赌博犯罪相比，利用网络进行的赌博犯罪由于网站的服务器多数设置在国外，参赌人员直接通过个人电脑投注、组织人员通过电话、网络进行联系，赌金通过网上银行转账等形式流出国外，因此涉案人员之间甚至从未见过面。网络赌博犯罪经常呈现出涉案人数多、内部分工细、涉案金额大、抓捕难、取证难、取缔难的特点。因此，在对这样的网络赌博案件进行刑事管辖的时候，必须贯彻我国刑事空间管辖原则，以属地管辖为基础，兼采属人管辖、保护管辖和普遍管辖。尽管赌博网站的服务器设在境外，但是由于犯罪分子利用该网站进行的聚众赌博犯罪行为是发生在中国国内，参与人员也主要是中华人民共和国公民，因此，我国应坚持适用属地管辖，对上述犯罪行为进行刑事追诉。

在"永乐高"这起涉案人数众多的网络赌博案件中，我们看到有些罪犯的判刑较轻，有些罪犯的判刑较重，不同的犯罪分子所适用的刑罚也各不相同。这也恰恰体现了对赌博活动中不同参与者要区别对待的原则。刑事案件的司法效果不应以刑事判决为终点。刑罚执行的情况直接决定着刑罚的效果。法律的威严不应该一味地凭借一种强制力来加以体现。冷漠、残酷、注重惩罚的刑罚执行方式尽管具有一定的威慑力，但容易导致犯罪人对社会的疏远与仇视，不利于犯罪人的改造和回归社会。另外由于赌博是一种历史悠久的特殊文化现象，因此在对犯罪分子适用刑罚的时候，不可一味从严，也要注意宽严相济，以取得更好的法律执行效果。从这个角度，"永乐高"一案的判决可以作为一个我们了解刑罚相关的理论以及我国刑罚制度的参考材料。

(二) 刑罚是调整社会关系的特殊手段

赌博是一种违法犯罪行为，但是由于其与老百姓的日常生活结合紧密，因此很多群众对赌博的违法性并没有清楚的认识。很多人认为我自己的钱愿意拿来赌博，即使是输光了，和别人也没有什么关系，更不会对社会造成什么危害。而且在一些国家和地区，如我国的澳门，博彩也是合法行为。那为什么我国刑法却把赌博列为要受刑罚处罚的犯罪行为呢？这就要从刑法的目的以及刑罚的功能说起了。

一般说来，法律部门的分类是按照该法所调整的社会关系或其所保护的法益来进行区别的。以我国三大法为例，民法是保护平等主体之间人身、财产关系的法律。行政法则是调整行政主体在行使行政职权过程中，与行政相对人发生的或者行政主体内部发生的各类法律关系的法律。但刑法则不然。综观刑法全文，我们会发现刑法中规定的犯罪行为可以存在于国家安全领域，可以存在于市场经济领域，还可以存在于公民个人人身权、财产权、家庭生活等不同的社会关系领域。因此，刑法并非以其调整的社会关系作为其部门法的标志，而是以其调整社会关系的手段，也即刑罚，来区别于其他的部门法的。

就赌博行为来说，虽然它并不似故意杀人、伤害这一类刑事犯罪那样有明确的被害人，所以看起来似乎不具有社会危害性，但是刑法作为国家制约公民行为的手段，其很重要的功能之一就是指引功能。立法者通过在刑法中将某个行为规定为犯罪，以达到劝导公民不从事该行为的目的。我国是社会主义国家，倡导公民通过脚踏实地的个人劳动取得相应的报酬。而赌博的本质是投机博彩，是通过将大量参赌人员的赌资集中，然后将赌资的一部分赔付给极少数的赢家。剩余的绝大部分赌资最终都流入了庄家的口袋。尽管是这样，很多梦想着一夜暴富的人还是不计后果地投入到赌博中，因为这样而导致家破人亡的案例并不少见。而且，赌博的巨额利润，也促使控制赌博的庄家会进而通过其他的违法犯罪行为去操纵赌博的结果，如在网络赌球案件中，庄家有时会买通球员或者裁判，以达到控制赛果的目的。由此可见，赌博这一行为与我国所倡导的勤勉、奋斗、朴实的公民生活方式是截然不同的，这也是我国刑法将赌博列为犯罪，并以刑罚处罚设立赌场、以赌博为业的人的原因。

刑法通过刑罚的手段调整社会关系。由于刑罚是一种具有强制性的法律制裁，是剥夺犯罪分子的生命、自由、财产的极为残酷的制裁。因此我国立法法特别规定，犯罪与刑罚只能够由全国人民代表大会及其常务委员会所制定的法律所规定。在我国，刑罚分为主刑和附加刑。"主刑"是对犯罪分子进行惩罚的主要刑罚方法，其特点是只能独立适用，不能附加适用。对一种犯罪只能判处一个主刑。例如，在本案中，对犯罪人以开设赌场罪判处有期徒刑后，就不能再对其以相同的罪名判处管制或拘役。而在一人犯数罪的情况下，被判处数种主刑，最后也只能决定对其执行一种主刑，这种情况被称为"数罪并罚"。我国刑法规定的主刑有五种：

1. 管制。管制是对犯罪分子不予关押，但限制其一定自由，交由公安机关管束和群众监督改造的一种刑罚方法。管制的期限为3个月以上2年以下，数罪并罚时不得超过3年。

2. 拘役。拘役是对犯罪分子短期剥夺人身自由，并由公安机关实行就近关押改造的刑罚方法。拘役的期限为1个月以上6个月以下，数罪并罚时不得超过1年。

3. 有期徒刑。有期徒刑是对犯罪分子剥夺一定时期人身自由，在监狱等执行场所接受教育改造的刑罚方法。有期徒刑的期限一般为 6 个月以上，15 年以下。数罪并罚的可以延长到 25 年。

4. 无期徒刑。无期徒刑是剥夺犯罪分子终身自由，在监狱等执行场所接受教育改造的刑罚方法。

5. 死刑。死刑是剥夺犯罪分子生命的刑罚方法。我国的死刑包括了死刑立即执行和死刑缓期两年执行（简称"死缓"）。

"附加刑"是补充主刑惩罚罪犯的刑罚方法。附加刑既可以随主刑附加适用，也可以独立适用。附加刑的附加适用是指对犯罪分子在判处主刑的同时，附加判处一定的附加刑。如在本案中，对有的犯罪分子在依法判处有期徒刑的同时，还依法附加判处罚金。附加刑的独立适用是指将附加刑独立适用于犯罪性质、情节较轻的犯罪分子。附加刑的独立适用必须依照刑法分则单处附加刑的规定适用，不能随意适用。我国刑法规定的附加刑有四种：

1. 罚金。罚金是强制犯罪分子向国家缴纳一定数额的金钱，对犯罪分子进行经济制裁的一种刑罚方法。罚金刑常见于经济类犯罪和侵犯财产权类犯罪。

2. 剥夺政治权利。剥夺政治权利是依法剥夺犯罪分子在一定期限内参加国家管理和政治活动权利的刑罚方法。

3. 没收财产。没收财产是将犯罪分子个人所有财产的一部或者全部无偿地收归国有的一种刑罚方法。

4. 驱逐出境。驱逐出境是强迫犯罪的外国人离开中国国（边）境的刑罚方法。该附加刑仅适用于非中国国籍的外国人或者无国籍人。

像本案中，犯罪分子经营赌场的主要目的在于营利，因此通过附加罚金刑的适用，以抵消犯罪分子通过犯罪行为所获得的利益，从而更为有效地起到对犯罪分子惩罚的效果。

作为打击犯罪的重要一环，刑罚不仅仅具有对犯罪分子惩处的功能。同时，通过适用刑罚可以使被害人由于犯罪行为造成的心灵创伤得到慰藉，也可以使得犯罪行为造成的物质损失得到赔偿。而更为重要的是，通过正当的刑罚，使实施犯罪行为的人得以认罪服法，真心悔罪，从而得到被害人和社会的谅解，使被破坏的社会关系得到重新恢复。因此，刑罚在调整社会关系中有着独特的功能和作用。

（三）罪责刑相适应原则与刑罚个人化思潮在"永乐高"案件判决中的体现

在"永乐高"这起涉案人数众多的网络赌博案件中，我们看到有些罪犯的判刑较轻，有些罪犯的判刑较重，不同的犯罪分子所适用的刑罚也各不相同。要理解这种法律现象，则首先要了解我国刑法的罪责刑相适应原则以及刑罚个人化的刑法思潮。

罪责刑相适应原则，是我国刑法三大法定原则之一。罪责刑相适应，简单地说，就是犯多大的罪就判多重的刑，重罪重判，轻罪轻判，罚当其罪，罪刑相称。而判断犯罪分子的罪行和罪过的轻重与大小，除了考察其造成的社会危害性的大小外，还要综合考虑其主观恶性。罪责刑相适应原则既是指导人民法院进行刑罚适用活动的原则之一，也是人民法院适用刑罚活动的基本要求。在确定犯罪分子构成了某一具体罪名之后，法官则要根据案件的不同情节，在法定刑幅度中确定犯罪分子最后应当被判处的刑罚。

而上述人民法院在对犯罪分子量刑时据以处罚轻重或者免除处罚的主客观事实情况的统称，被称为量刑情节。按照刑法是否就该量刑情节及其功能作出明确规定为标准，我国刑法中的量刑情节又分为法定情节与酌定情节。

1. 法定情节。法定情节是指法律明文规定在量刑时必须予以考虑的情节。我国刑法共规定了以下四种法定情节：①从重处罚情节；②从轻处罚情节；③减轻处罚情节；④免除处罚情节。

2. 酌定情节。又称裁判情节，是指刑法没有明文规定，但是根据立法精神从审判实践经验中总结出来的，可以反映犯罪行为的社会危害性程度以及犯罪人的人身危险性程度，在量刑时可以酌情适用的情节。常见的酌定情节包括：犯罪动机、犯罪手段、犯罪的时间或地点等当时的环境和条件、犯罪侵害的对象、犯罪所造成的损害结果、犯罪人的个人情况和一贯表现、犯罪人犯罪后的态度等等。

从法律规定的刑罚到法官在判决中所决定的具体刑罚，刑罚个人化作为近现代一种体现正义和衡平的思潮，它使得法官在作出判决时考虑每个人的具体特性，促使法院不仅重视犯罪行为以及犯罪行为所造成的客观危害结果，还要重视犯罪人主观人格的社会反映。在刑罚个人化的思潮引导之下，法官将具体的犯罪行为与笼统抽象的法律联系起来，认识犯罪人的个体特性，衡量犯罪人的责任，并最终根据犯罪人的罪行和罪过的特性进行宣判。因此，刑罚个人化是平衡刑罚与刑罚经济化的一种努力。它赋予刑事法官就每个案例，在刑罚和其他非刑罚处罚措施中，选择最适宜、最有效、同时也最公平的处置措施。

而像"永利高"这类型涉及人数众多的共同犯罪案件中，我们要着重考察的犯罪情节则是犯罪分子在共同犯罪中所起到的不同作用，区别主犯、从犯与一般参与者不同的身份关系，以正确适用刑罚。而犯罪分子被抓获之后所表现出来的悔罪态度，也会在一定程度上影响法官的判决结果。

"永利高"犯罪集团采用的是层级管理制度，像本案中被告人周燕峰为"永利高"赌博网站"大股东"，管理本案其他被告人陈焕义等下线；被告人陈焕义为"永利高"赌博网站"股东"，管理被告人黄林江、赵壮炎等下线；被告人黄林江、赵壮炎为"永利高"赌博网站"总代理",管理"代理"层级的下线。因此从周燕峰等数人之间的关系看来,显然周燕峰作为大股东,指挥并管理其他的犯罪分子,接受投注金额巨大,在共同犯罪中起到了主要的作用,是主犯,因此其最终所受的刑罚也最重。而陈焕义等人作为"股东"和"总代理",接受周燕峰的指挥并管理其他下线,接受投注金额相对较少,在共同犯罪中起到了次要的作用,是从犯。因此其几人所受的刑罚也相对较轻。

在网络赌博案件中,参与其中的人员分工细致。有的犯罪分子负责提供启动资金,组织人员;有的犯罪分子,如程某,利用自己的专业知识开发赌博软件,管理网站运作;有的犯罪分子,如周燕峰等人,负责发展下线、接受下注;有的犯罪分子,负责资金流转,赌金支付;此外还有众多通过网络下注的参赌人员。我们应当细致区分犯罪分子的具体犯罪情节,区别对待。对主犯要严厉打击,对从犯要争取其转化,对一般参赌人员要做好教育工作,抓大放小。这样才能有效地整合司法资源,取得更优化的司法效果。

(四)对犯罪分子的刑罚处罚要注意贯彻"宽严相济"的刑事政策

关于刑罚的目的,理论界存在多种观点,有惩罚说、改造说、惩罚教育说、预防犯罪说、预防消灭犯罪说,等等。而近几年来,法律界流行的通说主要是预防犯罪说和预防消灭犯罪说。刑罚的目的就是在实现对犯罪分子惩罚的同时,阻止和预防各类犯罪行为的再次发生。正如贝卡里亚所说,对于犯罪最强有力的约束力量不是刑罚的严酷性,而是刑罚的必定性。而刑罚的目的仅仅在于,阻止罪犯再重新侵害公民,并规诫其他人不要重蹈覆辙。

在我国刑罚历史中,有很长一段时间崇尚严刑重典,并由此发展出来很多惨无人道的刑罚手段,如凌迟、车裂等。但是,随着社会进步与司法人性化思潮的回归,人们逐步发现残酷的刑罚并不能够完全杜绝犯罪的发生,反倒会激起严重的社会矛盾。"宽严相济"刑事政策便是我国在维护社会治安的长期实践中形成的基本刑事政策。所谓"宽严相济"就是针对犯罪的不同情况,区别对待,该宽则宽,该严则严,有宽有严,宽严适度。"宽"不是法外施恩,"严"也不是额外加重犯罪分子应受刑罚,而是要严格依照法律的规定,根据具体的案件情况来惩罚犯罪,做到"宽严相济,罚当其罪"。对于严重威胁国家政权,社会治安秩序及公民人身财产安全的严重刑事犯罪,如危害国家安全罪、黑社会性质组织犯罪、严重暴力犯罪及严重影响人民群众安全感的多发性犯罪,应当坚决依法严惩。而对于未成年人犯罪、轻缓犯罪、偶发犯罪及因为民事纠纷而引起的一般犯罪,则要依法从轻、减轻处罚。

像"永乐高"这一类网络赌博案件中,在作出刑事判决时落实"宽严相济"的刑事政策,从而恰当地确定其犯罪圈的大小,也就必然要一分为二地区别赌博行为中该宽或者当严的因素。基于这样的认识，尽管在上文我们已经讨论过赌博行为的违法性，但是下述情形都可被视为是应该考虑宽大对待赌博行为的因素：①赌博犯罪没有直接的刑事被害人，相对于有直接被害人的犯罪，赌博犯罪对社会的危害要小一些。②从行为本质上讲，参赌者大都是拿自己所有的财物进行赌博，而行为人对自己财物的自由处分是受民法等法律保护的行为，因此使用严厉的刑罚作为制裁手段的刑法介入应有必要的限制。③从行为心理上讲，赌博行为是人性中无法完全摆脱的心理弱点，人性的固有弱点不是靠刑法就能够解决的。适度宽待赌博行为是社会宽容人性弱点的一种必要之举，减少动用刑罚能够体现出刑法的谦抑性。

那么，是不是一旦对犯罪分子判处了一定刑期的刑罚之后，不论其后来表现如何，都必须要执行到该刑期期满为止呢？答案是否定的。"宽严相济"这一刑事政策，不仅要体现在刑事判决过程中，而且也应当体现在刑罚执行过程中。在对犯罪分子决定实施某种刑罚的刑事判决生效之后，刑罚执行阶段就开始了。刑罚执行，是指有行刑权的司法机关将人民法院生效的判决所确定的刑罚付诸实施的刑事司法活动。刑罚执行由行刑、减刑、释放三个部分组成。一般说来，监狱，是刑罚执行的专门机关，负责执行有期徒刑、无期徒刑、死刑缓期二年执行刑罚的执行；公安机关，负责执行管制、拘役、剥夺政治权利刑罚的执行；人民法院负责执行罚金、没收财产、死刑立即执行刑罚的执行。

我国刑法分则在规定刑罚的具体运用时，还特别地规定了缓刑、减刑与假释三种不同的刑罚执行方法。依法使用缓刑、减刑与假释这三种刑罚执行方法，能够促使犯罪分子积极配合监所的教育改造工作，实现刑罚执行过程中的"宽严相济"政策。

实践证明，对一些轻刑犯或者是改造效果良好的罪犯适用缓刑、减刑或者假释，不仅可以促使罪犯积极配合改造，而且可以更好地起到惩罚犯罪、改造罪犯、预防犯罪的目的，同时也能减轻看守所和监狱的监管压力，有利于家庭和社会的稳定，符合当今司法人性化的刑事司法理念。

三、相关法条

（一）《中华人民共和国立法法》节选

第八条 下列事项只能制定法律：

（一）国家主权的事项；

（二）各级人民代表大会、人民政府、人民法院和人民检察院的产生、组织和职权；

（三）民族区域自治制度、特别行政区制度、基层群众自治制度；

（四）犯罪和刑罚；

（五）对公民政治权利的剥夺、限制人身自由的强制措施和处罚；
（六）对非国有财产的征收；
（七）民事基本制度；
（八）基本经济制度以及财政、税收、海关、金融和外贸的基本制度；
（九）诉讼和仲裁制度；
（十）必须由全国人民代表大会及其常务委员会制定法律的其他事项。

第九条 本法第 8 条规定的事项尚未制定法律的，全国人民代表大会及其常务委员会有权作出决定，授权国务院可以根据实际需要，对其中的部分事项先制定行政法规，但是有关犯罪和刑罚、对公民政治权利的剥夺和限制人身自由的强制措施和处罚、司法制度等事项除外。

（二）《中华人民共和国刑法》节选

第五条 刑罚的轻重，应当与犯罪分子所犯罪行和承担的刑事责任相适应。

第二十五条 共同犯罪是指 2 人以上共同故意犯罪。

2 人以上共同过失犯罪，不以共同犯罪论处；应当负刑事责任的，按照他们所犯的罪分别处罚。

第二十六条 组织、领导犯罪集团进行犯罪活动的或者在共同犯罪中起主要作用的，是主犯。

3 人以上为共同实施犯罪而组成的较为固定的犯罪组织，是犯罪集团。

对组织、领导犯罪集团的首要分子，按照集团所犯的全部罪行处罚。

对于第 3 款规定以外的主犯，应当按照其所参与的或者组织、指挥的全部犯罪处罚。

第二十七条 在共同犯罪中起次要或者辅助作用的，是从犯。

对于从犯，应当从轻、减轻处罚或者免除处罚。

第二十八条 对于被胁迫参加犯罪的，应当按照他的犯罪情节减轻处罚或者免除处罚。

第二十九条 教唆他人犯罪的，应当按照他在共同犯罪中所起的作用处罚。教唆不满 18 周岁的人犯罪的，应当从重处罚。

如果被教唆的人没有犯被教唆的罪，对于教唆犯，可以从轻或者减轻处罚。

第三十二条 刑罚分为主刑和附加刑。

第三十三条 主刑的种类如下：

（一）管制；
（二）拘役；
（三）有期徒刑；
（四）无期徒刑；

（五）死刑。

第三十四条 附加刑的种类如下：

（一）罚金；

（二）剥夺政治权利；

（三）没收财产。

附加刑也可以独立适用。

第三十六条 由于犯罪行为而使被害人遭受经济损失的，对犯罪分子除依法给予刑事处罚外，并应根据情况判处赔偿经济损失。

承担民事赔偿责任的犯罪分子，同时被判处罚金，其财产不足以全部支付的，或者被判处没收财产的，应当先承担对被害人的民事赔偿责任。

第三十七条 对于犯罪情节轻微不需要判处刑罚的，可以免予刑事处罚，但是可以根据案件的不同情况，予以训诫或者责令具结悔过、赔礼道歉、赔偿损失，或者由主管部门予以行政处罚或者行政处分。

第四十五条 有期徒刑的期限，除本法第50条、第69条规定外，为6个月以上15年以下。

第四十六条 被判处有期徒刑、无期徒刑的犯罪分子，在监狱或者其他执行场所执行；凡有劳动能力的，都应当参加劳动，接受教育和改造。

第四十七条 有期徒刑的刑期，从判决执行之日起计算；判决执行以前先行羁押的，羁押1日折抵刑期1日。

第五十二条 判处罚金，应当根据犯罪情节决定罚金数额。

第五十三条 罚金在判决指定的期限内一次或者分期缴纳。期满不缴纳的，强制缴纳。对于不能全部缴纳罚金的，人民法院在任何时候发现被执行人有可以执行的财产，应当随时追缴。如果由于遭遇不能抗拒的灾祸缴纳确实有困难的，可以酌情减少或者免除。

第六十一条 对于犯罪分子决定刑罚的时候，应当根据犯罪的事实、犯罪的性质、情节和对于社会的危害程度，依照本法的有关规定判处。

第七十二条 对于被判处拘役、3年以下有期徒刑的犯罪分子，同时符合下列条件时，可以宣告缓刑，对其中不满18周岁的人，怀孕的妇女和已满75岁的人，应当宣告缓刑：

（一）犯罪情节较轻；

（二）有悔罪表现；

（三）没有再犯罪危险；

（四）宣告缓刑对所居住社区没有重大不良影响。

宣告缓刑，可以根据犯罪情况，同时禁止犯罪分子在缓刑考验期限内从事特定活动，进入特定区域、场所接触特定的人。

被宣告缓刑的犯罪分子，如果被判处附加刑，附加刑仍须执行。

第七十三条 拘役的缓刑考验期限为原判刑期以上1年以下，但是不能少于二个月。

有期徒刑的缓刑考验期限为原判刑期以上5年以下，但是不能少于1年。

缓刑考验期限，从判决确定之日起计算。

第七十四条 对于累犯和犯罪集团的首要分子，不适用缓刑。

第七十五条 被宣告缓刑的犯罪分子，应当遵守下列规定：

（一）遵守法律、行政法规，服从监督；

（二）按照考察机关的规定报告自己的活动情况；

（三）遵守考察机关关于会客的规定；

（四）离开所居住的市、县或者迁居，应当报经考察机关批准。

第七十六条 被宣告缓刑的犯罪分子，在缓刑考验期限内，依法实行社区矫正，如果没有本法第77条规定的情形，缓刑考验期满，原判的刑罚就不再执行，并公开予以宣告。

第七十七条 被宣告缓刑的犯罪分子，在缓刑考验期限内犯新罪或者发现判决宣告以前还有其他罪没有判决的，应当撤销缓刑，对新犯的罪或者新发现的罪作出判决，把前罪和后罪所判处的刑罚，依照本法第69条的规定，决定执行的刑罚。

被宣告缓刑的犯罪分子，在缓刑考验期限内，违反法律、行政法规或者国务院公安部门有关缓刑的监督管理规定，或者违反人民法院判决中的禁止令，情节严重的，应当撤销缓刑，执行原判刑罚。

第三百零三条 以营利为目的，聚众赌博或者以赌博为业的，处3年以下有期徒刑、拘役或者管制，并处罚金。开设赌场的，处3年以下有期徒刑、拘役或者管制，并处罚金；情节严重的，处3年以上10年以下有期徒刑，并处罚金。

（三）《关于办理网络赌博犯罪案件适用法律若干问题的意见》节选（2010年8月31日，最高人民法院、最高人民检察院、公安部联合印发）

为依法惩治网络赌博犯罪活动，根据《中华人民共和国刑法》、《中华人民共和国刑事诉讼法》和《最高人民法院、最高人民检察院关于办理赌博刑事案件具体应用法律若干问题的解释》等有关规定，结合司法实践，现就办理网络赌博犯罪案件适用法律的若干问题，提出如下意见：

一、关于网上开设赌场犯罪的定罪量刑标准

利用互联网、移动通讯终端等传输赌博视频、数据，组织赌博活动，具有下列情形之一的，属于刑法第303条第2款规定的"开设赌场"行为：

（一）建立赌博网站并接受投注的；
（二）建立赌博网站并提供给他人组织赌博的；
（三）为赌博网站担任代理并接受投注的；
（四）参与赌博网站利润分成的。

实施前款规定的行为，具有下列情形之一的，应当认定为刑法第303条第2款规定的"情节严重"：
（一）抽头渔利数额累计达到3万元以上的；
（二）赌资数额累计达到30万元以上的；
（三）参赌人数累计达到120人以上的；
（四）建立赌博网站后通过提供给他人组织赌博，违法所得数额在3万元以上的；
（五）参与赌博网站利润分成，违法所得数额在3万元以上的；
（六）为赌博网站招募下级代理，由下级代理接受投注的；
（七）招揽未成年人参与网络赌博的；
（八）其他情节严重的情形。

二、关于网上开设赌场共同犯罪的认定和处罚

明知是赌博网站，而为其提供下列服务或者帮助的，属于开设赌场罪的共同犯罪，依照刑法第303条第2款的规定处罚：
（一）为赌博网站提供互联网接入、服务器托管、网络存储空间、通讯传输通道、投放广告、发展会员、软件开发、技术支持等服务，收取服务费数额在2万元以上的；
（二）为赌博网站提供资金支付结算服务，收取服务费数额在1万元以上或者帮助收取赌资20万元以上的；
（三）为10个以上赌博网站投放与网址、赔率等信息有关的广告或者为赌博网站投放广告累计100条以上的。

实施前款规定的行为，数量或者数额达到前款规定标准5倍以上的，应当认定为刑法第303条第2款规定的"情节严重"。

实施本条第1款规定的行为，具有下列情形之一的，应当认定行为人"明知"，但是有证据证明确实不知道的除外：
（一）收到行政主管机关书面等方式的告知后，仍然实施上述行为的；
（二）为赌博网站提供互联网接入、服务器托管、网络存储空间、通讯传输通道、投放广告、软件开发、技术支持、资金支付结算等服务，收取服务费明显异常的；
（三）在执法人员调查时，通过销毁、修改数据、账本等方式故意规避调查

或者向犯罪嫌疑人通风报信的；

（四）其他有证据证明行为人明知的。

如果有开设赌场的犯罪嫌疑人尚未到案，但是不影响对已到案共同犯罪嫌疑人、被告人的犯罪事实认定的，可以依法对已到案者定罪处罚。

三、关于网络赌博犯罪的参赌人数、赌资数额和网站代理的认定

赌博网站的会员账号数可以认定为参赌人数，如果查实一个账号多人使用或者多个账号一人使用的，应当按照实际使用的人数计算参赌人数。

赌资数额可以按照在网络上投注或者赢取的点数乘以每一点实际代表的金额认定。

对于将资金直接或间接兑换为虚拟货币、游戏道具等虚拟物品，并用其作为筹码投注的，赌资数额按照购买该虚拟物品所需资金数额或者实际支付资金数额认定。

对于开设赌场犯罪中用于接收、流转赌资的银行账户内的资金，犯罪嫌疑人、被告人不能说明合法来源的，可以认定为赌资。向该银行账户转入、转出资金的银行账户数量可以认定为参赌人数。如果查实一个账户多人使用或多个账户一人使用的，应当按照实际使用的人数计算参赌人数。

有证据证明犯罪嫌疑人在赌博网站上的账号设置有下级账号的，应当认定其为赌博网站的代理。

四、关于网络赌博犯罪案件的管辖

网络赌博犯罪案件的地域管辖，应当坚持以犯罪地管辖为主、被告人居住地管辖为辅的原则。

"犯罪地"包括赌博网站服务器所在地、网络接入地，赌博网站建立者、管理者所在地，以及赌博网站代理人、参赌人实施网络赌博行为地等。

公安机关对侦办跨区域网络赌博犯罪案件的管辖权有争议的，应本着有利于查清犯罪事实、有利于诉讼的原则，认真协商解决。经协商无法达成一致的，报共同的上级公安机关指定管辖。对即将侦查终结的跨省（自治区、直辖市）重大网络赌博案件，必要时可由公安部商最高人民法院和最高人民检察院指定管辖。

为保证及时结案，避免超期羁押，人民检察院对于公安机关提请审查逮捕、移送审查起诉的案件，人民法院对于已进入审判程序的案件，犯罪嫌疑人、被告人及其辩护人提出管辖异议或者办案单位发现没有管辖权的，受案人民检察院、人民法院经审查可以依法报请上级人民检察院、人民法院指定管辖，不再自行移送有管辖权的人民检察院、人民法院。

五、关于电子证据的收集与保全

侦查机关对于能够证明赌博犯罪案件真实情况的网站页面、上网记录、电子邮件、电子合同、电子交易记录、电子账册等电子数据，应当作为刑事证据予以提取、复制、固定。

侦查人员应当对提取、复制、固定电子数据的过程制作相关文字说明，记录案由、对象、内容以及提取、复制、固定的时间、地点、方法，电子数据的规格、类别、文件格式等，并由提取、复制、固定电子数据的制作人、电子数据的持有人签名或者盖章，附所提取、复制、固定的电子数据一并随案移送。

对于电子数据存储在境外的计算机上的，或者侦查机关从赌博网站提取电子数据时犯罪嫌疑人未到案的，或者电子数据的持有人无法签字或者拒绝签字的，应当由能够证明提取、复制、固定过程的见证人签名或者盖章，记明有关情况。必要时，可对提取、复制、固定有关电子数据的过程拍照或者录像。

第十七讲

治安管理是社会秩序的调节器

——以"密码外泄门"事件为例

> 法律是一种不断完善的实践，虽然可能因其缺陷而失效，甚至根本失效，但它绝不是一种荒唐的玩笑。
>
> ——罗纳德·德沃金

（罗纳德·德沃金，RonaldM. Dworkin，1931年出生，是美国当代最著名、最活跃的法理学家之一。德沃金出生于美国马萨诸塞州，先后在牛津大学和哈佛大学获得学士学位，在耶鲁大学获得硕士学位。1957年毕业后任勒恩德·汉德法官的助理，以后又当过律师。1962年成为耶鲁大学教授，1969年他应邀担任英国牛津大学法理学首席教授，直到1998年。1975年开始同时担任纽约大学法学教授至今，他还不定期地担任过哈佛大学、康奈尔大学、普林斯顿大学教授。代表作有《认真对待权利》、《法律帝国》和《自由的法》等。德沃金被认为是与美国著名法哲学家富勒、罗尔斯齐名的法学家，他的新自然法学是当代西方法理学界最重要的学说之一，对西方法理学的发展产生了重大影响。）

一、案例介绍

2011年12月21日，网络流传CSDN的安全系统遭到黑客攻击，600万用户的登录名、密码和邮箱遭到泄露。一般人对网站账号、密码确定后不会修改，而得到这份被泄露的用户信息就意味着可以任意登录用户的邮箱、QQ、微博等，甚至可能被破解银行密码。事件一出，网络一片哗然。CSDN创立于1999年，是全国最大的IT技术社区，拥有超过1800万注册会员、50万注册企业和合作伙伴。CSDN是全国最大的程序员、软件开发者聚集的社区，一般观念认为应该是安全级别最高的。而正是这样一个被认为是"最安全"的网站，顷刻间 600 万用户信息公布于网络，被黑客玩弄于股掌之中，让广大网民惊叹互联网安全处于"裸奔"状态。

事件发生当晚，CSDN 在其官方网站上发表公开道歉信，证实了事件的真实性，请用户整改用户名和密码，并称已经向公安机关正式报案。CSDN 在其发表的《关于 CSDN 网站用户账号被泄露的声明》中称"目前泄露出来的 CSDN 明文账号数据是 2010 年 9 月之前的数据，其中绝大部分是 2009 年 4 月之前的数据。因此可以判断出来的泄露时间是在 2010 年 9 月之前。"同时，CSDN 公布了相应的应对措施。

在这场密码危机中，个人信息被泄露的用户是最直接的受害者；而网站的生存是要靠用户的，如果用户的个人信息得不到有效的保护，可能会导致用户流失，他们可能不再相信、不再登录网站，一些互联网服务提供商也是密码危机的受害者。事件进一步发展，12 月 23 日，多玩游戏网、梦幻西游网站用户信息被传泄露；此后，疑似为人人网、开心网、178 游戏网等网站的近 5000 万份用户资料以数据包形式在网络上被公开。全国各大著名网站几乎全部沦陷。12 月 25 日，天涯网站被爆 4000 万用户信息遭泄密。26 日，天涯网站在首页置顶公告确认其为用户信息泄露受害网站之一，并请用户更改密码。同日，京东商城、凡客诚品等购物网站也被推入公众视野。12 月 29 日，网上开始盛传国内各大银行用户数据库遭泄露。肇始于 CSDN 的用户信息泄露事件现已发展为全网络性事件。随着事态进一步发展，相关网站纷纷发出官方声明，向广大用户说明事件情况。人人网发布官方微博称："根据 CSDN 网站的官方声明，CSDN 的大量用户名和密码被曝光！如果您的人人网账号密码和 CSDN 或其他网站一致，建议您马上修改密码，以免账号被盗。人人从上线开始就没有记录明文密码。在 CSDN 或者其他论坛等使用相同账号密码的用户的人人账号存在风险，请尽快修改。"开心网官方微博称："鉴于多家网站爆出用户资料被黑客公布的消息，开心网建议广大用户：如果有网站用户名与密码被盗，请及时更改其他网站上的用户名和密码。黑客会用盗来的用户名和密码来探测其他网站，如果用户在不同网站上使用的用户名和密码都相同，一旦泄露一个，其他的也容易被探测出来。"

2012 年 1 月初，经过一个多星期的调查，各网站用户遭黑客攻击的情况逐渐清晰。处于事件中心的 CSDN 和天涯网站均确认其遭到黑客攻击并造成用户信息泄露发生于 2009 年以前，近期均未遭到攻击；京东商城遭到黑客攻击但并未造成数据泄露；工商银行等金融机构证实其系统并未被入侵，网络上公布的"数据"与银行相关数据不相符；新浪微博、开心网等网站调查后证实其并未遭到黑客攻击，而网上公布的部分账号和密码是有人远程大规模猜测密码破解。

2012年1月10日，国家互联网信息办公室公布"泄密门"事件查处情况。CSDN网站用户信息泄露和天涯网站信息泄露中，系网名"臭小子"的许某某出于个人炫耀的目的，于2011年12月4日在乌云网上发帖称CSDN等网站数据密码被泄露，并公布泄露的数据包截图。许某某已被公安机关予以训诫。京东商城事件中，网名"我心飞翔"的犯罪嫌疑人要某2011年4月发现京东商城网站存在安全漏洞，2011年12月29日在乌云网上发帖称掌握京东商城网站漏洞，以公布该安全漏洞要挟京东商城向其支付270万元，但京东商城网站未予支付，要某也并未窃取、泄露该网站相关数据，要某因涉嫌敲诈勒索，被依法刑事拘留。截至2012年1月10日，此次"泄密门"事件中，公安机关已经查处入侵、窃取、倒卖数据库案件9起，编造并炒作信息泄露案件3起，依据《刑法》对4人采取刑事拘留，依照《治安管理处罚法》对8人予以治安处罚。

二、案例分析

（一）"密码外泄门"警钟为谁而鸣

"密码外泄门"事件再次引发了公众对网络安全的关注，而这一次，比以往任何一次网络泄密事件的涉及面都更为广泛。随着信息爆炸时代的来临，我们的隐私却变得越来越脆弱，面对如此窘境，必须找出对策，让每个人的隐私得到切实保护。从法律的视角来看，银行卡号、网络账户密码等信息属于个人隐私，未经本人同意而"泄密"，相关人员无疑已构成民事侵权。进而明码标价、公开兜售或者将信息非法提供给他人，不仅会给被害人及家庭带来一些不可预知的风险，也会给不法分子提供可乘之机，更为严重的是可能会给被害人人身和财产造成重大损失。显然，这已不是仅仅依靠民事侵权法律关系就能够解决的问题了。

虽然《中华人民共和国刑法修正案（七）》增加了窃取、非法获取公民个人信息罪，但我国关于个人信息、个人隐私的保护仍然是欠缺的。除《刑法》外，我们可以看见，公安机关依照《治安管理处罚法》对8人予以治安处罚，主要依据为《治安管理处罚法》第29条规定的对危害计算机信息系统等网络违法行为的处分，而实质上《治安管理处罚法》对网络违法行为、个人信息安全和个人隐私侵权行为的规制还不成体系。"密码外泄门"事件的发生，敲响了中国网络安全的警钟，使我们意识到通过治安管理处罚的手段保护计算机信息系统、个人信息安全以及个人隐私有巨大的潜力，对今后个人信息安全保护的立法完善具有重要价值。

当前，微博实名制、铁路网上实名售票等正在推行，"密码外泄门"事件也提示人们：由于网站用户和身份资料紧密捆绑，因此网民信息泄露的风险大增。如何严格保密，将是网络实名制不得不面临的考验。现在的事件一方面暴露了网民安全意识普遍较低，另一方面更说明一些互联网公司缺乏安全运营的条件，而相关法律规范也有待完善，需要明确各方保护互联网个人信息的责任。从敲响网络安全警钟的角度讲，"密码外泄门"事件的爆出，对我国保护计算机信息系统、个人信息安全等方面的发展并非全是害处。

（二）治安管理是调节社会的稳定器

治安管理是治安行政管理的简称，是指公安机关依照国家法律法规，依靠群众，运用行政手段，维护社会治安秩序，保障社会生活正常进行的行政管理活动。治安管理工作内容包括：户籍管理工作、公共秩序管理工作、特种行业管理工作、民用危险物品管理工作、交通安全管理工作、消防工作、边防工作、外国人管理和中国公民出入境管理工作等方面。在治安管理过程中，存在着两种程度的违法行为，一类是严重的违法行为，即犯罪行为。犯罪行为由《刑法》系统调控。更大数量的是另一类是普通违法行为，即达不到受刑法规制的违法行为，是指"扰乱公共秩序，妨害公共安全，侵犯人身权利、财产权利，妨害社会管理，具有社会危害性，尚不够刑事处罚的，依照《治安管理处罚法》应受到处罚的行为"。违反治安管理的行为具有一定的社会危害性、不够刑事处罚性、行政违法性、应受治安管理处罚性等特点。

《中华人民共和国治安管理处罚法》由中华人民共和国第十届全国人民代表大会常务委员会第十七次会议于2005年8月28日通过，自2006年3月1日起施行。《治安管理处罚法》既是公安机关维护社会治安秩序，保障公共安全，保护公民合法权益的重要法律，又是规范公安机关、公安民警依法履行治安管理职责的重要法律，同时也是公民约束自身行为、保护自身合法权益的重要法律。

《治安管理处罚法》要解决的基本问题是：违反治安管理的行为的种类有哪些；如何认定违反治安管理的行为；通过怎样的程序、运用怎样的处罚手段惩罚违反治安管理的行为。因此，《治安管理处罚法》的立法价值取向包括两个方面，即违法控制与权利保障。

1. 违法控制的价值取向，其目的是明确哪些是需要控制的违法活动，哪些种类的社会秩序稳定需要维护，其控制违法活动方式的表现是赋予公安机关处罚权。处罚权的产生是出于对社会秩序、社会安全和个人自我安全的需要。我国公安机关处于行使国家治安处罚权的第一线，担负着预防和惩罚违法犯罪的重任，作为社会秩序、个人权利和公共利益的保护机关，公安机关治安处罚权有进一步强化的趋势。

2. 权利保障的价值取向，其出发点是要规范公安机关的治安处罚和强制权，明确公安机关治安处罚权和强制权的方式、程序和界限，以制约公安机关的权力来维护公民、法人和其他组织的合法权益。公安机关治安处罚权作为一种国家行政权力，是国家进行行政管理的重要手段，但正如孟德斯鸠所言，"一切有权力的人都容易滥用权力，这是万古不变的一条经验，有权力的人们使用权力一直到遇有界限的地方休止。"赋予公安机关更多的治安处罚权却又意味着行政相对人权益受侵害的可能性增多，公民基本权利与公权力的冲突尤其是公民人权与公安机关治安处罚权的冲突是一个不容回避的现实。

《治安管理处罚法》从内容的规定上、处罚程序的设计上寻求平衡违法控制与权利保障的价值，成为调节社会关系的稳定器，是社会治安管理和权利保障的有力法律武器。

《治安管理处罚法》第2条规定："扰乱公共秩序，妨害公共安全，侵犯人身权利、财产权利，妨害社会管理，具有社会危害性，依照《中华人民共和国刑法》的规定构成犯罪的，依法追究刑事责任；尚不够刑事处罚的，由公安机关依照本法给予治安管理处罚。"由此可见，《刑法》与《治安管理处罚法》二者间关系紧密，都对妨害社会管理秩序的行为进行规范，都是以维护良好的社会秩序为目标，但两者存在明显的区别。

首先，从性质上看，《刑法》是关于犯罪和刑罚的刑事法律，《治安管理处罚法》在性质上属于行政法律，是一种行政处罚法；其次，从适用范围上看，《刑法》规范的是严重危害社会管理秩序、构成犯罪的行为，而《治安管理处罚法》规范的是在社会危害性上尚不构成犯罪的行为；再次，从法律适用上看，《刑法》的适用必须经过刑事诉讼程序定罪量刑。我国实行两审终审制的刑事审判制度。《治安管理处罚法》第7条明确规定了治安案件的管辖由国务院公安部门负责。治安管理处罚由具有管辖权的公安机关作出，与《刑法》的适用必须经由诉讼程序确定不同。因治安管理处罚性质上属于行政处罚，对公安机关作出的治安管理处罚不服的救济应适用《行政复议法》的相关规定。

"密码外泄门"事件中，窃取、非法获取公民个人信息的"黑客"行为是我国法律禁止的行为。我国法律根据具体行为对社会危害性大小的不同，分别在《刑法》和《治安管理处罚法》中对此种行为做出了处罚规定，公安机关根据违法行为的不同危害程度与法律关系，分别依据《刑法》对4人采取刑事拘留，依照《治安管理处罚法》对8人予以治安处罚。

《刑法》分则第四章"侵害公民人身权利、民主权利罪"和第六章"妨害社会管理秩序罪"中从不同角度和主体规定了几项关于公民个人信息和入侵计算机系统的罪状。如在第253条之一规定了"出售、非法提供公民个人信息罪"、在第285条规定了"非法侵入计算机信息系统罪"、"非法获取计算机信息系统数据罪"。《刑法》是一个国家的基本法，它保护的法益范围相当广泛，但其处罚范围具有不完整性，《刑法》只针对危害社会的行为中最严重的行为进行规定，将这些行为规定为犯罪，用最严厉的刑事制裁。

对于具有一般社会危害性、影响社会正常管理秩序但社会危害性不够刑事处罚的，依照《治安管理处罚法》予以治安管理处罚。《治安管理处罚法》第三章"违反治安管理的行为和处罚"的第 29 条中规定了侵害计算机信息系统的行为和处罚，该条款是 2006 年订立《治安管理处罚法》时新增加的内容。《治安管理处罚法》第 29 条规定：有下列行为之一的，处 5 日以下拘留；情节较重的，处 5 日以上 10 日以下拘留：①违反国家规定，侵入计算机信息系统，造成危害的；②违反国家规定，对计算机信息系统功能进行删除、修改、增加、干扰，造成计算机信息系统不能正常运行的；③违反国家规定，对计算机信息系统中存储、处理、传输的数据和应用程序进行删除、修改、增加的；④故意制作、传播计算机病毒等破坏性程序，影响计算机信息系统正常运行的。

行政处罚是指行政主体依法对实施违反行政法律规范行为的公民、法人或者其他组织实施的一种法律制裁，治安管理处罚是行政处罚的一种。从法律性质上讲，《治安管理处罚法》是我国关于行政处罚的单行法，其规定的治安管理案件处理程序除遵循该法外，还应适用《行政处罚法》的相关规定。在两部法律的适用上，根据特殊法优于一般法的原理，《治安管理处罚法》中关于治安管理处罚的规定应优先于《行政处罚法》适用。《行政处罚法》关于处罚程序的规定对《治安管理处罚法》相关规定起到补充作用。如在当事人对行政处罚决定不服申请行政复议或提起行政诉讼是否停止处罚决定的执行的问题上，《治安管理处罚法》没有规定，《行政处罚法》第 45 条则明确规定："当事人对行政处罚决定不服申请行政复议或者提起行政诉讼的，行政处罚不停止执行，法律另有规定的除外。"

行政复议是指公民、法人或其他组织认为行政机关的具体行政行为侵害了其合法权益，向法定的行政复议机关提出复议申请，行政复议机关对具体行政行为的合法性、适当性进行审查，并作出行政复议决定的制度。行政复议从性质上看一方面是行政机关内部监督和纠错机制，另一方面也是对具体行政行为相对人的权利救济机制。治安管理处罚是针对特定的行政相对人作出的具体行政行为，属于《行政复议法》规定的适用范围，因而受到治安管理处罚的当事人可通过复议救济权利，复议程序应适用《行政复议法》的相关规定。

（三）个人信息安全属于《治安管理处罚法》保护的范围

《宪法》第 33 条第 3 款规定："国家尊重和保障人权。"第 38 条规定："中华人民共和国公民的人格尊严不受侵犯。禁止用任何方法对公民进行侮辱、诽谤和诬告陷害。""人权"和"人格尊严"是我国《宪法》规定保护的公民作为"人"的基本权利，而以一国基本大法《宪法》的形式规定，可见我国法律对"人权"和"人格尊严"保护的重视。

具体到《治安管理处罚法》领域，保护公民的人格尊严是《治安管理处罚法》的基本原则，该法第5条第2款明确规定："实施治安管理处罚，应当公开、公正，尊重和保障人权，保护公民的人格尊严。"该法第42条规定，偷窥、偷拍、窃听、散布他人隐私的，处5日以下拘留或者500元以下罚款；情节较重的，处5日以上10日以下拘留，可以并处500元以下罚款。该条款主要是针对偷窥、偷拍他人卧室、浴室等隐私场所，或者窃听他人隐私的行为。由此可见，我国在《治安管理处罚法》中已实质上承认隐私权是人格权的重要组成部分，从尊重和保障人权的角度出发，将个人隐私权的保护纳入人格权的范围受治安管理处罚法保护。而"密码外泄门"事件中遭到窃取、非法获取的公民个人信息，则是现代网络社会中个人隐私外延的新扩展，对公民账户、密码、身份信息等公民个人信息的保护也属于公民人格权利的组成部分，《治安管理处罚法》作为保障人格权的法律武器，也自然应该将公民个人信息纳入其保护的范围。

我们在看到《治安管理处罚法》重视并保护公民人格权的同时，也应该注意到其在保护公民个人信息方面存在的缺陷。《治安管理处罚法》第29条中规定了侵害计算机信息系统的行为和处罚，但该处罚针对的仅仅是侵入计算机信息系统，以及对系统中存储、处理、传输的数据进行删除、修改、增加的违法行为，要求造成危害。而"密码外泄门"事件中所显露的危害公民个人信息的行为，不仅仅是现行法律所规制的违反形式，更多的表现在使用计算机网络手段，对公民个人信息进行窃取、非法公开、倒卖、不当使用等新型违法形式，此类行为是否给公民造成实质危害也难以举证和认定，造成很多类似的"黑客"侵犯公民个人信息以及他人不当利用公民个人信息的行为是否属于违反治安管理行为难以认定，是否应予以处罚难以认定。实质上，《治安管理处罚法》对网络违法行为、个人信息安全和个人隐私侵权行为的规制与处罚仍然不成体系，存在漏洞。

（四）治安管理处罚应当坚持教育与处罚相结合的原则

"徒法不足以自行"，法律的制定并不代表它就能自动发挥作用。如果仅仅有了法律，人们却不去自觉遵守，法律又如何发挥其效力？因此，有必要以"密码外泄门"为契机，将其作为一个法律活标本，不仅借此对非法获得、公开、提供、出售公民个人信息者施以行政处罚，还应藉此对违法者以及广大公民进行保护个人信息安全的教育，这与《治安管理处罚法》坚持教育与处罚相结合的原则相吻合。

教育与处罚相结合的原则是指在处理治安案件时，"教育"与"处罚"应当并重，"处罚"仅仅是对妨害社会治安管理秩序行为的制裁手段，其最终的目的并不限于制裁和惩罚，教育广大民众自觉守法才是目的。教育与处罚相结合的原则是我国法律处罚的一项基本原则，在刑法、行政法中均有体现。法律作为行为规范，其目的在于规范人们的行为，给行为以指引。通过对人们行为的规范，达到"教育"的目的。

法律具有强大的威力，不仅在于法律体现了国家统治阶级的意志和国家强制力，还在于法律能够给予违法者以制裁。制裁在不同的法律中有轻重之分，刑法的制裁最为严厉，因为刑法的处罚针对的是社会危害最大的违法行为；民法更多的选择主体自愿的方式解决处罚问题，因为民法针对的是自然人或其他民事主体之间"私"的关系；治安管理作为对刑法中规定的妨害社会管理秩序行为的补充，其对象为"尚不够刑事处罚的"违法行为，因此其处罚也应与违法行为的性质和程度相符。治安案件是一般妨碍社会管理的行为，与《刑法》"妨害社会管理秩序罪"中规定的构成犯罪的行为具有本质区别，因而在处理治安案件时，应强调法的教育和预防功能，更应注重对轻度违法行为人的教育，以预防严重违法行为的发生。

法律引导人们向善，教育人们以"合法"为基本标准约束自己的行为，这是法对一般民众所具有的教育意义。法律"教育"的对象具有双重性。"教育"的另一层面则是针对违法者而言的，这也是"教育与惩罚相结合的原则"确立的主要目的，法律的价值不仅在于教育守法者继续守法，更在于教育违法者不再违法。对违法者的教育不仅体现在"处罚"，更体现在"感化"，以公众认可的道德"感化"违法者，使其真正认识其行为的社会危害性，这也是预防犯罪所需要的。

（五）对违反治安管理行为的处罚程序

《治安管理处罚法》于2005年订立时设立了"处罚程序"一章，专门规定治安管理处罚案件处理中的程序事项，将"公开"、"公正"作为其基本原则，也将程序性以单章规定纳入法律条文，正当程序的理念已贯穿其中。从法律条文看，《治安管理处罚法》中正当程序理念主要体现在以下几方面：

1. 引入非法证据排除规则。《治安管理处罚法》第79条规定："公安机关及其人民警察对治安案件的调查，应当依法进行。严禁刑讯逼供或者采用威胁、引诱、欺骗等非法手段收集证据。以非法手段收集的证据不得作为处罚的根据。"明确禁止在治安案件处理过程中以刑讯逼供等非法手段收集证据，排除非法程序获得的证据作为治安管理处罚的依据，保证案件调查过程的程序合法。

2. 确立回避制度，确保治安管理案件的公正处理。回避制度指在案件处理中，人民警察在遇有法律规定的情形时，退出案件处理程序的制度。《治安管理处罚法》第81条规定了人民警察在办理治安案件时应当回避的情形。回避制度的建立保证了治安管理案件处理的公正性，把直接参与案件处理、可能影响案件公正的人民警察视为一般人，当遇到可能因某些特定的感情因素影响案件公正处理时，要求他们退出案件处理程序，以这样的程序设置保证公正的实现。

3. 增加听证程序，以达到"兼听则明"的效果。听证指行政机关在作出影响相对人权益的行政决定时，就与该行政决定有关的事实及法律适用问题，允许相对人提供申述意见、提出证据的程序。正当法律程序是行政听证制度的理论基础，其要求行政机关在对特定的个人权利作出不利的行政决定时，应当告知此特定个人，并给予其充分陈述自己意见和观点的机会。

听证程序给予行政决定的相对人实现按照正当程序应有请求的权利，这些权利应当包括得到通知的权利；提出证据并为自己辩护的权利；了解行政机关论点和依据的权利。《治安管理处罚法》第94条规定了违反治安管理行为人享有陈述和申辩的权利，第98条又进一步规定了公安机关在作出吊销许可证以及处2000元以上罚款的治安管理处罚决定前，违反治安管理行为人享有要求举行听证的权利。是否举行治安管理处罚决定听证的决定权由违反治安管理行为人享有，是当事人的权利，只要行为人申请听证，听证就必须举行，公安机关无权剥夺。《治安管理处罚法》中增加听证程序，并将是否听证的决定权赋予当事人，给予当事人充分的陈述意见、提出证据的机会，避免行政公权力对公民个人权利的肆意侵害，是我国行政立法上的一大进步。

4. 设定治安管理处罚的救济程序。《治安管理处罚法》增加了关于行政复议和行政诉讼的规定，被处罚人对治安管理处罚决定不服的，可以依据《行政处罚法》、《行政复议法》和《行政诉讼法》的相关规定进行救济。原《治安管理处罚条例》仅在第40条规定"对治安管理处罚提出申诉或者提起诉讼的，在申诉和诉讼期间原裁决继续执行"，而未明确规定被处罚人享有寻求救济的权利。《治安管理处罚法》在这一点上体现了对被处罚人权利的尊重，随着我国行政立法的完善，《行政处罚法》、《行政复议法》和《行政诉讼法》都明确赋予了受行政处罚人救济的权利并具体规定了救济途径。

三、相关法条

（一）《中华人民共和国治安管理处罚法》节选

第二条 扰乱公共秩序，妨害公共安全，侵犯人身权利、财产权利，妨害社会管理，具有社会危害性，依照《中华人民共和国刑法》的规定构成犯罪的，依法追究刑事责任；尚不够刑事处罚的，由公安机关依照本法给予治安管理处罚。

第三条 治安管理处罚的程序，适用本法的规定；本法没有规定的，适用《中华人民共和国行政处罚法》的有关规定。

第五条 治安管理处罚必须以事实为依据，与违反治安管理行为的性质、情节以及社会危害程度相当。

实施治安管理处罚，应当公开、公正，尊重和保障人权，保护公民的人格尊严。

办理治安案件应当坚持教育与处罚相结合的原则。

第七条 国务院公安部门负责全国的治安管理工作。县级以上地方各级人民政府公安机关负责本行政区域内的治安管理工作。

治安案件的管辖由国务院公安部门规定。

第十条 治安管理处罚的种类分为：

（一）警告；

（二）罚款；

（三）行政拘留；

（四）吊销公安机关发放的许可证。

对违反治安管理的外国人，可以附加适用限期出境或者驱逐出境。

第二十二条 违反治安管理行为在6个月内没有被公安机关发现的，不再处罚。

前款规定的期限，从违反治安管理行为发生之日起计算；违反治安管理行为有连续或者继续状态的，从行为终了之日起计算。

第二十九条 有下列行为之一的，处5日以下拘留；情节较重的，处5日以上10日以下拘留：

（一）违反国家规定，侵入计算机信息系统，造成危害的；

（二）违反国家规定，对计算机信息系统功能进行删除、修改、增加、干扰，造成计算机信息系统不能正常运行的；

（三）违反国家规定，对计算机信息系统中存储、处理、传输的数据和应用程序进行删除、修改、增加的；

（四）故意制作、传播计算机病毒等破坏性程序，影响计算机信息系统正常运行的。

第七十八条 公安机关受理报案、控告、举报、投案后，认为属于违反治安管理行为的，应当立即进行调查；认为不属于违反治安管理行为的，应当告知报案人、控告人、举报人、投案人，并说明理由。

第七十九条 公安机关及其人民警察对治安案件的调查，应当依法进行。严禁刑讯逼供或者采用威胁、引诱、欺骗等非法手段收集证据。

以非法手段收集的证据不得作为处罚的根据。

第八十条 公安机关及其人民警察在办理治安案件时，对涉及的国家秘密、商业秘密或者个人隐私，应当予以保密。

第八十一条 人民警察在办理治安案件过程中，遇有下列情形之一的，应当回避；违反治安管理行为人、被侵害人或者其法定代理人也有权要求他们回避：

（一）是本案当事人或者当事人的近亲属的；

（二）本人或者其近亲属与本案有利害关系的；

（三）与本案当事人有其他关系，可能影响案件公正处理的。

人民警察的回避，由其所属的公安机关决定；公安机关负责人的回避，由上一级公安机关决定。

第九十一条 治安管理处罚由县级以上人民政府公安机关决定；其中警告、500元以下的罚款可以由公安派出所决定。

第九十三条 公安机关查处治安案件，对没有本人陈述，但其他证据能够证明案件事实的，可以作出治安管理处罚决定。但是，只有本人陈述，没有其他证据证明的，不能作出治安管理处罚决定。

第九十四条 公安机关作出治安管理处罚决定前，应当告知违反治安管理行为人作出治安管理处罚的事实、理由及依据，并告知违反治安管理行为人依法享有的权利。

违反治安管理行为人有权陈述和申辩。公安机关必须充分听取违反治安管理行为人的意见，对违反治安管理行为人提出的事实、理由和证据，应当进行复核；违反治安管理行为人提出的事实、理由或者证据成立的，公安机关应当采纳。

公安机关不得因违反治安管理行为人的陈述、申辩而加重处罚。

第九十八条 公安机关作出吊销许可证以及处2000元以上罚款的治安管理处罚决定前，应当告知违反治安管理行为人有权要求举行听证；违反治安管理行为人要求听证的，公安机关应当及时依法举行听证。

第九十九条 公安机关办理治安案件的期限，自受理之日起不得超过30日；案情重大、复杂的，经上一级公安机关批准，可以延长30日。

为了查明案情进行鉴定的期间，不计入办理治安案件的期限。

第一百零二条 被处罚人对治安管理处罚决定不服的，可以依法申请行政复议或者提起行政诉讼。

第一百一十四条 公安机关及其人民警察办理治安案件，应当自觉接受社会和公民的监督。

公安机关及其人民警察办理治安案件，不严格执法或者有违法违纪行为的，任何单位和个人都有权向公安机关或者人民检察院、行政监察机关检举、控告；收到检举、控告的机关，应当依据职责及时处理。

（二）《中华人民共和国行政处罚法》节选

第三条 公民、法人或者其他组织违反行政管理秩序的行为，应当给予行政处罚的，依照本法由法律、法规或者规章规定，并由行政机关依照本法规定的程序实施。

没有法定依据或者不遵守法定程序的，行政处罚无效。

第四条 行政处罚遵循公正、公开的原则。

设定和实施行政处罚必须以事实为依据，与违法行为的事实、性质、情节以及社会危害程度相当。

对违法行为给予行政处罚的规定必须公布；未经公布的，不得作为行政处罚的依据。

第四十五条 当事人对行政处罚决定不服申请行政复议或者提起行政诉讼的，行政处罚不停止执行，法律另有规定的除外。

（三）《中华人民共和国行政复议法》节选

第一条 为了防止和纠正违法的或者不当的具体行政行为，保护公民、法人和其他组织的合法权益，保障和监督行政机关依法行使职权，根据宪法，制定本法。

第二条 公民、法人或者其他组织认为具体行政行为侵犯其合法权益，向行政机关提出行政复议申请，行政机关受理行政复议申请、作出行政复议决定，适用本法。

第五条 公民、法人或者其他组织对行政复议决定不服的，可以依照行政诉讼法的规定向人民法院提起行政诉讼，但是法律规定行政复议决定为最终裁决的除外。

（四）《中华人民共和国刑法》节选

第二百五十三条之一 国家机关或者金融、电信、交通、教育、医疗等单位的工作人员，违反国家规定，将本单位在履行职责或者提供服务过程中获得的公民个人信息，出售或者非法提供给他人，情节严重的，处3年以下有期徒刑或者拘役，并处或者单处罚金。

窃取或者以其他方法非法获取上述信息，情节严重的，依照前款的规定处罚。

单位犯前两款罪的，对单位判处罚金，并对其直接负责的主管人员和其他直接责任人员，依照各该款的规定处罚。

第二百八十五条 违反国家规定，侵入国家事务、国防建设、尖端科学技术领域的计算机信息系统的，处3年以下有期徒刑或者拘役。

违反国家规定，侵入前款规定以外的计算机信息系统或者采用其他技术手段，获取该计算机信息系统中存储、处理或者传输的数据，或者对该计算机信息系统实施非法控制，情节严重的，处3年以下有期徒刑或者拘役，并处或者单处罚金；情节特别严重的，处 3 年以上 7 年以下有期徒刑，并处罚金。

提供专门用于侵入、非法控制计算机信息系统的程序、工具，或者明知他人实施侵入、非法控制计算机信息系统的违法犯罪行为而为其提供程序、工具，情节严重的，依照前款的规定处罚。

第二百八十六条 违反国家规定，对计算机信息系统功能进行删除、修改、增加、干扰，造成计算机信息系统不能正常运行，后果严重的，处 5 年以下有期徒刑或者拘役；后果特别严重的，处 5 年以上有期徒刑。

违反国家规定，对计算机信息系统中存储、处理或者传输的数据和应用程序进行删除、修改、增加的操作，后果严重的，依照前款的规定处罚。

故意制作、传播计算机病毒等破坏性程序，影响计算机系统正常运行，后果严重的，依照第一款的规定处罚。

第十八讲

政府是民权的保护者

——以"最牛钉子户"事件为例

法治的精髓在于,在对公民采取行动的时候,政府将忠实地适用规则,这些规则是作为公民应当遵守、并且对他的权利和义务有决定作用的规则而事先公布的。

——朗·L. 富勒

(朗·L. 富勒,Lon. L. Fuller,1902~1978,是美国第二次世界大战后新自然法学派主要代表之一。富勒先后执教于俄勒冈大学、伊利诺伊大学和杜克大学,1939~1972年在哈佛大学执教。1948年后担任著名的一般法理学卡特讲座教授。代表作有:《美国的法律现实主义》、《法律在探讨自己》、《法理学问题》、《实证主义和对法律的忠诚——答哈特教授》、《法律的道德性》、《法律的虚构》、《社会秩序的原则》等。富勒继承了西方法学史古典自然法思想的理性传统,并在法律与道德的关系上有新的理论发展。西方法学界认为富勒是第二次世界大战后最权威的法律哲学家之一。他的新自然法学说,主要涉及他所说的自然法的程序法。他强调道德和法是不可分的,为了正确认识法和道德的关系,首先应分清愿望的道德和义务的道德,前者指充分实现幸福生活和人的力量的道德,后者指社会生活的基本要求。法和义务的道德十分相似,而和愿望的道德并无直接联系。法无法迫使一个人达到他力所不及的优良程度。他把法当作一种活动,是使人的行为服从规则治理的事业,其成功有赖于处理法的人,因而法也就注定不能完全实现自己的目的。)

一、案例介绍

2007年3月初，网络上开始流传一个帖子，题目是《史上最牛的钉子户》，内容是一张图片：一个被挖成10米深大坑的楼盘地基正中央，孤零零地立着一栋二层小楼，一男子站在楼顶挥舞着一面鲜艳的国旗。随后媒体披露，图片拍摄的是重庆市九龙坡区杨家坪鹤兴路17号的房屋产权人拒绝拆迁，开发商将周围房屋拆除后的场景。该房建筑面积为219平方米，属于营业用房。当地房管局称，该房位于重庆市九龙坡区繁华地带，此地带正在进行危旧房改造，该房是上世纪四五十年代修建的，属于危旧房。2004年，重庆南隆房地产开发有限公司与重庆智润置业有限公司签署联建协议，确定联合对重庆市九龙坡区杨家坪鹤兴路片区实施改造。后来，重庆正升置业有限公司加入，成为负责该项目的法人。自2004年发布动迁公告三年多来，该片区住户陆续搬迁，只剩这栋二层小楼像"孤岛"一样茕茕孑立，被网友称为重庆"史上最牛钉子户"。据了解，房主杨武、吴苹夫妇要求开发商在原位置、原朝向、原楼层安置一套面积相同的房子，开发商未答应，并向当地拆迁主管部门提出行政裁定。后双方协商未果，主管部门向重庆市九龙坡区法院提出司法强拆的申请，法院已经作出房主限期自行搬迁的裁定。

重庆市九龙坡区房管局的相关负责人表示，该房屋当时的评估价是240多万元（货币安置），双方在协商过程中，开发商曾做出让步，如果杨武愿意选择货币方式安置，开发商愿意补偿其350万元。但杨武的妻子吴苹在多次协商中，一直坚持要实物，并且要求还给她的房屋必须是原位、原朝向，最高时吴苹要求的补偿曾一度高达500多万元。由于双方在具体补偿安置上分歧较大，公告动迁期限内未能达成补偿安置协议。

房主吴苹表示："他们按一楼一万多元每平方米，二楼3000多元每平方米计算的。而这里，一楼门面的市场价是13万元每平方米左右，二楼是3万元左右，他们给的价太低了，我难以接受。我不同意接受货币补偿，要求还房。"开发商负责人说，拆除了旧房之后，新建项目部的规划情况和原来的差异很大，显然就无法满足她的要求。因为按照统一规划，这里要整体建一个大商场，无法给房主吴苹进行原地安置。按照国家和重庆市的相关拆迁条例，一共有两种安置方案可供吴苹选择，一是在原地进行安置或异地安置，二是实行货币安置。重庆市九龙坡区城市房屋拆迁工程处的赵主任告诉记者，因为房主吴苹不能接受异地安置和原地地下一层安置的方案，只能采用货币安置的办法，但这种安置方案吴苹也不接受。

经多次协商，双方仍未能达成一致意见，2005年2月重庆正升置业有限公司向九龙坡区房管局提出拆迁行政裁决，要求裁决该"钉子户"限期搬迁。九龙坡区房管局又在多次协调无效的情况下，决定召开拆迁行政裁决听证会，听证会于2007年1月8日下午2时30分召开，吴苹未到场参加。听证会后，双方经过多次协商仍未达成协议，九龙坡区房管局于2007年1月11日下达了《拆迁行政裁决书》。2007年1月16日送达时，吴苹阅后拒绝签收。九龙坡区房管局于是依法向九龙坡区人民法院提交《先予强制执行申请书》。

3月19日，重庆市九龙坡区法院裁定，杨武夫妇必须在22日以前自行搬迁，否则将实行强拆。对此，女房主吴苹表示："那天直接给我下发了通知，而不是裁定，因为裁定我还有申诉权，而通知我就没有申诉权，而且只给了3天。这个通知很打击人，我现在没有办法。"

3月21日，记者现场看到，该房四周被挖下十多米的深坑，成了"孤岛"。下午4时许，"最牛钉子户"杨武从工地上爬进自己早已不住的房子。并且往屋里搬了液化气钢瓶、桶装水、炒锅、床板等生活用品。

3月22日过去了，强拆并没有执行。26日，重庆市市长表示"绝不迁就漫天要价"，并"有能力妥善解决'钉子户'事件"。同一天，法院再次发出"强拆令"，限期只有3天，29日为最后的"自行搬迁"期限。吴苹则再次表示坚守房屋的决心，同时要求与市长对话。29日，第二个拆迁限期过去了。30日，重庆市委书记"特别指出，要通过学习宣传《物权法》……学会运用法律手段解决利益纠纷，促进社会和谐。"同一天，法院第三次发出"强拆令"。这一次，法院留出了比前两次更长的宽限：4月10日以前为"自动搬迁"时间。经过不断地调整，事件终于以开发商和"牛钉"双方签署异地安置协议结束。4月2日下午，杨武结束了12个昼夜的孤岛生存，走出小楼，结束了一场"最牛"的物权抗争，当天晚上"钉子楼"被挖掘机迅速铲除。

重庆"史上最牛钉子户"事件说明了网络成为人们获取信息发表言论的日常渠道，自网上最初报道出此事件后，人们对网络的重视达到了前所未有的程度。"重庆最牛钉子户事件"成为当年网络十大热门事件之首，并且出现了"牛钉"的网络热语，由此开创了网络语言的时代。此事件最后得以较好地解决，可以说网络起到了重要的作用。同时网络的舆论压力也使政府在行政过程中更加重视法治原则，对于行政法治的完善发挥了作用。

二、案例分析

（一）史上最牛钉子户事件反映出的法律问题

史上最牛钉子户事件反映出的法律问题主要是公权与私权冲突之下两者如何平衡的问题，这其中有法律迄今难以解决的问题，比如公共利益的界定，也有公民如何合法维护自己的权利的问题，政府在这个过程中应该扮演什么样的角色和如何平衡各种权利的问题。

根据《国有土地上房屋征收与补偿条例》的规定，城市房屋拆迁是指因国家建设、城市改造、整顿市容和环境保护等需要，经政府有关部门批准，由取得房屋拆迁许可证的单位依法对城市规划区内国有土地上的房屋予以拆除，并对被拆除房屋的所有人或者承租人予以迁移安置、经济补偿等一系列活动的总称。房屋拆迁，按照性质的不同可以分为为了公共利益的拆迁和为了商业利益的拆迁。公益拆迁是由国家对私有房屋征收或者对国有企业房屋征用，应该属于国家行为。商业拆迁是房地产商进行项目开发或者以旧城改造或以土地储备名义进行的房地产开发拆迁，应该属于民事行为。对于公共拆迁行为，法律作出了明确规定。我国宪法规定："国家为了公共利益的需要，可以依照法律规定对公民的私有财产实行征收或者征用并给予补偿。"《物权法》规定："为了公共利益的需要，依照法律规定的权限和程序可以征收集体所有的土地和单位、个人的房屋及其他不动产。"《土地管理法》也规定："国家为了公共利益的需要，可以依法对土地实行征收或者征用并给予补偿。"

我国的现行法律包括《宪法》、《民法通则》、《物权法》都规定了公共利益，却都没有对公共利益这一概念作出明确的界定。世界各国关于公共利益的表述用语都不相同，分别有公益、民众福祉、人民福利、社会公益等，这些用语的内涵都不尽相同。在我国台湾地区，法学界将上述法律用语称为"不确定法律概念"，并指出要对这些颇具流动性的概念归纳出一个放之四海而皆准的定义是不可能的。为公共利益下一个准确的定义很困难，只能在具体情境中个别研究。

首先，公共利益的主体很难确定。作为公共利益主体的"公共"，其范围在数量上难以具体化和精确化。"公共"是一个不特定的群体，这种群体之所以具有不特定性是因为其受到开放性的影响。也就是说，虽然某一个群体在最初人数是特定的，但若其对外可以不断吸纳新的成员，即该群体在形成以后即具有开放性，实际上该群体就是公共群体。反之，若某一群体在形成之初范围极其广泛，甚至在数量上也无法具体化或精确化，但其不吸纳新的成员，则该群体是封闭的，则很难将其称为"公共"。因此，"公共"与"全体国民"绝非等义，它可以是任何人，但不一定是全体国民。在全体国民之下的某一部分人群，仍可以成为公共利益的主体。

其次，公共利益的内容具有不特定性。利益是主体对客体的一种价值评价，因而它始终是因人而异的，而利益主体是一个历史发展的概念，由当时的客观社会现实左右，无法固定成型。因此尽管有许多专家学者对公共利益的内容予以列举，比如说，国防建设、公共安全、公共建筑、公共道路交通、公共卫生、灾害防治、科学及文化教育事业、环境保护、文物古迹以及风景名胜区的保护、公共水利事业、森林保护事业以及法律规定的其他公共利益，林林总总，涉及到了很多类别，但是具体类别仍然无法作出明确的界定。

　　商业利益与公共利益是否全然对立？这对公共利益的认识也有极其重要的影响。比如，政府拆迁一方面是为了改造旧城，另一方面又是开发商场，到底是为了公共利益还是商业利益？在土地征用服务于公共利益的过程中，可否附带私人利益的实现？国家是一个社会的管理者和组织者，不会也没有能力亲自去实施每一项公共事业，有时将征用的土地转移给各种企业，借助这些企业去完成某些公共利益是现实所需。因此，公共利益与商业利益并不是全然对立的，关键不是受益人是谁，而是征用所追求的目标。土地征用行为在满足公共利益的同时，也使特定的组织或私人获益，这并不违反公共利益目的。判断这种土地征用行为是否合理，最重要的是要区分土地征用是为了公共利益目的，还是在公共利益的掩饰下满足纯粹的私人利益。

　　虽然，无论在立法还是学理解释上，公共利益还没有一个理想的定义，但大多数国家和地区都认同，公共利益应包括两层涵义：一是须有公共使用的性质，二是须有公共利益的用途。重庆市九龙坡区黄云区长在举行的新闻发布会上指出，杨家坪鹤兴路片区地处九龙坡区商业核心地段，紧邻杨家坪步行商业区和轻轨杨家坪站，有住宅 204 户，非住宅 77 户。经专业技术部门鉴定，72.2% 的建筑系危房，并多次发生火灾和垮塌事故，近 10 多年来被市、区两级列为消防安全、房屋安全重点监控及整改片区，安全隐患极为严重。同时，该地段是连接步行商业区内外的重要通道，人、车流量较大，很容易导致交通拥堵。广大群众急切盼望对该片区实施改造。市、区人大代表、政协委员也多次呼吁政府加大力度，为消除该片区安全隐患、确保人民群众的人身和财产安全、提升杨家坪中心区域城市形象而早日对鹤兴路进行彻底改造。2004 年重庆智润置业有限公司与重庆南隆房地产开发有限公司以联建的方式启动了对该片区的改造，开发建设"正升——百老汇广场"项目。该项目原国土批准用地面积为 2.35 万余平方米，其中实施杨家坪环道、大件路、轻轨、公交换乘站等市政设施建设用地约 1 万平方米，办公、商用、住宅综合建设用地约为 1.3 万余平方米。该项目建成后，对提升城市形象、完善城市功能、繁荣杨家坪商圈具有十分重要的意义。中国社科院周大伟研究员认为，重庆的旧城改造从长远来看，有利于老百姓的生活，城市化的理由也很正当，是一股不可阻拦的潮流，符合公共利益的范畴。政府通过旧城改造，改善城市面貌，提升城市形象，符合可持续发展的思想，也可以改善当地居民生活质量，具有明显的公益性质。房地产开发以及开发后的商业行为，能够带来生产公共产品的税收，为社会提供产品，而后续的商业活动也可以增加就业，也不能说商业行为全然是私人的牟利。

　　"牛钉"事件中可以看到三类利益主体：政府、开发商和被拆迁人。政府进行旧城改造，可以加速城市化的进程，改善居民的生活环境，这是政府所要实现的公共利益。开发商涉及到的主要是商业利益。被拆迁人对于房屋享有所有权，房屋被拆迁后，被拆迁人所能够追求的就是拆迁后的安置利益。在这一过程中开发商在商业利益的驱动下，势必会把拆迁成本降到最低，被拆迁人为了实现自己房屋所有权的价值也势必会追求更高的拆迁补偿或者更优惠的安置条件，政府虽然应全然维护公共利益，但在拆迁过程中政府本身也可以获得开发商进行商业开发后的税收和促进就业等社会效应，这样政府所要追求的就是自己本身的利益和公共利益，当政府也成为利益纠纷的当事人时，政府很难完全从公正的角度出发来平衡各方利益。这样导致了各方利益纠缠在一起，其中冲突的情形不得不说纷繁复杂。

（二）政府是民权的保护者

行政是国家通过一定的组织为实现国家职能而进行的公共管理活动及其过程，政府作为行政主体，其权力具有公共性和强制性两方面的特征。所谓公共性，即政府所掌握的行政权力来源于公民的授权，政府的设立本身就是为了保护并推进公共利益的实现，政府是保护公共利益最强有力的组织。政府作为权力的委托代理人必须维护社会公共利益，公共性成为衡量政府合法性的基础，公共性是行政权力的本质属性。不管公共利益如何被定义，不能否认的一点是权力在实体上来源于权利，私人利益是公共利益的基础，两者在大多数场合下是统一的，因而政府虽是公共利益的代言人，却更应是私人权利的保护者。所谓强制性，即行政权力是一种国家权力，以国家强制力为保障，在行政过程中可以使用行政强制手段保证行政命令的执行，甚至在特殊情况下可以使用军队、警察、监狱等暴力机器的权力。强制性只是作为行政权力的重要手段和基本工具而存在，在房屋拆迁中政府的角色应是保护行为主体的平等权利，公正地行使政府的各项权利与义务。

由于行政具有强制性，为了防止行政主体在行使行政权的过程中滥用权力，必须通过一定的制度设计对行政权加以控制，行政法就是这样一种制度。概括地说行政法是有关行政的法律规范的总称。行政法所调整的行政的范围，包括行政组织地位的确定和权限的取得、行政管理活动的进行以及因行政管理活动的违法而引起的监督与救济。所以简言之，行政法是有关行政的主体、职权、行为及程序、违法及责任和救济关系的法律规范的总称。

行政法律关系，是指受行政法律规范调整的因行政活动而形成或产生的各种权利义务关系，包括行政活动过程中所形成的行政主体与行政相对人之间的行政法上的权利义务关系，及因行政活动而产生或引发的救济或监督关系。行政法律关系除具有法律关系的一般特征外，还具有自身的特性：①主体的恒定性与不可转化性。行政法律关系总是行政主体同行政相对人之间形成的法律关系，关系双方中必有一方主体是行政主体，同时，行政主体与行政相对人是不能相互转化或互换位置的。②主体资格的受限制性。在行政法律关系中，无论是行政主体还是行政相对人，都要受到一定资格和条件的限制，特别是行政主体，作为行政权力的享有者与行使者，必须具备法定的资格条件。③主体地位"平等下的不对等"。行政法律关系主体双方地位具有不平等性，其中行使行政权的行政主体始终处于主导地位。具体表现为：其一，主体双方各自权利义务的性质不完全相同，行政主体行使的是行政职权，履行的是行政职责，而行政相对人行使和履行的是普通的权利与义务。其二，主体双方各自权利义务的数量不能相等，且一方所具有的权利义务是另一方不具有的，行政主体居于优势地位而行政相对人处于弱势地位。

行政法对行政主体、行政相对人和社会都发生影响，具体而言表现为：①行政法可以维护社会秩序与行政权力运行秩序。行政法通过对行政权限的分配与设置、行政主体地位的明确、权力行使规则的规范与控制，保证行政权力有规则、有秩序地行使。②行政法可以保障私益与公益的实现。一方面，宪法赋予公民相应的权利，同时行政法规定了行政机关保护公民的职责、为民服务的义务；另一方面，由于行政活动本身具有公益性，法律规定行政机关必须主动、积极地为实现公益而活动，行政主体有权禁止各种妨害公益的行为和事件。③行政法可以为行政主体提供行动指南。行政法不只在于限制行政权力，还为行政主体提供行动的依据和指南。④行政法可以预防和解决行政纷争。行政法使公民可以通过行政复议、行政诉讼、申诉等多种途径和手段解决行政机关的侵权行为。

行政法作为控制行政权的制度设计，其具有两个基本原则：合法性原则与合理性原则。

合法行政原则，要求行政权的存在和运行都必须依据法律，符合法律要求，不能与法律发生抵触和冲突。合法行政主要是从是否越权，形式是否违法的角度切入的。具体而言，包括法律优位和法律保留两方面的要求：①法律优位是指正式的法律渊源要优于从属的法律渊源，简言之就是法律的效力高于其他所有的从属立法。反映在行政行为中就是行政机关实施行政管理，应当依照法律、法规、规章的规定进行。②法律保留是指只有在法律明确授权的情况下才可以实施某种行政行为。宪法关于人民基本权利限制等专属立法事项，必须由立法机关通过法律规定，行政机关不得代为规定，行政机关实施任何行政行为都必须有法律授权，法律没有规定的行政主体不得擅自做出行政行为。

合理行政原则是从实质合法的角度，要求行政裁量的结果要公平、公正。体现为四个具体原则：①公平、公正原则；②平等对待原则；③正当裁量原则；

④比例原则。公平正义是所有法律的基本目标，尽管公平、公正的含义既抽象又受历史发展的影响，但是在司法上还是可以把握的，比如普通法中的表述（行政决定）"是如此的不合理，以致任何有理性的行政机关都不会作出这样的决定。"平等对待原则的基本内涵是相同案件相同处理，不同案件不同处理，不能因为当事人的社会地位、经济状况或者性别等原因而区别对待。正当裁量原则是从裁量过程进行考量，主要考察在行政裁量决定作出的过程中有没有追求不适当的目的，或者有没有考虑相关因素。目的适当是指具体裁量决定所追求的目的应该是法律授权的目的，比如在进行土地征收或征用时，应该是出于公共利益的目的。相关因素是指与作出的行政裁量决定的各环节或要素之间有着某种合理的关联性，一般来说，相关因素必须是和具体的授权规定或者整个法律相互吻合的，以此保证行政行为基本上按照法律设定的目标方向作出。比例原则就是对行政手段和行政目的之间的关系进行衡量，甚至是对两者各自所代表的、相互冲突的利益进行权衡，从而保证行政行为是合乎比例的，是适当的。具体而言，比例原则由三项要求构成，即手段的妥当性、必要性和法益相称性。手段的妥当性就是行政机关可以通过目的取向来选择能够达到预期效果的手段，在这个过程中，必须结合当时所处的环境，运用相关经验，对手段运用的效果进行判断，从而选择使用何种手段。必要性就是保证所要采取的手段在种种可选择的手段中是最温和、侵害最小的。法益相称性要求在宪法所赋予公民的价值秩序内对行政行为所必然引起的利益冲突进行衡量，使公民因行政行为所受到的损害或者说所作出的牺牲比起公权力由此所获得的利益来讲要小得多。

（三）公权与私权的平衡

在"牛钉"事件中，公权与私权的平衡始终是一个引人注目的事实。没有不受限制的权利，也没有不受控制的权力。行政权是公权力，本身就容易被滥用，从而造成对公民权利的侵犯。行政权的行使必须遵循一定的原则，遵照一定的程序。

目前在城市房屋拆迁领域是行政主导拆迁，行政拆迁的法律基本规则是出于公共利益。而公共利益的界定目前完全是由政府决定的，不管被拆迁人是否愿意，他都只能接受政府作出的拆迁决定并负有配合拆迁的义务，否则政府就要强制执行。这样被拆迁人在城市房屋拆迁的利益分配活动中受制于政府，而政府一旦不能准确定位公共利益就将严重损害被拆迁人的利益。说不定哪天我们会象事件的主角一样，一夜醒来，却突然发现自家的房子上面贴上了拆迁公告，说是为了公共利益需要，自家的祖屋就要被拆掉。因此被拆迁户的利益在整个拆迁过程中完全被漠视，这正是造成众多拆迁悲剧的最大根源，其本质则是行政违法行为。

土地征用出于公共利益目的只是土地征用的一个最为基础的条件，土地征用的目标符合公共利益并不意味着土地征用的行为都是正当的，它必须同时符合比例性原则。比例性原则要求行政机关在实施行政行为时，应兼顾行政目标的实现和相对人的利益，如果为了实现行政目标可能对相对人的利益造成某种不利影响时，应把这种不利影响限制在尽可能小的范围和限度内，使两者处于适度的比例。比例性原则对于限制政府在征地过程中过于宽泛的自由裁量权具有重要意义。它要求从法律上规定严格的征地程序，充分保障有关土地权人的知情权和司法救济权，形成公民私权和司法权对行政权的制衡机制，从而确保征用的土地与所追求的公共利益目标相当，并且在实现公共利益的同时，不能以牺牲公民的利益为代价，即便为了实现公共利益而不得不牺牲一些公民的利益时，也要使公民所付的代价降到最低，否则公共利益即使实现了也失去了意义。

除了规制政府的拆迁行为外，公民也应有正确的私权保护的意识，一方面应当重视自己的权利，充分利用《物权法》对公民的财产保护的作用；另一方面公民在行使私权的同时也应有尊重公权的意识。《物权法》明确规定了对公民合法财产的有效保护，但对财产的保护不是无限制的。合法合理的要求予以支持，不合理的要求就不能纵容，滥用权利不受法律保护。就"牛钉"事件而言，吴苹要求"原面积"好办，但是城市是有总体规划的，要求"原位置、原朝向"就不容易满足其要求了。

该事件中杨武夫妇多次强调捍卫法律的尊严维护自己的合法权益，这是值得肯定的。但同时也应明确，个人权利不是漫无边际的，而是有边界的，这个边界就是权利的行使不得损害他人利益，不得违背公共利益。从前面对该事件的简单回顾中可以看出，重庆市政府对该片区的改造基本上是符合法定程序的，而且政府面对被拆迁人也确实作了让步。我国市场经济体制的完善必须依赖政府的强力推动，而不是一个自发的过程，政府的公权和公民的私权发生冲突是不可避免的。因此两者的平衡和协调也是市场经济建设中法律生活运转的轴心。在法治社会中，尊重个人权利就应限制国家的权力，公权和私权的平衡和良性互动是法治社会的基础。该"钉子户"之所以能存在长达4年之久，就是因为当公权与私权发生冲突的时候，政府未能找到公权和私权的平衡点，从而未能及时地协调二者的冲突。拆迁中，政府应该兼顾双方利益，在其中寻找平衡点，不应以一方利益严重受损为结果，共生的多赢格局才是与和谐社会相协调的。

（四）完善行政法治是根本

类似"牛钉"的拆迁事件表明行政权力的无限制行使和由此而导致的公民个人利益无法得到保障是造成房屋拆迁中"钉子户"甚至暴力抗拆层出不穷的真正根源，一味地争论"公共利益"的定义是徒劳的。"公共利益"争论的核心不在于对其下一个准确的定义，而在于如何对其进行定义。要使国家机关与民众对其达成共识，公权和私权之间的平衡是解决"公共利益"的关键所在。《国有土地上房屋征收与补偿条例》虽然对公共利益作了相对确定的界定，但始终是由政府界定的，公民的切身需要并没有进入公共利益的认定机制里。界定公共利益的标准，实际上是为了约束行政权力保护公民权利，弄清楚公共利益的真实目的，其实也无非是为了限制和约束行政权力的滥用而更好地保护公民个人权利，而这本来就是行政法治的追求。行政法治所追求的是行政权与行政相对人权利、公共利益与个人利益、行政效率与社会公正、对行政权的保障与法律控制关系之间的动态平衡，而不是绝对地偏向一个极端，而其中保护相对人权利，增强对行政权的控制正是现代行政法的精髓。因而房屋拆迁中被拆迁者利益的保护和行政权力的规范才是解决问题的有效途径。

虽然《物权法》为公民权利的保护提供了有力的法律依据，但《物权法》无法从根源上限制政府，它无从限制政府公权的发动，其意义在于通过间接限制政府的行为以实现对私权的保护和救济，然而这种限制的力度是较为软弱的，因而被拆迁者的私人合法权益无法得到合理保护就成为房屋拆迁中历来为人所诟病的顽症之一。我国历史传统就是公法文化发达的国家，《物权法》的颁布也并不能就此形成私权文化，其只能给我们带来一个信号：私权应受到公权的尊重，不得任由公权统治、控制。然而，《物权法》因未界定公共利益的具本内容，也没有确定房屋拆迁中所谓合理补偿的应有之义，所以《物权法》不可能终结强制拆迁。而对于执法者来说，使其以后更强调对私权利的保护，也是从另一个角度限制了公权的发动和行使，对于房屋拆迁中被拆迁者的利益保护无疑能起到重要作用。解决拆迁过程中政府公权力对公民私权利侵犯的根本还是要完善法治。

公权力与私权利虽然属于不同的领域，但限制公权力和保护私权利却可以殊途同归，集中于一点，即依法行政。依法行政的关键在于如何设计更合理的限制行政权和保护公民权的实体和程序机制。更进一步地说就是拆迁领域具体涉及三个程序的设计：①要建立公共利益的认定程序；②明确用地规划是商业还是公共设施用途；③规制拆迁程序。

法治完善了，政府才不可能像今天这样动不动就以虚无缥缈的"公共利益"为名损害广大公众的合法权益。世界上一些法治成熟的国家，其对土地的私人所有权限制超过以往任何一个时代。然而当代中国要努力的恰好是其相反的方向，也就是为了"公共利益"，必须对国家的土地所有权作出限制。当政府提出为"公共利益"征地的时候，应当有一套行之有效的法律程序，以保证各方利益获得公平的表达机会，并且在此基础上达成各方共识。事实上，如果有一套严格高效的程序机制可以讨论并确定"公共利益"，恐怕所谓"史上最牛钉子户"这样的维权壮举就不可能存在了。

三、相关法条

（一）《中华人民共和国宪法》节选

第十条 城市的土地属于国家所有。

农村和城市郊区的土地，除由法律规定属于国家所有的以外，属于集体所有；宅基地和自留地、自留山，也属于集体所有。

国家为了公共利益的需要，可以依照法律规定对土地实行征收或者征用并给予补偿。

任何组织或者个人不得侵占、买卖或者以其他形式非法转让土地。土地的使用权可以依照法律的规定转让。

一切使用土地的组织和个人必须合理地利用土地。

第十三条 公民的合法的私有财产不受侵犯。

国家依照法律规定保护公民的私有财产权和继承权。

国家为了公共利益的需要，可以依照法律规定对公民的私有财产实行征收或者征用并给予补偿。

（二）《国有土地上房屋征收与补偿条例》节选（2011年1月21日国务院颁布）

第二条 为了公共利益的需要，征收国有土地上单位、个人的房屋，应当对被征收房屋所有权人（以下称被征收人）给予公平补偿。

第八条 为了保障国家安全、促进国民经济和社会发展等公共利益的需要，有下列情形之一，确需要征收房屋的，由市、县级人民政府作出房屋征收决定：

（一）国防和外交的需要；

（二）由政府组织实施的能源、交通、水利等基础设施建设的需要；

（三）由政府组织实施的科技、教育、文化、卫生、体育、环境和资源保护、防灾减灾、文物保护、社会福利、市政公用等公共事业的需要；

（四）由政府组织实施的保障性安居工程建设的需要；

（五）由政府依照城乡规划法有关规定组织实施的对危房集中、基础设施落后等地段进行旧城区改建的需要；

（六）法律、行政法规规定的其他公共利益的需要。

第十一条 市、县级人民政府应当将征求意见情况和根据公众意见修改的情况及时公布。

因旧城区改建需要征收房屋，多数被征收人认为征收补偿方案不符合本条例规定的，市、县级人民政府应当组织由被征收人和公众代表参加的听证会，并根据听证会情况修改方案。

第十四条 被征收人对市、县级人民政府作出的房屋征收决定不服的，可以依法申请行政复议，也可以依法提起行政诉讼。

第十七条 作出房屋征收决定的市、县级人民政府对被征收人给予的补偿包括：

（一）被征收房屋价值的补偿；

（二）因征收房屋造成的搬迁、临时安置的补偿；

（三）因征收房屋造成的停产停业损失的补偿。

市、县级人民政府应当制定补助和奖励办法，对被征收人给予补助和奖励。

第十九条 对被征收房屋价值的补偿，不得低于房屋征收决定公告之日被征收房屋类似房地产的市场价格。被征收房屋的价值，由具有相应资质的房地产价格评估机构按照房屋征收评估办法评估确定。

对评估确定的被征收房屋价值有异议的，可以向房地产价格评估机构申请复核评估。对复核结果有异议的，可以向房地产价格评估专家委员会申请鉴定。

房屋征收评估办法由国务院住房城乡建设主管部门制定，制定过程中，应当向社会公开征求意见。

第二十一条 被征收人可以选择货币补偿，也可以选择房屋产权调换。

被征收人选择房屋产权调换的，市、县级人民政府应当提供用于产权调换的房屋，并与被征收人计算、结清被征收房屋价值与用于产权调换房屋价值的差价。

因旧城区改建征收个人住宅，被征收人选择在改建地段进行房屋产权调换的，作出房屋征收决定的市、县级人民政府应当提供改建地段或者就近地段的房屋。

第二十二条 因征收房屋造成搬迁的，房屋征收部门应当向被征收人支付搬迁费；选择房屋产权调换的，产权调换房屋交付前，房屋征收部门应当向被征收人支付临时安置费或者提供周转用房。

第二十三条 对因征收房屋造成停产停业损失的补偿，根据房屋被征收前的效益、停产停业期限等因素确定。具体办法由省、自治区、直辖市制定。

第二十五条 房屋征收部门与被征收人依照本条例的规定，就补偿方式、补偿金额和支付期限、用于产权调换房屋的地点和面积、搬迁费、临时安置费或者周转用房、停产停业损失、搬迁期限、过渡方式和过渡期限等事项，订立补偿协议。

补偿协议订立后，一方当事人不履行补偿协议约定的义务的，另一方当事人可以依法提起诉讼。

第二十六条 房屋征收部门与被征收人在征收补偿方案确定的签约期限内达

不成补偿协议，或者被征收房屋所有权人不明确的，由房屋征收部门报请作出房屋征收决定的市、县级人民政府依照本条例的规定，按照征收补偿方案作出补偿决定，并在房屋征收范围内予以公告。

补偿决定应当公平，包括本条例第 25 条第 1 款规定的有关补偿协议的事项。

被征收人对补偿决定不服的，可以依法申请行政复议，也可以依法提起行政诉讼。

第二十八条 被征收人在法定期限内不申请行政复议或者不提起行政诉讼，在补偿决定规定的期限内又不搬迁的，由作出房屋征收决定的市、县级人民政府依法申请人民法院强制执行。

强制执行申请书应当附具补偿金额和专户存储账号、产权调换房屋和周转用房的地点和面积等材料。

（三）《中华人民共和国物权法》节选

第三十九条 所有权人对自己的不动产或者动产，依法享有占有、使用、收益和处分的权利。

第四十二条 为了公共利益的需要，依照法律规定的权限和程序可以征收集体所有的土地和单位、个人的房屋及其他不动产。

征收集体所有的土地，应当依法足额支付土地补偿费、安置补助费、地上附着物和青苗的补偿费等费用，安排被征地农民的社会保障费用，保障被征地农民的生活，维护被征地农民的合法权益。

征收单位、个人的房屋及其他不动产，应当依法给予拆迁补偿，维护被征收人的合法权益；征收个人住宅的，还应当保障被征收人的居住条件。

任何单位和个人不得贪污、挪用、私分、截留、拖欠征收补偿费等费用。

第十九讲

法律一般禁止的解除

——以"BT中国联盟"关闭为例

> 为了自由，我们当了法的奴隶。
>
> ——西塞罗
>
> （马库斯·图留斯·西塞罗，Marcus Tullius Cicero，公元前106～公元前43年，是古罗马著名政治家、演说家、雄辩家、法学家和哲学家。西塞罗出身于古罗马的奴隶主骑士家庭，以善于雄辩而成为罗马政治舞台的显要人物。从事过律师工作，后进入政界，公元前63年当选为执政官。西塞罗充分地继承和发扬了古希腊的自然法思想，并将其运用于古罗马的国家制度中。其代表作是《论国家》和《论法律》。西塞罗认为，在实在法即制定法之上有一更高的自然法。自然法是与自然即事物的本质相适应的法，其本质为正确的理性。所以，自然法效力高于实在法，实在法必须反映和体现自然法的要求。而国家是人民的事务，是人们在正义的原则和求得共同福利的合作下所结成的集体；君主、贵族和民主三种政体都是单一政体，理想的政体应是"混合政体"，即以当时罗马元老院为首的奴隶主贵族共和国。）

一、案例介绍

2009年12月4日，很多习惯在网上下载影视剧的网民发现，登录国内著名影视站点BTChina（BT中国联盟）时显示"不能连接到服务器"。于是"BT中国联盟打不开"、"BT中国联盟怎么了"、"BT中国联盟（BTChina.net）"成为百度、google等搜索引擎的热门搜索关键词。随后有传言称该网站负责人黄希威被刑拘，一时间各种猜测声四起。12月5日黄希威在该站发表声明对被刑拘予以否认，并表示"BTChina接广电总局通知，因无视听许可证，工信部删除备案号，关站"。BTChina 并不是唯一一家受到影响的 BT 网站，国内另一家知名 BT 影视下载论坛"悠悠鸟影视论坛"随后也宣布整改转型，将以文字影视评论为主，BT 下载服务将逐渐屏蔽。与此同时，几乎所有的影视论坛都在清理 BT 下载内容，有着网上"活雷锋"之称、备受网友爱戴的字幕组也纷纷解散。在"BT 中国联盟"被关闭后，很多论坛几乎同时出现了一个相同的帖子——"据广电总局内部人士介绍，12 月 11 日起将封杀一批网站"，帖子列出了名单，其中包括 VeryCD、"影视帝国"、"猪猪乐园"、"圣城家园"等 200 多家视听服务站点与论坛。帖子的内容后来出现在了一些媒体报道中，很多网友信以为真。

"BT 中国联盟"被关闭并不是广电总局掀整治行动的开始，2008 年年初，广电总局下发通知称："从 2008 年 1 月 31 日起，所有在网上提供视频服务的公司，都必须取得《信息网络传播视听节目许可证》，同时必须是国有独资或者被国资控股的公司。"2009 年 9 月，《广电总局关于互联网视听节目服务许可证管理有关问题的通知》又重申了互联网视听节目服务网站须持证运营的相关规定。据了解，被关闭的互联网视听节目网站都不具备主管部门要求的《信息网络传播视听节目许可证》。此前，已有四五百家违规视听节目服务网站被查处关闭。

自"BT 中国联盟"关闭以来，许多互联网用户和媒体对此次整治行动的具体进展、最终效果等问题提出疑问，希望主管单位国家广电总局给予回应。按照广电总局下发的《广电总局关于互联网视听节目服务许可证管理有关问题的通知》，广电总局受理补办《许可证》申请的截止日期为 2009 年 12 月 20 日。很多个人网站的经营者表示对于"BT 中国联盟"这样的个人网站来说，个人网站受到注册资金和主体等方面门槛的制约，根本不具备申请《信息网络传播视听节目许可证》的资格，要想取得"许可证"无异于天方夜谭。作为"BT 中国联盟"站长的黄希威也非常清楚这一点，他表示"我一直在坚持，政府通知我哪天关，我就哪天关"。

"BT 中国联盟"的关闭，对于众多网友来说，都是一个大事件。因为很多人都是该网站多年的"忠实用户"，BTChina 类似于 BT 下载界的百度，由于国内 BT 下载分享网站过多，它能将网络的影视 BT 进行整合，人们已经习惯从 BTChina 搜电视剧，该下载网站的关闭会让用户寻找资源变得麻烦起来。

二、案例分析

（一）BT 关闭事件中的法律问题

BT 关闭事件引起了多方的关注，民众关注的是以后如何享受网络视频资源，网站经营者关注的是网站的未来，也有些人提出了广电总局有没有权力关闭 BT。对此，一些法律界人士做出了一些回应，湖北省法学会传播法研究会会长、中南财经政法大学教授乔新生介绍，我国对互联网站实行市场准入和市场行为双重管理机制。2007年12月发布的《互联网视听节目服务管理规定》（以下简称《规定》），要求从事互联网络视听节目服务的机构必须持有《信息网络传播视听节目许可证》，或者办理备案手续，否则，不得从事互联网络视听服务活动。此次广电总局采取坚决措施关闭部分BT网站，是依法履行市场准入管理职责的行为。任何互联网站经营者都不得寻找借口，规避互联网站市场准入规定。

也有律师从法律冲突的角度表示广电总局不能把与《宪法》和《物权法》相抵触的《规定》作为执法依据。首先，《规定》要求网络视听节目需要事先许可，这与《宪法》保护公民言论自由的规定和《立法法》的有关规定相抵触。《规定》第2条"本规定所称互联网视听节目服务，是指制作、编辑、集成并通过互联网向公众提供视音频节目，以及为他人提供上载传播视听节目服务的活动"，制作、编辑、集成、传播音视频的行为本身属于公民言论自由（表达自由）。《宪法》第35条规定了公民的言论自由。言论自由不应当受到事先行政许可，即使必须设定行政许可，根据《立法法》第8条之规定，对公民言论自由的许可限制即是对公民基本权利进行许可限制，必须制定法律，《规定》作为部门规章无权对公民基本权利作出许可限制。因此，《规定》作为规章对公民言论自由设定事先行政许可，与《宪法》保护公民基本权利的规定和《立法法》有关规定相抵触。其次，《规定》第8条与物权法有关规定相抵触。《物权法》第3条规定国家"保障一切市场主体的平等法律地位和发展权利"，但是《规定》第8条规定，"申请从事互联网视听节目服务的，应当同时具备以下条件：①具备法人资格，为国有独资或国有控股单位……"这一规定排斥了非国有独资或者国有控股单位从事互联网视听节目服务的资格。这种差别待遇是不必要和不合理的，是对非国有独资或者国有控股单位的歧视，违反了《物权法》第3条的规定。根据《立法法》第88条规定，"国务院有权改变或者撤销不适当的部门规章和地方政府规章"，针对《规定》中某些条款违犯了上位法并且不适当的现象，国务院应当予以改变。

不管各界是出于什么目的去讨论此事件，我们也不去评价各种观点正确与否，BT关闭事件客观上已经使网民的习惯不得不改变，网民以后下载网络资源的途径如何解决，网站的经营者何去何从，都应该建立在了解广电总局所谓的"许可证"的前提下，毕竟广电总局关闭BT中国的理由是其未申请许可证，那么搞清楚这种许可证是什么，为何要申请，如何申请，不申请会有什么后果这些行政许可法的基本理论问题，才能为自己的行为作出指引。

（二）法律的一般禁止

BTChina在关站通知中称，广电总局表示该站无视听"许可证"。这里的"许可证"指的是由广电总局颁发的《信息网络传播视听节目许可证》。《规定》

第 7 条规定，从事互联网视听节目服务，应当依照该规定取得广播电影电视主管部门颁发的《信息网络传播视听节目许可证》或履行备案手续。另外第 17 条规定，未持有《许可证》的单位不得为个人提供上载传播视听节目服务。

BTChina 关闭事件中广电总局是国家行政机关，其所称的《信息网络传播视听节目许可证》是一种行政许可。行政许可是指行政主体根据行政相对人的申请，通过办理许可证或执照等形式，依法赋予特定的行政相对人从事某种活动或实施某种行为或资格的行政行为。法治国家的公民都知道根据人的自然权利属性，人是国家社会的主体，人享有天赋的自由，人从事某种活动或实施某种行为为什么还要办个许可证呢？这主要是因为权利领域内存在着法律的一般禁止。

权利是什么？这个问题即使从法理学的专业角度讨论都是争议不止的，自耶林把权利定位于利益以来，对权利的研究就与"利益"密不可分了。利益是权利的载体，权利与利益的关系是互为因果的。利益是权利存在的基础和内容，权利是利益的目的和归属。人们对利益的追求源自于自身需要满足的欲望，是人的一种纯自然的本性，而作为社会生活关系中的个体或部分，其出自纯自然需要满足的欲望的行为必定不可能与社会整体的利益和秩序要求完全相吻合。权利所体现的利益的个体性决定了社会个体在利益追求过程中，往往更多地只是考虑如何满足自我的利益需求，而忽略对实现自我利益追求所必须依赖的、据以协调每个社会成员利益关系的社会公共利益的维护。社会个体在利益追求过程中对理性发展的社会所需的衡平机制及秩序损害的另一个重要方面，是其在行使合法权利、追求合法利益时的无制约任性行为。这种行为对秩序的破坏和对社会公共利益的损害同样是严重的。尤其是现代国家随着社会的发展，社会事务日益繁多，政府管理范围日益扩大，公民、法人和其他组织的自由如无限制将发生越来越多的冲突，危及社会公共安全、经济秩序并最终将导致这些自由无法行使。因此，现代国家便将可能危及社会公共安全、经济秩序以及公民权益的活动纳入其统一管理体系，将其普遍禁止：社会个体对利益的追求不能以牺牲另一些个体的相同利益追求为前提；个体对利益的追求也不能以牺牲社会公共利益为条件；个体对利益的追求还不能超越自然资源所能提供的和社会资源（例如社会价值观念）所能承受的范围。这些前提、条件和范围就是法律的一般禁止。比如认为人人都有经商的自由，但这种自由必须符合社会公共利益，因而就不能从事贩毒、贩卖、走私物品等经商活动，否则就是对公共秩序的破坏。又如，医疗行业、食品领域等特殊行业需要一定的技术，因而要进入这些领域必须具备一定的资格。再如公民驾驶汽车在道路上行驶，由于汽车对人存在伤害的危险，因而驾驶汽车必须具备驾驶技能和道路交通的知识。

（三）行政许可是对法律一般禁止的解除

我们说个人都天然地享有权利，但是，对整体个人权利的捍卫必然要求对每个人的个人权利加以限制。限制的方式就是国家通过立法对需要控制的事项予以普遍禁止。当人们在社会生活中需要比较充分的行为自由度时，如何恢复这些被普遍禁止了的自由和权利？办法就是对符合标准的公民、法人和其他组织予以个别解禁。

行政许可从性质上来说是行政机关在具备特定的法定要件时作出的具有解除由法律、法规设定的一般性禁止的法律效果的行为。其是对符合条件的特定对象解除禁止允许其从事某项特定活动，享有特定权利和资格的行为。法不禁止，就是许可。

从强制力控制的角度来讲，行政许可是行政控制的延伸和具体化，通过法定程序对符合法定条件的个体予以实施行政许可，个别解禁。符合行政许可制度所设定的条件，而且具有正确运用某类特别权利或资格的能力，并已具有履行相应特定义务能力的从业人员，经行政机关严格审查后获得从事该特定领域活动的解禁（允许）。被许可的权利依宪法和法律规定是公民、法人本身就应享有的权利，但这一权利在不符合法律所特别规定的条件之前，还是不能享有。一旦对某种活动实行许可即意味着所有从业人员非经政府解禁而从事该业即为非法，必须承担某种法定责任。

（四）经营BT网站须取得行政许可

我们说国家权力虽然可以限制个人权利，但这种限制，不仅对所有人都应该是同等的，而且同时也应是其他人行使同样权利的需要。所以这种限制必须以保障整体个人权利的需要和公共利益的实现为前提和限度。也就是说，并不是所有的公民活动都要受到限制，换句话说，行政许可有既定的范围，这个范围限定了哪些事项可以设定行政许可，哪些事项不可以设定行政许可。从世界各国实行行政许可的范围看，大多数的行政许可事项都集中于两个方面：一是关系到公民、社会、国家利益的特殊行业、经营活动；二是关系到公民生命、自由、财产利益的特设职业。总而言之，允许行政许可制度存在的领域只能是与公共福利有关的，应该由政府承担维护国家和社会利益责任的领域。

我国的《行政许可法》将可以设定行政许可的事项概括为下列六项：①直接涉及国家安全、公共安全、经济宏观调控、生态环境保护以及直接关系人身健康、生命财产安全等特定活动，需要按照法定条件予以批准的事项；②有限自然资源开发利用、公共资源配置以及直接关系公共利益的特定行业的市场准入等，需要赋予特定权利的事项；③提供公众服务并且直接关系公共利益的职业、行业，需要确定具备特殊信誉、特殊条件或者特殊技能等资格、资质的事项；④直接关系公共安全、人身健康、生命财产安全的重要设备、设施、产品、物品，需要按照技术标准、技术规范，通过检验、检测、检疫等方式进行审定的事项；⑤企业或者其他组织的设立等，需要确定主体资格的事项；⑥法律、行政法规规定可以设定行政许可的其他事项。

有权设定行政许可，也不是对任何事项都设定行政许可。一般来说，不必设定行政许可的事项主要有下列四项：①与公共利益无关，可以由自然人、法人或者其他组织自主决定，不致损害国家、社会、集体利益和他人合法利益的事项。只有当自然人、法人或者其他组织行使这些权利可能对公共利益或者他人利益造成损害，并且这种损害难以通过事后赔偿加以补救时，才能设定行政许可。②市场竞争机制可以有效调节的事项。市场竞争机制具有活力，在市场经济体制下要求充分发挥市场在资源配置中的基础性作用，凡是市场竞争机制可以有效调节的，均不得设定行政许可。③社会可以调节的事项即行业组织或者中介机构能够自律管理的事项。④行政机关采用事后监督等其他行政管理方式能够解决的事项。

BT 是 BitTorrent 的简称（俗称变态下载），是一个多点下载的源码公开的 P2P 软件。BitTorrent 专门为大容量文件的共享而设计，它采用了一种有点像传销的工作方式。BT 首先在上传者端把一个文件分成了很多部分，用户甲随机下载了其中的一些部分，而用户乙则随机下载了另外一些部分。这样甲的 BT 就会根据情况（根据与不同电脑之间的网络连接速度自动选择最快的一端）到乙的电脑上去拿乙已经下载好的部分，同样乙的 BT 就会根据情况到甲的电脑上去拿甲已经下载好的部分，这样不但减轻了服务器端的负荷，也加快了双方的下载速度。和通常的 FTP、HTTP 下载不同，使用 BT 下载不需要指定服务器，虽然在 BT 里面还是有服务器的概念，但下载的人并不需要关心服务器在哪里。只有发布原始共享文件的人才需要了解。提供 BT 的服务器称为 Tracker，把文件用 BT 发布出来的人需要知道该使用哪个服务器来为要发布的文件提供 Tracker。由于不指定服务器，BitTorrent 采用 BT 文件来确定下载源。BT 文件后缀名为 torrent，容量很小，通常是几十 K 的样子，这个文件里面存放了对应的发布文件的描述信息、该使用哪个 Tracker（记录下载用户信息的服务器）、文件的校验信息等。BT 客户端通过处理 BT 文件来找到下载源和进行相关的下载操作。BT 把提供完整文件档案的人称为种子（SEED），正在下载的人称为客户（Client），某一个文件现在有多少种子多少客户是可以看到的，只要有一个种子，就可以放心地下载。当你下载完成后，如没有选择关闭，其他人就可以从你这里继续下载。正是由于 BT 下载这种方式传输的内容并不保存在服务器上，这种方式就常常被用来传播非法数据（盗版甚至病毒）。BT 软件作为一种便利的下载程序被公众所认可后，就会出现一些专门提供 BT 种子的网站，BTChina 就是这样一个提供中文 BT 下载资源搜索服务的网站。互联网技术的发达使网络成为人们生活中必不可少的东西，人们通过网络满足自己的各种需要，但同时网络也成为了损害公民利益的工具和平台，甚至网络犯罪也层出不穷，互联网的经营直接影响到了社会的公共利益和社会秩序，像 BTChina 这样的网站由于实行点对点传输，具有一定的隐蔽性，加之其服务是免费的，往往成为盗版侵权的"大本营"。事实上广电总局关闭 BTChina 就是出于整治盗版，保护知识产权和公民的网络安全的目的。经营 BT 网站的行为直接关系到了社会的公共利益和公共秩序，属于行政许可的设定范围，广电总局要求互联网视听节目服务网站办理许可证是无可厚非的。

（五）行政许可的行使应当正当

网上传播视听节目许可证是合法设定的行政许可。在我国，行政许可的设定是一种立法性行为。广义的立法泛指有关国家机关依照法定权限和程序制定各种具有不同法律效力的规范性文件的活动，既包括国家最高权力机关及其常设机关制定的特定的、具体的规范性文件的活动，也包括各地方国家权力机关及其常设机关和各级行政机关依照法定权限和程序制定行政法规、地方性法规及规范性决定、决议等规范性文件的活动。狭义的立法专指国家最高权力机关及其常设机关制定的特定的、具体的规范性文件的活动。

我国《行政许可法》对设定行政许可的权限作了四个方面的规定：①凡许可法第 12 条所列事项，法律都可以设定行政许可。②对可以设定行政许可的事项，尚未制定法律的，行政法规可以设定行政许可。必要时，国务院可以采用发布决定的方式设定行政许可，实施后，除临时性行政许可事项外，应当及时提请全国人大及常委会制定法律，或者自行制定行政法规。③尚未制定法律、行政法规的，地方性法规可以设定行政许可；尚未制定法律、行政法规和地方性法规的，因行政管理的需要，确需立即实施行政许可的，省、自治区、直辖市人民政府可以设定临时性的行政许可。临时性行政许可实施满 1 年需要继续实施的，应当提请本级人大及常委会制定地方性法规。但是，地方性法规、地方政府规章不得设定应当由国家统一确定的有关公民、法人或者其他组织的资格、资质的行政许可，不得设定企业或者其他组织的设立登记及其前置性行政许可。其设定的行政许可不得限制其他地区的个人或者企业到本地区从事生产经营和提供服务，不得限制其他地区的商品进入本地市场。④其他规范性文件一律不得设定行政许可。

根据 2004 年 7 月 1 日施行的《中华人民共和国行政许可法》第 14 条规定，对可以设定行政许可的事项，法律可以设定行政许可。尚未制定法律的，行政法规可以设定行政许可。经营网站是关涉到社会利益的特定行业，法律可以设定行政。国务院 2004 年 6 月 29 日颁布《国务院对确需保留的行政审批项目设定行政许可的决定》（412 号令），并于 2004 年 7 月 1 日施行，于 2009 年为国务院第 548 号令修改。该决定共保留了 500 项需要设定行政许可的项目，其中第 304 项即为"网上传播视听节目许可证核发"，国务院是法定的设定行政许可的主体，因而网上传播视听节目许可证的设定是合法的。

广电总局有权要求视听网站办理网上传播视听节目许可证。行政许可是行政行为，其实施需要特定的主体。我国行政许可法的实施主体，根据《行政许可法》的有关规定，包括了三类：行政机关、法律法规授权的组织和行政机关委托的组织。国家广播电影电视总局是国务院的直属机构，是法律规定的行政主体，具有行政权，是互联网视听节目服务的行业主管部门，也是网上传播视听节目行政许可的实施机关。广电总局依据国务院的上述行政法规制定了《互联网视听节目服务管理规定》中有关"信息网络传播视听节目"的行政许可。因此，《互联网视听节目服务管理规定》对互联网传播视听节目进行行政许可和管理，具有合法性。

行政许可的审核程序应当公正。行政许可是一项行之有效的对社会、经济的管理手段。但若使用不当，对社会、经济的危害也是显而易见的。

1. 我国行政许可实施的程序。我国行政许可的实施程序一般分 4 个步骤：申请、受理、审查和决定。

合法有效的申请行为应符合以下要件：①申请行为应向有行政许可权的行政机关提出；②申请人有明确的意思表示；③申请人应提交所需的有关材料。申请人的申请只要符合申请行为的有效构成要件，申请人的行为就是合法有效的，并引起行政许可机关的受理义务，一般行政许可申请自行政机关收到之日即为受理。但是，申请人合法有效的申请行为并不代表申请人完全符合许可的条件和标准，并不必然导致行政机关必须发给申请人许可证。行政机关受理申请后，要对申请进行形式审查和实质审查。对申请人提交的申请材料是否齐全、是否符合法定形式进行审查合格后，行政机关对以下方面进行实质审查：①申请人是否具有相应的权利能力，比如申请医师执业证的是通过医师职业资格考试的；②申请人是否就有相应的行为能力；③申请是否符合法定的程序；④授予申请人许可证是否损害公共利益和利害关系人利益；⑤申请人的申请是否符合法律、法规规定的其他条件。审查过程中，当是否给予行政许可事关公民、法人和其他组织的切身利益时，行政机关应当听取当事人和利害关系人的意见，允许他们就受到的影响陈述观点，出示证据，进行辩论，这就是听证程序。我国的《行政许可法》已经规定了听证程序的具体操作方法。行政主体经过对行政许可申请人的申请及有关材料进行审查后，若确认其符合法定条件，即应在规定期限内作出向申请人颁发有关证照的决定。若经审查认为不符合法定条件，则应作出不予许可的决定，并向申请人说明理由。申请人不服的可依法申请复议或提起行政诉讼。若行政主体在法定期限届满时尚未予以明确答复的，申请人可依法申请复议或提起行政诉讼，请求复议机关或人民法院责令行政许可机关依法履行法定职责，作出明确的答复。

2. 充分发挥听证的作用。首先，在许可条件的设定环节就应重视听证。许可的条件是衡量是否能准许的准绳，许可是否公正将以此为开端。一个行政许可，具备什么资格的人才能被决定授予，在目前一般都是由行政许可的实施主体单独设定的，最有资格说话的行政相对人被排除。实际上一个特定行业的具体情况只有身处这个行业内的人才最明白，某个特定行业被划在行政许可的范围之内，就说明这个行业与整个社会的民众有着密切的联系，群众对这个行业的需要和评价才应该是条件设定的出发点，因而，在设定行政许可的取得资格时应当充分的发挥听证的作用。其次，确保听证程序的公正。在作出许可决定的环节，许可程序是作出许可决定的具体过程，程序的不公正将导致结果的不公正。通过听证会，集中专家学者乃至各阶层的意见，尤其是各利害关系人的意见，透过"面对面"的交锋讨论，辩明行政许可设定的合法性、合理性，形成行政主体和利害关系人共同行使行政许可设定权的协作环境，有利于行政许可目的的实现，也有利于公共利益和个体利益乃至各种利益之间的均衡。但从实证观察的结果看，社会利益是多元化的，许多许可的设定往往是利益集团游说立法机关的结果，公众未必受益。要真正保证听证会发挥作用，行政机关要充分调动公众的积极性，并应当按照公开、公平、公正的原则确定听证参加人。

BTChina关闭事件之所以会引起广泛的关注，网民的呼喊虽然是一个原因，但网民所关心的无非是自己以后的网络生活怎么继续的问题，只要还能有网站提供服务，网民的情绪就能够平息。但对于众多被关闭的网站的经营者来说，网上传播视听节目许可证的申请却成为了他们继续经营不可逾越的鸿沟。

关于通过信息网络，尤其是通过互联网、通信网、广电网这三网传播视听节目，国家广播电影电视总局及当时的中华人民共和国信息产业部（现已并入工信部）联合发布了第56号令：《互联网视听节目服务管理规定》，对"在中华人民共和国境内向公众提供互联网（含移动互联网，以下简称互联网）视听节目服务"的，需向广播电影电视主管部门申请《信息网络传播视听节目许可证》（下称"视听证"）或履行备案手续。该规定第7条第2款规定"未按照本规定取得广播电影电视主管部门颁发的《许可证》或履行备案手续，任何单位和个人不得从事互联网视听节目服务。"而第8条第1项规定则要求申请从事互联网视听节目服务的应该"具备法人资格，为国有独资或国有控股单位"，此条规定意味着只有国家控股单位才可从事此项业务，这是一个硬性条件，非国资控股的网站都已经被全部排除在这个被视为未来将蓬勃发展的市场之外，更不用说个人经营的网站了，但是实际上中国有大量从事信息网络传播视听节目业务的网站都是民营的，有的网站为追求上市，已经引入风险投资，如：土豆网、优酷网等，其实际已经变质为由外资参股或者控股的网站，早已经不符合申请视听证所需的这一硬性条件。对于这类资金强大的网站，甚至包括近期在 NASDAQ 借壳上市的 ku6 网和已经在国内创业板过会的乐视网，都通过一系列的协议安排，使其在国内法律上（或者说通过工商局内档查询到的）股东实际上是国内的股权代持人，这样它们是获得了这张市场准入证的。而对于已经做的有群众基础的都是类似于 BTChina 这样的个人网站和民营网站，目前看来，真的是无法获得这张许可证的。可实际上，这些网站在民众的生活中已经占据了非常重要的地位，民众对这些网站是有需要的，当然，个人网站和民营网站可以通过转变经营方式使自己符合许可证的条件要求，但那毕竟很难。我们的行政机关在实施行政许可之时，也应该在社会利益与个体利益中作出平衡。

三、相关法条

《中华人民共和国行政许可法》节选

第一条　为了规范行政许可的设定和实施，保护公民、法人和其他组织的合法权益，维护公共利益和社会秩序，保障和监督行政机关有效实施行政管理，根据宪法，制定本法。

第二条　本法所称行政许可，是指行政机关根据公民、法人或者其他组织的申请，经依法审查，准予其从事特定活动的行为。

第三条　行政许可的设定和实施，适用本法。

有关行政机关对其他机关或者对其直接管理的事业单位的人事、财务、外事等事项的审批，不适用本法。

第四条　设定和实施行政许可，应当依照法定的权限、范围、条件和程序。

第十一条　设定行政许可，应当遵循经济和社会发展规律，有利于发挥公民、法人或者其他组织的积极性、主动性，维护公共利益和社会秩序，促进经济、社会和生态环境协调发展。

第十二条　下列事项可以设定行政许可：

（一）直接涉及国家安全、公共安全、经济宏观调控、生态环境保护以及直接关系人身健康、生命财产安全等特定活动，要按照法定条件予以批准的事项；

（二）有限自然资源开发利用、公共资源配置以及直接关系公共利益的特定行业的市场准入等，需要赋予特定权利的事项；

（三）提供公众服务并且直接关系公共利益的职业、行业，需要确定具备特殊信誉、特殊条件或者特殊技能等资格、资质的事项；

（四）直接关系公共安全、人身健康、生命财产安全的重要设备、设施、产品、物品，需要按照技术标准、技术规范，通过检验、检测、检疫等方式进行审定的事项；

（五）企业或者其他组织的设立等，需要确定主体资格的事项；

（六）法律、行政法规规定可以设定行政许可的其他事项。

第十三条　本法第 12 条所列事项，通过下列方式能够予以规范的，可以不设行政许可：

（一）公民、法人或者其他组织能够自主决定的；

（二）市场竞争机制能够有效调节的；

（三）行业组织或者中介机构能够自律管理的；

（四）行政机关采用事后监督等其他行政管理方式能够解决的。

第二十二条　行政许可由具有行政许可权的行政机关在其法定职权范围内实施。

第二十三条　法律、法规授权的具有管理公共事务职能的组织，在法定授权范围内，以自己的名义实施行政许可。被授权的组织适用本法有关行政机关的规定。

第二十九条　公民、法人或者其他组织从事特定活动，依法需要取得行政许可的，应当向行政机关提出申请。申请书需要采用格式文本的，行政机关应当向申请人提供行政许可申请书格式文本。申请书格式文本中不得包含与申请行政许可事项没有直接关系的内容。

申请人可以委托代理人提出行政许可申请。但是，依法应当由申请人到行政机关办公场所提出行政许可申请的除外。

行政许可申请可以通过信函、电报、电传、传真、电子数据交换和电子邮件等方式提出。

第三十四条　行政机关应当对申请人提交的申请材料进行审查。

申请人提交的申请材料齐全、符合法定形式，行政机关能够当场作出决定的，应当当场作出书面的行政许可决定。

根据法定条件和程序，需要对申请材料的实质内容进行核实的，行政机关应当指派两名以上工作人员进行核查。

第三十六条　行政机关对行政许可申请进行审查时，发现行政许可事项直接关系他人重大利益的，应当告知该利害关系人。申请人、利害关系人有权进行陈述和申辩。行政机关应当听取申请人、利害关系人的意见。

第四十六条　法律、法规、规章规定实施行政许可应当听证的事项，或者行政机关认为需要听证的其他涉及公共利益的重大行政许可事项，行政机关应当向社会公告，并举行听证。

第四十七条　行政许可直接涉及申请人与他人之间重大利益关系的，行政机关在作出行政许可决定前，应当告知申请人、利害关系人享有要求听证的权利；申请人、利害关系人在被告知听证权利之日起5日内提出听证申请的，行政机关应当在20日内组织听证。

申请人、利害关系人不承担行政机关组织听证的费用。

第四十八条　听证按照下列程序进行：

（一）行政机关应当于举行听证的7日前将举行听证的时间、地点通知申请人、利害关系人，必要时予以公告；

（二）听证应当公开举行；

（三）行政机关应当指定审查该行政许可申请的工作人员以外的人员为听证主持人，申请人、利害关系人认为主持人与该行政许可事项有直接利害关系的，有权申请回避；

（四）举行听证时，审查该行政许可申请的工作人员应当提供审查意见的证据、理由，申请人、利害关系人可以提出证据，并进行申辩和质证；

（五）听证应当制作笔录，听证笔录应当交听证参加人确认无误后签字或者盖章。

行政机关应当根据听证笔录，作出行政许可决定。

第六十九条　有下列情形之一的，作出行政许可决定的行政机关或者其上级行政机关，根据利害关系人的请求或者依据职权，可以撤销行政许可：

（一）行政机关工作人员滥用职权、玩忽职守作出准予行政许可决定的；

（二）超越法定职权作出准予行政许可决定的；

（三）违反法定程序作出准予行政许可决定的；

（四）对不具备申请资格或者不符合法定条件的申请人准予行政许可的；

（五）依法可以撤销行政许可的其他情形。

被许可人以欺骗、贿赂等不正当手段取得行政许可的，应当予以撤销。

依照前两款的规定撤销行政许可，可能对公共利益造成重大损害的，不予撤销。

依照本条第1款的规定撤销行政许可，被许可人的合法权益受到损害的，行政机关应当依法给予赔偿。依照本条第2款的规定撤销行政许可的，被许可人基于行政许可取得的利益不受保护。

第七十条　有下列情形之一的，行政机关应当依法办理有关行政许可的注销手续：

（一）行政许可有效期届满未延续的；
（二）赋予公民特定资格的行政许可，该公民死亡或者丧失行为能力的；
（三）法人或者其他组织依法终止的；
（四）行政许可依法被撤销、撤回，或者行政许可证件依法被吊销的；
（五）因不可抗力导致行政许可事项无法实施的；
（六）法律、法规规定的应当注销行政许可的其他情形。

第二十讲

政府调控的权力边界

——以商品房"限购令"为例

> 如果行政权力的膨胀是现代社会不可避免的宿命,那么为了取得社会的平衡,一方面必须让政治充分反映民众的意愿,另一方面在法的体系中应该最大限度地尊重个人的主体性。
>
> ——棚濑孝雄

(棚濑孝雄,たなせ たかお,1943年出生,是日本著名法学家,主要研究领域包括法社会学、司法制度和法学理论,以纠纷解决和审判程序方面的开拓性学说而闻名。棚濑孝雄的方法论最初得益于帕森斯的结构功能分析,后来转向倡导以行为主体为中心的过程分析或者称之为是"方法论个人主义",因此表现出从个案归纳一般类型、从微观总结宏观理论、从动态寻求均衡关系的特色,被认为是后现代主义法学的代表性理论家。有学者评价其在平静的社会学领域掀起一股强劲的批判和反思风潮,大大促进了法学研究与其他社会、人文学科的对话。在日本司法改革中,棚濑孝雄与诉讼法学界的"程序保障第三次浪潮"派、"交涉与法"研究会等互相呼应,发挥着重大影响。其代表作有:《本人诉讼的审理结构——自治的司法模式》、《现代社会与律师》、《纠纷与审判的法社会学》、《现代日本的法和秩序》等。)

一、案例介绍

经过2008年房价的短暂下跌后,我国房地产市场进入一段房价疯涨的时期。为遏制房价过快上涨,稳定房地产市场,中央政府出台了一系列房地产调控政策。2010年4月17日,国务院出台《关于坚决遏制部分城市房价过快上涨的通知》(简称"新国十条"),提出要严格限制各种名目的炒房和投机性购房。对商品住房价格过高、上涨过快、供应紧张的地区,地方人民政府可根据实际情况采取临时性措施,在一定时期内限定购房套数。之后几个月,各地对"新国十条"的执行并不尽人意;除北京在2010年4月30日出台了楼市限购令外,其他城市对限购都没有作出规定。

2010年9月,各地房价上涨又呈现抬头趋势。2010年9月29日,住房和城乡建设部、国土资源部、监察部联合出台《对各地进一步贯彻落实国务院坚决遏制部分城市房价过快上涨通知提出四项要求》的文件,对地方政府稳定房价和住房保障工作提出进一步要求。

2011年1月26日,国务院出台《国务院办公厅关于进一步做好房地产市场调控工作有关问题的通知》(简称"新国八条"),其中规定,"各直辖市、计划单列市、省会城市和房价过高、上涨过快的城市,在一定时期内,要从严制定和执行住房限购措施。原则上对已拥有1套住房的当地户籍居民家庭、能够提供当地一定年限纳税证明或社会保险缴纳证明的非当地户籍居民家庭,限购1套住房(含新建商品住房和二手住房);对已拥有2套及以上住房的当地户籍居民家庭、拥有1套及以上住房的非当地户籍居民家庭、无法提供一定年限当地纳税证明或社会保险缴纳证明的非当地户籍居民家庭,要暂停在本行政区域内向其售房。……尚未采取住房限购措施的直辖市、计划单列市、省会城市和房价过高、上涨过快的城市,要在2月中旬之前,出台住房限购实施细则。其他城市也要根据本地房地产市场出现的新情况,适时出台住房限购措施。"此后,各地限购令陆续出台。限购令与其他房地产调控措施一起,对遏制房价过快上涨发挥了作用。2011年第三季度以后,不少城市的房地产市场开始出现降价的情形。

随着"限购令"在各地的贯彻落实,其对人们的社会生活产生了深远影响。2011年12月,新华社盘点2011年度我国网络热词,"限购令"排在第二位,网络搜索累计1000多万条结果。

对限购令的实施,网友有批评和支持两种声音。支持限购令的网友主张,房地产市场的稳定需要政府调控,非常时期就要用非常手段。比如用户名为"老揭"的新浪网友认为,"实施限购令,是向有需要的购房者颁发准入证,对于投机者,则颁布禁止令,可迅速为楼市降温。"网友"铜豌豆"提出,"在非常时期,采取非常手段来调控市场,可根据实际情况将之法制化。一家一套房,既保证了公平的消费权,又避免了对房产的过度炒作,在一定的时期内,是完全可行的。"在限购令是否延续的问题上,支持限购令的网友表示,是限购令使房地产畸高的价格涨势缓和下来,一旦取消,后果不堪设想。

批评限购令的网友则认为,政府用行政手段干预房地产市场是无效的。强压房价反而会加重楼市病情。比如搜狐网友马光远认为，用限购令这种明显违背市场规律的手段，一方面意味着楼市的有效供应依旧紧张，另一方面，这样的猛药一般都没有持续性。限购令就好像给一个发高烧的病人泼了一头冰水，可以立即起到降温的效果，但最终不但治不了病，反而会加重病情，完全属于乱投药。有网友以北京地区出台限购令后在2010年下半年楼市回暖为依据论证限购令将不能发挥作用。还有珠海的一名律师林叔权上书温家宝总理，认为限购令违反《物权法》的规定，呼吁停止执行。

为应对限购令对购房资格和购房套数的限制，有网友在论坛上支招，比如不少地区法院强制执行中办理住房过户不受限购令限制，就有网友提出假装借钱以房抵"债"；不少出台限购令的城市对公司购买住房都没有限制，就有网友提出注册公司来买房；还有网友提出通过假结婚、假离婚或者通过中介代办社保等方式规避限购。据悉，实践中也有操作成功的例子。

尽管有各种批评的声音，但限购令施行至今，不少城市的房地产市场已经出现房价下跌的态势。对限购令到期后是否延续的问题，住建部在2012年初知会地方政府，对限购政策将要于2011年年底到期的城市，地方政府需在到期之后对限购政策进行延续。

二、案例分析

（一）什么是房地产法

房地产法是调整房地产关系的法律规范的总称。从房地产法所调整社会关系的性质上看，房地产法的调整对象包括民事性质的房地产关系和行政管理性质的房地产关系，具体包括：①土地、房屋财产关系，如土地、房屋的所有权和使用权等；②土地的利用和管理关系，如土地利用总体规划、耕地保护、土地用途管制、建设用地审批、国有土地使用权的出让转让、集体土地的征用等；③城市房地产开发经营关系，如房地产开发企业在国有土地上进行基础设施建设、房屋建设，转让房地产开发项目或者销售、出租商品房发生的社会经济关系；④城市房地产管理关系，如城市整体规划，对公有房屋和私有房屋的管理监督，对房地产市场的调控等；⑤城市物业管理关系，物业管理公司与物业所有人、使用人之间，就房屋建筑及其配套设施和居住小区内绿化、卫生等管理项目进行维修与整治发生的一系列社会经济关系。

从房地产法的调整对象来看，房地产法是一个综合性的法律体系，兼具有公法和私法的特征。以我国《城市房地产管理法》为例，73个条文就涉及到房地产开发用地的取得、房地产开发企业的设立、房地产开发项目管理、房地产交易（包括转让、抵押和租赁）、中介服务、房地产权属登记等各方面问题，跨越多个法律部门。

关于房地产法的性质，一直以来存在着民法、行政法、经济法和独立法律部门的争论。通说认为房地产法更侧重于经济法性质。

有学者提出要强化民事私法在房地产法体系中的统领作用，其认为，房地产的建造与交易，都属于民事范畴。

但从房地产法的特征上看，房地产法不仅调整房地产作为一种商品的交易流转过程，也调整房地产的生产过程；其不仅担负着维护交易秩序的职能，也担负着促进社会保障的职能。为实现房地产市场的健康发展，在房地产法体系中，要关注民事私法权利，同样也要重视政府调控，只不过政府调控要遵守其界限，尊重民事权利的自治范围。

（二）《城市房地产管理法》对房地产转让的限制

房地产转让是指房地产权利人通过买卖、赠与或者其他合法方式将其房地产权属转移给他人的行为。根据《城市房地产管理法》和《城市房地产转让管理规定》等相关规定，我国法律规定的城市房地产转让的禁止情形包括：

第一，以出让方式取得土地使用权但不符合法律规定的有关转让条件的。其包括以出让方式取得土地使用权，但未支付全部土地使用权出让金；以出让方式取得土地使用权，但未按土地使用权出让合同规定的期限和条件开发土地，房屋建设工程未完成开发投资总额的 25% 以上，成片开发土地未形成工业用地或其他建设用地条件。该种情形下未能形成房屋销售或商品房预售条件，主要调整土地使用权转让合同关系。

第二，司法机关和行政机关依法裁定、决定查封或者以其他形式限制房地产权利的。房地产转让中，作为转让对象的房地产必须是可以流通的；如果某项房地产在一定期间权利受限制，那么该房地产在限制期内不能转让。

第三，依法收回土地使用权的。用地单位或个人被收回土地使用权，就不再是土地使用权主体。按照我国《城市房地产管理法》的相关规定，房地产转让时，房屋的所有权及土地使用权同时转让；在出让年限届满未续期和行政征收的情形，房屋权利人也不能再转让房屋所有权。

第四，共有房地产，未经其他共有人书面同意的。共有房地产是指两个以上的权利主体共同享有房屋所有权和土地使用权。共有人处分共有财产，应当依据法律规定或共同协商；未经其他共有人书面同意转让房地产，侵犯了其他共有人的权利，因而在禁止之列。

第五，权属有争议的。也就是说，有其他人对房屋所有权和土地使用权主张权利，权利主体不确定。该种情形下若允许转让房地产，则有可能侵害真正的房地产权利人的利益。

第六，未依法登记领取权属证书的。当事人依法登记领取的房地产权属证书是取得房地产权利的法律凭证,没有依法取得房地产权属证书的,不得转让相应的房地产。

第七,法律、行政法规规定禁止转让的其他情形。这是一种灵活性的制度安排,既包括现行法律、行政法规规定的其他情形,如预售商品房未办理预售许可证的情形,也包括将来法律、行政法规规定的其他情形,但并不包括规章、其他规范性文件规定的其他情形。

从《城市房地产管理法》的规定上看,我国法律对房地产转让的限制是对转让标的物的限制,并没有对转让主体资格限制的规定。《城市房地产管理法》第38条第7项的兜底条款也应当在"下列房地产不得转让"的基础上予以理解。检索限购令施行前我国法律、法规、规章和规范性文件中关于转让主体资格限制的规定,仅在六部委《关于规范房地产市场外资准入和管理的意见》和《关于规范房地产市场外汇管理有关问题的通知》有限制境外企业和个人购买商品房的规定。但这两份文件无论在调整对象、还是效力层级上都显然不能够作为限购令的依据。

(三) 商品房"限购令"的法律性质

国务院出台的《关于进一步做好房地产市场调控工作有关问题的通知》等文件和地方政府为落实国务院"限购令"颁布的实施细则,从形式上看明显不属于法律、行政法规或政府规章的范畴。

具体来说,法律是全国人民代表大会及其常务委员会按照立法程序制定的各类规范性文件的总称;行政法规是国务院为领导和管理国家各项行政工作,根据宪法和法律,并且按照《行政法规制定程序条例》的规定而制定的政治、经济、教育、科技、文化、外事等各类法规的总称;地方政府规章是省、自治区、直辖市人民政府以及省、自治区、直辖市人民政府所在地的市、经济特区所在地的市和国务院批准的较大的市的人民政府,根据法律、行政法规,按照规章制定程序制定的规范性法律文件的总称。国务院办公厅《关于进一步做好房地产市场调控工作有关问题的通知》和各地方政府实施细则不属于全国人大及其常委会制定的法律,也没有履行相应的行政法规或地方政府规章制定程序,不属于行政法规或地方政府规章。

从法律性质上看,"限购令"属于抽象行政行为。抽象行政行为指的是行政主体针对不特定对象制定具有普遍约束力、可以反复适用的规范性文件的行为,与具体行政行为相比较而言的,其具有以下几方面的特征:

第一,抽象行政行为是针对不特定的对象做出。由于抽象行政行为规定的是人们应普遍遵守的行为模式标准,因此其对象具有不特定性;而具体行政行为的对象是特定的。判断某一行政行为是否构成抽象行政行为,不是看相对人数量的多少，而是看处理行为做出时相对人范围是否能够确定，是封闭的还是开放的。比如某市规划局发出通告要求某小区居民一律拆迁，该通告虽然可能涉及多户居民，但在通告发出时相对人是特定的，其仍然是具体行政行为。国务院与地方政府出台的"限购令"及其实施细则，其对象范围是不特定的，属于抽象行政行为。

第二，抽象行政行为可以反复适用。与具体行政行为相比较，内容的可反复适用性是抽象行政行为的又一特征。所谓内容的可反复适用性是指抽象行政行为对所规范的同一或同类对象具有多次适用的效力。各地出台的住房限购实施细则在限购期满前都具有多次适用的效力，每一名购房者都需要具备限购实施细则规定的条件。

第三，抽象行政行为是向后发生效力的行为。抽象行政行为只对其生效后所发生的事项具有约束力，对之前的人或事不具有拘束力。"限购令"对施行前的购房者也不具有溯及力。

"限购令"作为政府调控房地产市场的一项重要举措，对遏制高房价发挥了作用。然而，从"限购令"的规定上看，对具有一定条件的居民家庭暂停在本行政区域内向其售房，是对交易主体资格的限制，涉及民事基本制度，按照《立法法》第 8 条的规定，属于只能制定法律的事项。从对住房限购的管理上看，行政机关主要是对具有一定条件的居民家庭限制办理产权登记，从而达到暂停向其售房的目的，这涉及产权登记制度。行政机关通过抽象行政行为对房地产交易主体资格和产权登记制度进行限制，必然将面对各种合法性的质疑。

（四）行政法治原则下商品房"限购令"之审视

行政法治原则是行政法的首要原则，是法治原则在行政法领域的具体化。完善的行政法体系、行政法主体普遍的法治理念、法治手段作为行政主体最基本的行为手段、行政自由裁量权得到恰当行使、法律面前人人平等都构成行政法治原则的基本内涵。具体来说，行政法治原则要求：

第一，行政主体法定。行政主体依法设立，并且具备相应的主体资格。行政活动要符合法治原则，首先要求实施行为的主体合法。如果进行行政活动的主体没有依法成立或者不具备行政主体资格，其做出的行为自然不具有法律效力。该项内容要求行政机关或其他行使行政权的组织必须符合法律规定的资格和人员条件，能够以自己的名义对外实施行政行为并能够独立承担行政责任。

第二，行政职责法定。行政主体应当严格按照法律规定的职责权限实施行政行为，并承担相应的行政责任。行政主体超越其法定权限范围实施的行为在法律上是无效的。行政机关不得越权，这是因为，"无法律即无行政，"行政活动应当根据法律规定的授权进行；没有法律规定的授权就表明其无权进行相关活动，这是传统行政法理论下认为行政活动和公民活动的最大区别。有观点认为，在消极行政领域，"没有法律授权就没有行政"；在积极行政领域，"法无明文禁止，即可作为"。积极行政领域中的行政活动也应当有法律依据，不过这种规定可以是具体规定，也可以是原则性规定。

第三，法律优先。法律优先是指在已经有法律规定的情形下，其他低位阶的规范性文件都不得与法律相抵触，否则无效；在法律尚未做出规定而其他低位阶的规范性文件率先做出时，一旦后来的法律就同一事项有明确规定时，法律具有优先地位，其他低位阶的规范性文件必须服从。这里所说的"法律"，仅指全国人大及其常务委员会制定的法律。按照《立法法》的规定，法律在效力层级上高于行政法规、规章或行政机关制定的其他规范性文件；国务院根据宪法和法律制定行政法规，国务院各部委、有权地方政府按照法律、行政法规和上层级规范性文件制定规章，都应当遵循不抵触原则。行政主体实施行政活动，也应当优先适用法律。

第四，法律保留。法律保留是指当国家基本法律将某些事项的规定权保留给立法机关时，行政主体非经特别授权不得对相关事项做出规定。法律保留的范围一般是对公民基本人权的限制方面，其功能在于划定立法权和行政权的边界，防止行政权的过分膨胀。按照《立法法》的规定：①国家主权的事项；②各级人民代表大会、人民政府、人民法院和人民检察院的产生、组织和职权；③民族区域自治制度、特别行政区制度、基层群众自治制度；④犯罪和刑罚；⑤对公民政治权利的剥夺、限制人身自由的强制措施和处罚；⑥对非国有财产的征收；⑦民事基本制度；⑧基本经济制度以及财政、税收、海关、金融和外贸的基本制度；⑨诉讼和仲裁制度；⑩必须由全国人民代表大会及其常务委员会制定法律的其他事项，只能制定法律。对上述事项尚未制定法律的，全国人民代表大会及其常务委员会有权作出决定，授权国务院根据实际需要，对其中的部分事项先制定行政法规，但是有关犯罪和刑罚、对公民政治权利的剥夺和限制人身自由的强制措施和处罚、司法制度等事项除外。这就大致划定了我国行政权与立法权的界限。

以行政法治原则为标准，对"限购令"合法性的质疑主要在以下几个方面：

第一，从主体上看，"限购令"涉及交易主体资格和产权登记制度等民事基本制度，按照《立法法》的规定，民事基本制度属于必须由全国人大及其常委会制定法律的事项；但在尚未制定法律的情形中，国务院可以根据全国人大及其常委会的授权对其中部分事项先制定行政法规。《物权法》也规定，"国家对不动产实行统一登记制度。统一登记的范围、登记机构和登记办法，由法律、行政法规规定。"也就是说，国务院在具备一定条件的情形下可以作为制定限购措施的主体；而按照《立法法》的规定，地方政府可以为执行法律、行政法规制定具体性规定。国务院、地方政府出台"限购令"及其实施细则，在主体上并无实质性的障碍，其问题在于没有取得全国人大及其常委会的授权，超出法律规定的行政职责范围，涉嫌违反行政职责法定和法律保留的要求。

第二，从内容上看，"限购令"直接触及民事主体的不动产物权和缔约自由权，事实上违反了《物权法》和《合同法》的相关规定。按照《物权法》的规定，所有权人对其拥有的动产或者不动产享有占有、使用、收益、处分的权利。按照《合同法》的规定，当事人享有自愿订立合同的权利，任何单位和个人不得非法干预。限购对房屋所有人（包括开发商和二手房所有人）来说，其处分房屋的权能受到很大的限制；对购房者来说，其缔约自由也受到干预。"限购令"相关规定涉嫌违反法律优先的要求。

在"限购令"施行过程中，不少地方政府明确规定，违反规定购房的，不予办理房产登记。按照《物权法》规定，关于不动产物权登记的事项，只能由法律、行政法规规定，不能由地方性法规、地方政府规章或者其他行政规范性文件来规定。而按照《合同法》规定，只有违反法律、行政法规强制性规定的合同才构成无效；违反"限购令"的房屋买卖合同不属于合同无效的情形。房屋登记机关以房屋买卖合同违反限购令为由拒绝登记，理由本身就不具有合法性。但值得推敲的是，司法实践中，由于"限购令"不能办理不动产物权登记的，构成商品房买卖合同解除的事由。政府调控和司法实践的双重偏差使得"限购令"在发挥房价调控作用的同时总带着制度合法性上的缺憾。

第三，从程序上看，即便认为全国人大已经给予国务院就民事基本制度中部分尚未制定法律的事项先制定行政法规的一般授权，"新国十条"、"新国八条"也明显不属于行政法规。"新国十条"、"新国八条"的全称是《关于坚决遏制部分城市房价过快上涨的通知》和《国务院办公厅关于进一步做好房地产市场调控工作有关问题的通知》，其由国务院或其内设机构下发，代表其行政意志，但这两个文件并不具备行政法规的构成要件。

按照《立法法》的规定，行政法规的制定应当严格遵守行政法规的制定程序，包括立项、起草、审查、决定与公布等，并且应当由总理签署国务院令公布。而按照《国家行政机关公文处理办法》的相关规定，"通知"适用于批转下级机关的公文、转发上级机关和不相隶属机关的公文、传达要求下级机关办理和需要有关单位周知或者执行的事项、任免人员等。上述两个《通知》是下发给"各省、自治区、直辖市人民政府，国务院各部委、各直属机构"，严格来讲应当认为是政府内部公文，而不是行政法规。

有观点认为，商品房"限购令"的实质是为购房设置新的行政许可，并进一步主张城市的住房建设用地是有限资源，住房限购符合《行政许可法》第12条第2款规定的要求；同时主张"限购令"属于国务院通过发布决定设定临时性许可的情形,其出台符合《行政许可法》的相关规定。

对此,国务院出台的关于住房限购的文件与行政许可无关,以《行政许可法》为依据分析"限购令"的合法性在概念上存在偏差。

第一,关于行政许可的概念,理论上虽然有不同的观点,有的学者认为,行政许可指的是行政机关根据当事人的申请,在一定条件下解除禁止、准许个人或组织从事某种活动的行政行为。而有的学者认为,行政许可是指行政主体应行政相对人的申请,通过颁发许可证、执照等形式,依法对申请人解除从事某种活动或实施某种行为权利的限制的行政行为。还有学者认为,行政许可是指行政许可主体针对行政相对人的申请,依法判定并确认行政相对人是否已具备从事某种特定活动或实施某种特定行为的条件或资格,并对经判定并确认的活动或行为进行全过程依法监管的过程性行政行为。但无论采取哪种认识,行政许可在"相对人申请"和"行政机关解除禁止或赋予权利"这两个基本要素上是一致的。

从"限购令"的相关规定看,"限购令"是对存在一定条件的居民家庭,限购1套住房或者暂停在本行政区域内向其售房,这和行政许可设定是明显不同的两个范畴。

行政许可是有限设禁和解禁的行政行为,其许可的内容是国家一般禁止的活动。但"限购令"是对存在一定条件的居民家庭,限购1套住房或者暂停在本行政区域内向其售房。对购房这一活动来说,国家是没有限制的;其只是对已拥有2套及以上住房的当地户籍居民家庭、拥有1套及以上住房的非当地户籍居民家庭、无法提供一定年限当地纳税证明或社会保险缴纳证明的非当地户籍居民家庭,暂停在本行政区域内向其售房。在设定限制后,除非"限购令"终止,否则也不存在特定条件下解禁的情形。

第二,"限购令"是设定新行政许可的观点。有些地区要求房地产开发企业或房地产经纪企业核实购房人的《家庭成员情况申报表》信息,有些地区要求购房人在网签备案前到房地产登记中心申请出具《住房情况证明》,这些环节表现出较强的行政审批特征,与依申请行政行为的特征相类似。但从"限购令"本身的规定看,其并不具备设定行政许可这一层面的内容。

从行政许可设定的技术层面看,设定行政许可,应当明确行政许可事项、行政许可的实施机关等基本内容。认为购房属于行政许可事项,恐怕与市场经济的基本要求不相容;并且对多数人来说,购房是不存在限制的。另外,如果认为"限购令"是设定新行政许可,那么行政许可的实施机关是哪一机关将成为问题。购房过程中提供的《住房情况证明》性质上属行政证明,不是行政许可。而如果认为存在行政许可,那么行政许可审查只可能发生在房地产转移登记审查环节,行政登记实施机关在登记同时又承担行政许可审查职能,在逻辑上也没有必要。

（五）比例原则下商品房"限购令"之审视

比例原则是指行政主体实施行政行为应当兼顾行政目标的实现和保护相对人的权益；如果行政目标的实现可能对相对人的权益造成不利影响，则这种不利影响应被限制在尽可能小的范围和限度之内。其要求行政权行使的手段和目的间应存在一定的比例关系。比例原则包括适当性原则、必要性原则和狭义比例原则三个子原则：

第一，适当性原则。其指采取的措施必须能够实现行政目的或者至少有助于行政目的达成并且是正确的手段。通常认为，即使只有部分有助于目的的达成，也不违反适当性原则；并且是否符合适当性原则并不是以客观结果为依据的，而是以措施作出时有权机关是否考虑到相关目的为准。

第二，必要性原则。其指的是在适当性原则获得肯定后，在能达成法律目的的方式中应当选择对相对人权利侵害最小的方式。这包含两层意思，一是要存在多个能够实现法律目的的行为方式，否则必要性原则没有适用的余地；二是在能够实现法律目的的各方式中，选择对相对人权利侵害最小的一种。它是从法律后果上规范行政权力与其所采取的措施之间的关系。

第三，狭义比例原则，又称相称性原则，均衡原则。其指的是行政权力所采取的措施与其所达到的目的之间必须合比例或相称。具体来说，就是要求行政主体执行职务时，面对多数可能选择的处置，应就方法与目的的关系权衡更有利者而为之。它是从价值取向上规范行政权力与其所采取的措施间的关系。一般来说，狭义比例原则至少要考虑三项因素：①人格尊严不可侵犯的准则；②公益的重要性；③手段的适合性程度，但其考量仍需要根据具体个案来决定。

概言之，适当性原则要求手段有助于目的实现，必要性原则要求实现目的的手段是最小侵害的，而狭义比例原则是通过对手段负面影响的考量，要求目的本身的适当。三者相互联系，共同构成比例原则的完整内涵。

从"新国十条"和"新国八条"的规定来看，政府出台"限购令"的主要目的是"遏制部分城市房价过快上涨，切实解决城镇居民住房问题"。限购令通过对购房主体资格的限制，以实现控制住房需求、遏制房价过快上涨的目的。应当认为，"限购令"在遏制房价过快上涨上是有作用的。比例原则下对"限购令"的质疑，主要反映在对"限购令"必要性和相称性的反思上。

第一，政府调控房地产市场，不是只有限购一种调控方式。概括我国和其他国家调控房地产市场的做法，主要有以下几种方式：①税收政策。比如韩国政府通过提高房地产交易环节的税收，将转让第二套以上住宅的交易税从9%～36%提高到50%，有效抑制了房地产市场的投机行为；又比如美国多个州在房屋保有环节征收房地产税，税率1%～3%，对抑制投机发挥了重要作用。②利率政策。这和房地产消费贷款相关，通过调整贷款利率和首付款比例，能够起到调节住房需求的作用。③公共住房制度，通过增加公共住房供给缓解房地产市场的供求矛盾，比如廉租房。

相比较"限购令"这一具有浓厚行政色彩的调控手段而言，税收政策、利率政策、发展公共住房等调控方式对购房者权利的限制明显更小，也更符合市场经济条件下市场配置资源的基本要求。但另一方面，税收政策、利率政策等调控方式达成调控目标的周期也明显更长。政府应否采取限购措施，需要严格评估调控房价目标的紧迫程度、限购所侵害价值的重要程度以及两者间的比例关系。

第二，房价疯涨，居者无其屋，公民基本的居住权得不到保障。对住房限购，又损害契约自由的基本原则。这两种价值取向哪种更重要些，并不是可以简单加减的东西。限购作为一种暂时性措施在现阶段是有必要的，公民基本的居住权，讲深一层是生存权，具有更高的价值。

但在"限购令"的制度设计和实施上，"限购令"存在违反比例原则的嫌疑。像"新国八条"和各地出台的限购令实施细则中，基本上都按照是否具有本地户籍对户籍居民和非户籍居民作出区别对待，像北京市规定的，对已拥有1套住房的本市户籍居民家庭、持有本市有效暂住证在本市没拥有住房且连续5年（含）以上在本市缴纳社会保险或个人所得税的非本市户籍居民家庭，限购1套住房。对已拥有2套及以上住房的本市户籍居民家庭、拥有1套及以上住房的非本市户籍居民家庭、无法提供本市有效暂住证和连续5年以上在本市缴纳社会保险或个人所得税缴纳证明的非本市户籍居民家庭，暂停在本市向其售房。以户籍为标准对本地人和外地人采取不同的限购措施存在明显的户籍歧视，违反《宪法》规定的法律面前人人平等的基本原则。另一方面，"限购令"只能是暂时性的调控措施，在限购的同时应当积极运用其他调控方式，引导房地产市场的健康发展。从限购令目前的实施来看，这部分明显是缺失的。如果打算将限购作为常态的调控方式，显然就已经超出合比例和相称的基本要求。

在我国，政府通过行政手段干预经济并不鲜见。当干预措施与良好调控结果结合在一起时，我们往往会忽略干预措施本身的正当性问题。棚濑孝雄教授所说的"让政治充分反映民众的意愿"与行政法治原则相契合；"最大限度尊重个人的主体性"虽源于其关于纠纷解决的理念，但同样适用于行政机关的法律实施过程。政府的基本职能在于提供和维护一套完整的社会秩序，其本身履行调控职能也应当遵守秩序。在秩序的形成过程中，有必要反复审视政府权力的合理边界。

三、相关法条

（一）《中华人民共和国城市房地产管理法》节选

第三十八条 下列房地产，不得转让：

（一）以出让方式取得土地使用权的，不符合本法第39条规定的条件的；

（二）司法机关和行政机关依法裁定、决定查封或者以其他形式限制房地产权利的；

（三）依法收回土地使用权的；

（四）共有房地产，未经其他共有人书面同意的；

（五）权属有争议的；

（六）未依法登记领取权属证书的；

（七）法律、行政法规规定禁止转让的其他情形。

（二）《中华人民共和国物权法》节选

第十条 不动产登记，由不动产所在地的登记机构办理。

国家对不动产实行统一登记制度。统一登记的范围、登记机构和登记办法，由法律、行政法规规定。

（三）《中华人民共和国行政许可法》节选

第二条 本法所称行政许可，是指行政机关根据公民、法人或者其他组织的申请，经依法审查，准予其从事特定活动的行为。

第十二条 下列事项可以设定行政许可：

（一）直接涉及国家安全、公共安全、经济宏观调控、生态环境保护以及直接关系人身健康、生命财产安全等特定活动，需要按照法定条件予以批准的事项；

（二）有限自然资源开发利用、公共资源配置以及直接关系公共利益的特定行业的市场准入等，需要赋予特定权利的事项；

（三）提供公众服务并且直接关系公共利益的职业、行业，需要确定具备特殊信誉、特殊条件或者特殊技能等资格、资质的事项；

（四）直接关系公共安全、人身健康、生命财产安全的重要设备、设施、产品、物品，需要按照技术标准、技术规范，通过检验、检测、检疫等方式进行审定的事项；

（五）企业或者其他组织的设立等，需要确定主体资格的事项；

（六）法律、行政法规规定可以设定行政许可的其他事项。

第十四条 本法第12条所列事项，法律可以设定行政许可。尚未制定法律的，行政法规可以设定行政许可。

必要时，国务院可以采用发布决定的方式设定行政许可。实施后，除临时性行政许可事项外，国务院应当及时提请全国人民代表大会及其常务委员会制定法律，或者自行制定行政法规。

第二十一讲

转型期社会的契约精神

——以商品房"降价退房潮"为例

> 法律的基本原则是：为人诚实，不损害他人，给予每个人他应得的部分。
>
> ——查士丁尼
>
> （弗拉维·伯多禄·塞巴提乌斯·查士丁尼，Flavius Petrus Sabbatius Iustinianus，483~565，是东罗马帝国皇帝，雄心勃勃要恢复古代罗马帝国版图的统治者，以编纂法典闻名后世的立法者。公元529~565年，查士丁尼任命专门委员会整理和汇编哈德良以来历代罗马皇帝的敕令、元老会决议以及法学家解释和著作，编纂了《查士丁尼法典》、《学说汇纂》、《法学阶梯》和《新律》，即后人所称的《罗马法大全》。法典首先提出公法和私法的划分，提出自由民在私法范围内形式上平等、契约以当事人同意为生效条件和财产无限制私有等基本原则，对简单商品生产的重要关系，包括买卖、借贷、契约等都作了详细规定。查士丁尼编纂的法典对西方国家的立法和司法产生了深远影响，反映法国大革命成果的《拿破仑法典》就是以《法学阶梯》为蓝本制定的。正如著名历史学家爱德华·吉本在《罗马帝国衰亡史》中所评价的："查士丁尼的胜利所获致的虚衔早已化为尘土，然而他作为立法者的名声却镌刻在一个公正而又持久的纪念物之上。"）

一、案例介绍

2011年第三季度以来，我国商品房市场没有出现预想中的"金九银十"局面。随着政府房地产调控力度的加强，不少城市的楼盘开始降价，开发商通过促销、团购等方式给出八九折甚至是六七折的购房优惠，引发前期购房者的强烈不满。

2011年8月开始,北京华业东方玫瑰、京茂国际城等楼盘陆续降价促销,降幅达10%以上,京茂国际城更达到30%,引发已购房的部分老业主打横幅集体维权,要求退房或补偿差价。

2011年10月15日,上海"龙湖郦城"住宅项目针对部分公寓促销,购房者用2万元办理某房地产网站的会员卡,即可抵扣30万元的房款。计算下来,销售均价为每平方米14000元左右,按前期购房者的说法,"钥匙还没拿到,价格已经缩水两三成。"10月22日,300多名前期购房者聚集在一起冲击售楼处,提出"集体退房"的要求,售楼处的招牌和沙盘模型被砸。

2011年10月21日,上海"中海御景熙岸"宣布将其楼盘均价从22 000元下调到17 000元,类似房源的前后差价达60~70万元,引发已购房业主的强烈不满。在向开发商索要说法、要求退房或补偿差价未果后,已购房业主与现场保安发生冲突,售楼处被砸。

2011年11月5日,深圳万科清林径项目部分单位售价调整,由原来的13 500元每平方米降到约12 000元每平方米。部分前期购房者聚集到项目销售中心,拉横幅、喊口号要求万科给予经济补偿。

2011年12月15日,杭州"龙湖滟澜山"在凯悦大酒店举行团购会,其推出的360套房源折后均价为12 900元每平方米,比此前的销售价格下降约7000元每平方米左右。部分已购房的业主在酒店外聚集,要求退房。

从北京、上海、杭州开始,全国不少城市已经出现退房事件,退房风波涉及的开发商包括星河湾、中海、龙湖、绿地、万科等大型房地产企业。一方面,已经购房的老业主通过各种方式,包括在业主论坛上发网帖的方式,呼吁业主联合起来维权。另一方面,面对老业主的退房或差价补偿要求,开发商表现出强硬的态度:开发商认为,商品房作为一种商品,自然会按照市场供求关系调整价格,开发商与业主间有合同,业主应当严格遵守契约精神,不支持任何违反合同契约的行为和要求。

"降价"、"退房"两个本来再平常不过的词语一经与房价碰撞,便产生神奇的魔力,撩动着已购房业主和网友最敏感的神经。在新浪房产组织网友投票评选的2011年度十大房地产新闻中,"多楼盘降价业主维权"名列其中。

已经购房的老业主在网络上发帖子,是要论证退房或者差价补偿的合理性。其最常见的理由包括虚假宣传、价格欺诈、房屋质量问题、配套设施不足、期房制度的不完备、房地产企业的社会责任,等等,有网友在其以深圳万科清林径二期业主身份写给媒体的公开信中说,"我们此次维权,是对万科的销售欺诈,对住建部销售政策的不实施,对社区容积率,对社区配套的维权,并非买涨不买跌和输打赢要的无赖维权。"还有网友给已经购房的老业主支招,"可以通过退房赔违约金等方式将自己的损失降到最少。"

然而有趣的是,在网易、新浪等多家门户网站策划的关于退房风波的调查和讨论中,多数网友明显表现出倾向开发商的立场。比如就有网友提出,"买房跌了就维权,涨了你会给回开发商么?""买房等于买股票,股票亏钱的不是要去砸证监会?"显然是不支持已经购房的老业主退房或者差价补偿的主张。

二、案例分析

(一) 契约就是合同,是一种协议

从字面上看,"契"指的是能够证明买卖、抵押、租赁关系的文书,如房契、契据等,"约"就是指约定,各方共同意思达成并遵守的文书就是契约。从法律意义上讲,"契约"与"合同"是同一概念的不同表述。对契约(合同)的概念,不同法系的国家曾经存在着不同理解。大陆法系国家认为,契约(合同)是一种协议,是"一人或数人对另一人或另数人承担给付某物、做或不做某事义务的合意",其强调当事人间"意思之一致"。英美法系国家传统则认为,契约(合同)是一种允诺。但因为这个概念仅仅强调一方当事人对另一方当事人做出的允诺,没有强调双方的合意,受到许多批评,比如就有学者认为这一概念"忽视了在允诺成为合同前,一般要有某种行为或允诺作为对另一方允诺的报答。"由于认为契约是一种允诺的观点容易造成认为合同是单方允诺的误解,英美法系国家也开始采纳大陆法系关于契约的见解,即将契约视为一种协议。在我国按照《民法通则》的规定,契约(合同)"是当事人之间设立、变更、终止民事关系的协议",立足点也在于当事人间的合意。

契约包括当事人、标的、意思表示三个基本要素,在房屋买卖契约关系中,根据契约标的物的不同,可以将其区分为现房买卖契约和期房买卖契约。现房买卖包括两种情形,一种是房地产开发企业将竣工验收合格的商品房出售给买受人,买受人支付房价款,即商品房(增量房)现售;另一种是业主将已经购买或自建并取得所有权证的房屋出售给买受人,买受人支付房价款,即二手房(存量房)买卖。期房买卖(商品房预售)则是指房地产开发企业将正在建设中的商品房预先出售给买受人,买受人支付定金或者房价款。

房屋交易市场中包括现房买卖,也包括期房买卖;包括增量房买卖,也包括存量房买卖。但有趣的是,在此起彼伏的退房风潮中,要求退房或补偿差价的买受人大部分都是与开发商签订商品房预售合同的购房者,少部分是与开发商签订商品房现售合同的购房者。存量房交易中的买受人并没有因为房价下跌要求上一手业主退房或者补偿差价。

这一事实表明,购房者并不是只能接受房价上涨带来的利益,而不能接受房价下跌造成的损失。在二手房市场中，面对房屋的价格变动，新、老业主就是按照契约规则处理相互间的权利义务关系。

在一手房市场中，已经购房的老业主向开发商要求退房或差价补偿主要是基于几个因素：①开发商与二手房交易中的一般卖方不同，一个楼盘开发商要卖出几百、几千套房屋。类似的房屋，已经购房的老业主自然会产生在价格上得到同等对待的心理需求。②向开发商购买期房，房子还没有拿到，就要承担房价下跌造成的损失，心理上不能接受。③开发商或其销售人员在销售过程中对房地产价格走势可能做出与实际情况不符的陈述，使购房者认为受到欺诈。再加上近两年来我国房地产的价格畸高，许多家庭要投入绝大部分储蓄才能购买一套房屋。在房价下跌的背景下，之前购房者的心理落差进一步放大，在契约规则以外要求退房或补偿差价也就成为可以理解的事情了。

然而，按照《合同法》的规定，依法成立的合同，对合同当事人具有法律上的约束力。合同当事人应当按照合同约定行使权利和履行义务。在合同以外，购房者并没有单独要求退房或补偿差价的权利。开发商在退房风潮中强调契约精神，就是强调商品房买卖合同对双方当事人的拘束力，强调业主应当按照合同约定处理与开发商的权利义务关系，不能提出合同以外的要求。

（二）房地产交易与契约

关于房地产交易的概念，学术界存在不同观点：一种观点认为，房地产交易指房地产买卖，其形式只包括房地产转让。另一种观点认为，房地产交易指房地产产权的变更和转移，其形式包括房地产转让、租赁和抵押。还有一种观点认为，房地产交易指以房地产为特殊商品进行的各种经营活动的总称，其形式包括出让、转让、租赁、抵押等。《城市房地产管理法》采用了第二种观点，"本法所称房地产交易，包括房地产转让、房地产抵押和房屋租赁。"

无论采用哪种观点，在房地产交易是某种或数种典型合同行为的称谓上，各种认识是一致的。房地产交易主要表现为债的关系，并通过各种交易合同的形式来实现。由房地产交易的这一特征决定，房地产交易过程中不仅适用《城市房地产管理法》及相关法规、规章的规定，也适用《民法通则》、《合同法》及相关司法解释的规定。房地产交易法律制度作为房地产法律制度的一部分，其更多的表现出私法的特征。

但和一般的民事契约相比较，房地产交易中的契约又有其自身的特点：

第一，房地产交易的对象具有特殊性。房地产交易中契约的标的物是作为特殊商品的房地产，包括土地使用权、土地上的房屋及其他建筑物的所有权。按照《城市房地产管理法》第32条的规定，房地产转让、抵押时，房屋的所有权和该房屋占用范围内的土地使用权同时转让、抵押。由于建筑物对土地使用权的附着关系，房地产转让时，房屋所有权与房屋占用范围内的土地使用权，或者土地使用权与土地范围内的房屋所有权，必须同时转让。

第二，房地产交易是要式法律行为。房地产交易要通过各种交易合同的形式完成；并且按照《城市房地产管理法》的规定，房地产转让、抵押、房屋租赁，应当签订书面合同。而由此引发的房地产权属变动必须办理登记手续，方可完成。对房地产登记主管机关来说，办理房地产权属变更登记，其必然要求申请人提供相应的合同依据或事实依据（比如继承），甚至有些地区的房地产登记主管机关要求开发商出售商品房时，必须按照房地产主管机关公布的商品房买卖合同标准文本与购房者签订合同。

由交易对象的特殊性决定，对开发商来说，房地产交易（指商品房出售）不是与其他环节不发生联系的独立环节，而是房地产开发环节的自然延伸。在商品房交易价格的确定上，开发商要考虑土地成本、开发成本、利润率、供求关系等一系列因素。在开发商下调商品房销售价格的情形下，购房者简单地以房地产暴利、价格欺诈为由要求退房或差价补偿是难以成立的。

（三）"情事变更"作为退房或补偿差价的理由

"情事变更"原则，是指在合同依法成立生效后，因不可归责于双方当事人的原因发生不可预见的情事变更，致使合同的基础丧失或动摇，若继续维持合同原有效力则显失公平，从而允许变更或解除合同的制度。我国现行立法中没有关于情事变更原则的一般性法律规定，《最高人民法院关于适用〈中华人民共和国合同法〉若干问题的解释（二）》（简称《合同法解释（二）》）第 26 条在司法解释层面规定了情事变更原则。

按照司法解释的规定，适用情事变更原则可以产生以下两方面的法律效力：①变更合同。包括增加或减少履行标的数额、延期或分期履行、变更标的物等。如果通过变更合同就可以在一定程度上恢复当事人间的利益平衡，则没有必要解除合同，这能够保持法律关系的稳定，避免不必要的不利益。②解除合同。如果通过变更合同的方式不能消除显失公平的法律后果，或者合同履行存在严重的给付困难，或者合同目的不能实现的情形，可以解除合同。

由于变更或者解除合同都产生对既有利益关系的重新分配，并且这种再分配是基于法官的公平正义观念作出的，因此，为保障社会经济秩序和法律关系的安定，情事变更原则的适用应当同时具备严格的条件：

第一，应有情事变更的客观事实。"情事"是指合同成立时的社会环境或作为合同基础的客观情况。"变更"则是指上述客观情况发生了异常变动。变动的客观情况可以是交易或经济情况的变化，也可以是非经济事实的变化，如发生不可抗力或意外事件，国家经济政策进行重大调整，货币严重贬值、汇率异常波动、价格大幅度上涨等。在实践中判断情事是否发生变更，应当以法律行为基础是否丧失、当事人目的能否实现、是否造成对价的明显不均衡等因素为具体标准。如张先生与宋女士房屋买卖合同纠纷案，北京市海淀区人民法院判定属政策性变化构成情事变更的客观事实。2010年4月，"京十二条"出台前，张先生和宋女士签订了一份二手房买卖合同。双方约定房屋总价款555万元，张先生支付了15万元定金，并计划申请200万元房贷。但由于张先生已经有两套住房，银行按照"京十二条"中暂停第三套住房贷款发放的规定，拒绝向其贷款。张先生认为，"京十二条"出台导致其无法贷款，是订立合同时所无法预见的重大变化，若要求继续履行合同对其明显不公平。故张先生依据"情势变更原则"，请求法院判令解除合同，要求宋女士返还其交付的定金15万元。法院经审理认为，双方订立的合同合法有效，但是合同成立以后客观情况发生了变化，该变化当事人在订立合同时无法预见，也不属于商业风险，继续履行合同对于一方当事人明显不公平。据此，法院适用合同情势变更原则，判决解除张先生与宋女士之间的房屋买卖合同，宋女士返还张先生已支付的定金。

第二，情事变更应发生在合同成立生效后，尚未履行完毕前。合同成立前发生客观情况变动，合同是以变更后的客观情况作为基础，当事人自愿受其约束，不存在适用情事变更原则的问题。合同履行完毕后，合同权利义务关系因履行完毕而消灭，之后无论是否发生客观情况变动，都没有实际意义。

第三，情事变更是合同订立时当事人不能预见的。如果订约合同时当事人能够预见将来要发生某种情事变更，而当事人仍以现在的客观情况为基础订约的，表明该当事人愿意承担风险，而没有理由主张情事变更。如果当事人应当预见将要发生情事变更而没有预见，说明其主观上具有过错，也不应当适用情事变更原则。但对某些发生几率很低的情况，如飞机失事，即便当事人订立合同时了解这些情况可能发生，仍应当作为情事变更对待。如果合同双方当事人之间，一方预见而另一方没有预见，则应区分善意与恶意等不同情况，对善意没有预见的当事人允许其主张情事变更。

第四，情事变更须不可归责于双方当事人。如果情事变更可归责于当事人，则当事人应当自行承担风险或责任，不发生情事变更原则适用的问题。不可归责于当事人的情事变更范围，应当认为既包括不可抗力，也包括意外事件和其他非当事人所能预见的事件。

第五，继续履行合同对于一方当事人明显不公平或不能实现合同目的。情事变更发生后，通常造成当事人间的利益失衡。如果继续按原合同规定履行义务，将会对某一方当事人明显有失公平，从而会违背诚实信用原则。在认定显失公平时应当注意三点：①显失公平的出现必须是因情事变更产生的，而不是因其他原因造成的；②合同履行显失公平是指双方当事人利益严重失衡，表现为履行过于困难或履行的代价过高。如果情事变更对双方当事人之间的利益关系影响轻微，则不应主张适用；③判断是否构成显失公平应以债务人应当履行债务的时间为准。如债务人迟延履行债务，在迟延期间发生情事变更的，应当由债务人承担责任，而无需适用情事变更原则。

房价下跌的情形，如果存在适用情事变更原则的余地，购房者就有可能主张解除合同或变更合同，并进一步要求退房或者差价补偿。然而，按照《合同法解释（二）》第26条的规定，合同成立后客观情况发生的不属于商业风险的重大变化，才可能成立情事变更。情事变更原则的适用，必须要正确认识商业风险。

商业风险是指交易主体在市场活动中因经营失利所应承担的正常损失。交易即风险，只要参与市场活动，就必然有风险，这是市场规律的本质体现，像物价变动、商品销售畅滞等都是市场主体应当预见到的风险。

情事变更与商业风险的区别主要表现在以下几个方面：①是否可以预见上不同，商业风险在预计范围之内，情事变更不可预计。②有无过失方面不同，商业风险存在主观认识错误的因素，如忽视市场规律，不注意产品质量等；情事变更不存在过失问题。③在程度上不同，商业风险没有达到异常的程度，而情事变更则是情事的变化特别异常。如英国一个法庭的判决认为，价格上涨20%~33%是普遍的商业风险，如上涨100倍或天文数字，则构成情事变更。④商业风险是能够由当事人自行承担的，当事人在缔结合同时通常已经将此种商业风险合理地计算在合同价格内，自行承担并不会发生不公平的后果；如果发生情事变更，坚持合同可能对一方当事人明显不公平，而另一方当事人不恰当地获取超常利益。

就房价下跌而言，其明显属于市场主体应当预见的事实。商品房作为一种商品，与其他商品并没有本质的区别，自然会因为供求关系变化产生价格波动。只是由于近几年来房价上涨的态势和相关利益集团鼓吹的"房价上涨"论调使购房者和投机者产生了房价上涨的心理预期，并使其难以接受房价下跌的事实。再考虑退房风潮中房价下跌的幅度，房价下跌应当认为属于商业风险的范畴。

同时，开发商下调其他房屋单位的销售价格，实际上不影响开发商与老业主间的对待给付关系，或者说其他房屋单位的销售价格并不构成老业主与开发商签订房屋买卖合同的客观基础。这也表明房价下跌不构成情事变更，购房者不能依据情事变更原则要求变更或解除合同。

因此，房价下跌属于商业风险的范畴，已经购房的老业主不能基于情事变更原则要求退房或者补偿差价。

对商品房买卖合同，特别是商品房预售合同来说，可以借鉴建设工程施工合同的做法，在合同文本中规定价差调整条款。比如在许多地区的建设工程施工合同示范文本中，都规定主要建筑材料、人工费的价格变动超过 10% 时的价差部分予以调整，即超过 ±10% 的部分由建设单位承担，±10% 以内的部分由施工单位承担，对建设单位和施工单位间的利益作了较好分配。商品房买卖合同文本也可以考虑引入价差调整条款，以期对矫正开发商和买受人间的利益分配，形成良好的商品房交易秩序发挥作用。

（四）价格违法作为退房或者补偿差价的事由

价格违法行为是指企业、事业单位及其他部门、个体工商业者违反国家价格法规的行为。根据《价格法》、《价格违法行为行政处罚规定》等相关法律、法规的规定，价格违法行为主要包括以下情形：①相互串通，操纵市场价格，损害其他经营者或者消费者的合法权益；②在依法降价处理鲜活商品、季节性商品、积压商品等商品外，为了排挤竞争对手或者独占市场，以低于成本的价格倾销，扰乱正常的生产经营秩序，损害国家利益或者其他经营者的合法权益；③捏造、散布涨价信息，哄抬价格，推动商品价格过高上涨的；④利用虚假的或者使人误解的价格手段，诱骗消费者或者其他经营者与其进行交易；⑤提供相同商品或者服务，对具有同等交易条件的其他经营者实行价格歧视；⑥采取抬高等级或者压低等级等手段收购、销售商品或者提供服务，变相提高或者压低价格；⑦不执行政府指导价、政府定价，不执行法定的价格干预措施、紧急措施；⑧违反法律、法规的规定牟取暴利；⑨违反明码标价规定；⑩法律、行政法规禁止的其他不正当价格行为。

价格违法与退房或差价补偿可能的连结点在于价格欺诈的认定和《价格法》第 41 条的规定。

价格欺诈是指经营者利用虚假或者使人误解的价格条件，诱骗消费者或者其他经营者与其进行交易的行为。在已经购房的老业主的维权行动中，价格欺诈是一个被反复强调的概念。许多老业主认为开发商的销售人员向他们承诺，购买的楼盘之后不会再降价；但不到半年，楼盘售价的降幅达 20%~30%，开发商的行为构成价格欺诈。基于价格欺诈的前提，许多老业主认为，依据《合同法》第 54 条的规定，开发商通过价格欺诈的手段，使购房者在违背真实意思的情况下签订商品房买卖合同，购房者有权请求人民法院或仲裁机构变更或撤销，并达到退房和收回房价款的目标。其实，以房价下调构成价格欺诈为由并进而主张撤销商品房买卖合同实际上是很难成立的：①开发商在商品房销售过程中通常不会提供下调房价的书面承诺，发生纠纷时，业主方实际上很难举证开发商承诺的内容；②销售人员对楼盘价格走势的陈述并不当然构成开发商对业主的承诺，销售人员并非开发商的代理人，其意思表示并不当然代表开发商的意思表示；③开发商是否承诺对同一楼盘的其他单位不降价，并不影响老业主购房真实意思表示的形成。房价由市场决定，保证房屋升值已经超出开发商的履行能力。开发商对房屋保值、增值的承诺不是购房者与开发商签订房屋买卖合同的必要条件。

《价格法》第 41 条规定："经营者因价格违法行为致使消费者或者其他经营者多付价款的，应当退还多付部分；造成损害的，应当依法承担赔偿责任。"言下之意是认为已经购房的老业主可以依据价格违法的理由要求开发商补偿差价。要存在多付价款的行为，即前文所说的价格违法行为，就只可能是违反政府指导价或政府定价的价格违法行为。《价格法》第 6 条规定，"商品价格和服务价格，除依照本法第 18 条规定适用政府指导价或者政府定价外，实行市场调节价，由经营者依照本法自主制定。"也就是说，除与国民经济发展和人民生活关系重大的极少数商品、资源稀缺的少数商品、自然垄断经营的商品、重要的公用事业、重要的公益性服务几类产品，政府在必要时纳入政府定价目录实行政府指导价或政府定价外，政府定价目录外的其他商品价格和服务价格，由经营者依照价格法规定自主制定。普通商品房并不属于政府定价目录的产品范围。对于房地产开发企业有自主定价权的商品房，认为违反政府指导价或政府定价和构成价格违法，这种观点是不能成立的。

地方政府调控房地产价格的实践中，也有对普通商品房规定政府指导价的情形，如南京市政府的"一套一价"政策，但这一政策在实际执行中却不得不面对无疾而终的命运。2007 年 5 月，南京市物价局出台《关于贯彻省物价局进一步加强和完善商品住房价格管理意见的实施意见》，推出"一套一价"制度，要求严格执行商品住宅"一价清"、"明码标价"制度，并要求每套住房的相关价格必须在售楼处向购房者公示，包括房屋基准价、浮动幅度、综合差价（楼层、朝向、环境等）、销售单价、总价等，意见从 2007 年 5 月 20 日开始实施。2007 年 4 月，万科光明城市花园三期在南京市奥体中心开盘销售，一个月时间内三期十栋楼中的五栋楼销售一空。2007 年 6 月份，光明城市花园三期又有三栋楼房开盘销售，此时原有销售价格基础上被南京市物价局核定的价格也随之公示，"光明城市花园三期"基准价格为 7360 元/平方米，加上 5% 的浮动率，不得超过 7728 元/平方米。光明城市花园三期业主发现其购房价格明显高于政府核定价格，认为万科涉嫌价格欺诈，向物价部门举报。

南京市物价局认定：南京万科公司销售的光明城市花园住宅商品房，超过了核定的基准价加浮动幅度，违反了政府指导价的规定，且提出的新增建设成本依据不足，认为南京万科公司涉嫌价格欺诈违法所得 5200 万元，提出按照价格行政处罚的有关规定进行处理。但到 2008 年上半年，"万科价格门"各方最终和解。万科向 843 户业主每户发放 2 万元的"伙伴卡"，业主不再追究万科价格欺诈问题，政府也不再向万科课以处罚。"万科价格门"最终以和解方式终结，实际上是房屋基准价政策在法律上尴尬地位的必然结果。根据《价格法》第19条的规定:"政府指导价、政府定价的定价权限和具体适用范围,以中央的和地方的定价目录为依据。中央定价目录由国务院价格主管部门制定、修订,报国务院批准后公布。地方定价目录由省、自治区、直辖市人民政府价格主管部门按照中央定价目录规定的定价权限和具体适用范围制定,经本级人民政府审核同意,报国务院价格主管部门审定后公布。省、自治区、直辖市人民政府以下各级地方人民政府不得制定定价目录。"南京市物价局无权设定普通商品房的政府指导价,江苏省物价部门也无权在中央定价目录的定价权限和具体适用范围外设定普通商品房的政府指导价。南京市物价局要以其《实施意见》对南京万科公司处以巨额罚款,必然要面对行政处罚行为和依据的抽象行政行为合法性的质疑。在这一背景下,南京万科公司和业主以和解方式解决争议也就是不得不采取的措施。在地方政府规定有政府指导价的情形下尚且不能取得差价补偿;在没有政府指导价的背景下以价格违法要求差价补偿更缺乏基础。

(五) 退房的合法事由

购房者要退房,首先要解除其与开发商签订的商品房买卖合同或者商品房买卖合同被确认无效或被撤销,才能发生返还或恢复原状(退房)的法律效果。有网友提出,可以通过退房赔违约金等方式将自己的损失降到最少,其认为只要赔开发商违约金就能够实现退房的目标,这种认识是存在偏颇的。2005年~2006年间,确实发生过购房者通过赔开发商违约金成功退房的案例,但值得注意的是,法院支持购房者退房赔违约金请求的依据在于购房者与开发商间《商品房买卖合同》的约定,"如果乙方因为自身原因提出解除合同,乙方应当承担赔偿责任,赔偿金额是总房价款的3%。"法院将该条款解释为购房者有单方解除权。而近年来通常使用的商品房买卖合同文本中,已经少见有这种条款。购房者要在已经付完房款(包括办理完毕按揭手续)的情形下退房退款,实际上并不具有可操作性。

依据我国法律及司法解释的相关规定,购房者可以商品房买卖合同无效、可撤销或者可解除为由主张退房。具体来说,买房者要求退房的合法事由包括以下几个方面:

1. 按照《合同法》第58条的规定,合同无效或者被撤销后,因该合同取得的财产,应当予以返还;不能返还或者没有必要返还的,应当折价补偿。有过错的一方应当赔偿对方因此所受到的损失,双方都有过错的,应当各自承担相应的责任。商品房买卖合同无效或者被撤销的情形,购房者有权要求开发商退房;开发商有过错的,购房者还有权要求开发商赔偿损失。结合《合同法》第52条、第54条和相关司法解释的规定,以商品房买卖合同无效或者可撤销为由退房主要包括以下几种情形：①出卖人未取得商品房预售许可证明，与买受人订立商品房预售合同的；②出卖人订立商品房买卖合同时，故意隐瞒所售房屋已经抵押的事实的；③出卖人订立商品房买卖合同时，故意隐瞒所售房屋已经出卖给第三人或者为拆迁补偿安置房屋的事实的；④出卖人订立商品房买卖合同时，故意隐瞒所售房屋已被司法机关、行政机关依法裁定、决定查封或者以其他形式限制房地产权利的事实的；⑤按照《合同法》第52条、第54条规定商品房买卖合同无效或可被撤销的其他事由。

2. 按照《合同法》第97条的规定，合同解除后，尚未履行的，终止履行；已经履行的，根据履行情况和合同性质，当事人可以要求恢复原状、采取其他补救措施，并有权要求赔偿损失。购房者解除商品房买卖合同后，有权要求开发商退房和返还房屋价款。结合《合同法》第94条和相关司法解释的规定，购房者有权解除商品房买卖合同并有权要求退房的主要包括以下几种情形：①因房屋主体结构质量不合格不能交付使用，或者房屋交付使用后，房屋主体结构质量经核验确属不合格的；②因房屋质量问题严重影响正常居住使用的；③出卖人交付使用的房屋套内建筑面积或者建筑面积与商品房买卖合同约定面积不符，合同没有约定或者约定不明确，面积误差比绝对值超出3%的；④出卖人迟延交付房屋，合同没有约定或者约定不明确，经催告后在3个月的合理期限内仍未履行的；⑤商品房买卖合同约定或者《城市房地产开发经营管理条例》第33条规定的办理房屋所有权登记的期限届满后超过1年，由于出卖人的原因，导致买受人无法办理房屋所有权登记的；⑥商品房买卖合同约定，买受人以担保贷款方式付款，因出卖人原因未能订立商品房担保贷款合同并导致商品房买卖合同不能继续履行的或者因不可归责于当事人双方的事由未能订立商品房担保贷款合同并导致商品房买卖合同不能继续履行的；⑦商品房买卖合同订立后，出卖人未告知买受人又将该房屋抵押给第三人，导致商品房买卖合同目的不能实现的；⑧商品房买卖合同订立后，出卖人又将该房屋出卖给第三人，导致商品房买卖合同目的不能实现的；⑨按照《合同法》第94条或合同规定买受人有权解除合同的其他情形。

我们处在一个急剧变动的社会时期，在限购、限价等房地产价格调控的背景下，我们也要承担各种不确定的风险。我们不能寄希望于购房者或者开发商任何一方承担房地产价格调控的全部风险。风险分配的依据在法律以外只能是双方签订的合同。在法律与合同的框架内，购房者或开发商任何一方有权主张其能够获取的全部利益。对购房者而言，其可以在必要时依据《合同法》和《最高人民法院关于审理商品房买卖合同纠纷案件适用法律若干问题的解释》的规定要求退房，也可以在合同允许时支付违约金退房降低损失，但不能谋求法律和合同规定以外的利益。只有如此，获取的才是应得的部分，才符合契约精神。

三、相关法条

（一）《中华人民共和国城市房地产管理法》节选

第二条 在中华人民共和国城市规划区国有土地（以下简称国有土地）范围内取得房地产开发用地的土地使用权，从事房地产开发、房地产交易，实施房地产管理，应当遵守本法。

本法所称房地产交易，包括房地产转让、房地产抵押和房屋租赁。

第三十二条 房地产转让、抵押时，房屋的所有权和该房屋占用范围内的土地使用权同时转让、抵押。

第三十六条 房地产转让、抵押，当事人应当依照本法第五章的规定办理权属登记。

第三十七条 房地产转让，是指房地产权利人通过买卖、赠与或者其他合法方式将其房地产转移给他人的行为。

第四十一条 房地产转让，应当签订书面转让合同，合同中应当载明土地使用权取得的方式。

（二）《中华人民共和国合同法》节选

第八条 依法成立的合同，对当事人具有法律约束力。当事人应当按照约定履行自己的义务，不得擅自变更或者解除合同。依法成立的合同，受法律保护。

第五十二条 有下列情形之一的，合同无效：

（一）一方以欺诈、胁迫的手段订立合同，损害国家利益；

（二）恶意串通，损害国家、集体或者第三人利益；

（三）以合法形式掩盖非法目的；

（四）损害社会公共利益；

（五）违反法律、行政法规的强制性规定。

第五十四条 下列合同，当事人一方有权请求人民法院或者仲裁机构变更或者撤销：

（一）因重大误解订立的；

（二）在订立合同时显失公平的。

一方以欺诈、胁迫的手段或者乘人之危，使对方在违背真实意思的情况下订立的合同，受损害方有权请求人民法院或者仲裁机构变更或者撤销。

当事人请求变更的，人民法院或仲裁机构不得撤销。

第五十八条 合同无效或者被撤销后，因该合同取得的财产，应当予以返还；不能返还或者没有必要返还的，应当折价补偿。有过错的一方应当赔偿对方因此所受到的损失，双方都有过错的，应当各自承担相应的责任。

第九十三条 当事人协商一致，可以解除合同。

当事人可以约定一方解除合同的条件。解除合同的条件成就时，解除权人可以解除合同。

第九十四条 有下列情形之一的，当事人可以解除合同：

（一）因不可抗力致使不能实现合同目的；

（二）在履行期限届满之前，当事人一方明确表示或者以自己的行为表明不履行主要债务；

（三）当事人一方迟延履行主要债务，经催告后在合理期限内仍未履行；

（四）当事人一方迟延履行债务或者有其他违约行为致使不能实现合同目的；

（五）法律规定的其他情形。

（三）《中华人民共和国价格法》节选

第六条 商品价格和服务价格，除依照本法第18条规定适用政府指导价或者政府定价外，实行市场调节价，由经营者依照本法自主制定。

第八条 经营者定价的基本依据是生产经营成本和市场供求状况。

第十一条 经营者进行价格活动，享有下列权利：

（一）自主制定属于市场调节的价格；

（二）在政府指导价规定的幅度内制定价格；

（三）制定属于政府指导价、政府定价产品范围内的新产品的试销价格，特定产品除外；

（四）检举、控告侵犯其依法自主定价权利的行为。

第十八条 下列商品和服务价格，政府在必要时可以实行政府指导价或者政府定价：

（一）与国民经济发展和人民生活关系重大的极少数商品价格；

（二）资源稀缺的少数商品价格；

（三）自然垄断经营的商品价格；

（四）重要的公用事业价格；

（五）重要的公益性服务价格。

第十九条 政府指导价、政府定价的定价权限和具体适用范围，以中央的和地方的定价目录为依据。

中央定价目录由国务院价格主管部门制定、修订，报国务院批准后公布。

地方定价目录由省、自治区、直辖市人民政府价格主管部门按照中央定价目录规定的定价权限和具体适用范围制定，经本级人民政府审核同意，报国务院价格主管部门审定后公布。

省、自治区、直辖市人民政府以下各级地方人民政府不得制定定价目录。

第二十二讲

新型消费维权的困境

——以网购毁容事件为例

> 法律应该是稳定的,但不能停止不前。
>
> ——庞德

(罗斯科·庞德,Roscoe Pound,1870~1964,是美国20世纪著名法学家。庞德于1888年和1889年分别取得内布拉斯加大学植物学学士和硕士学位。1889年,他到哈佛大学法学院学习,一年后转到西北大学法学院,取得法律学位后,他返回内布拉斯加州开业当律师,并继续他的植物学研究。1903年,庞德成为内布拉斯加大学法学院院长。1910年,他开始在哈佛任教,并于1916年成为哈佛大学法学院的院长。他是美国法律现实主义运动的早期代表人物,"社会学法学"运动的奠基人。该运动主张更加实用地并依据公共利益来解释法律,并侧重于实际发生的法律过程,反对当时美国法学界盛行的法律实证主义。但其后半生思想产生重大变化,在其生命的后期变成了对法律现实主义的著名批判者。1948年到中国任国民党政府司法行政部与教育部顾问。他主张法律的发展可分为原始的法、严格的法、衡平法与自然法、成熟的法、社会化的法与世界法等六个阶段。其生平论著近八百种,其中《法理学概述》、《普通法的精神》、《法与道德》和《美国刑事公正》最具影响力。)

一、案例介绍

2009年12月1日,中央电视台《朝闻天下》栏目讲述了一个网购成瘾者被网购美容产品"毁容"的故事。

网购,即网上购物,就是通过互联网检索商品信息,并通过电子订购单发出购物请求，然后填上私人支票账号或银行卡的账号和密码，厂商以邮购方式发货或委托快递公司送货上门的一种购物方式。由于网上售卖商品省去了租店面、召雇员及储存保管等一系列费用，总的来说其价格较一般商场的同类商品便宜。而且从订货、买货到货物上门，消费者无需亲临现场，既省时又省力，所以对消费者有着巨大的吸引力和影响力。但是，网购作为一种新生的事物，缺乏完善的法律规范监管，一些问题也日渐凸显，比如，实物和照片上的差距太大，货不对版；网购上当受骗时常发生；相比于现实中购物退货，网上退货更加困难。

案件的主角是参加工作没两年的公司职员李青，她自称每天上网 10 小时，网络购物是最大的兴趣，在进行了第一次网购之后就开始有点上瘾了，看到喜欢的商品就收藏起来，等到发工资了就马上去买。李青在网络上购买各式各样的商品，仅化妆品就消费了将近两三千块钱。没想到，正是这些化妆品改变了李青美好的网购体验。

刚开始网购化妆品的时候，李青在收到快递的商品后都会打开包裹检查。但收了几次包裹以后她就嫌麻烦，不再开包检查。网购的玫琳凯化妆品她用了几个月脸上就开始长痘痘，朋友戏称其已属于毁容期了。现在除了网购，李青业余时间要么是上医院看痘痘，要么就四处验证投诉。

李青把剩余的化妆品拿到玫琳凯专柜去验证，专柜回复说，"我们没有义务帮你验证"，"我不敢肯定你这个是真的，也不敢肯定你这个是假的"。记者陪同李青再次找到该品牌生产企业的美容顾问，美容顾问说："我也看不出来，我们从来不在网上卖，我们都是上玫琳凯总部直接订购的。玫琳凯公司也没有开设网店。"李青又找到玫琳凯公司上海总部。玫琳凯公司媒体关系经理说："公司现在的正品会有一个电子监管码的标签，这个产品它就没有。"李青留下了那几瓶化妆品请求鉴定，但几天后，玫琳凯公司回复，瓶里所剩化妆品不多，无法鉴定。

李青又打电话求助于工商质监部门。工商局答复："我们这边只受理个人对企业的投诉，个人与个人之间我们不受理，你要不跟淘宝网联系。"李青又电话联系质监局，质监局说只受理有发票的案件。李青手里甭说没发票，甚至连送货单据都没留，只有和店主的几次聊天和交易记录。网购导致李青陷入毁容期而又投诉无门。

二、案例分析

（一）网购毁容事件暴露出的主要问题是什么

网购毁容事件暴露出很多问题，如网络交易监管薄弱，人身权的保障难以落到实处，侵权赔偿举证责任不明晰等。但最主要的问题还是法律的滞后性导致新兴行业缺乏管制。法律的滞后性是法律作为一种社会规范所固有的缺陷。法律只有先于其所规范的行为存在才能够发挥指引的作用，进而有效地规制社会成员的行为，这就需要立法者在立法时对将来有可能发生的情况作出预测。但由于法律的内容与立法者认知水平密切相关，而且在制定某个法律的时候人类能够预测的情况总是有限的；社会却是千变万化，一直在快速发展，先制定出来的法律对于新出现的情况可能有顾及不到之处，这就是法律的滞后。

目前，保障传统交易正常运行的法律规范主要有《合同法》、《产品质量法》、《消费者权益保护法》、《侵权责任法》等法律。如《侵权责任法》第41条规定："因产品存在缺陷造成他人损害的，生产者应当承担侵权责任。"第42条规定："因销售者的过错使产品存在缺陷，造成他人损害的，销售者应当承担侵权责任。销售者不能指明缺陷产品的生产者也不能指明缺陷产品的供货者的，销售者应当承担侵权责任。"《合同法》第111条："质量不符合约定的，应当按照当事人的约定承担违约责任。对违约责任没有约定或者约定不明确，依照本法第61条的规定仍不能确定的，受损害方根据标的性质以及损失的大小，可以合理选择要求对方承担修理、更换、重作、退货、减少价款或者报酬等违约责任。"但这些法律规定毕竟都是规范一般交易行为的，并非专门针对网络交易行为作出，而网购纠纷存在着不同于传统交易纠纷的特点，依靠传统的法律规定很难使消费者的合法权益得到有效保护。

（二）消费者作为市场活动中的弱者，受到《消费者权益保护法》的特殊保护

《消费者权益保护法》第2条规定："消费者为生活消费需要购买、使用商品或者接受服务，其权益受本法保护；本法未作规定的，受其他有关法律、法规保护。"第54条规定："农民购买、使用直接用于农业生产的生产资料，参照本法执行。"因此受到该法保护的人有两类，即消费者与购买、使用直接用于农业生产的生产资料的农民：

1. 消费者。依据《消费者权益保护法》的规定，是指为个人生活消费需要购买、使用商品和接受服务的自然人。国际标准化组织消费者政策委员会将消费者定义为"为了个人目的购买或者使用商品和接受服务的个体社会成员"。由此可见，《消费者权益保护法》与国际通说都将消费者定义为自然人，而将从事消费活动的社会组织、企事业单位排除在外。之所以要专门立法对消费者予以特殊保护，是因为在市场运作过程中，分散的、单个的自然人往往处于弱者地位，而现代法律的正义价值要求法律倾向性地保护弱者。因此，购买商品的法人或其他组织、非为个人生活消费需要而购买商品的自然人都不属于消费者保护法意义上的消费者。

2. 农民。农民购买、使用直接用于农业生产的生产资料的，参照《消费者

权益保护法》执行。《消费者保护法》的宗旨在于保护作为经营者对立面的特殊群体——消费者的合法权益。农民购买直接用于农业生产的生产资料，虽然不是为个人生活消费，但是作为经营者的相对方，其弱者地位是不言而喻的。因此，作为一种特例，他们也被纳入到《消费者权益保护法》所保护的范围中来。

与特别保护消费者相对应的，《消费者权益保护法》对经营者进行制约，该法第 3 条规定："经营者为消费者提供其生产、销售的商品或者提供服务，应当遵守本法；本法未作出规定的，应当遵守其他有关法律、法规。"《反垄断法》对经营者的定义作出了法律规定，第 12 条规定经营者是指"从事商品生产、经营或者提供服务的自然人、法人和其他组织"。由此可见，《消费者权益保护法》中所称的经营者，是指向消费者提供其生产、销售的商品或者提供服务的公民、法人或者其他经济组织。具体来说包括生产者、销售者、服务提供者，它是以营利为目的从事生产经营活动并与消费者相对应的另一方当事人。

《消费者权益保护法》以保护消费者利益为核心，因此，经营者的经营行为并非全部都受到该法的制约，如企业之间的商品购销行为不受该法的保护和制约，只有经营行为的对象为消费者时才需承担消费者权益保护法所规定的义务。

（三）《消费者权益保护法》通过明文规定消费者的权利和经营者的义务来实现对消费者合法权益的保障

《消费者权益保护法》是调整公民消费过程中所产生的社会关系、致力于保障市场活动中处于弱者地位的消费者的法律规范，于 1993 年 10 月 31 日颁布、1994 年 1 月 1 日起施行、2009 年 8 月 27 日修改。该法对于传统交易行为的规制从两个方面来进行，一是列举消费者的权利，二是特别强调经营者的义务。

1. 《消费者权益保护法》列举的消费者权利包括有：

（1）安全保障权。消费者在购买、使用商品和接受服务的过程中享有人身、财产安全不受侵害的权利。消费者的人身安全权包括消费者生命、健康安全权，即消费者在购买、使用商品和接受服务时，享有生命不受危害以及保持身体各器官及其机能完整的权利。消费者的财产安全权是指消费者在购买、使用商品和接受服务时，享有财产安全不受损害的权利，它既包括购买、使用商品本身的安全和接受服务所涉及商品本身的安全，也包括其他财产的安全不受商品的危害。消费者安全保障权是实现其他一切权利的前提和保障。

（2）知悉真情权。消费者享有知悉其购买、使用的商品或者接受的服务的真实情况的权利。

（3）自主选择权。消费者享有自主选择商品和服务的权利，不受任何人或组织干涉。它包括自主选择提供商品或者服务的经营者、自主选择商品品种或者服务方式、自主决定是否购买任何一种商品或是否接受任何一项服务的权利，并有权对商品或服务进行比较、鉴别和选择。

（4）公平交易权。公平交易是指经营者与消费者之间的交易应在平等的基础上达到公正的结果。

（5）获取赔偿权。消费者因购买、使用商品或者接受服务受到人身、财产损害的，享有依法获得赔偿的权利。享有求偿权的主体具有延伸性，除《消费者权益保护法》所规定的消费者外，还包括消费者之外的因某种原因在事故发生现场而受到损害的人。求偿的内容为人身损害赔偿与财产损害赔偿。

（6）结社权。消费者享有依法成立维护自身合法权益的社会团体的权利。目前，已成立的中国消费者协会及地方各级消费者协会即属消费者结社权的产物。

（7）获得相关知识权。消费者享有获得有关消费和消费者权益保护方面知识的权利。

（8）受尊重权。消费者在购买、使用商品和接受服务时，享有其人格尊严、民族风俗习惯得到尊重的权利。

（9）监督批评权。消费者享有对商品和服务以及保护消费者权益工作进行监督的权利。

2.《消费者权益保护法》规定的经营者的义务与消费者的权利大体上是对应的关系。从某种程度上来讲，消费者的权利就是经营者的义务。应该说，经营者义务的设置就是为了实现消费者的权利。该法对于经营者义务的规定如下：

（1）履行法定义务及约定义务。双方约定的义务不得违反法律强制性规定。

（2）接受监督的义务。经营者应当听取消费者对其提供的商品或服务的意见，接受消费者的监督。

（3）保证商品和服务安全的义务。经营者应当保证其提供的商品或服务符合保障人身、财产安全的要求。

（4）提供真实信息的义务。经营者应当向消费者提供有关商品和服务的真实信息，不得作引人误解的虚假宣传。此外，商店提供商品应明码标价，即明确单位数量的价格，以便于消费者选择。

（5）标明真实名称和标记的义务。企业名称和标记，是体现商品或者服务质量的重要标志。经营者真实地标明其名称和标记，也是消费者在购买商品或接受服务时作出选择的重要依据。这项义务要求经营者不得使用未经核准登记的企业名称，不得假冒他人的企业名称和特有的企业标记；也不得仿冒、使用与他人企业各称或营业标记相近似的和容易造成消费者误会的企业名称和营业标记；在租赁柜台或场地进行交易活动时，经营者不得以柜台和场地出租者的名称和标记从事经营活动。只有这样，才能保证消费者做出正确的消费选择，并且在发生侵害消费者合法权益的行为时，能够确定经营者，明确法律责任承担人。

(6) 出具凭证或单据的义务。经营者提供商品或者服务，应按照国家规定或商业惯例向消费者出具购货凭证或者服务单据；消费者索要购货凭证或者单据的，经营者必须出具。购物凭证是消费者向经营者购物或者要求经营者提供服务的合同凭证。它的作用是证明消费者、经营者、服务者之间因购买商品、提供服务建立了某种合同关系，同时也为发生纠纷之后解决问题提供依据。在实践中，有一些小商小贩、流动摊贩、即时清结的小综买卖或服务，消费者一般不要购物凭证或服务单据，经营者一般也不出具凭证或单据。在这种情况下，如果发生纠纷，则难以判断责任是非。

(7) 保证质量的义务。经营者有义务保证商品和服务的质量。

(8) 履行"三包"或其他责任的义务。所谓"三包"是指经营者提供商品或者服务，按照国家规定或者与消费者的约定，承担包修、包换、包退或者其他责任的，应当按照规定或者约定履行，不得故意拖延或者无理拒绝。

(9) 不得单方作出对消费者不利的规定。经营者不得以格式合同、通知、声明、店堂告示等方式作出对消费者不公平、不合理的规定，或者减轻、免除其损害消费者合法权益应当承担的民事责任。所谓格式合同是指交易过程中由一方单独拟定的，另一方当事人只需签名或盖章即可生效的合同。这种合同具有高度的便捷性，因此常为经营者采用。由于格式合同拟定的过程中只有一方当事人作出意思表达，所以往往很难完整保护消费者的权益。经营者作出的通知、声明、店堂告示等亦属于单方意思表示，侧重于保护经营者的利益。因此，经营者的格式合同、通知、声明、店堂告示等含有对消费者不公平、不合理规定的，或者减轻、免除其损害消费者合法权益应当承担的民事责任的，其内容无效。

(10) 不得侵犯消费者人格权的义务。经营者不得搜查消费者的身体及其携带的物品，不得侵犯消费者的人身自由，不得对消费者进行侮辱、诽谤。

(四) 经营者违约或违法的责任承担

在一般情况下，经营者只需要承担民事赔偿责任，但如果行为性质恶劣，则要视情节轻重依法承担行政责任甚至是刑事责任：

1. 侵犯消费者合法权益的民事责任。依照我国现行法律法规，民事责任设置的目的是修复破裂的社会关系，使社会生活尽可能地恢复原状。因此，民事责任的承担方式主要有停止侵害、排除妨碍、消除危险、返还财产、恢复原状、修理、重作、更换、赔偿损失、支付违约金、消除影响、恢复名誉、赔礼道歉等。侵害消费者合法权益的民事责任本质上与一般的民事责任相同，但同时具有一定的特殊性。

(1) 需承担民事责任的情形：经营者提供商品或者服务有下列情形之一的，

应当承担民事责任：商品存在缺陷的；不具备商品应当具备的使用性能而出售时未作说明的；不符合在商品或者其包装上注明采用的商品标准的；不符合商品说明、实物样品等方式表明的质量状况的；生产国家明令淘汰的商品或者销售失效、变质的商品的；销售的商品数量不足的；服务的内容和费用违反约定的；对消费者提出的修理、重作、更换、退货、补足商品数量、退还货款和服务费用或者赔偿损失的要求，故意拖延或者无理拒绝的；法律、法规规定的其他损害消费者权益的情形。

（2）需承担民事责任的特殊规定。"三包"责任：根据《消费者权益保护法》第45条的规定，该责任来源于国家规定或当事人双方的约定，在保修期内两次修理仍不能正常使用的，经营者应当负责更换或者退货。在"三包"义务履行过程中发生的运输等合理费用由经营者承担。关于邮购商品的民事责任，《消费者权益保护法》规定，经营者以邮购方式提供商品的，应当按照约定提供。未按照约定提供的，应当按照消费者的要求履行约定或者退回货款，并应当承担消费者必须支付的合理费用。购买经有关行政部门认定为不合格的商品，消费者可以要求退货，经营者应当负责退货，而不得无理拒绝。

（3）造成损害的民事责任及赔偿范围。①人身损害的民事责任：消费者在接受服务时，其合法权益受到损害的，可以向服务者要求赔偿。《消费者权益保护法》第35条第2款规定："消费者或者其他受害人因商品缺陷造成人身、财产损害的，可以向销售者要求赔偿，也可以向生产者要求赔偿。属于生产者责任的，销售者赔偿后，有权向生产者追偿。属于销售者责任的，生产者赔偿后，有权向销售者追偿。"经营者提供商品或服务，造成消费者或其他人受伤、残疾、死亡的，根据《产品质量法》第44条第1款的规定："因产品存在缺陷造成受害人人身伤害的，侵害人应当赔偿医疗费、治疗期间的护理费、因误工减少的收入等费用；造成残疾的，还应当支付残疾者生活自助具费、生活补助费、残疾赔偿金以及由其扶养的人所必需的生活费等费用；造成受害人死亡的，并应当支付丧葬费、死亡赔偿金以及由死者生前扶养的人所必需的生活费等费用。"②侵犯消费者人格尊严、人身自由的民事责任：《消费者权益保护法》第14条规定消费者享有人格尊严，第25条规定经营者不得对消费者侮辱、诽谤，不得侵犯消费者的人身自由。违反上述规定的，经营者应当停止侵害、恢复名誉、消除影响、赔礼道歉，并赔偿损失。③财产损害的民事责任：经营者提供商品或者服务，造成消费者财产损害的，应当以修理、重作、更换、退货、补足商品数量、退还货款和服务费用或者赔偿损失等方式承担民事责任。但法律对于责任承担方式的规定为任意性规定，双方有约定的，可按照约定履行。

（4）双倍赔偿规定。《消费者权益保护法》第49条规定："经营者提供商品或者服务有欺诈行为的，应当按照消费者的要求增加赔偿其受到的损失，增加赔偿的金额为消费者购买商品的价格或者接受服务的费用的 1 倍。"由于增加的这部分赔偿金额是超出消费者的实际损失的，因此相对于其他民事侵权责任修复被撕裂的社会关系的作用而言，带有惩罚性质。这是消费者权益保护法所特有的一种民事责任承担方式。

这里所说的欺诈行为，是指经营者故意以虚假陈述或者其他不正当手段欺骗、误导消费者，致使消费者购买商品或接受服务，从而导致其权益受到损害的行为。实践中，通过下列两个条件认定经营者是否构成欺诈行为，当两个条件同时满足时欺诈成立：①经营者对其商品或服务的说明行为是虚假的，足以使一般消费者受到欺骗或误导；②消费者因受误导而接受了经营者的商品或服务，即经营者的虚假说明与消费者的消费行为之间存在因果关系。

2. 侵犯消费者合法权益的行政责任。有下列情形之一的，经营者应承担行政责任：生产、销售的商品不符合保障人身、财产安全要求的；在商品中掺杂、掺假，以假充真，以次充好，或者以不合格商品冒充合格商品的；生产国家明令淘汰的商品或者销售失效、变质的商品的；伪造商品的产地，伪造或者冒用他人的厂名、厂址，伪造或者冒用认证标志、名优标志等质量标志的；销售的商品应当检验、检疫而未检验、检疫或者伪造检验、检疫结果的；对商品或者服务作引人误解的虚假宣传的；对消费者提出的修理、重作、更换、退货、补足商品数量、退还货款和服务费用或者赔偿损失的要求故意拖延或者无理拒绝的；侵犯消费者人格尊严或者侵犯消费者人身自由的；法律、法规规定的对损害消费者权益应当予以处罚的其他情形。

对上述九种违法情形，有关行政机关的处罚方式有：责令改正，警告，没收违法所得，罚款；情节严重者，可责令其停业整顿，吊销其营业执照。

需要注意的是，行政责任的承担不影响经营者承担民事责任。

3. 侵犯消费者合法权益的刑事责任。违反消费者权益保护法，需承担刑事责任的行为包括：①经营者提供商品或者服务，造成消费者或其他受害人受伤、残疾、死亡，依据我国刑法构成犯罪的；②以暴力、威胁等方法阻碍有关行政部门工作人员依法执行职务的；③国家机关工作人员玩忽职守或者包庇经营者侵害消费者合法权益的。对这些行为应根据情节依法追究刑事责任。

（五）消费者权益纠纷解决机制

《产品质量法》第 22 条规定："消费者有权就产品质量问题，向产品的生产者、销售者查询；向产品质量监督部门、工商行政管理部门及有关部门申诉，接受申诉的部门应当负责处理。"《消费者权益保护法》第 34 条规定："消费者和经营者发生消费者权益争议的，可以通过下列途径解决：①与经营者协商和解；

②请求消费者协会调解；③向有关行政部门申诉；④根据与经营者达成的仲裁协议提请仲裁机构仲裁；⑤向人民法院提起诉讼。"

由此可见，消费者和经营者发生争议的，可以通过下列途径解决：

1. 与经营者协商和解。当消费者和经营者因商品或服务发生争议时，协商和解应作为首选方式。协商和解必须在自愿平等的基础上进行。

2. 请求消费者协会调解。消费者权益保护法明确消费者协会具有7项职能，其中之一是对消费者的投诉事项进行调查、调解。消费者协会作为保护消费者权益的社会团体，调解的依据除法律、行政法规外，还包括公认的商业道德。消费者协会调解的结果由双方自愿接受和执行。

3. 向有关行政部门申诉。政府有关部门依法具有规范经营者的经营行为、维护消费者合法权益和市场经济秩序的职能。当权益受到侵害时，消费者可根据具体情况，向不同的行政职能部门，如物价部门、工商行政管理部门、技术质量监督部门等提出申诉，求得行政救济。

4. 提请仲裁。我国的仲裁机构是解决民事纠纷的非行政性机构。消费者权益争议可通过仲裁途径予以解决。不过，仲裁必须具备的前提条件是双方订有书面仲裁协议（或书面仲裁条款），否则仲裁机构不受理案件。仲裁裁决是终局性的，对双方都有约束力，双方必须执行。

5. 向人民法院提起诉讼。消费者权益受到损害时，可径直向人民法院起诉，也可因不满对经营者的行政处理结果而向人民法院起诉。法院的生效判决具有终局性。

（六）新型消费维权的困境

随着网络的迅猛发展和人们生活方式的改变，网购逐渐成为年轻人购物的重要方式。这给我国现行法律带来了巨大的冲击。由于法律的相对滞后，网购作为一种新兴产业缺乏完备的法律监管，在给消费者带来便利的同时，也产生了诸多法律纠纷：如网络上售卖商品的商家并无合法的经营权，一旦发生纠纷无法认定谁为经营者；网络交易往往不会出具发票或收据，只能通过电子数据证明交易存在的真实性，但许多政府部门尚未接受电子证据，致使购买到假冒伪劣产品或发生产品致人损害事件时难以索赔；商品与描述不符，但在购买时很难发现，上当后大都难以退换；售后服务没有保障；商家虚假宣传难以管束；等等。

本案当事人李青维权未获成功的主要原因，是规范传统交易行为的法律法规难以约束网络交易行为，难以解决网购纠纷取证困难，责任主体难以确定。具体来说：

1. 本案的第一个争议点在于网店所销售的化妆品是否为玫琳凯公司的产品。网络交易中存在着许多不规范的现象：很多网店打着某品牌公司的招牌出售商品，价格又往往比专柜或实体店的售卖价格便宜得多，吸引了不少消费者的光顾。但由于没有专门的政府机构或行业组织对其真实性进行核查，产品是真是假消费者难以分辨。一旦产品质量出现问题，品牌公司大都否认产品品牌的真实性，轻松脱身；而网店作为直接销售者，由于缺乏监管，往往不具备合法的营业资格，没有向工商部门申领营业执照，也没有注册资本，缺乏独自偿债的能力，消费者的追偿权利也就难以实现。

如果能够找到证据证明产品确为玫琳凯公司出品，李青由于使用了玫琳凯公司生产的产品而导致"毁容"，则依据《产品质量法》第43条以及《消费者权益保护法》第41条的规定，玫琳凯公司应当承担人身损害赔偿责任，李青可以要求其赔付医疗费用，并予以精神损害赔偿。

若该产品能够证明并非玫琳凯公司生产的正品，而是网店销售的假冒他人品牌的"假货"，则依照《消费者权益保护法》第49条的规定："经营者提供商品或者服务有欺诈行为的，应当按照消费者的要求增加赔偿其受到的损失，增加赔偿的金额为消费者购买商品的价款或者接受服务的费用的1倍。"李青除主张上述追偿权利外，还可以要求网店就货品价款予以双倍赔偿。

如果玫琳凯公司与网店互相推诿，没有证据能够证明产品为真品还是假货，而法律又没有明确规定哪些机构有权作出鉴定，或发生类似争议的举证责任归属，则依据《消费者权益保护法》的规定，李青只能向直接销售者——网店要求人身损害赔偿。

2. 本案消费者要求赔偿的第二个难点在于交易没有开具正规发票。在实践当中，网络交易后不开具正规发票或收据是一种很普遍的现象。虽然通过一些电子数据，如聊天记录、付款记录等可以证明交易的存在，但工商局、消费者协会等机构现阶段仍只承认发票这一种消费凭证，这说明在消费者权益保障的衔接上还存在问题。李青在网络上购物时没有玫琳凯公司的正规发票，也没有网店出具的发票，自然也就很难通过消费者协会调解或行政申诉的手段向玫琳凯公司索赔；由于交易双方并未签订仲裁协议或仲裁条款，消费者如果要主张权利，就只剩下成本相对较高、程序复杂、周期较长的诉讼一途。

从本案可以看出，我国《消费者权益保护法》现阶段存在很多问题，导致了消费者权益并不能得到完全的保障。比如，该法规定了消费者的九项权利，但是随着社会主义市场经济的发展，营销方式日新月异，特别是网络销售的兴起，这九项权利并不能完全满足消费者权利保护的需要，消费者权利受到的侵害也远远地超出了这九项权利的范围；而且，《消费者权益保护法》提供的五种维权途径在实践中往往是：协商和解无疾而终，消费者协会调解因无强制力而难见结果，向工商管理等行政部门申诉久拖不决，申请仲裁没有依据，提起诉讼又因高成本和繁琐的程序而不得不放弃。该法没有关于举证责任的规定，因而在司法实践中，只能遵照民事诉讼规则当中"谁主张谁举证"的原则进行。而消费者的弱势地位决定了消费纠纷举证困难。实践中存在的高额商品检验费往往超过商品本身的价值，而有些产品价格低廉，双倍赔偿的惩罚性规定无法达到惩罚目的等问题。

可见，在电子商务迅速发展的前提下，从法律和相关行政规定入手，采取各种措施保护消费者权益，以完善消费者权益保护的体系是刻不容缓的。

三、相关法条

（一）《中华人民共和国消费者权益保护法》节选

第十四条 消费者在购买、使用商品和接受服务时，享有其人格尊严、民族风俗习惯得到尊重的权利。

第十五条 消费者享有对商品和服务以及保护消费者权益工作进行监督的权利。

消费者有权检举、控告侵害消费者权益的行为和国家机关及其工作人员在保护消费者权益工作中的违法失职行为，有权对保护消费者权益工作提出批评、建议。

第二十一条 经营者提供商品或者服务，应当按照国家有关规定或者商业惯例向消费者出具购货凭证或者服务单据；消费者索要购货凭证或者服务单据的，经营者必须出具。

第二十三条 经营者提供商品或者服务，按照国家规定或者与消费者的约定，承担包修、包换、包退或者其他责任的，应当按照国家规定或者约定履行，不得故意拖延或者无理拒绝。

第二十五条 经营者不得对消费者进行侮辱、诽谤，不得搜查消费者的身体及其携带的物品，不得侵犯消费者的人身自由。

第三十一条 消费者协会和其他消费者组织是依法成立的对商品和服务进行社会监督的保护消费者合法权益的社会团体。

第三十四条 消费者和经营者发生消费者权益争议的，可以通过下列途径解决：

（一）与经营者协商和解；

（二）请求消费者协会调解；

（三）向有关行政部门申诉；

（四）根据与经营者达成的仲裁协议提请仲裁机构仲裁；

（五）向人民法院提起诉讼。

第四十二条 经营者提供商品或者服务，造成消费者或者其他受害人死亡的，应当支付丧葬费、死亡赔偿金以及由死者生前扶养的人所必需的生活费等费用；构成犯罪的，依法追究刑事责任。

第四十三条 经营者违反本法第 25 条规定，侵害消费者的人格尊严或者侵犯消费者人身自由的，应当停止侵害、恢复名誉、消除影响、赔礼道歉，并赔偿损失。

第四十四条 经营者提供商品或者服务，造成消费者财产损害的，应当按照消费者的要求，以修理、重作、更换、退货、补足商品数量、退还货款和服务费用或者赔偿损失等方式承担民事责任。消费者与经营者另有约定的，按照约定履行。

第四十九条 经营者提供商品或者服务有欺诈行为的，应当按照消费者的要求增加赔偿其受到的损失，增加赔偿的金额为消费者购买商品的价款或者接受服务的费用的 1 倍。

（二）《中华人民共和国产品质量法》节选

第二十二条 消费者有权就产品质量问题，向产品的生产者、销售者查询；向产品质量监督部门、工商行政管理部门及有关部门申诉，接受申诉的部门应当负责处理。

第二十六条 生产者应当对其生产的产品质量负责。产品质量应当符合下列要求：

（一）不存在危及人身、财产安全的不合理的危险，有保障人体健康和人身、财产安全的国家标准、行业标准的，应当符合该标准；

（二）具备产品应当具备的使用性能，但是，对产品存在使用性能的瑕疵作出说明的除外；

（三）符合在产品或者其包装上注明采用的产品标准，符合以产品说明、实物样品等方式表明的质量状况。

第三十二条 生产者生产产品，不得掺杂、掺假，不得以假充真、以次充好，不得以不合格产品冒充合格产品。

第四十一条 因产品存在缺陷造成人身、缺陷产品以外的其他财产（以下简称他人财产）损害的，生产者应当承担赔偿责任。

第四十三条 因产品存在缺陷造成人身、他人财产损害的，受害人可以向产品的生产者要求赔偿，也可以向产品的销售者要求赔偿。属于产品的生产者的责任，产品的销售者赔偿的，产品的销售者有权向产品的生产者追偿。属于产品的销售者的责任，产品的生产者赔偿的，产品的生产者有权向产品的销售者追偿。

第四十四条 因产品存在缺陷造成受害人人身伤害的，侵害人应当赔偿医疗费、治疗期间的护理费、因误工减少的收入等费用；造成残疾的，还应当支付残疾者生活自助具费、生活补助费、残疾赔偿金以及由其扶养的人所必需的生活费等费用;造成受害人死亡的,并应当支付丧葬费、死亡赔偿金以及由死者生前扶养的人所必需的生活费等费用。

因产品存在缺陷造成受害人财产损失的,侵害人应当恢复原状或者折价赔偿。受害人因此遭受其他重大损失的,侵害人应当赔偿损失。

(三)《中华人民共和国侵权责任法》节选

第四十一条 因产品存在缺陷造成他人损害的,生产者应当承担侵权责任。

第四十二条 因销售者的过错使产品存在缺陷,造成他人损害的,销售者应当承担侵权责任。

销售者不能指明缺陷产品的生产者也不能指明缺陷产品的供货者的,销售者应当承担侵权责任。

第四十三条 因产品存在缺陷造成损害的,被侵权人可以向产品的生产者请求赔偿,也可以向产品的销售者请求赔偿。

产品缺陷由生产者造成的,销售者赔偿后,有权向生产者追偿。

因销售者的过错使产品存在缺陷的,生产者赔偿后,有权向销售者追偿。

第四十五条 因产品缺陷危及他人人身、财产安全的,被侵权人有权请求生产者、销售者承担排除妨碍、消除危险等侵权责任。

第二十三讲

社会保险法给社会上"保险"

——以上海社保基金案为例

> 社会保障权已经成为世界各国宪法日益关注的公民的一项基本权利。社会保障权属于由政府对公民承担绝对保障责任的"受益权"。
>
> ——莫纪宏

（莫纪宏，男，1965年5月生于江苏靖江，是中国社会科学院法学所研究员，教授，博士生导师。莫纪宏教授主要研究领域为宪法学、行政法学，重点研究领域是宪法监督与宪法诉讼、宪政与人权等。莫纪宏教授1986年毕业于北京大学法律系，1989年在中国社会科学院研究生院取得硕士学位，1994年在中国社会科学院研究生院获得博士学位。1999年其获得中国法学会"杰出中青年法学家提名奖"，2004年获得中国法学会"全国十大杰出青年法学家"称号。目前担任的主要社会职务和兼职有：中国法学会宪法学研究会常务副会长、全国人大常委会研究室特邀研究员、最高人民检察院咨询委员、北京市法学会副会长等。莫纪宏教授曾获得中国社会科学院青年优秀成果奖，司法部、中宣部优秀论文奖等，参与了"八五"国家社科基金重点项目"社会主义民主与法制建设研究"的研究工作，出版独著7部，合作出版的专著30余部，发表各类学术论文和文章400余篇，英文论文10篇。其主要著作有：《宪政新论》、《宪法审判制度概要》、《表达自由的法律界限》、《现代宪法的逻辑基础》、《国际人权公约与中国》、《为立法辩护》、《"非典"时期的非常法治》等。）

一、案例介绍

在 2006 年网络热议的十大反腐典型案件中，上海社会保险基金案高居榜首。时任上海市劳动和社会保障局局长祝均一被查出非法动用金额达百亿人民币的社保基金进行违规投资。案发后，从中共中央政治局委员、中共上海市委书记陈良宇到上海市劳动和社会保障局局长祝均一、宝山区区长秦裕等相关人等纷纷因这一惊天大案而落马。2006 年 11 月 23 日，国家审计署发布公告，在对除上海、西藏之外的 29 个省区市、5 个计划单列市的审计中发现，近年来，合计约 71.35 亿元"养命钱"被违法违规动用。

社保基金是老百姓的血汗钱，更是困难职工、弱势群体的保命钱。因此全国社会保障基金理事会理事长项怀诚多次强调，社保基金投资最根本的方针就是"安全至上、控制风险"。

在金融工具多样化、风险控制严格的发达国家，社会保障基金此类基金也仅仅是投资于房地产证券，比如 REITs（房地产投资信托基金）或者房地产抵押证券等，而不是直接投资房地产和基建等风险较高的项目。

不过在上海，社保基金大规模投资房地产已是公开的秘密。据了解，早在上世纪九十年代前期，上海社保基金即因投资房地产等行业而出现亏损。2003 年 6 月严控房地产信贷的央行"121 文件"（《中国人民银行关于进一步加强房地产信贷业务管理的通知》）出台之后，银行对房地产企业的贷款审批大大收紧。央行"121 文件"明确要求，申请银行开发贷款的房地产企业，必须"四证齐全"。"四证"指的是《国有土地使用证》、《建设用地规划许可证》、《建设工程规划许可证》及《施工许可证》。但是，社保贷款往往只要求房地产企业出示"一证"或"两证"，这就是 2004 年前后上海房地产企业会一窝蜂地涌向社保基金的原因。

上海市政府部门集社保资金行政主管与投资运营人为一身，即便在社保资金法制监管、市场运营呼声日高的今天，也未有实质性改变。继 2002 年广州市 8 亿多元社保基金被挪用曝光之后，成立 8 年的上海市劳动和社会保障局也从 2006 年 7 月底暴露出有史以来我国最大的一场社保弊案。

二、案例分析

（一）社会保险基金的安全运营维系社会保险制度的生死存亡

上海社保基金丑闻以及各地发生过的多起社保基金非法挪用案件，都说明了目前各地社保基金均被管理部门随意支配甚至侵吞的现实。而究其根源，是因为每个人的社保基金都由当地的社保基金管理中心代为管理，而这些管理中心直属人力资源与社会保障部。在它们承担着相当多的行政职能的同时，就不可避免地与政府有着千丝万缕的联系，有的甚至就是政府的一个部门。这种"泛行政化"

的制度设计，由于缺乏法人资产和独立经济利益的约束，必然导致无法独立承担民事责任的社保基金管理中心难以建立起有效的监督管理机制、规范的会计审计、信息披露制度和风险防范机制。而在实际运作中，社保基金的所有者——每一个社保基金的缴纳者始终无法拥有真正意义上的监督权。所有权和管理权的混淆不清，使得政府下属的人力资源和社会保障局（厅）对社保基金的处置拥有绝对的控制权，社保基金在地方或部门利益的驱使下，常常会被当作"准"政府资金支配使用。由上海社保基金丑闻披露的案情来看，上海年金中心将数十亿的资金"大手笔"投资在高速公路，甚至投到电气市场上，在整个过程中，公众对社保资金的流向是不知情的。社保资金被秘密拆借这样不透明的管理状态，正侵蚀着老百姓的"养老钱"、"看病钱"等关乎他们基本生活的经济基础。而这种经济基础一旦产生空洞甚至崩溃将对国民的基本生活和社会经济运转产生不可预料和难以控制的后果。从这种意义上说，社会保险基金的安全运营维系社会保险制度的成败。

（二）社会保险制度是社会经济发展的"安全阀"和"稳定器"

社会保险是通过国家立法强制征收保险费用，当社会成员因遭遇年老、疾病、工伤、失业和生育风险而暂时或永久性失去劳动能力而不能获得劳动收入时，由国家或社会向其提供物质帮助或服务的一种社会保障制度。各国社会态和经济制度的不同，但总的来说社会保险产生的原因主要有四个方面的因素。

1. 经济因素。影响社会保险产生的首要因素是经济，因为财富的富余才使得保险的产生成为可能。一般地说来，在生产力发展到一定的程度后，社会生产的成果除了满足人们的正常生活需要之外，还有一定数量的剩余。劳动者或其家庭的收入除了维系基本生活支出之外还要具有支付能力。国家的财力除了维系国家机器的正常运转之外，国家或社会也具有了支付能力。这样，社会保险制度才有诞生的可能。经济的发展水平不仅是社会保险建立的前提，而且还决定了社会保险覆盖面的范围、险种的多少、保障幅度的大小以及给付水平的高低。

2. 思想因素。思想因素在社会保险的起源阶段显得尤其重要。早在古代社会中，无论是东方还是西方都有济贫、扶老、助残的思想和行为。直至当代，凯恩斯国家干预经济的主张、贝弗里奇关于建立社会保障制度的报告等都直接促进了社会保险制度的形成和发展。学者对某一理论客观而公正的阐述，一旦为国家管理层所认可，就会转化为具体的社会保险制度或措施。

3. 社会因素。社会因素是社会保险制度产生的一个基本性影响因素。进入工业化社会之后，工资劳动者的数量大量增加。在工业化社会里，由于智力、体力和技能等原因，劳动者为社会提供的劳动的数量和质量就有了差别，因此所得的劳动报酬就有了差异，当差异巨大时就会引发许多社会问题，这时就需要建立社会保险制度进行再分配以缩小这种差距。当劳动者暂时或永久性地失去劳动能力或虽然有劳动能力但无就业岗位时，收入就会降低，而这种收入减少的风险如不能得到有效化解就有可能导致社会的动荡。再者由于营养和医疗条件的改善，人口的平均年龄有所延长，而老年人口的增加同样需要建立社会保险制度。诸如此类的社会结构的变化，社会成员的分化，由于过高的收入差别而导致的社会矛盾激化以及由于老年人口的增加而导致的赡养比的提高，都影响着社会保险制度的产生和发展。近代德国首创社会保险制度就是一个典型的例子。1873 年世界性经济危机爆发，德国社会矛盾和阶级矛盾更加错综复杂，并日趋尖锐。因此，德国当时的俾斯麦政府决定首先要稳定国内政局，缓和阶级冲突，实施了一系列的经济社会改革政策，包括一些社会保险和社会福利的法规、措施。1883 年～1889 年，德国相继颁布了《疾病保险法》、《工伤事故保险法》、《老年、残疾、遗属保险法》，1911 年又将这些法规综合为单一的德意志帝国法典，这是世界上第一套完整的社会保险体系，开创了近代国家社会保险体系的先例。

4. 政治因素。中国在历史上是一个中央集权国家，因此国家很早就推出了一系列的社会保障措施，而这些措施的制定与推广都是以皇帝诏令的形式出现的，这就充分体现了社会保障的政治作用。西方的情况与中国不同，其政治影响对社会保险的作用是从 1601 年英国颁布《济贫法》才开始的。《济贫法》标志着国家通过法令来承担济贫责任的开始，从此，政治因素对社会保险越来越重要。社会保险计划之所以首先在德国出台，政治的因素起到了巨大的作用。这也符合社会保险正常运行的需要，社会保险单靠一个部门是办不起来的，任何一个部门都不具备国家那种至高无上的权威和调整各种关系的权力。

社会保险制度发展到今天，无论在哪个国家和地区"生根发芽"，社会保险制度均会呈现如下几个特点：

1. 国家性。国家性是社会保险具有的最鲜明的特性。国家政权作为一个实体，自始至终是社会保险制度的制定及推行者、社会保险运行的最终管理者和坚强可靠的后盾。社会保险制度的推出是国家通过其专业机构——社会保险机构实行的。这个机构在政府领导之下，负责社会保险制度的制定、组织、执行和保证实现。社会保险制度遵从的各项政策包括税收政策、利率政策以及相关的社会政策，等等。这就说明国家把社会保险本身就作为一项既定政策——社会政策付诸实施。国家通过税前征收社会保险费，通过规定偏高的保险基金储蓄利率，特别是通过财政补助，对社会保险事业给予自始至终的支持和帮助。社会保险制度在一国范围内统一制定、统一管理和统一执行，是社会保险固有的国家性的表现。

2. 强制性。首先，通过国家立法程序强制法律规定范围内的用人单位和劳动者参加社会保险，这些用人单位和劳动者没有任何选择余地。其次，国家还通过立法强制参保者按照国家规定的标准定期、足额缴纳社会保险费，不容不缴及拖欠，否则给予行政与经济制裁。

3. 公平与效率统一。公平与效率统一，也是社会保险固有的特性。这一特点的实质在于通过社会保险制度既使国民的生活差距有所缩小，又使这个制度对经济效率起到促进功能。"福利国家型"社会保险制度就曾经过于强调社会保险的公平而忽视经济效率。目前几乎所有"福利国家"都已察觉此项弊端，正想办法消除它。

4. 福利性。实行社会保险，要求对劳动者失去劳动能力后的收入给予补偿，可视为给劳动者带来的一项福利。如生育保险津贴就是对妇女因怀孕、生育以及产后抚育婴儿所损失掉的收入的补偿。工伤保险津贴是工人因工作伤害或因患职业病暂时（或者永久）失去劳动能力，从而失去生活来源而获得的一种收入补偿。显然，这些都是向劳动者提供的福利。另外，社会保险机构除给予物质帮助外，还通过职业介绍机构向失业者提供就业服务，以及通过其他机构向劳动者提供服务，如工伤保险管理机构为预防和减少工伤事故发生，会同有关部门对企业经常进行安全检查、卫生检查，同样是国家提供福利的表现。

5. 权利与义务统一。权利与义务统一，也是社会保险固有的特性之一。一方面，国家必须在不同的阶段，根据经济发展的程度，增进劳动者的生活福利。另一方面，劳动者必须为国家、社会尽到自己应尽的义务，才有资格和条件享受增进生活福利的权利。最明显的表现就是在国家法律的规定下，任何一名劳动者都必须照章缴纳社会保险费（税），不尽纳税义务，也就不具备享受社会保险的权利。这表明权利与义务的对称，是实施社会保险制度的一个准则。

6. 互济性与自我保障性统一。随着社会保险制度的发展，它固有的互济性愈益增强，此外，也愈益带有自我保障性。其中互济性显得更为重要。社会保险制度在正式推出之前，流行于机器工业工人中间的互助合作保险，就曾以互助互济性而受到工资劳动者的欢迎。社会保险制度出台后，从一定意义上讲，首先继承了互助互济的精神而成为它特有的色彩。在投保式社会保险制度之下，每个工资劳动者都投保，使可能遭受劳动风险者得到收入补偿。几乎每个工资劳动者必将进入老年阶段而面临收入大幅减少，养老保险的开展能够让投保者获得收入补偿，这样一种阶段在时间上有前有后，也体现出互助互济的特色。社会保险还具有自我保障性。工资劳动者缴纳社会保险费的义务，也就是社会保险的自我保障性的体现，即自己投保，防止自己遭受危险。由于通过工资额计算投保费和保险待遇，自我保障性还有一个更重要的表现：多投保多受益。

一个国家（地区）建立社会保险制度的最终目的，就是要发挥社会保险体系丰富内容的各项功能，为国家（地区）和社会经济的不断发展提供坚实的基础与后劲。社会保险制度的功能主要又有哪些？总体来说，社会保险制度的功能主要体现为如下几点：

1. 经济补偿功能。现代社会中，劳动者不可避免地要遭遇疾病、工伤、失业、年老等风险，女性劳动者还要遭遇生育风险。这些风险事故都可以使劳动者暂时或永久性地失去生活的来源。而在现代社会里，家庭的保障功能逐渐弱化，劳动者遭遇以上风险事故又不能像在农业社会里那样依靠家庭的保障。在此背景下，国家和社会通过社会保险机构对劳动者在暂时或永久性地失去生活来源时给予必要的物质帮助，以保障劳动者的基本生活。这就是社会保险的经济补偿功能。社会保险的补偿功能并不意味着补偿全额或全部的收入损失。社会保险的经济补偿功能是有限度的，它只能保障基本生活的需要。因为如果社会保险所提供的经济补偿过高，就会奖懒罚勤，损伤利润创造者的积极性，起不到促使劳动者积极创造社会财富的作用。

2. 维护社会稳定的功能。在建立社会保险制度的国家里，无一不将社会保险的这一功能看作是最为根本的第一功能。社会保险被看做是减少社会改革对人们产生的震荡的减震器和维护社会安全的安全网。社会保险经济补偿功能的实质不单单限于劳动者在遭遇风险事故时的经济上的补偿，而是涉及社会稳定的重大政治问题。市场经济背景下竞争机制的必然结果是一部分人因为竞争失败或经营不善而面临生存的困难。且由于劳动者的身体条件、知识结构和劳动技能的差异，使得其收入水平和生活水平产生了较大的差异，特别是劳动者遭遇风险而暂时或永久性丧失劳动能力时，生活有可能陷入困境。历史的经验告诉人们，当人们饥寒交迫无法生存时就会铤而走险，而当整个社会面临这样的局面时就会导致社会的大混乱。社会保险制度所提供的经济补偿实际上是免除人们对生活无着落的恐惧和后顾之忧，通过这种方式达到治国安民的作用。

3. 再分配功能。首先，这种再分配功能在劳动者和企业或雇主之间体现出来。国家或社会要向企业或雇主强制征缴社会保险基金，企业或雇主却得不到社会保险给付（即没有对等的回报）。他们缴纳的基金扩大了社会保险的基金规模，使得参与社会保险的劳动者在享受自己缴纳的社会保险费用带来的利益的同时，还享受到企业或雇主所缴纳的基金所带来的利益。这实际上意味着国民收入发生了一次重新的分配，等于劳动者得到了另外一项收入——再分配收入。这种分配上的变化有利于促进社会公平，不至于使部分人士的收入过高，出现过大的生活差距。其次，社会保险的再分配功能还在不同劳动者之间得以体现。劳动者智力、技能、体力、机会和分配原则的不同，导致了劳动者的收入在客观上存在着较大差异。有些劳动者的劳动收入可能不能满足基本生活的需要，而另外的一些劳动者可能取得较高的劳动收入。社会保险体系通过向企业或雇主和个人征缴费用的方式建立社会保险基金，再通过统筹使用的方式进行分配。在给付上通过一些特定的技术手段（如以当地职工的月平均工资为计算的基数、累进制的缴费、低于当地平均工资的一定比例的劳动者可以免交费用等）向低收入者倾斜，以缩小劳动收入造成的差异。

（三）社会保险的基本模式

各国基于自身国情与社会经济发展阶段的不同，建立的社会保险的主要模式有：

1. "传统型"社会保险模式。这种模式为德国首创，社会保险费用由个人、单位和政府三方负担或两方负担，统一由国家专门机构管理。

2. "福利国家型"社会保险模式。这是在英国的皮古、凯恩斯和贝弗里奇经济理论基础上建构起来的一种以国家为主的全民保险模式。

3. "国家保障型"社会保险模式。这是前苏联、前东欧社会主义国家实行的与计划经济体制相配套的社会保险模式。其主要特点是：社会保险完全由国家包办，社会保险费用全部由国家和企业负担，个人不交纳。我国传统的社会保险制度也属于这种模式。

4. "个人储蓄型"社会保险模式。这是在新加坡、印度尼西亚、马来西亚等东南亚的一些国家和地区，实行以个人或家庭储蓄为主的社会保险制度。

5. "雇主责任型"社会保险模式。这是雇主对其雇员的特定保险事故负全部责任，即保险基金全部由雇主负担的模式。

无论实行何种模式，各国（地区）社会保险制度都欢迎用人单位进行补充保险和个人储蓄保险。用人单位补充保险，是由用人单位根据自己的经济实力，自主地为劳动者建立的，旨在使本单位劳动者在已有基本生活保障的基础上进一步获得物质帮助的社会保险，是对基本保险的补充。个人储蓄保险，是由劳动者个人根据自己收入情况自愿以储蓄的形式为自己建立的社会保险，是对国家基本保险和用人单位补充保险的补充。

社会保险体系的具体内容，各国（地区）的法律规定不尽相同，不过，包括我国在内的许多国家和地区都有以下几种社会保险类型（实际法律规定的名称会有差异，但实际内容相同或相似）：

1. 养老保险。它是指劳动者在因年老或疾病而丧失劳动能力的情况下，退出劳动领域，从国家和社会获得物质帮助，以满足其老年生活需要的社会保险制度。

2. 医疗保险。它是指保障劳动者及其供养亲属因工病伤后从国家和社会获得医疗帮助的社会保险制度。

3. 失业保险。我国曾称为待业保险，是指劳动者在事业期间，由国家和社会给予一定物质帮助，以保障其基本生活并促使其再就业的社会保险制度。

4. 工伤保险。又称为职业伤害赔偿保险，是指职工因工伤而致伤、病残、死亡，依法获得经济赔偿和物质帮助的一种社会保险制度。

5. 生育保险。它是指女职工因生育而从国家和社会获得医疗、休息等方面的物质帮助的社会保险制度。

以我国为例，这五种类型的保险制度的保障对象范围、缴费主体等如下所述：

1. 基本养老保险制度。基本养老保险的按照《社会保险法》规定分为职工基本养老保险、城镇居民社会养老保险和新型农村社会养老保险，保障对象已经覆盖全民。基本养老保险基金是国家为保障退休人员的基本生活而设置的专项基金，由各方缴纳的养老保险费构成。我国实行基本养老保险基金社会统筹制度，由用人单位和个人缴费以及政府补贴等组成。新型农村社会养老保险实行个人缴费、集体补助和政府补贴相结合。

2. 失业保险制度。在我国，失业保险的保障对象是城镇企业事业单位、城镇企业事业单位职工。其中城镇企业，是指国有企业、城镇集体企业、外商投资企业、城镇私营企业以及其他城镇企业。失业保险基金是国家为保障失业职工的基本生活需要而设置的专项基金。这种专项基金的来源，是用人单位和职工按照国家规定共同缴纳失业保险费。具体来说，由下列各项构成：①城镇企业事业单位、城镇企业事业单位职工缴纳的失业保险费；②失业保险基金的利息；③财政补贴；④依法纳入失业保险基金的其他资金。

失业保险待遇是指对失业保障对象因失业造成生活困难，为保障其基本生活而给予的各种物资待遇。我国失业保险待遇的内容主要有：①失业保险金；②领取失业保险金期间的医疗补助金；③领取失业保险金期间死亡的失业人员的丧葬补助金和其供养的配偶、直系亲属的抚恤金；④领取失业保险金期间接受职业培训、职业介绍的补贴；⑤国务院规定或者批准的与失业保险有关的其他费用。而失业人员的认定是需要同时符合以下条件：①按照规定参加失业保险，所在单位和本人已按照规定履行缴费义务满1年的；②非因本人意愿中断就业的；③已办理失业登记，并有求职要求的。

3. 基本医疗保险制度。目前我国现行的医疗保险形式分为三种：职工基本医疗保险、城镇居民基本医疗保险和新型农村合作医疗制度。按照《社会保险法》的规定与要求，今后职工基本医疗保险由用人单位和职工按照国家规定共同缴纳基本医疗保险费。无雇工的个体工商户、未在用人单位参加职工基本医疗保险的非全日制从业人员以及其他灵活就业人员可以参加职工基本医疗保险，由个人按照国家规定缴纳基本医疗保险费。城镇居民基本医疗保险实行个人缴费和政府补贴相结合。享受最低生活保障的人、丧失劳动能力的残疾人、低收入家庭 60 周岁以上的老年人和未成年人等所需个人缴费部分，由政府给予补贴。

4. 工伤保险制度。工伤保险与其他社会保险相比具有以下几个明显特征：①工伤保险既具有补偿性，又具有赔偿性；②保险费用的分担由企业或雇主缴纳；③保险项目齐全，但常常与失业、医疗等社会保险相互交叉；④保险待遇标准普遍高于其他社会保险。

工伤保险的事故范围由于"因工负伤"和"职业病"而有所不同。因工负伤是指劳动者在工作时间及工作区域之内，因执行职务（业务）而受到的伤害。职业病是指劳动者从事某种职业、因职业有害因素所导致的疾病。它同特定职业有关，是职业性有害因素对劳动者造成的慢性伤害。

工伤保险基金是工伤社会保险制度顺利实施的物质保证，其主要来源有：①企业缴纳的工伤保险费；②工伤保险费滞纳金；③工伤保险基金的利息；④财政补贴；⑤法律法规规定的其他资金。

工伤保险待遇即职工因工造成伤亡或职业病时所获得的各种物质帮助。我国现行的工伤保险待遇的结构由下以几部分组成：①工伤医疗待遇；②工伤津贴；③伤残待遇；④工亡待遇。

5. 生育保险制度。生育保险基金的费用来源是由用人单位按照国家规定缴纳的，职工不缴纳生育保险费。用人单位已经缴纳生育保险费的，其职工享受生育保险待遇。职工未就业配偶按照国家规定享受生育医疗费用待遇，所需资金从生育保险基金中支付。生育保险待遇包括生育医疗费用和生育津贴。

（四）社会保险法是社会保险制度建立与完善的指针与保障

"人生自古谁无老，养老还要靠社保"，一句朴实的民间俗语道出了社会保险制度的重要性。然而，即使社会各方面都认识到社会保险制度的建立与完善对国家、社会和国民的重要性，依然需要一部有关社会保险制度的基本法律——《社会保险法》来指导和保障它的运行。因为只有上升为国家意志的法律才能保证社会保险制度目标的最终实现。

2011 年 7 月 1 日，《中华人民共和国社会保险法》（以下简称《社会保险法》）正式实施。《社会保险法》出台以前，各种社会保险制度在我国已经实施多年，但并没有一部专门的综合性法律加以规范。综合性社会保险基本法的缺失，使各种社会保险制度缺乏明确的价值取向。《社会保险法》的出台，首次以立法的形式确立了我国社会保险体系的基本框架，重点对社会保险的原则、各险种的覆盖范围、筹资渠道、社会保险待遇项目和享受条件、社会保险经办机构、社会保险基金监督、各项社会保险的缴纳、领取等作了明确规定。《社会保险法》的颁布和实施，关系到广大民众的切身利益，对我国社会保险制度的发展和完善产生深刻的影响。

社会保险法是以保障公民的社会基本权为宗旨的法律规范，社会保险法律关系是社会保险法律规范在调整国民和国家之间关系的过程中所形成的权利义务关系。国家在社会保险法律关系之下承担的是公法上的社会给付义务，而国民在社会保险法律关系上则享有请求国家社会给付的权利。因此，从传统的法律分类角度而言，社会保险法主要属于公法或者说原则上属于公法的范畴。同时，社会保险法还调整平等主体的用人单位和劳动者之间的关系，用人单位依法负有办理社会保险手续、按时足额缴纳保费的义务。此项义务是用人单位承担的公法义务，同时，这一义务也是对劳动者承担的私法义务。社会保险法律关系既不同于传统的公法、私法调整下所形成的单一法律关系，也有别于私人商业保险法调整下所形成的法律关系。

由于社会保险主要分为五种类型，即养老保险、医疗（疾病）保险、失业保险、工伤保险和生育保险，相应地，社会保险法律关系就分为养老保险法律关系、医疗（疾病）保险法律关系、失业保险法律关系、工伤保险法律关系和生育保险法律关系。在这五种社会保险法律关系中，因办理社会保险并缴纳社会保险费用的单位与社会保险参加者、社会保险机构以及其他主体之间的关系不同而呈现不同的公法性与私法性。比如，在养老保险法律关系中，有劳动者与用人单位之间形成主要带有私法性的劳动合同法律关系，有用人单位与社会保险机构之间的公法性的养老保险费用的征纳法律关系，以及劳动者在符合法定条件之后，其本人与社会保险机构之间形成的养老保险给付的法律关系，该项法律关系中劳动者享有的权利及于其法定继承人。然而，在医疗（疾病）保险法律关系中，除了有用人单位与劳动者之间的劳动合同法律关系、用人单位与医疗保险机构之间的医疗保险费用的征纳法律关系之外，还有医疗保险机构与受委托的医疗服务机构之间形成的公务委托关系，以及受委托的医疗服务机构与参加了医疗保险的医疗服务对象之间形成的医疗服务关系。

社会保险机构按照法律规定将定期收缴的各种社会保险款项汇集建账为各项社会保险基金，用于支付社会保险待遇的专项资金。因此，社会保险制度的核心内容之一就是依法建立各项社会保险基金并严格监督其运营，否则，社会保险制度的建立与完善就是一句空话。如果社会保险基金运营混乱甚至其中钱款被肆意挪用、贪污，就会造成政府和国家信用的丧失与社会动荡。上海社保基金案的发生，是新中国成立以来社会保险制度实行过程中经历的最为严重的一次危机，也是对社会保险基金收支、管理、运营和监管等一系列法律制度重要性的一个很好的注解。

在具体运营和使用社会保险基金过程里,有一个十分重要的规则需要进行科学合理的设计,即社会保险基金统筹。社会保险基金统筹是指在社会范围内,对社会保险基金的各种来源和用途做出统一的规定、规划和安排,并根据此对社会保险基金进行统一的收支、管理和运营,以保证其收支平衡、合理使用和安全地保值、增值,充分发挥其社会保障功能。

(五)《社会保险法》应当成为我国法治进程中对国民的保障与社会经济发展具有里程碑式的基本法律

《社会保险法》出台本身就是很大的一个创新,它的颁布,标志着我国从此开始了依法进行社会保障的时代。《社会保险法》对政府责任的明确约束,使其与原来的《劳动法》调整雇主和雇员的关系不同,而集中于调整政府和国民的关系。从新出台的《社会保险法》本身来分析,可看出《社会保险法》有着许多创新之处,其具体制度的重大创新表现在以下几个方面:

1. 社会保险制度实现全民覆盖,体现了社会公平的价值。《社会保险法》正式提及"城镇居民社会养老保险",同时肯定了"城镇居民基本医疗保险"、"新农合"和"新农保",使我国社会保险覆盖面扩展至全体国民,在制度上实现了全民覆盖。我国在对社会保险制度作出重大改革之前,社会保险也基本上只限定于"职工"或者"职工及其家属",直到2002年医疗社会保险改革,范围才扩大到农村和城镇居民。如《社会保险法》第12条第3款规定:"无雇工的个体工商户、未在用人单位参加基本养老保险的非全日制从业人员以及其他灵活就业人员参加基本养老保险的,应当按照国家规定缴纳基本养老保险费,分别计入基本养老保险统筹基金和个人账户。"除基本养老保险外,《社会保险法》中的基本医疗保险制度也覆盖我国城乡全体居民。工伤保险制度、失业保险制度覆盖了所有在企事业单位就业的职工,包括进城务工的农村居民。生育保险制度覆盖了所有职工,并对职工未就业的配偶享受生育医疗待遇做出了原则性规定。被征地的农民按照国务院规定纳入相应的社会保险制度。在中国境内就业的外国人也应当参照该法规定,参加我国的社会保险。上述制度的设立,显示出《社会保险法》以法律的形式确立了我国覆盖城乡全体居民的社保体系,体现了社会公平的价值,也反映了我国社会保险制度不断推进的过程,同时也是公民、企业和政府社会保险意识提高和增强的过程。

2. 明确基本保险全国统筹目标,为实现社会化原则奠定立法基础。《社会保险法》第64条第3款明确规定:"基本养老保险基金逐步实行全国统筹,其他社会保险基金逐步实行省级统筹,具体时间、步骤由国务院规定。"目前各地已基本实现基本养老保险基金省级统筹。当前情况下，各统筹区各自负责本区域养老保险基金的平衡，结余主要归本统筹区支配和使用，缺口一般都需要本级政府和本级财政填补。如果参保人员要在不同统筹区之间转移养老保险关系，就有可能影响到两个统筹区养老保险基金的征缴和使用，因此大多数统筹区都不支持养老保险关系的无障碍转移，而要附加一些条件，这对流动比较频繁的劳动者，损害尤大，致使很多人宁愿退保。因养老保险关系不能顺利转移而造成的保障不足已经成为一个比较突出的问题，所以《社会保险法》确立基本保险基金全国统筹的目标，对于解决我国区域发展不平衡、促进全国统一开放劳动力市场的形成有着重要意义。

3. 明确国家对国民的社会保险责任，从立法上实现对政府的可追责性。明确划定国家的社会保险权力及职责的边界，是正确协调和处理该领域公权力和私权利的法治基础，也是在劳动保障关系方面实现国家干预与当事人自治这两者合理平衡的逻辑前提。《社会保险法》明确规定了政府应当承担的职责和义务，突出其法律意义上的主体地位，如对职工基本养老保险、新型农村社会养老保险、"新农合"以及城镇居民基本医疗保险、养老保险等都负有提供财政补贴的义务。国家还负有通过社会保险经办机构提供社会保险服务的义务。更为重要的是，国家还负有对社会保险基金实行严格监管的责任，建立包括人大监管、行政监管、社会监管等多种监管体制。根据《社会保险法》第69条规定，政府不得对社会保险基金进行违规投资运营，不得用于平衡其他政府预算，不得用于兴建、改建办公场所和支付人员经费、运行费用、管理费用，或者挪作其他用途。这对于明确政府责任，切实保障民众社会保险基金安全有着重要的作用。一旦出现政府违法违规操作的行为，国民可以通过法律途径解决纠纷，要求政府承担责任。

4. 规定了对工伤职工及第三人责任造成医疗费用支出时的先行支付制度，体现及时救治的人道主义精神。现实生活中，很多患者因为暂时没钱或者交不起"押金"而被医院拒之门外，社会保险制度在此之前也屡陷困境。当患者因第三人造成伤病或者工伤，第三人不支付医疗费用或者无法确定第三人的，以及职工所在用人单位因没有依法为其缴纳工伤保险费而不支付工伤待遇时，《社会保险法》秉持及时救治的人道主义精神，在第30条、第41条和第42条中对此规定了先行支付制度，这也是政府义不容辞的责任。

《社会保险法》还有其他很多创新之处，比如对职工未就业配偶生育保险权利的确定，对各类社会保险转移接续异地结算的规定，对社会保险基金征缴力度的强化，对社会保险基金管理具体规则的细化，对征收农村集体土地所有的土地向应当支付被征地农民的社会保险费的规定，以及发生社保争议时的司法救济等等，都是《社会保险法》较之前的各社会保险法规、规章及相应的政策的巨大进步。

当然。目前制定实施的《社会保险法》也有一些不足之处或是缺陷。如社会保险统筹层次除了基本养老保险之外仍然没有定位于全国统筹，这就阻碍了社会保险不分地区的转移和使用。社会保险经办机构在统筹地区设立，并可依法设立分支机构和服务网点，而没有坚决采用统一的服务网点办公方式，这就使得社会保险经办机构可能无法摆脱之前服务质量和意识差、办公成本高而效率低的窠臼。更重要的是，《社会保险法》没有坚定地树立从制度上保障宪法所规定的对公民物质帮助权实现，为确立和践行公民社会保险权的权利保障的理念。随着国家法治文明的进步与社会经济的进一步发展，《社会保险法》应当成为我国法治进程中对国民的保障与社会经济发展具有里程碑意义的基本法律。

三、相关法条

（一）《中华人民共和国社会保险法》节选

第一条 为了规范社会保险关系，维护公民参加社会保险和享受社会保险待遇的合法权益，使公民共享发展成果，促进社会和谐稳定，根据宪法，制定本法。

第二条 国家建立基本养老保险、基本医疗保险、工伤保险、失业保险、生育保险等社会保险制度，保障公民在年老、疾病、工伤、失业、生育等情况下依法从国家和社会获得物质帮助的权利。

第三条 社会保险制度坚持广覆盖、保基本、多层次、可持续的方针，社会保险水平应当与经济社会发展水平相适应。

第六条 国家对社会保险基金实行严格监管。

国务院和省、自治区、直辖市人民政府建立健全社会保险基金监督管理制度，保障社会保险基金安全、有效运行。

县级以上人民政府采取措施，鼓励和支持社会各方面参与社会保险基金的监督。

第七条 国务院社会保险行政部门负责全国的社会保险管理工作，国务院其他有关部门在各自的职责范围内负责有关的社会保险工作。

县级以上地方人民政府社会保险行政部门负责本行政区域的社会保险管理工作，县级以上地方人民政府其他有关部门在各自的职责范围内负责有关的社会保险工作。

第八条 社会保险经办机构提供社会保险服务，负责社会保险登记、个人权益记录、社会保险待遇支付等工作。

第十条 职工应当参加基本养老保险，由用人单位和职工共同缴纳基本养老保险费。

无雇工的个体工商户、未在用人单位参加基本养老保险的非全日制从业人员以及其他灵活就业人员可以参加基本养老保险，由个人缴纳基本养老保险费。

公务员和参照公务员法管理的工作人员养老保险的办法由国务院规定。

第十一条 基本养老保险实行社会统筹与个人账户相结合。

基本养老保险基金由用人单位和个人缴费以及政府补贴等组成。

第十五条 基本养老金由统筹养老金和个人账户养老金组成。

基本养老金根据个人累计缴费年限、缴费工资、当地职工平均工资、个人账户金额、城镇人口平均预期寿命等因素确定。

第十六条 参加基本养老保险的个人，达到法定退休年龄时累计缴费满15年的，按月领取基本养老金。

参加基本养老保险的个人，达到法定退休年龄时累计缴费不足15年的，可以缴费至满15年，按月领取基本养老金；也可以转入新型农村社会养老保险或者城镇居民社会养老保险，按照国务院规定享受相应的养老保险待遇。

第十九条 个人跨统筹地区就业的，其基本养老保险关系随本人转移，缴费年限累计计算。个人达到法定退休年龄时，基本养老金分段计算、统一支付。具体办法由国务院规定。

第二十条 国家建立和完善新型农村社会养老保险制度。

新型农村社会养老保险实行个人缴费、集体补助和政府补贴相结合。

第二十一条 新型农村社会养老保险待遇由基础养老金和个人账户养老金组成。

参加新型农村社会养老保险的农村居民，符合国家规定条件的，按月领取新型农村社会养老保险待遇。

第六十四条 社会保险基金包括基本养老保险基金、基本医疗保险基金、工伤保险基金、失业保险基金和生育保险基金。各项社会保险基金按照社会保险险种分别建账，分账核算，执行国家统一的会计制度。

社会保险基金专款专用，任何组织和个人不得侵占或者挪用。

第六十九条 社会保险基金在保证安全的前提下，按照国务院规定投资运营实现保值增值。

社会保险基金不得违规投资运营，不得用于平衡其他政府预算，不得用于兴建、改建办公场所和支付人员经费、运行费用、管理费用，或者违反法律、行政法规规定挪作其他用途。

第七十条 社会保险经办机构应当定期向社会公布参加社会保险情况以及社

会保险基金的收入、支出、结余和收益情况。

第八十条　统筹地区人民政府成立由用人单位代表、参保人员代表，以及工会代表、专家等组成的社会保险监督委员会，掌握、分析社会保险基金的收支、管理和投资运营情况，对社会保险工作提出咨询意见和建议，实施社会监督。

社会保险经办机构应当定期向社会保险监督委员会汇报社会保险基金的收支、管理和投资运营情况。社会保险监督委员会可以聘请会计师事务所对社会保险基金的收支、管理和投资运营情况进行年度审计和专项审计。审计结果应当向社会公开。

社会保险监督委员会发现社会保险基金收支、管理和投资运营中存在问题的，有权提出改正建议；对社会保险经办机构及其工作人员的违法行为，有权向有关部门提出依法处理建议。

第八十四条　用人单位不办理社会保险登记的，由社会保险行政部门责令限期改正；逾期不改正的，对用人单位处应缴社会保险费数额1倍以上3倍以下的罚款，对其直接负责的主管人员和其他直接责任人员处500元以上3000元以下的罚款。

（二）《中华人民共和国失业保险条例》节选（国务院1999年1月22日发布）

第一条　为了保障失业人员失业期间的基本生活，促进其再就业，制定本条例。

第二条　城镇企业事业单位、城镇企业事业单位职工依照本条例的规定，缴纳失业保险费。

城镇企业事业单位失业人员依照本条例的规定，享受失业保险待遇。

本条所称城镇企业，是指国有企业、城镇集体企业、外商投资企业、城镇私营企业以及其他城镇企业。

第八条　省、自治区可以建立失业保险调剂金。

失业保险调剂金以统筹地区依法应当征收的失业保险费为基数，按照省、自治区人民政府规定的比例筹集。

统筹地区的失业保险基金不敷使用时，由失业保险调剂金调剂、地方财政补贴。

失业保险调剂金的筹集、调剂使用以及地方财政补贴的具体方法，由省、自治区人民政府规定。

第十条　失业保险基金用于下列支出：

（一）失业保险金；

（二）领取失业保险金期间的医疗补助金；
（三）领取失业保险金期间死亡的失业人员的丧葬补助金和其供养的配偶、直系亲属的抚恤金；
（四）领取失业保险金期间接受职业培训、职业介绍的补贴，补贴的办法和标准由省、自治区、直辖市人民政府规定；
（五）国务院规定或者批准的与失业保险有关的其他费用。

第十四条 具备下列条件的失业人员，可以领取失业保险金：
（一）按照规定参加失业保险，所在单位和本人已按照规定履行缴费义务满1年的；
（二）非因本人意愿中断就业的；
（三）已办理失业登记，并有求职要求的。
失业人员在领取失业保险金期间，按照规定同时享受其他失业保险待遇。

第十七条 失业人员失业前所在单位和本人按照规定累计缴费时间满1年不足5年的，领取失业保险金的期限最长为12个月；累计缴费时间满5年不足10年的，领取失业保险金的期限最长为18个月；累计缴费时间10年以上的，领取失业保险金的期限最长为24个月。重新就业后，再次失业的，缴费时间重新计算，领取失业保险金的期限可以与前次失业应领取而尚未领取的失业保险金的期限合并计算，但是最长不得超过24个月。

第十八条 失业保险金的标准，按照低于当地最低工资标准、高于城市居民最低生活保障标准的水平，由省、自治区、直辖市人民政府确定。

（三）《广东省工伤保险条例》节选（广东省人大常委会修订，2012年1月1日施行）

第一条 为了保障因工作遭受事故伤害或者患职业病的职工获得医疗救治和经济补偿，促进工伤预防和职业康复，分散用人单位的工伤风险，根据《中华人民共和国社会保险法》、《工伤保险条例》，结合本省实际，制定本条例。

第三条 工伤保险工作应当坚持预防、救治、补偿和康复相结合的原则。

第八条 工伤保险费由社会保险费征收机构征收。

第九条 职工有下列情形之一的，应当认定为工伤：
（一）在工作时间和工作场所内，因工作原因受到事故伤害的；
（二）工作时间前后在工作场所内，从事与工作有关的预备性或者收尾性工作受到事故伤害的；
（三）在工作时间和工作场所内，因履行工作职责受到暴力等意外伤害的；
（四）患职业病的；
（五）因工外出期间，由于工作原因受到伤害或者发生事故下落不明的；

（六）在上下班途中，受到非本人主要责任的交通事故或者城市轨道交通、客运轮渡、火车事故伤害的；

（七）法律、行政法规规定应当认定为工伤的其他情形。

第十条 职工有下列情形之一的，视同工伤：

（一）在工作时间和工作岗位，突发疾病死亡或者在48小时之内经抢救无效死亡的；

（二）在抢险救灾等维护国家利益、公共利益活动中受到伤害的；

（三）因工作环境存在有毒有害物质或者在用人单位食堂就餐造成急性中毒而住院抢救治疗，并经县级以上卫生防疫部门验证的；

（四）由用人单位指派前往依法宣布为疫区的地方工作而感染疫病的；

（五）职工原在军队服役，因战、因公负伤致残，已取得革命伤残军人证，到用人单位后旧伤复发的。

职工有前款第1、2、3、4项情形的，按照本条例的有关规定享受工伤保险待遇；职工有前款第5项情形的，按照本条例的有关规定享受除一次性伤残补助金以外的工伤保险待遇。

第十一条 职工符合本条例第9条、第10条的规定，但是有下列情形之一的，不得认定为工伤或者视同工伤：

（一）故意犯罪的；

（二）醉酒或者吸毒的；

（三）自残或者自杀的；

（四）法律、行政法规规定的其他情形。

第二十六条 职工因工伤需要暂停工作接受工伤医疗的，在停工留薪期内，原工资福利待遇不变，由所在单位按月支付。停工留薪期根据医疗终结期确定，由劳动能力鉴定委员会确认，最长不超过24个月。

工伤职工鉴定伤残等级后，停发原待遇，按照本章的有关规定享受伤残待遇。工伤职工在鉴定伤残等级后仍需治疗的，经劳动能力鉴定委员会批准，一级至四级伤残，享受伤残津贴和工伤医疗待遇；五级至十级伤残，享受工伤医疗和停工留薪期待遇。

经劳动能力鉴定委员会确认可以进行康复的，工伤职工在签订服务协议的康复机构发生的符合规定的工伤康复费用，从工伤保险基金支付。

工伤职工在停工留薪期间生活不能自理需要护理的，由所在单位负责。所在单位未派人护理的，应当参照当地护工从事同等级别护理的劳务报酬标准向工伤职工支付护理费。

第四十三条 职工所在用人单位未依法缴纳工伤保险费，发生工伤事故的，由用人单位支付工伤保险待遇。

用人单位不支付工伤保险待遇，工伤职工或者其近亲属可以提出先行支付的申请，经审核符合规定的，从工伤保险基金中先行支付工伤保险待遇项目中应当由工伤保险基金支付的项目。

从工伤保险基金中先行支付的工伤保险待遇应当由用人单位偿还。用人单位不偿还的，由社会保险经办机构依法向用人单位追偿。

第五十一条 工会组织依法维护工伤职工的合法权益，对用人单位的工伤保险工作实行监督。

第二十四讲

企业应重视社会责任的承担

——以富士康员工跳楼事件为例

> 任何人都不能脱离法律的光荣的束缚。
>
> ——卢梭
>
> （让·雅克·卢梭，Jean-Jacques Rousseau，1712~1778，是法国伟大的启蒙思想家、哲学家、教育家、文学家。卢梭是18世纪法国大革命的思想先驱，启蒙运动最卓越的代表人物之一，其主要著作有《论人类不平等的起源和基础》、《社会契约论》、《爱弥儿》、《忏悔录》、《新爱洛漪丝》、《植物学通信》等。其所著的《社会契约论》提出人民主权思想，是世界政治法律学术史上最重要的经典著作之一，为资产阶级革命指明了方向，被誉为"民主合法性"的圣经。）

一、案例介绍

富士康科技集团是专业从事电脑、通讯、消费电子、数位内容、汽车零部件、通路等6C产业的高新科技企业，隶属于台湾鸿海集团，1974年2月成立于台湾肇基。1988年富士康在深圳地区建厂以来迅速发展壮大，目前拥有80余万员工及全球顶尖IT客户群，为全球最大的电子产业专业制造商。富士康在中国大陆、台湾以及美洲、欧洲和日本等地拥有数十家子公司，在国内华南、华东、华北等地创建了八大主力科技工业园区，是全球最大的计算机连接器和计算机准系统生产商，连续9年入选美国《商业周刊》发布的全球信息技术公司100大排行榜，连续4年稳居中国内地企业出口200强第1名。2005年起跻身《财富》全球500强行列。

富士康在生产能力和经营范围迅速扩张的同时，其高度竞争的企业内部环境和高强度的劳动给企业职工造成巨大的身心压力，2010年起，在短短一年多的时间里，富士康在中国内地的企业发生十几起员工跳楼事件，接二连三的跳楼事件引起社会广泛注意和网络热议。

2010年3月11日晚9时30分，富士康深圳龙华基地一名20多岁的李姓男工在生活区C2宿舍楼5楼坠亡。

2010年3月17日上午8时，富士康深圳龙华园区一名田姓女子从宿舍楼跳下摔伤。

2010年3月29日凌晨3时，富士康深圳龙华园区一名从湘潭大学毕业的23岁湖南籍男工，被发现死在宿舍楼J1楼一楼过道，后被警方认定为"生前高坠死亡"。

2010年4月6日下午3时许，富士康深圳观澜工厂C8栋宿舍一名未满19岁的江西籍饶姓女工从宿舍楼7楼坠楼受伤。

2010年4月7日下午5时30分许，富士康深圳观澜工厂一名18岁云南籍宁姓女工从厂外宿舍楼坠亡。

2010年5月6日凌晨4时30分，一名年仅24岁入职不到一年的男性员工从富士康深圳龙华总部招待所6楼房间阳台纵身跳下，结束了年轻的生命。

2010年5月14日晚间，在深圳富士康龙华厂区北大门附近的福华宿舍，一名21岁安徽籍梁姓员工坠楼身亡。

2010年5月25日凌晨，富士康深圳科技集团观澜园区华南培训中心一名员工坠楼死亡。

2010年5月26日晚11点富士康深圳龙华厂区大润发商场前发生C2宿舍一位男性员工跳楼当场死亡事件。

2010年11月5日，富士康深圳园区一名23岁男性工人跳楼自杀。

2011年5月26日凌晨1时许，位于成都郫县德源镇富士康菁英公寓C4栋5楼发生一起跳楼事件。死者为男性，20岁左右，生前在富士康成都工厂工作。

2011年7月18日凌晨3时许，在深圳宝安区龙华富士康北门百鸣园宿舍楼上，一名富士康男性员工从6楼坠楼，当场死亡，死者年仅21岁。

富士康在短时间内发生的连续不断的跳楼事件，引起各界的广泛关注，各大媒体特别是网络媒体纷纷质疑富士康管理存在问题，政府部门也积极介入调查。

根据富士康的介绍，频发的跳楼伤亡事件中，事发员工年龄绝大部分在18到23岁之间。这些员工上岗时间绝大部分在6个月之内，有些进厂还不到1个月。

面对各界质疑，鸿海总裁郭台铭一反之前的低调态度，公开回应，富士康绝对不是血汗工厂，他有信心在短期内把状况稳住。

在外界的压力下，富士康采取了一些积极措施，如提高工资待遇；成立相亲相爱组，小组成员内相互关怀和帮助；寻找心理学专家进驻企业，培训心理辅导师，对员工进行心理危机干预，等等。

自杀是一个复杂的社会现象，从来不是由单一的因素而导致的。社会学家埃米尔·迪尔凯姆认为：当个体同社会团体或整个社会之间的联系发生障碍或产生离异时，便会发生自杀现象。北京大学社会学系副教授卢晖临在接受采访时表示，富士康的反应比较令人失望，"他们没有意识到自己的责任，而只是把这一系列事件看成是员工个人的自身问题。如果是企业的问题，就可以从管理制度和经营方式的改善等方面入手。"中山大学行政管理研究中心教授廖为建在接受采访时则说，依靠"企业办社会"不太现实，政府更应该从社会治理的角度在富士康建立多元化社会主体和价值取向，共同参与问题的解决，否则就无法解决员工的多层次需求和避免悲剧重演。

香港明报报道，因员工自杀等问题而成为近期风暴中心的深圳富士康及其母公司台湾鸿海集团主席郭台铭，遭到台湾学术界严厉批判。150名大学教授联署声明，批评富士康造成劳资问题，对其有意返台设厂，政府不应袒护，学者更直斥郭台铭是"台湾之耻"，要求两岸在谈判经济合作架构协议（ECFA）时应考虑纳入劳资问题。

香港《明报》发表文章分析富士康深圳厂跳楼事件。文章说在物质层面，富士康是待遇优厚的公司，所以吸引很多人进入，但在精神层面，富士康是"血汗工厂"。

网络媒体评论说，富士康媒体发言人在回应外界时，竭力为企业开脱，力图将死亡的主要责任归咎于死者自己和社会，对工人工作和生存状况闪烁其词，言行十分可鄙。而尤其让人感到恶心的是，一些所谓的心理专家，居然拿整个社会的自杀率比富士康更高来为这家私人企业开脱。为攫取利润，不肯正视和改善工人的工作和生存状况，而是请一些五迷三道的"佛法大师"和"心理专家"作秀，声称尊重习俗"改运"、"减压"，运用科学进行"心理干预"。而以保护工人权益为己任的工会，在这接二连三的死亡事件中，声音低微，任由肇事企业手舞足蹈地高调作秀而不加斥责，尤其让人感到悲哀和绝望。

二、案例分析

（一）富士康事件突出反映了劳动关系对抗性的基本特征，更反映了当前我国劳动关系的不和谐现状，尤其是在外资、台资、私企中呈现出严重的"强资本弱劳工"的态势

劳动关系是用人单位和劳动者在实现劳动过程中形成的关系，在社会化大生产条件下，生产资料和劳动力分属于用人单位和劳动者，劳动过程即是劳动力和

生产资料结合的过程，劳动关系即是这种社会劳动过程中形成的。隶属性和对抗性是劳动关系的基本特征，劳动者为了谋生将自己的劳动力让渡给用人单位，但一旦进入劳动过程，他们与资本的关系只能是从属关系。生存的需要及他们对于资本的隶属关系决定了劳动者的弱势地位，为了获取资本利润最大化，用人单位对劳动力往往进行最大可能的超负荷地使用。但劳动力属于劳动者所有，劳动者让渡的仅仅是劳动力一定期限的使用权。劳动者的利益需求是：获得让渡劳动力的最大化利益和避免劳动力的过度耗损，良好的身体状况是他们谋生的本钱。资本利益与劳工利益天然的具有对抗性，而劳资双方的地位不平等加剧了这种利益对抗性，但劳动关系又具有共存性，如若劳动关系双方对抗至破裂，则不仅损害双方利益，而且社会生产将无法进行下去，因此维系劳动关系的和谐共存是各国政府共同努力的目标。各国政府通过制定劳动法，强行限制用人单位权利，提高劳动者地位，使得处于弱势地位的劳动者能够与用人单位建立相对平等的劳动关系，以使劳动者在劳动关系中相对公平的实现自己的利益。然而，在我国快速推进的市场经济改革中，由于资本对地方经济影响巨大，尽管我国《劳动法》在1994年就已颁布，但资本的逐利本能、劳动关系快速市场化、劳动法律不健全以及劳动力市场供求不平衡等等因素影响，使得我国劳动关系呈现出不利于劳动者利益的格局，劳动关系的附属性对抗性特征表现十分明显，尤其在外资、台资、私企中的劳动关系更是呈现出"强资本弱劳工"的局面。富士康集团即为典型例子，富士康对于生产线上的员工实行严格的、半军事化的刚性管理手段，要求员工单方面简单的服从，"走出实验室，没有高科技，只有执行的纪律"是富士康老总郭台铭的经典语录。富士康"跳楼"事件中就有一起暴力强迫员工确认公司对生产事故处理的认定结论使得员工心理难以承受而造成自杀的事件。对于公司的管理和命令绝对的服从是公司铁的纪律，员工不仅在管理上绝对服从，而且在工资薪酬、福利待遇、社会保险、经济补偿等方面没有任何发言权，在企业的严格管理下，员工就像一架机器，心理需求完全被忽视，在富士康，雇主与员工、员工与员工之间严重缺乏沟通、缺乏人文关怀和情感交流。其员工，尤其是年轻员工陷入了"人际荒漠"，正如深圳当代社会观察研究所所长刘开明所说："没有一个合适的机制让这种问题得到一个舒缓，把自己从一个机器人、一个赚钱工具变回一个人，那可就会有心理、生理等各方面问题出现，就会发生极端事件。"

富士康事件是我国外资、台资、私企等企业劳动关系不和谐的极端表现，富士康在我国经营二十余年，其企业内部员工管理方式一直未受到各级政府的关注和监督，相反其经济业绩受到我国政府高度重视，这说明，在我国经济高速发展的过程中，各级政府对于资本过度依赖，对于劳动者利益未予足够重视，而在劳动关系这一对立的共同体中，忽视劳动者利益，同样会对经济造成重大损害，近年来，珠三角、长三角地区严重的"民工荒"，即是对劳动者利益忽视的反映和惩罚。2007年《劳动合同法》的制定和颁布，虽然加强了对劳动者利益的保护，然而，在劳动合同法施行后的近几年发生富士康事件，说明劳动法的立法在保护劳动者利益方面有待完善，劳动法肩负的保护劳动者利益的使命任重而道远。

(二)富士康存在严重的违反劳动法行为，对于富士康应加强劳动执法监督

富士康存在的主要问题是：

1. 严重超时加班加点。加班加点是在企业执行的标准工作时间基础上延长工作时间。凡在法定节假日和公休假日进行工作的称为加班，凡在正常工作日延长工作时间的称为加点。加班加点必然占用职工的休息时间，加班加点过多，对职工的身体健康会构成危害。为了有效地维护劳动者身体健康，保障劳动者的休息权，我国劳动法律制度严格控制加班加点。

我国劳动法规定的劳动者标准工作时间是：劳动者每日工作时间不超过8小时，每周工作时间不超过40小时。对于有些企业因工作性质和生产特点不能实行标准工时制度而实行不定时工作制、综合计算工时制等工时制的企业，原劳动部《〈国务院关于职工工作时间的规定〉问题解答》规定，应将贯彻《国务院关于职工工作时间的规定》和贯彻《劳动法》结合起来，保证职工每周工作时间不超过40小时，每周至少休息1天。

为提高生产效率，有些企业工资分配形式采取计件工资制，对于实行计件工资的企业我国《劳动法》第37条规定："对实行计件工作的劳动者，用人单位应当根据本法第36条规定的工时制度合理确定其劳动定额和计件报酬标准。"《劳动合同法》第31条规定："用人单位应当严格执行劳动定额标准，不得强迫或者变相强迫劳动者加班。用人单位安排加班的，应当按照国家有关规定向劳动者支付加班费。"《劳动合同法》第4条规定，用人单位在制定涉及劳动者切身利益的劳动定额管理等规章制度或重大事项时，应当经职工代表大会或全体职工讨论，与工会或职工代表平等协商确定。

用人单位变相强迫劳动者加班主要表现为用人单位通过制定不合理不科学的劳动定额标准，使得该单位大部分劳动者在标准工作时间内不可能完成生产任务，而为了完成用人单位规定的工作任务，获得足以维持其基本生活的劳动报酬，劳动者不得不在标准工作时间之外延长工作时间，从而变相迫使劳动者不得不加班。制定科学合理的劳动定额标准对于维护劳动者合法权益极其重要。根据《劳动法》和有关行政法规的规定，对实行计件工作的劳动者，用人单位应当根据每日8小时、每周40小时标准工作时间合理确定其劳动定额和计件报酬标准。这就是说，计件工作的劳动者的劳动定额，应当是以多数劳动者在正常工作的情

况下，能在每天工作 8 小时以内、每周工作 40 小时的法定工作时间以内完成的。超出这一标准，则应认定为不合理的劳动定额标准。

上述法律规定的工时制度为法律强制性规定，所有用人单位必须严格执行，超出标准工时的工作即属于加班加点。对加班加点，我国劳动法进行了严格管制。《劳动法》第 41 条规定："用人单位由于生产经营需要，经与工会和劳动者协商后可以延长工作时间，一般每日不得超过 1 小时；因特殊原因需要延长工作时间的，在保障劳动者身体健康的条件下延长工作时间每日不得超过 3 小时，但是每月不得超过 36 小时"。同时为了限制加班加点，我国《劳动法》第 44 条对加班费支付作了明确规定："有下列情形之一的，用人单位应当按照下列标准支付高于劳动者正常工作时间工资的工资报酬：①安排劳动者延长工作时间的，支付不低于工资的 150% 的工资报酬；②休息日安排劳动者工作又不能安排补休的，支付不低于工资的 200% 的工资报酬；③法定休假日安排劳动者工作的，支付不低于工资的 300% 的工资报酬。"

富士康企业为了降低用工成本，在确定劳动定额标准时，显然缺乏合理性，员工为了完成劳动定额不得不加班。富士康将员工基本工资确定很低，只有 900 元，但公司计件的定额标准又很高，员工想挣更多钱就得加班。如在生产线上最普通的一道工序是贴胶纸：在主板上贴 18 张胶纸，两分钟内完成。每个工人每天要完成 220 块这样的主板，他们每天 10 个小时的时间，都是在这样简单而又重复的工作中度过的。工人如果每天工作 8 个小时，每个月只能拿到 900 元的底薪，而他们想赚取更多的钱，就不得不选择多加班，不得不选择放弃自己休闲娱乐的时间，进行简单而又重复的劳动。大量的工人无法忍受这样高强度、缺少人性化的工作，频频选择辞职，富士康基层员工每月流失超过 2 万人，占职工总人数的 5%，频繁辞职又导致频繁招聘，富士康员工之间大多数相互不认识，娱乐休闲时间也少，与亲人朋友交流的机会也少，难以建立长久的情感联系，工友之间人情淡漠，没有归属感，当产生感情或家庭方面的问题时，承受着巨大的精神压力而无法排解，极端的反应就是跳楼自杀。富士康一名员工说："从某种程度上来说，工人是被机器挟持的，进而变成了机器。如果一个工人做一个简单重复的工作 10 个小时，我们知道人会有七情六欲，一旦七情六欲被压抑下来，我们在心理、生理上都会有高度紧张，最后有冲突爆发。"

富士康在工资分配方式上和工时制度的制定上都存在着严重的违法现象，但却长期得不到监督和纠正，应该说对于富士康员工自杀事件政府在监管方面也存在着一定的责任。

2. 劳动合同条款存在许多违法情况。根据我国《劳动法》规定，用人单位与劳动者签订劳动合同应遵循平等自愿原则。但由于公司与员工之间处于不平等地位，劳动合同中存在违法条款。如网上有一份题为《富士康"新干班违约条款"》的文件，大意是员工如要辞职，必须支付给厂方"招募成本和综合培训成本"4000元、违约损失5000元、人事代理费每年1200元，如果员工不能适应原岗位，经过岗位调整，"仍不能较好的适应的"，则厂方有权辞退员工，并且员工也必须支付上述赔偿；员工如不能及时赔偿，厂方将冻结员工方"人事档案、户口关系，且赔付额除追加乙方人事代理等所支付费用外，另按原赔付收取每年10%滞纳金"。该劳动合同条款存在下列违法情形：

（1）培训规定的违法。在我国，培训依照其是否为从事用人单位的基本劳动所必需分为基本职业培训和专项职业培训两类。所谓基本的职业培训，是指劳动者为了进入用人单位，从事用人单位提供给其的职位而必需的基本的职业技术培训，该项培训是劳动者为了适应用人单位的工作岗位而进行的，是任何劳动者只要进入该职业范围都必须进行的培训。专项职业培训，是指用人单位为了提高生产效率而在基本的职业培训之外进行的专门针对劳动者进行的培训。《劳动法》规定用人单位应当建立职业培训制度，按照国家规定提取和使用职业培训经费，根据本单位实际，有计划地对劳动者进行职业培训。实际中用人单位为新招聘员工提供的上岗前培训、劳动安全培训、转岗培训等均属于用人单位应尽的义务，不属于《劳动合同法》第22条所规定的专项培训，用人单位对劳动者进行必要的职业培训不可以约定服务期，由此而发生的所有培训费全部由用人单位承担。《劳动合同法》第22条第1款规定："用人单位为劳动者提供专项培训费用，对其进行专业技术培训的，可以与该劳动者订立协议，约定服务期。"可见立法规定，只有用人单位为员工提供的专项技术培训，才可与员工约定服务期，员工没有按协议履行服务期的承担违约责任。对于基本职业培训费用，劳动者即使辞职，用人单位也无权要求员工承担违约责任。富士康要求员工承担上岗培训的费用显属违法。

（2）违约金支付规定上的违法。《劳动合同法》第25条规定："除本法第22条和第23条规定的情形外，用人单位不得与劳动者约定由劳动者承担违约金。"《劳动合同法》第22条第2款规定，"劳动者违反专项培训服务期约定的，应当按照约定向用人单位支付违约金"。《劳动合同法》第23条规定"劳动者违反竞业限制约定的，应当按照约定向用人单位支付违约金。"依照上述规定劳动者只有在违反培训服务协议和竞业限制协议的情形下，用人单位才可以与劳动者约定违约金，其他情况下约定违约金，均属于违法。富士康规定员工不能适应岗位需要而辞退员工时，要求员工承担违约责任没有法律依据。

（3）解雇条款违法。《劳动合同法》第40条第2项规定：劳动者不能胜任工作，经过培训或者调整工作岗位，仍不能胜任工作的，用人单位提前30日以书面形式通知劳动者本人或者额外支付劳动者 1 个月工资后，可以解除劳动合同。根据《劳动合同法》第 46 条第 3 款规定，用人单位依第 40 条规定解除劳动合同应向劳动者支付经济补偿金。但富士康上述合同条款却反向规定员工在不能胜任工作岗位职责被解除劳动合同时员工要承担损失，显然蛮不讲理。

(4) 后合同义务的违反。《劳动合同法》第 50 条规定"用人单位应当在解除或者终止劳动合同时出具解除或者终止劳动合同的证明"。因此，出具解除、终止劳动合同证明是用人单位应履行的法定义务。法律规定用人单位有出具解除或者终止劳动合同证明的义务，主要是基于两点考虑：一是便于劳动者办理失业登记。《失业保险条例》和《社会保险法》规定，劳动者失业后，应当持本单位为其出具的终止或者解除劳动关系的证明，及时到指定的社会保险经办机构办理失业登记。用人单位出具的终止或者解除劳动关系证明是进行失业登记和领取失业保险金的必备条件。二是由于劳动关系具有人身依附性，一般劳动者不能同时向两个用人单位提供劳动，因此，如果用人单位招用未与原单位解除或终止劳动关系的劳动者，给原单位造成损失，法律规定要向原单位承担赔偿责任，故一般用人单位为避免法律风险，在招录员工时要求应聘者出具解除或者终止劳动合同的证明。因此如果劳动者拿不到用人单位出具的解除或终止劳动合同的证明可能在享受社会保险和重新就业方面存在障碍。富士康规定如不赔偿将冻结员工方"人事档案、户口关系，且赔付额除追加乙方人事代理等所支付费用外，另按原赔付额收取每年 10% 滞纳金"，这一规定违反了解除终止劳动合同的后合同义务，对解除劳动合同后的劳动者将造成利益损害。

(三) 富士康事件反映了企业工会未发挥出应有作用

根据《工会法》规定：工会是维护职工利益的群众性组织。《工会法》第 6 条第 1 款明确规定："维护职工合法权益是工会的基本职责。工会在维护全国人民总体利益的同时，代表和维护职工的合法权益。"富士康资料显示，3 年前，深圳市总工会就以创新的思路向富士康派驻了分支机构，当时，中华全国总工会有关人士曾表示，深圳的做法"令人欣慰"。但富士康接二连三的跳楼事件发生说明工会没有发挥应有的作用。这与我国工会现行运行体制有关。尽管我国建国以后就已经建立了一套组织体系完备的工会组织，《工会法》也规定工会是职工自愿结合的群众组织，但由于长期受计划体制影响，我国工会组织体系中最基层一级即企业工会的建设存在致命缺陷。公有制企业和非公有制企业工会存在问题的性质不同：公有制企业大多数虽然都建立了工会，但工会在企业中的行政色彩很浓，不具有真正意义的独立性和代表性。依据现行法律规定和实际操作，企业工会会员既包括了企业中的职工也包括了企业中的全部管理者，并且由于法律未作限制性规定，在实际操作中多数企业的工会主席直接由企业党委副书记、副厂长、副经理等兼任；非公有制企业工会建设问题更大，我国非公有制企业组建工会比例较低，许多企业往往是根据行政机关或上级工会的要求而不是根据职工要求而建立工会，因此即使勉强建立工会，由于缺乏强有力的立法和执法支持，工会也难以真正履行职责。从工会活动经费来看，目前企业工会运行的经费来源严重依附于政府和企业，在这种结构中，工会是无法真正独立地代表职工利益与企业进行平等谈判与协商的，这大大削弱了其维护职工利益的功能。

市场经济条件下，多种所有制形式的私营企业中出现的层出不穷的劳工矛盾，急切需要强有力的工会组织的监督和引导。所以克服工会组织虚设的弊端，建立脱离于政府和企业，适应市场经济环境的新的工会组织和运行模式是中国现代企业改革的一项重要任务。

（四）富士康事件说明企业社会责任缺失

企业社会责任学说（Corporate Social Responsibility，简称 CSR）产生于二十世纪初。企业社会责任倡导者认为，企业的目标是二元的，除实现股东利润最大化外，还应尽可能地维护和增进社会利益。企业的社会责任包括企业对劳动者的责任、企业对环境保护的责任、企业对被侵权人之责任及对消费者的责任。企业的社会责任要求企业必须超越把利润作为唯一目标的传统理念，强调要在生产过程中对人的价值的关注，强调对员工、消费者、对环境、对社会的尽责。目前，世界上一些国际组织对推进企业社会责任非常重视，并成立了相关机构和组织，企业社会责任工作正在全球迅速扩展。如联合国 2000 年实施的"全球契约"计划，提倡包括人权、劳工、环境和反腐败等四个方面的十项原则，目前已有 2900 多家世界著名企业加入全球契约。世界经济合作与发展组织、国际劳工组织、国际标准化组织、国际雇主组织等，也都积极推行企业社会责任，就如何进一步推动企业社会责任形成共识。

我国《公司法》第 5 条第 1 款规定："公司从事经营活动，必须遵守法律、行政法规，遵守社会公德、商业道德，诚实守信，接受政府和社会公众的监督，承担社会责任。"该法第一次明确将公司企业承担社会责任作为一项法定义务概括性提出。同时该法第 17 条规定："公司必须保护职工的合法权益，依法与职工签订劳动合同，参加社会保险，加强劳动保护，实现安全生产。公司应当采用多种形式，加强公司职工的职业教育和岗位培训，提高职工素质。"第 18 条规定："公司职工依照《中华人民共和国工会法》组织工会，开展工会活动，维护职工合法权益。公司应当为本公司工会提供必要的活动条件。公司工会代表职工就职工的劳动报酬、工作时间、福利、保险和劳动安全卫生等事项依法与公司签订集体合同。公司依照宪法和有关法律的规定，通过职工代表大会或者其他形式，实行民主管理。公司研究决定改制以及经营方面的重大问题、制定重要的规章制度时，应当听取公司工会的意见，并通过职工代表大会或者其他形式听取职工的意见和建议。"上述条文，对作为营利性社会组织的公司，明确提出尊重和保障员工权益的义务，将公司对自己员工的社会责任明确化，体现了《公司法》立法者社会本位的权利观念。

对企业员工的社会责任表现为对员工合法权益的尊重，由于涉及企业人力资源管理及利用的问题，增加了用工成本，这又直接影响到企业追求股东利益最大化的基本目标的实现。因此从某种意义上讲，企业社会责任的承担在一定程度上与企业营利目标的实现存在对立。然而企业基本责任与企业社会责任构成企业责任的两个方面，两者又是相辅相成的，企业基本责任即对投资者（股东）的经济利益最大化的责任，是企业作为商事主体的性质决定的，是其与生俱来的自然责任。如果没有企业基本责任，企业作为营利性社会组织存在的基础将不复存在。而社会责任是对股东以外的自然人（包括公司员工）、供应商等客户、其他利害关系人、社会公众、国家、民族、人类承担的利益平衡与关照责任。一方面，企业社会责任不得脱离公司基本责任而单独存在，必须以企业基本责任为基础；另一方面，如果企业不依法尽力承担社会责任，自然界的生态平衡与人类社会各利益群体的利益平衡均将紊乱，在损害全社会利益的同时，也必将损害企业的自身利益，并最终影响企业对基本责任的承担，乃至影响企业主体的生死存亡。

因此，企业在承担基本责任的同时，必须重视社会责任的承担，企业社会责任承担最终将为企业树立良好的社会形象，有利于企业实现其利润最大化。

三、相关法条

（一）《中华人民共和国劳动法》节选

第三十六条 国家实行劳动者每日工作时间不超过 8 小时、平均每周工作时间不超过 44 小时的工时制度。

第三十七条 对实行计件工作的劳动者，用人单位应当根据本法第 36 条规定的工时制度合理确定其劳动定额和计件报酬标准。

第三十八条 用人单位应当保证劳动者每周至少休息 1 日。

第三十九条 企业因生产特点不能实行本法第 36 条、第 38 条规定的，经劳动行政部门批准，可以实行其他工作和休息办法。

第四十一条 用人单位由于生产经营需要，经与工会和劳动者协商后可以延长工作时间，一般每日不得超过 1 小时；因特殊原因需要延长工作时间的，在保障劳动者身体健康的条件下延长工作时间每日不得超过 3 小时，但是每月不得超过 36 小时。

第四十二条 有下列情形之一的，延长工作时间不受本法第 41 条规定的限制：

（一）发生自然灾害、事故或者因其他原因，威胁劳动者生命健康和财产安全，需要紧急处理的；

（二）生产设备、交通运输线路、公共设施发生故障，影响生产和公众利益，必须及时抢修的；

（三）法律、行政法规规定的其他情形。

第四十三条 用人单位不得违反本法规定延长劳动者的工作时间。

第四十四条 有下列情形之一的，用人单位应当按照下列标准支付高于劳动者正常工作时间工资的工资报酬：

（一）安排劳动者延长工作时间的，支付不低于工资的150％的工资报酬；

（二）休息日安排劳动者工作又不能安排补休的，支付不低于工资的200％的工资报酬；

（三）法定休假日安排劳动者工作的，支付不低于工资的300％的工资报酬。

第四十七条 用人单位根据本单位的生产经营特点和经济效益，依法自主确定本单位的工资分配方式和工资水平。

第七十六条 国家发展社会福利事业，兴建公共福利设施，为劳动者休息、休养和疗养提供条件。

用人单位应当创造条件，改善集体福利，提高劳动者的福利待遇。

第八十五条 县级以上各级人民政府劳动行政部门依法对用人单位遵守劳动法律、法规的情况进行监督检查，对违反劳动法律、法规的行为有权制止，并责令改正。

第八十六条 县级以上各级人民政府劳动行政部门监督检查人员执行公务，有权进入用人单位了解执行劳动法律、法规的情况，查阅必要的资料，并对劳动场所进行检查。

县级以上各级人民政府劳动行政部门监督检查人员执行公务，必须出示证件，秉公执法并遵守有关规定。

第八十七条 县级以上各级人民政府有关部门在各自职责范围内，对用人单位遵守劳动法律、法规的情况进行监督。

第八十八条 各级工会依法维护劳动者的合法权益，对用人单位遵守劳动法律、法规的情况进行监督。

任何组织和个人对于违反劳动法律、法规的行为有权检举和控告。

第八十九条 用人单位制定的劳动规章制度违反法律、法规规定的，由劳动行政部门给予警告，责令改正；对劳动者造成损害的，应当承担赔偿责任。

第九十条 用人单位违反本法规定，延长劳动者工作时间的，由劳动行政部门给予警告，责令改正，并可以处以罚款。

（二）《中华人民共和国劳动合同法》节选

第四条 用人单位应当依法建立和完善劳动规章制度，保障劳动者享有劳动权利、履行劳动义务。

用人单位在制定、修改或者决定有关劳动报酬、工作时间、休息休假、劳动安全卫生、保险福利、职工培训、劳动纪律以及劳动定额管理等直接涉及劳动者切身利益的规章制度或者重大事项时，应当经职工代表大会或者全体职工讨论，提出方案和意见，与工会或者职工代表平等协商确定。

在规章制度和重大事项决定实施过程中，工会或者职工认为不适当的，有权向用人单位提出，通过协商予以修改完善。

用人单位应当将直接涉及劳动者切身利益的规章制度和重大事项决定公示，或者告知劳动者。

第二十二条 用人单位为劳动者提供专项培训费用，对其进行专业技术培训的，可以与该劳动者订立协议，约定服务期。

劳动者违反服务期约定的，应当按照约定向用人单位支付违约金。违约金的数额不得超过用人单位提供的培训费用。用人单位要求劳动者支付的违约金不得超过服务期尚未履行部分所应分摊的培训费用。

第二十三条 用人单位与劳动者可以在劳动合同中约定保守用人单位的商业秘密和与知识产权相关的保密事项。

对负有保密义务的劳动者，用人单位可以在劳动合同或者保密协议中与劳动者约定竞业限制条款，并约定在解除或者终止劳动合同后，在竞业限制期限内按月给予劳动者经济补偿。劳动者违反竞业限制约定的，应当按照约定向用人单位支付违约金。

第二十五条 除本法第22条和第23条规定的情形外，用人单位不得与劳动者约定由劳动者承担违约金。

第三十一条 用人单位应当严格执行劳动定额标准，不得强迫或者变相强迫劳动者加班。用人单位安排加班的，应当按照国家有关规定向劳动者支付加班费。

第四十条 有下列情形之一的，用人单位提前30日以书面形式通知劳动者本人或者额外支付劳动者1个月工资后，可以解除劳动合同：

（一）劳动者患病或者非因工负伤，在规定的医疗期满后不能从事原工作，也不能从事由用人单位另行安排的工作的；

（二）劳动者不能胜任工作，经过培训或者调整工作岗位，仍不能胜任工作的；

（三）劳动合同订立时所依据的客观情况发生重大变化，致使劳动合同无法履行，经用人单位与劳动者协商，未能就变更劳动合同内容达成协议的。

第四十六条 有下列情形之一的，用人单位应当向劳动者支付经济补偿：

（一）劳动者依照本法第 38 条规定解除劳动合同的；

（二）用人单位依照本法第 36 条规定向劳动者提出解除劳动合同并与劳动者协商一致解除劳动合同的；

（三）用人单位依照本法第 40 条规定解除劳动合同的；

（四）用人单位依照本法第 41 条第 1 款规定解除劳动合同的；

（五）除用人单位维持或者提高劳动合同约定条件续订劳动合同，劳动者不同意续订的情形外，依照本法第 44 条第 1 项规定终止固定期限劳动合同的；

（六）依照本法第 44 条第 4 项、第 5 项规定终止劳动合同的；

（七）法律、行政法规规定的其他情形。

第四十七条 经济补偿按劳动者在本单位工作的年限，每满 1 年支付 1 个月工资的标准向劳动者支付。6 个月以上不满 1 年的，按 1 年计算；不满 6 个月的，向劳动者支付半个月工资的经济补偿。

劳动者月工资高于用人单位所在直辖市、设区的市级人民政府公布的本地区上年度职工月平均工资 3 倍的，向其支付经济补偿的标准按职工月平均工资 3 倍的数额支付，向其支付经济补偿的年限最高不超过 12 年。

本条所称月工资是指劳动者在劳动合同解除或者终止前 12 个月的平均工资。

第五十条第一款 用人单位应当在解除或者终止劳动合同时出具解除或者终止劳动合同的证明，并在 15 日内为劳动者办理档案和社会保险关系转移手续。

第八十条 用人单位直接涉及劳动者切身利益的规章制度违反法律、法规规定的，由劳动行政部门责令改正，给予警告；给劳动者造成损害的，应当承担赔偿责任。

第八十四条 用人单位违反本法规定，扣押劳动者居民身份证等证件的，由劳动行政部门责令限期退还劳动者本人，并依照有关法律规定给予处罚。

用人单位违反本法规定，以担保或者其他名义向劳动者收取财物的，由劳动行政部门责令限期退还劳动者本人，并以每人 500 元以上 2000 元以下的标准处以罚款；给劳动者造成损害的，应当承担赔偿责任。

劳动者依法解除或者终止劳动合同，用人单位扣押劳动者档案或者其他物品的，依照前款规定处罚。

（三）《中华人民共和国工会法》节选

第二条 工会是职工自愿结合的工人阶级的群众组织。

中华全国总工会及其各工会组织代表职工的利益，依法维护职工的合法权益。

第六条第一款 维护职工合法权益是工会的基本职责。工会在维护全国人民总体利益的同时，代表和维护职工的合法权益。

（四）《国务院关于职工工作时间的规定》节选（1995年3月25日修订）

第一条 为了合理安排职工的工作和休息时间，维护职工的休息权利，调动职工的积极性，促进社会主义现代化建设的事业发展，根据宪法有关规定，制定本规定。

第二条 本规定适用于在中华人民共和国境内的国家机关、社会团体、企业事业单位以及其他组织的职工。

第三条 职工每日工作8小时，每周工作40小时。

第四条 在特殊条件下从事劳动和有特殊情况，需要适当缩短工作时间的，按照国家有关规定执行。

第五条 因工作性质或者生产特点的限制，不能实行每日工作8小时，每周工作40小时标准工时制度的，按照国家有关规定，可以实行其他工作和休息办法。

第六条 任何单位和个人不得擅自延长职工工作时间。因特殊情况和紧急任务确需延长工作时间的，按照国家有关规定执行。

（五）《中华人民共和国公司法》节选

第五条 公司从事经营活动，必须遵守法律、行政法规，遵守社会公德、商业道德，诚实守信，接受政府和社会公众的监督，承担社会责任。

公司的合法权益受法律保护，不受侵犯。

第十七条 公司必须保护职工的合法权益，依法与职工签订劳动合同，参加社会保险，加强劳动保护，实现安全生产。

公司应当采用多种形式，加强公司职工的职业教育和岗位培训，提高职工素质。

第十八条 公司职工依照《中华人民共和国工会法》组织工会，开展工会活动，维护职工合法权益。公司应当为本公司工会提供必要的活动条件。公司工会代表职工就职工的劳动报酬、工作时间、福利、保险和劳动安全卫生等事项依法与公司签订集体合同。

公司依照宪法和有关法律的规定，通过职工代表大会或者其他形式，实行民主管理。

公司研究决定改制以及经营方面的重大问题、制定重要的规章制度时，应当听取公司工会的意见，并通过职工代表大会或者其他形式听取职工的意见和建议。

（六）《企业内部控制应用指引（第4号）——社会责任》（财政部2010年4月15日通过）

第一条 为了促进企业履行社会责任，实现企业与社会的协调发展，根据国家有关法律法规和《企业内部控制基本规范》，制定本指引。

第二条 本指引所称社会责任，是指企业在经营发展过程中应当履行的社会职责和义务，主要包括安全生产、产品质量（含服务，下同）、环境保护、资源节约、促进就业、员工权益保护等。

第四条 企业应当重视履行社会责任，切实做到经济效益与社会效益、短期利益与长远利益、自身发展与社会发展相互协调，实现企业与员工、企业与社会、企业与环境的健康和谐发展。

第十六条 企业应当依法保护员工的合法权益，贯彻人力资源政策，保护员工依法享有劳动权利和履行劳动义务，保持工作岗位相对稳定，积极促进充分就业，切实履行社会责任。

企业应当避免在正常经营情况下批量辞退员工，增加社会负担。

第十七条 企业应当与员工签订并履行劳动合同，遵循按劳分配、同工同酬的原则，建立科学的员工薪酬制度和激励机制，不得克扣或无故拖欠员工薪酬。

企业应当建立高级管理人员与员工薪酬的正常增长机制，切实保持合理水平，维护社会公平。

第十八条 企业应当及时办理员工社会保险，足额缴纳社会保险费，保障员工依法享受社会保险待遇。

企业应当按照有关规定做好健康管理工作，预防、控制和消除职业危害；按期对员工进行非职业性健康监护，对从事有职业危害作业的员工进行职业性健康监护。

企业应当遵守法定的劳动时间和休息休假制度，确保员工的休息休假权利。

第十九条 企业应当加强职工代表大会和工会组织建设，维护员工合法权益，积极开展员工职业教育培训，创造平等发展机会。

企业应当尊重员工人格，维护员工尊严，杜绝性别、民族、宗教、年龄等各种歧视，保障员工身心健康。

第二十一条 企业应当积极履行社会公益方面的责任和义务，关心帮助社会弱势群体，支持慈善事业。

第二十五讲

劳动法是劳动者的保护神

——以南海本田停工事件为例

> 不仅要主持正义,而且要人们明确无误地、毫不怀疑地看到是在主持正义,这一点不仅是重要的,而且是极为重要的。
>
> ——丹宁
>
> (阿尔弗雷德·汤普森·丹宁,Alfred Thompson Denning,1899~1999,享年100岁,是英国著名法官、二次大战后英国最著名的法律改革家,同时也是一个享有世界声誉的法学家。丹宁不仅是国内外十几所大学的荣誉法学博士和牛津大学的荣誉民法博士,还是唯一英国四大法学研究院中身兼三个研究院荣誉院士的学者。丹宁的主要著作有:《法律下的自由》、《变化中的法律》、《通向正义之路》、《法律的训诫》、《法律的正当程序》、《法律的未来》、《法律的碑界》等。在漫长的职业生涯中,丹宁勋爵为英国法律的公正作出了杰出的贡献。丹宁认为司法是一种适用法律的过程,其公正与否,首先取决于所适用之法是否公正。如果法律本身就不具有公正的性质,司法适用法律的方式再准确、再科学、再高明,也只能得出一个不公正的结果。因此,作为法律职业只有在追求法律公正的前提下,才能实现职业自身的公正性,无论律师或是法官在追求和实现公正的道路上,应该坚持从法律公正做起。)

一、案例介绍

2010年5月17日~6月4日,位于广东省佛山市南海区狮山镇的本田汽车零部件制造有限公司(以下简称南海本田)发生历时19天的停工事件,起因是涨薪要求未得到满足,职工自发集体停工。2010年5月17日12时,一条名为

"南海本田汽车配件公司大罢工（内幕爆料）"的帖子出现在本地论坛上，当晚，各大知名论坛出现转帖，工人们群情振奋，纷纷在各网站发帖，晒工资单。5月18日，《南方都市报》以《南海本田数百工人罢工 停工一天损失4000万》为题进行了报道。5月20日，搜狐网报道《本田佛山"工资门"调查 中日员工相差50倍》，中国新闻网、新华网、网易等互联网站和各大媒体纷纷转载此文。5月27日，《财经》、《每日经济新闻》、《北京青年报》等平面媒体介入报道。随着停工事件的持续，《华尔街日报》、《联合早报》等国际媒体开始深度报道此事。由于网络媒体的介入，平面媒体的跟踪调查，使得本田停工事件从一个地方新闻演变成了一个社会公共事件。

其间，职工与企业管理层多次交涉与谈判，最终在上级工会组织，特别是第三方力量的介入下，事件得以圆满解决。

2011年6月25日，广东省党工共建创先争优会议在佛山召开，其中一个重要议题是介绍和推广南海本田工资集体协商经验。时隔一年多，从工人不满薪酬过低发生停工事件，到成为全省工资集体协商典型，南海本田案例被中山大学政治与公共管理事务学院教授何高潮称为"广东模式"：南海本田事件成功解决的意义在于，面对新时期的劳资纠纷与矛盾，要改变过去由地方政府出面和主导的传统思路，要充分发挥工会的作用，特别是推动上下级工会的有效联动。标志着劳资谈判正走向制度化，具有划时代的意义。

案件的具体情况如下：2010年5月17日，南海本田近百名员工因不满工资低、福利待遇差而停工1天。当天中午，本地论坛出现爆料帖，一位本田零部件公司员工还晒出了工资清单：到手的工资为1211元。若每月除去房租250元、吃饭300元、电话费100元、日用品100元、工会费5元，每月仅剩456元。当晚，各知名网站出现转帖，引发媒体关注。

5月20日下午，南海本田与员工代表开始第一轮谈判，但没有达成共识。网络媒体和平面媒体开始追踪报道。

5月21日，因传言公司已赴湛江等地大量招聘新工，不会给员工加薪，员工们开始第二轮停工。

5月22日下午1点，南海本田通过广播宣布与两名停工者解除劳动合同。当天下午2点，停工员工复工。

5月24日，南海本田公布了对停工事宜的解决方案：将员工的补贴提到120元到155元不等，相比之前提升了55元。但员工对公司制定的提薪方案过程提出异议。

5月25日，劳资双方谈判破裂，受南海本田工人停工影响，本田在广东增城和黄埔的组装厂、武汉组装厂相继停产。

5月26日，南海本田通过内部广播宣布了工资调整方案，实习生工资及补贴每月增加477元，其余员工按级别每月分别增加340至355元不等。下午6点左右，上百名工人聚到厂门口，表示不接受该方案，将继续停工。

5月27日上午，南海本田要求员工签署一份停止罢工的承诺书，但员工都不同意，全部拒绝签署，停工仍在持续。当日，本田公司发布消息，称该公司位于中国广东省佛山市的本田汽车零部件制造有限公司因中国工人发起停工要求加薪而停工。

6月1晚，工人开始有条件复工。据媒体报道，工人复工是由于本田在中国的合作伙伴——广汽集团总经理曾庆洪的介入调处。

6月3日下午，停工工人代表通过媒体与中国人民大学教授、中国劳动关系研究会兼中国劳动法学研究会副会长常凯取得联系，委托其为劳方的法律顾问。

6月4日，在曾庆洪与中国人民大学劳资关系研究中心负责人常凯的指导和帮助下，经过6个小时艰苦的谈判，职工方最终与企业达成一致协议：工人工资增加34%，停工期间工资照发。常凯教授特别提出的"企业不得追究罢工工人的责任"，也被企业接受并作为正式条款写入集体协议。集体协议经劳资双方首席代表签字后劳资双方握手言和并拍照留念。至此，南海本田停工事件通过工资集体协商的方式成功解决。

二、案例分析

（一）南海本田事件暴露出的主要问题是什么

南海本田停工事件之所以演变为群体事件，引发全社会关注，成为公众事件，最后又顺利得到解决，甚至成为全省集体协商典型，其主要原因有几个方面：

工资低，待遇差是首要因素。据南海本田员工在网上晒出来的工资帖，引发了千千万万有此相同境遇的劳动者关注。如果说以当地最低工资标准作为员工的基本工资，并以此作为加班工资的计发基数是不少企业有意"曲解"最低工资标准的惯用伎俩，工人们也都认了，要命的是该公司工资分5级，每级又含15级，总共75级的不同工资标准，每进一级需要一年时间，就是说，要获得一份体面的工资，除非在南海本田工作够75年。更让中国工人不能接受的是，在同一企业工作的日本操作工的酬劳却是中国工人的50倍。这似乎又演变成了民族矛盾，引起更多民众关注。

这种争议已经不仅仅限于权利争议，在更大的程度上，这是一种利益争议，即争议的引发并不仅仅是由于工人被侵权，而是工人们要求公正待遇，要求增加新的利益。标志着新生代劳动者已不满足于劳动基准权利，而要求超越劳动基准权利的更好待遇，更深层次的原因是人们对法律公正的思考和期待。这成为《劳动合同法》颁布后，劳动争议新典型，因而引发学术界关注。

南海本田于 2005 年 9 月在佛山南海成立，是本田技研工业株式会社在中国设立的首家独资公司，总投资额 9800 万美元，主营生产销售汽车变速箱及其零部件、汽车发动机关键零部件等，年生产能力为 24 万套（变速箱），直接为广汽本田、东风本田等供货。由于南海本田的外商独资身份，本次停工事件引发国外媒体深度报道并持续关注。

事件发生后，南海本田员工在网上找到了佛山南海劳动局的电话，希望劳动局可以帮助他们。南海本田方面也与佛山市南海区狮山镇政府及劳动部门进行了沟通。期间，南海本田工会呼吁职工理性对待，但没能发挥代表和维护职工权益的作用，只是发挥了传声筒和谈判组织的作用，没有深入地参与到协商的各个环节，工会维护职工权益的代表性受到怀疑和冲击。由于沟通缺乏有效渠道，各方诉求得不到满足，致使停工事件处于胶着状态并持续了半个多月。

原本是两个青年的愤怒辞职，竟引发连锁反应，非但本田所属的另外三个中国公司停产，就连同在佛山的光法雷奥汽车照明系统有限公司也掀起了停工运动。本案劳动争议处理的方式，已凸显出由以往单个的劳动者以传统维权方式为主，发展到群体性的以集体谈判为主的特点，从工人集体行动的范围来看，已经具有了产业性、地区性和规模性的特点。使事件漩涡中的劳资双方、企业工会、政府主管部门都面临无助、无奈、无力的"三无"境地，承受了巨大压力。

时隔一年，南海本田在经验介绍中仍不得不提起两个关键人物。中国人民大学教授、劳动法博士、博士生导师、中国劳动关系研究会兼中国劳动法学研究会副会长、国际劳工组织项目顾问、《中华人民共和国劳动合同法》专家组成员之一、日本九州大学法学院客座教授常凯先生。常凯接受工人邀请，从北京飞到佛山，这个姿态，日本政府、中国政府、本田企业、停工青年，全部接受。常先生的社会责任心、专业素养及经验能力，对事件的顺利解决起到了积极的促进作用。另一个关键人物是本田老总曾庆洪。在此之前，记者蜂拥而来，防暴警察拉着警戒线等候在外，由于工会找来的人殴打工人被媒体曝光，曾庆洪的介入被媒体认为是实在躲不过去了。但他的介入也引出了"中国工会的'上代下'维权机制应运而生"。

南海本田停工事件成为我国第一次由劳动法律专家直接介入谈判和斡旋成功的停工事件。劳工专家直接介入集体劳动争议处理，为我国探索构建集体劳动争议处理机制，实现和谐劳动关系，提供了十分宝贵的实践经验。

南海本田停工事件，深层次原因在于劳工权利问题。劳动权是一种综合性权利，是人权的重要组成部分。宪法和法律规定的劳动权涵盖了劳动者人身性、经济性和部分政治性的权利。正如丹宁勋爵所言："不仅要主持正义，而且要人们明确无误地、毫不怀疑地看到是在主持正义,这一点不仅是重要的,而且是极为重要的。"在本案中,当法律规定的权利被侵犯,劳动者基本尊严得不到维护时,工人们通过正规渠道,理性地表达诉求,不仅为自身争取到了权益和保障,影响了工会工作的开展和集体协商制度的推行,也促使个体劳动权的充分实现。

(二)南海本田停工事件及其处理,在我国的劳动关系发展历程上具有典型的意义

用常凯的话说:"本田事件并非是一起普通的罢工事件,而是新时代工人权利意识的觉醒,是工人群体通过正规渠道,理性的表达诉求,为自身争取权益的一次集体行动。"

新生代工人开始觉醒。南海本田从工人停工到成广东工资集体协商典型,被《南方日报》记者黄应来评论为:在正确的时间、正确的地点,基于正确的理由,一批恰当的人找到另一批恰当的人,用恰当的方式,做成了既正确又恰当的事情。这些年轻人,已经不是他们的父辈那种能忍则忍之辈,只因为有人在流水线上高喊:"工资这么低,大家别做了!"一时间,几个车间同时响应,工友彼此相传,一个个统统跑到厂区静坐示威,停工序幕就此拉开。事件处理过程中,工人们凭借智慧、激情和媒体及社会力量,运用法律武器,争取平等权利。为了劳动者共同利益,经受住了打骂、威胁或利诱,直至维权成功。

新生代工人的觉醒,标志着劳动者的维权意识从关注自身报酬增减和支付安全日益转向关注群体之间的报酬衡量和支付平等;他们对劳动者权益的关切,已经从生存层面提升到了人格尊严层面,成为劳动权保障事业面临的新课题;新生代工人的行动不仅促进了劳动生活的平等化进程,有益于消减单位内部的利益格差,增强劳动关系的和谐度,而且在某种程度上有助于缩小劳动力成本单位间的差距,对促进公平竞争有促进作用。

我国现行劳动争议处理机制是以个体的权利为中心设置的,南海本田工人以利益为中心的诉求,对现行机制中的所有主体都提出了挑战,事件的顺利解决,为新的劳动争议协商机制的建立提供了现实样本。2011年11月30日,中华人民共和国人力资源和社会保障部《企业劳动争议协商调解规定》公布,将"劳动者可以要求所在企业工会参与或者协助其与企业进行协商。工会也可以主动参与劳动争议的协商处理,维护劳动者合法权益。劳动者可以委托其他组织或者个人作为其代表进行协商"、"推动建立小额简单案件由分支机构调解委员会处理,疑难复杂案件由总公司(总厂、总部)调解委员会处理的分类处理、分级负责、上下联动的工作机制"等"广东模式"列入条规。

《工会法》第27条规定:"企业、事业单位发生停工、怠工事件,工会应当代表职工同企业、事业单位或者有关方面协商,反映职工的意见和要求并提出解

决意见……"现实生活中,企业工会力量一直较弱,代表性不足,在维权过程中很难获得工人信任。2010年6月12日,广东省委书记汪洋指出,要加快建立非公企业的矛盾冲突协调机制,加快建立健全非公企业的党团组织和工会组织。企业和上级的工会组织应摆正位置,代表职工依法维权,真正成为工人利益诉求的"代表者"和"代言人"。广东省工会副主席孔祥鸿认为,南海本田事件的意义在于,"中国工会的'上代下'维权机制应运而生"。所谓的"上代下"维权机制是指,当下级工会不能代表职工维护职工权益时,上级工会可代表下级工会,对涉及职工切身利益的共性问题,由上级工会出面与相应的企业方代表进行协调。职工是否认可企业工会的代表性,企业工会的基础工作是否做好,是发挥"上代下"机制作用的重要基础。正是在南海本田工会重组,特别是经过民主化选举后,工会为职工维权的作用才真正发挥出来了。

(三)本案涉及的法律问题之一:同工同酬

"同工同酬"是一个使用范围十分广泛概念,经济学、社会学、政治学、法学都在使用。我国《宪法》第48条第1款、第3款从男女平等的角度明确规定了国家保障妇女的权利和利益,实行男女同工同酬。《劳动法》第46条规定:"工资分配应当遵循按劳分配原则,实行同工同酬。"《劳动合同法》第11条、第18条、第63条都包含了与"同工同酬"相关的规定。据此,同工同酬是指用人单位对于从事相同工作,付出等量劳动且取得相同劳绩的劳动者应支付同等的劳动报酬。一般而言,劳动者的工作岗位、工作内容相同,在相同的工作岗位上付出了与别人同样的劳动工作量,同样的工作量取得了相同的工作业绩,就有权主张同工同酬。同工同酬的基本内容包括男女同工同酬;不同种族、民族、身份的人同工同酬;地区、行业、部门间的同工同酬;企业内部的同工同酬。企业内部的同工同酬是其中最重要的内容,在同一企业中从事相同工作,付出等量劳动且取得相同劳动业绩的劳动者,有权利获得同等的劳动报酬。

早在延安时期,边区政府就提出了男女同工同酬的理念,当时的出发点是男女平等。在解放后,党和政府的相关政策文件中一直有这样的语言表述,并将其进化为同一工作的人员的待遇相同,这种表述,宣示的是中国职业劳动领域的平等价值观。

(四)本案涉及的法律问题之二:劳动权的涵义

劳动权是指有劳动能力的公民有获得参与社会劳动和领取相应的报酬的权利。劳动权是获得生存权的必要条件,既包括个体劳动权利,也包括集体劳动权。

个体劳动权是通过个人行为实现的劳动权。主要包括:平等就业和选择职业的权利、获得劳动报酬的权利、休息休假的权利、劳动安全卫生保护的权利、接受职业培训的权利、享受社会保险和福利的权利、提请劳动争议处理的权利等。

劳动者的平等权包括两个方面：一是劳动者之间的权利平等，无论城市户口与农村户口、干部与工人、国企与民企、本地与外地、本国人与外国人。劳动者因个性差异即能力与贡献差异而产生的利益差别是合理合法的，除此之外其他有关制度性、权利型的差异都是不合理的、违法的。二是劳动者与用人单位之间的权利平等。因为劳动者与资本所有者都是不同生产要素产权的所有者，所以法律上具有平等的权利。具体来讲，劳动者在与用人单位签订合同时，是两个独立的民事主体，其地位是平等的；当发生劳动争议时，劳资双方在协商、仲裁、诉讼中的地位也是平等的。

广义的劳动报酬包括工资、奖金和津贴三种收入形式。劳动报酬包含了维持劳动者自身生存所必需的生活资料的价值，劳动者繁衍后代所必需的生活资料的价值以及劳动者接受教育和训练所支出的费用。劳动报酬权包括报酬协商权、报酬请求权和报酬支配权。报酬协商权是劳动者与用人单位通过劳动契约协商确定劳动报酬的形式和水平的权利，其核心是协商劳动报酬的水平，即协商确定自己劳动力的价格。劳动报酬权是劳动者维护主体尊严的必要条件，如果忽略了劳动者提高文化和技能素养的需求、繁衍后代的责任和追求幸福生活的理想，只剩下维持劳动者自身生存所必需的生活资料的价值，劳动者的主体尊严将无从保障。

集体劳动权是指劳动者所享有的集体谈判权、自由结社权和团体行动（罢工权、参与权）权。在各国劳动法中称之为"劳动三权"，日本法学界称之为"劳动基本权"。其中，集体谈判权是劳动者通过工会或共同委托的个人与雇主就雇佣关系和问题进行交涉的权利。根据我国工会法的规定，在中国境内的企业、事业单位、机关中以工资收入为主要生活来源的体力劳动者和脑力劳动者，不分民族、种族、性别、职业、宗教信仰、教育程度，都有依法参加和组织工会的权利。对于职工建立和参加工会的权利，"任何组织和个人不得阻挠和限制"。

罢工权又称"罢工自由"或"团体争议权"。是指劳动者依法获得的在劳动争议不能解决时可用罢工的方式对抗企业的自助性权利。按罢工性质和规模，有经济罢工、政治罢工、同盟罢工、总罢工等，引发罢工有政治因素，也有经济目的，但就罢工的实质来讲是一种经济行为与经济手段。我国法律对罢工没有禁止，也没有明确赋权。工会法的相关规定是：企业发生停工、怠工事件，工会应当会同企业行政方面或者有关方面，协商解决职工提出的可以解决的合理的要求，尽快恢复正常生产秩序。

劳动者的参与权是集体劳动权的重要内容之一。劳动者参与企业管理、参与重大决策、参与民主监督，是劳动者的基本权利，是现代化大生产的客观要求，是人本管理思想的重要体现，也是协调劳动关系的重要手段。

集体劳动权是个体劳动权的基础和保障，集体劳动权比个体劳动权更能体现现代劳动法的特点。个体劳动权的实现需要借助集体的力量，因为集体的力量大于个人力量，劳动者应当团结起来，组织工会，通过工会的组织力量来维护劳动者个人的权利。通过强化集体劳动权来平衡与协调劳动关系，是现代劳动关系的主要特点，也是市场经济发展的必然趋势。

（五）本案涉及的法律问题之三：劳动权的保障与救济

劳动者权利的保障有赖于法律的明确规定，劳动者对权利的正确理解和充分行使，有赖于执法、司法的公正有效。劳动权的救济是指当劳动者权利不能得到实现时，依靠劳动争议处理机制，表达诉求、调处矛盾、保障权益。

我国《宪法》第42条规定："中华人民共和国公民有劳动的权利和义务。国家通过各种途径，创造劳动就业条件，加强劳动保护，改善劳动条件，并在发展生产的基础上，提高劳动报酬和福利待遇。……"1994年7月颁布的《中华人民共和国劳动法》，明确规定了劳动者的各项基本权利，构建了我国劳动权保护的基本框架。2008年开始实施的《劳动合同法》、《劳动争议调解仲裁法》、《就业促进法》等，以及2011年1月实施的新版《工伤保险条例》、7月实施的《社会保险法》等，加上《工会法》、《职业病防治法》、《安全生产法》等一系列保护劳动者劳动权的法律、行政法规、部门规章，表明我国已形成了以宪法为基础，劳动法为核心，其他法律、行政法规、部门规章、地方性法规等为辅助的劳动权保护的法律体系。

劳动监察是国家授权劳动监察机构对用人单位执行劳动法进行监督和检查，从而保障劳动法的有效实施。2004年11月颁布的《劳动保障监察条例》，最为突出的特点是对就业市场上普遍存在的违法用工行为作了详细、明确的法律责任认定，有针对性地解决劳动者维权中的"盲区"。通过劳动监察，既能有效地预防用人单位违反劳动法，又能对用人单位违反劳动法的行为予以纠正和处罚，从而达到保护劳动者的目的。劳动监察作为一种行政执法行为，包括被动监察和主动监察。因劳动者或其他人举报而实施监察是被动监察。不以举报为前提条件的监察是主动监察。

有实体权利就应当有救济程序，程序的目的就在于保障实体法上权利的实现。劳动争议处理是保护劳动者权利的最后屏障。我国《劳动法》第77条规定："用人单位与劳动者发生劳动争议，当事人可以依法申请调解、仲裁、提起诉讼，也可以协商解决。调解原则适用于仲裁和诉讼程序。"《劳动争议调解仲裁法》第4条规定："发生劳动争议，劳动者可以与用人单位协商，也可以请工会或者第三方共同与用人单位协商，达成和解协议。"第5条规定："发生劳动争议，当事人不愿协商、协商不成或者达成和解协议后不履行的，可以向调解组织申请调解；不愿调解、调解不成或者达成调解协议后不履行的，可以向劳动争议仲裁委员会申请仲裁；对仲裁裁决不服的，除本法另有规定的外，可以向人民法院提起诉讼。"可见，我国劳动争议纠纷处理机制概括为"一调一裁两审"。

（六）本案引发的法律问题的思考

南海本田事件虽然得到圆满解决，但这一事件中所呈现出的一系列有关劳资集体争议规制的相关法律问题，特别是罢工的合法性问题、同工同酬问题、工会的职能作用、劳动争议处理机制问题，都需要我们作更深入的理论思考。

关于罢工权的合法性。南海本田事件中，工人们不仅团结一致集体罢工，而且还四处找记者、联系代言人、上网发帖、手机摄像，就算带头人被辞退、罢工者被殴打也不妥协。事件的圆满解决，引发人们对罢工究竟是否合法的疑问。

在中国近代史上，"罢工"是一个极为常见的名词。我们耳熟能详的，有粤汉铁路工人大罢工、陇海铁路大罢工、长辛店铁路工人罢工、省港大罢工，以及1922年刘少奇所领导的安源路矿工人大罢工……可以说，近代以来，"罢工"一直是与中国革命相始终的。新中国成立之后，先有《共同纲领》，后有"五四宪法"，都没有对"罢工权"作出规定；只有"七五宪法"和"七八宪法"有"罢工自由"的规定，而"八二宪法"又将之取消。此后，"罢工权"是否有必要重新写入宪法，成为法学界长期讨论的热门话题。

1997年，中国签署加入了联合国《经济、社会及文化权利国际公约》，该公约第8条规定：缔约各国应该保证劳动者享有罢工权。在批准时我国并没有对该规定提出保留意见，这也就表明我国是同意履行这一规定的。而且，为落实该公约，全国人民代表大会常务委员会于2001年10月27日修改了《工会法》，其中规定："企业、事业单位发生停工、怠工事件，工会应当代表职工同企业、事业单位或者有关方面协商，反映职工的意见和要求并提出解决意见"。这一规定不但未禁止停工、怠工等类似罢工的行为作为解决劳动争议的非常手段，而且还从法律上为"合理要求"的停工、怠工等类似罢工的行为提供了依据。

我国法律虽然没有明确的罢工权的规定，但从来也没有关于禁止罢工的规定。其立法原则和成文法规定均是以承认工人享有罢工权为前提的。依照基本的法理规则"法无禁止即许可"，对于公民而言，只要法律没有明文禁止，便是可以作为的。只是由于宪法没有明文规定，工会法语境设计上的模糊，致使"罢工权"的行使在实践中，处于一种微妙的境况。

当然，也应当看到，我国的罢工立法总体而言是不完整不健全的。尽管《工会法》和一些地方法规以消极的方式认可了劳动者的罢工的合法性，但由于宪法和法律没有明确规定"有权罢工"，并且缺乏罢工权利保障和罢工权利行使的具体规范，致使目前我国集体劳动争议和集体行动的处理处于一种缺乏规制的状态中。这种情况一是表现为目前我国多数的自发罢工行为的无序化和不可控的状况，二是表现为工人的合法罢工得不到有效的法律保护。

有学者认为，尽快健全和完善我国的罢工立法，明确工人享有罢工权并对于罢工权的行使和罢工的处理作出具体规范，特别是就合法罢工的刑事免责和民事免责作出明确规定，已是实现我国劳动关系和劳动争议处理法制化和规范化的当务之急。

我国《宪法》、《劳动法》和《劳动合同法》都规定了同工同酬。但仔细分析就会发现，《宪法》规定的同工同酬是在男女平等的语境下提出的，而《劳动法》和《劳动合同法》则直接将同工同酬直接规定在工资项下，属于工资分配原则之一。

关于同工同酬原则的法律化，世界各国和地区的劳动立法存在着模式上的差异，归纳起来主要有三种模式：第一种是制定专门的同工同酬法，代表国家是美国和英国；第二种是制定反性别歧视的综合性两性工作平等法，规定男女同工同酬是其中的重要内容，欧盟、日本和我国台湾地区是该种模式之代表；第三种是既未制定专门的同工同酬法，也未制定反歧视法，而是在一般劳动立法中规定同工同酬问题，以我国为代表的一些国家即属此种模式。

当前，适用同工同酬原则面临诸多的困惑和疑难。何谓"同工同酬"？如何实现"同工同酬"？劳动者能否提起"同工同酬"之诉？在学理层面，亟待审视和评价同工同酬原则，对其命题的真实性、诉求的合理性、操作的可行性和效果的现实性进行梳理和检讨。在现实层面，实现同工同酬的关键是科学合理地衡量与评估工作业绩，只有同等价值之工作才应获得同等数额的报酬。同值同酬源于《同工同酬公约》，是欧盟立法的核心理念，我国立法与劳动实践如果引鉴，还存在太多困惑，由于企业历史、劳动用工体制、自身负担、社会责任期待等差异，小企业比较容易适用同工同酬原则，大企业相应较难。派遣工、非全日制用工作为非典型用工形式是否需要贯彻同工同酬仍处于两难之间。

在我国劳动关系中，最大的或者最弱的一环是工会的力量较弱，一是工会的组织率较低，相当一部分职工还没有组织到工会中来；二是尽管《劳动法》和《工会法》都明确规定工会是职工利益的代表者和维护者，但在实践中，一些工会习惯于视自己为劳动关系之外的协调者而不是参与者，有些时候甚至站到工人的对立面；三是《工会法》第21条第3款规定："职工认为企业侵犯其劳动权益而申请劳动争议仲裁或者向人民法院提起诉讼的，工会应当给予支持和帮助。"但是，对于工会未尽到支持和帮助义务应当承担什么责任，劳动者是否有权起诉工会要求承担责任，却没有规定。劳动者作为工会会员与工会的争议，依据现行立法，既不属于劳动争议也不属于民事争议。强化工会职能，发挥工会作用，要注意以下几点：

1. 在我国，劳动者结社权最集中、最普遍的表现就是参加和组织工会。《劳动法》中应当明确规定劳动者有依法自由、自愿参加和组织工会的权利，用人单位不得阻挠和限制劳动者成立工会；工会有一定的独立性和自主性，任何组织和任何个人不得非法干预工会的活动，不得任意撤销、合并工会；明确工会在劳动关系中代表职工，工会有权对用人单位执行劳动法律、法规的情况进行监督，有权对用人单位侵犯劳动者经济权益的行为提出交涉，并要求纠正，同时要建立符合劳动关系市场化运行的工会组织体制，实行工会领导人真正由工会会员民主选举制度；为工会工作者提供法律保护等，保证工会活动的顺利开展。劳动者的参与权是集体劳动权的重要内容，劳动者的参与权是通过工会实现的。必须明确规定工会是劳动者权益代表者和维护者，这是市场经济制度下对工会真正的定位。此外，对工会在劳动争议程序中的地位和作用也应作出明确规定。

2. 在类似南海本田案件的利益争议中，用人单位没有明显违反劳动法规的事实，引起争议的原因主要是劳资双方利益的分配问题。如果工会缺乏有效的制衡手段和较强的集体谈判能力，争议的解决就会变得十分困难。因此，工会迫切需要培养懂专业知识、有谈判能力而且敢于说话、善于办事的专家型工会工作人员，摸索出更多有效的谈判手段，唯有如此才能在集体谈判中占据有利位置。

3. 现有劳动争议处理机制对集体劳动权相关的制度设计还存在不完善、不到位的情况。《劳动法》主要侧重于个体劳动权的维护，对个体劳动权的规定较为全面、具体、明确，为保护个体劳动权提供了有力的法律依据；对集体劳动权的规定却不够全面、具体，涉及集体劳动权的只有6条，且规定过于原则，可操作性不强，使集体劳动权的实现缺少有力的法律支撑。《劳动争议调解与仲裁法》也只是对权利争议处理机制中"调、裁"环节的完善，对利益争议的处理基本上没有涉及。

4. 现有的劳动争议处理方式，将因集体合同的履行和适用所引起的权利争议和因集体合同的签订引起的利益争议分开处理，前者适用一调一裁二审机制，而后者适用独立的争议处理机制。按照《劳动法》第84条第1款规定，因集体合同的签订引起的争议，由当事人协商解决，协商不成的，劳动行政部门可以组织双方协调处理。也就是说，利益争议是不可裁判的争议，只能由争议双方协商或行政调解处理。

5. 近年来不断出现的与南海本田罢工事件类似的劳动争议都有一个共性，就是几乎所有的争议都不是因为用人单位违反劳动法规或劳动合同规定侵犯劳动者权益而引起的，事实上这些企业多是知名外资企业，效益良好，劳动法执行情况都比较好。争议的原因是因为这些企业的工资虽然高于当地最低工资，但是总体水平太低，劳动者要求提高工资、改善福利待遇。南海本田罢工事件的直接效应是，各省重新计算最低工资标准。

（七）劳动者自助维权须知

随着社会的进步，经济的发展，经过多年的普法宣传，越来越多的劳动者知法懂法，维权意识增强，敢于拿起法律武器维护自己的合法权益。当劳动者在合法权益受到侵害时，可以选择自助维权，也可以向国家要求获得公权救济。公权救济主要包括提起申诉、控告的权利；国家赔偿及补偿的请求权；司法介入的请求权。

实践中，由于劳动者法律知识不够全面系统，加之缺乏经验和技巧，有的虽然胜诉了，赢了官司却丢了饭碗，并未最大限度地维护自己的权益。有的备尝艰辛，维权无望，有的甚至采取过激甚至违法方式追讨利益，或者向老乡、同乡个人或组织寻求帮助，不少地区出现许多以地缘、血缘关系为纽带的组织，把有理的事办成了受伤的事甚至违法的事。以下是劳动者自主维权须知，仅供参考。

罢工是劳动者对自己的劳动权利进行自我救济的最极端和最有效的手段。在我国现行的立法模式下，劳动者停工和怠工行为游离于法律之外却无法脱离用人单位内部规章的制约。因为绝大多数用人单位的规章制度中都有关于旷工行为的处罚规定，单个的劳动者试图通过停工和怠工来对抗用人单位的先行违约行为不仅无法实现，甚至可能因此遭受更为严重的损失，如被单位罚款、无偿辞退等。劳动者选择通过集体罢工形式维权时，也要注意罢工作为一种手段和威慑力量，促使雇主进行集体谈判，有其自发性、不可控的特点。如果罢工发动后，呈现一种无组织的状况，则容易使事件的发展方向难以控制，引发新的风险。南海本田罢工事件的法治解决，不仅因为政府，特别是高层管理者有规范自己的行为，参与罢工的工人也保持了理智和克制，他们将罢工行为限制在厂区并保持理性与和平的状态，杜绝"过激行为"，这是罢工合法进行的重要条件。

近来，珠江三角洲地区出现了一种被媒体称为"工闹"的现象。一些在工程劳务关系中受雇于施工单位的某些工人或工人团体，他们没有按口头或书面合同履行工作内容，却要求索取多于劳动应得的报酬。他们常常故意引发事端怠工，再通过向政府部门上访投诉、影响工程正常开展等方式，向施工单位施压索薪。他们利用政府支持农民工追讨欠薪的政策，追讨多于其实际劳动所得的报酬。如果施工单位不肯就范，"工闹"便集体上访，或围困施工单位工地或办公室。施工单位在工地瘫痪、政府施压的双重压力下，往往赔钱就范。一位有多年纠纷协调经验的广州市建委工作人员表示，眼下确实存在这种"工闹"："他们常常是一个地方的人，抱团很厉害，讨薪手段也很娴熟，知道政府最怕不稳定，他们就造出很大的影响。有些人还多次涉入讨薪纠纷。"深圳市相关建设主管部门也发出通知，提醒施工单位警惕"工闹"。劳动者维权切不可陷入"工闹"陷阱。

关于劳动者的一般留置权，有学者认为，只要劳动者与用人单位之间发生民法上的债权债务关系，且劳动者于用人单位债务履行之前合法占有用人单位的动产，劳动者即可行使一般留置权维护自身权益，留置该财产并享有优先受偿权。留置权是指债权人合法占有债务人的动产，于债务人不履行到期债务时，对其占有的债务人的动产予以留置并就其变价优先受偿的权利。我国现行法律中的留置权在性质上属于担保物权，留置权人享有就被留置动产变价后优先受偿的权利，留置权对于敦促债务人履行到期债务，确保债权人实现债权具有积极意义。留置权的行使无须借助司法机关，仅凭债权人私力即可实现，因而属于法定的私力救济途径之一。

劳动者自助维权的边界又在哪里呢？劳动者采取自助手段维权，仅限于劳动合同履行中的民事权利，因此，只有那些符合民事自助行为实施要件的权利方能由劳动者自力实现。也就是说，劳动者自助维权的条件是：该权利须具有财产上的对价给付内容；该权利已届履行期且未超过诉讼时效。那么，劳动者什么情况下可以挥一挥衣袖不留下一分血汗钱？

《劳动合同法》第37条规定："劳动者提前30日以书面形式通知用人单位，可以解除劳动合同。劳动者在试用期内提前3日通知用人单位，可以解除劳动合同。"这是关于劳动者单方预告解除的规定。劳动者提前30日以书面形式通知用人单位，是劳动者预告解除的条件和程序，也是劳动者享有的法定权利。预告解除不受用人单位制约，无需征得用人单位的同意。

劳动者预告解除附带条件为提前30日和以书面形式通知。书面通知提交劳动者工作内容主管人员即为通知。劳动者履行提前通知义务（书面形式），一定要保留用人单位签收的证据，用人单位拒绝签收的，最好可以提供其他证据证明已经书面通知了用人单位（如EMS快递详情单），否则，发生纠纷时，用人单位反过来说你未履行提前通知义务擅自离职，那就被动了。试用期内劳动者不再是可以随时通知解除劳动合同，必须提前3日通知，但不一定用书面形式。劳动者预告解除用人单位不支付经济补偿金。劳动者违反本条规定解除劳动合同，给用人单位造成损失的，应当承担赔偿责任。

《劳动合同法》第38条规定，用人单位有下列情形之一的，劳动者可以解除劳动合同：①未按照劳动合同约定提供劳动保护或者劳动条件的；②未及时足额支付劳动报酬的；③未依法为劳动者缴纳社会保险费的；④用人单位的规章制度违反法律、法规的规定，损害劳动者权益的；⑤因本法第26条第1款规定的情形致使劳动合同无效的；⑥法律、行政法规规定劳动者可以解除劳动合同的其他情形。这些情况下，单位要支付补偿金。由于《劳动合同法》规定了较为详尽的补偿金条款，用人单位为了规避法定义务，对劳动者采用"冷暴力"：不升你，也不降你，但也不辞你，迫使劳动者提出辞职。遇到这种情况，劳动者就要理性分析，审慎选择有利于自己的未来。

单个劳动者的维权行动，主要是围绕工资、社保、补偿金而展开的。争议主体既有一线工人，也有企业高管等，而且劳动者依法维护自己权益正变得越来越主动。但无论发生什么情况，劳动者都不得采取包括自残、自杀姿态及真实自杀等自损型私力救济方式。维权过程中，劳动者可以通过向媒体披露用人单位侵犯其权利的事实以获得舆论的支持，但以自损型手段来吸引公众的眼球是不可取的。这是因为，一方面，劳动者依法只能自负其因自残、自杀等行为对自身造成的损害，因此自损型私力救济可能给劳动者带来更大的损失；另一方面，暴力讨薪行为本身可能构成违反犯罪，采取爆炸、自焚方式的讨薪者因危害公共安全而可能承担刑事责任，在公共场合声称自杀也可能被警方视为损害公共秩序而施以治安处罚。

综上所述，劳动法是劳动者的保护神，劳动者维权，应当在法律规定的范围内，依照法律规定的程序进行。

三、相关法条

(一)《中华人民共和国宪法》节选

第六条 中华人民共和国的社会主义经济制度的基础是生产资料的社会主义公有制，即全民所有制和劳动群众集体所有制。社会主义公有制消灭人剥削人的制度，实行各尽所能、按劳分配的原则。

第十八条 中华人民共和国允许外国的企业和其他经济组织或者个人依照中华人民共和国法律的规定在中国投资，同中国的企业或者其他经济组织进行各种形式的经济合作。

在中国境内的外国企业和其他外国经济组织以及中外合资经营的企业，都必须遵守中华人民共和国的法律。它们的合法的权利和利益受中华人民共和国法律的保护。

第三十五条 中华人民共和国公民有言论、出版、集会、结社、游行、示威的自由。

第四十二条 中华人民共和国公民有劳动的权利和义务。

国家通过各种途径，创造劳动就业条件，加强劳动保护，改善劳动条件，并在发展生产的基础上，提高劳动报酬和福利待遇。

第四十八条 中华人民共和国妇女在政治的、经济的、文化的、社会的和家庭的生活等各方面享有同男子平等的权利。

国家保障妇女的权利和利益，实行男女同工同酬，培养和选拔妇女干部。

（二）《中华人民共和国劳动法》节选

第二条　在中华人民共和国境内的企业、个体经济组织（以下统称用人单位）和与之形成劳动关系的劳动者，适用本法。

国家机关、事业组织、社会团体和与之建立劳动合同关系的劳动者，依照本法执行。

第三条　劳动者享有平等就业和选择职业的权利、取得劳动报酬的权利、休息休假的权利、获得劳动安全卫生保护的权利、接受职业技能培训的权利、享受社会保险和福利的权利、提请劳动争议处理的权利以及法律规定的其他劳动权利。

第四十六条　工资分配应当遵循按劳分配原则，实行同工同酬。

第四十八条　国家实行最低工资保障制度。最低工资的具体标准由省、自治区、直辖市人民政府规定，报国务院备案。

用人单位支付劳动者的工资不得低于当地最低工资标准。

第四十九条　确定和调整最低工资标准应当综合参考下列因素：

（一）劳动者本人及平均赡养人口的最低生活费用；

（二）社会平均工资水平；

（三）劳动生产率；

（四）就业状况；

（五）地区之间经济发展水平的差异。

第五十条　工资应当以货币形式按月支付给劳动者本人。不得克扣或者无故拖欠劳动者的工资。

第五十一条　劳动者在法定休假日和婚丧假期间以及依法参加社会活动期间，用人单位应当依法支付工资。

第七十七条　用人单位与劳动者发生劳动争议，当事人可以依法申请调解、仲裁、提起诉讼，也可以协商解决。

调解原则适用于仲裁和诉讼程序。

第八十五条　县级以上各级人民政府劳动行政部门依法对用人单位遵守劳动法律、法规的情况进行监督检查，对违反劳动法律、法规的行为有权制止，并责令改正。

（三）《中华人民共和国劳动合同法》节选

第三十八条　用人单位有下列情形之一的，劳动者可以解除劳动合同：

（一）未按照劳动合同约定提供劳动保护或者劳动条件的；

（二）未及时足额支付劳动报酬的；

（三）未依法为劳动者缴纳社会保险费的；
（四）用人单位的规章制度违反法律、法规的规定，损害劳动者权益的；
（五）因本法第26条第1款规定的情形致使劳动合同无效的；
（六）法律、行政法规规定劳动者可以解除劳动合同的其他情形。

第八十五条 用人单位有下列情形之一的，由劳动行政部门责令限期支付劳动报酬、加班费或者经济补偿；劳动报酬低于当地最低工资标准的，应当支付其差额部分；逾期不支付的，责令用人单位按应付金额50%以上100%以下的标准向劳动者加付赔偿金：
（一）未按照劳动合同的约定或者国家规定及时足额支付劳动者劳动报酬的；
（二）低于当地最低工资标准支付劳动者工资的；
（三）安排加班不支付加班费的；
（四）解除或者终止劳动合同，未依照本法规定向劳动者支付经济补偿的。

（四）《中华人民共和国工会法》节选

第二条 工会是职工自愿结合的工人阶级的群众组织。

中华全国总工会及其各工会组织代表职工的利益，依法维护职工的合法权益。

第三条 在中国境内的企业、事业单位、机关中以工资收入为主要生活来源的体力劳动者和脑力劳动者，不分民族、种族、性别、职业、宗教信仰、教育程度，都有依法参加和组织工会的权利。任何组织和个人不得阻挠和限制。

第二十八条 工会参加企业的劳动争议调解工作。

地方劳动争议仲裁组织应当有同级工会代表参加。

（五）《中华人民共和国劳动争议调解仲裁法》节选

第二条 中华人民共和国境内的用人单位与劳动者发生的下列劳动争议，适用本法：
（一）因确认劳动关系发生的争议；
（二）因订立、履行、变更、解除和终止劳动合同发生的争议；
（三）因除名、辞退和辞职、离职发生的争议；
（四）因工作时间、休息休假、社会保险、福利、培训以及劳动保护发生的争议；
（五）因劳动报酬、工伤医疗费、经济补偿或者赔偿金等发生的争议；
（六）法律、法规规定的其他劳动争议。

第三条 解决劳动争议，应当根据事实，遵循合法、公正、及时、着重调解的原则，依法保护当事人的合法权益。

第四条 发生劳动争议，劳动者可以与用人单位协商，也可以请工会或者第三方共同与用人单位协商，达成和解协议。

第五条 发生劳动争议，当事人不愿协商、协商不成或者达成和解协议后不履行的，可以向调解组织申请调解；不愿调解、调解不成或者达成调解协议后不履行的，可以向劳动争议仲裁委员会申请仲裁；对仲裁裁决不服的，除本法另有规定的外，可以向人民法院提起诉讼。

第六条 发生劳动争议，当事人对自己提出的主张，有责任提供证据。与争议事项有关的证据属于用人单位掌握管理的，用人单位应当提供；用人单位不提供的，应当承担不利后果。

第七条 发生劳动争议的劳动者一方在10人以上，并有共同请求的，可以推举代表参加调解、仲裁或者诉讼活动。

第八条 县级以上人民政府劳动行政部门会同工会和企业方面代表建立协调劳动关系三方机制，共同研究解决劳动争议的重大问题。

第二十六讲

劳动合同的法律边界

——以"华为奋斗者事件"为例

> 对那些为了获取不足以维持生计的报酬而出卖血汗的人谈契约自由，完全是一种尖刻的讽刺。
>
> ——拉德布鲁赫
>
> （古斯塔夫·拉德布鲁赫，Gustav Radbruch，1878~1949，是德国海德堡学派法哲学的代表人物。拉德布鲁赫是德国20世纪最著名的法学家之一，曾任德国国民议会宪法制定委员会委员、内阁司法部部长和海德堡大学法学院院长，一生著作等身，著名的作品包括《法学导论》、《法哲学》、《法律的不法与超法律的法》等。拉德布鲁赫终其一生都在现象公正和事实公正、表面理性与客观理性之间探寻真正的公正和理性，他以哲学上的二元论为出发点所阐发的实证相对主义法律思想，半个多世纪以来对世界范围内的法律思想产生了相当大的影响。）

一、案例介绍

华为技术有限公司（以下简称"华为公司"），1987年成立，经营地址（总部）位于深圳市，主要经营信息技术产品的开发、生产、销售和技术咨询服务。2010年8月，有网友在国内几个网站的社区和论坛发帖，透露华为公司正在发动14级以上员工（该公司员工有20多个等级）向公司递交"成为奋斗者"的申请书。员工申请成为"奋斗者"，要书面承诺"自愿放弃带薪年休假、非指令性加班费和陪产假。"不提交申请者，则属于普通"劳动者"，他们不用放弃这些权利，但在考核、晋升、奖金和股权分配等方面将受到影响。网友们把这个"自愿放弃带薪年休假、非指令性加班费和陪产假"的书面承诺称为"华为奋斗者协议"。

帖子在几天后被删除，但该贴已引起广泛的注意，许多网友包括华为公司的部分员工在各大社区论坛和微博对此展开讨论，"华为奋斗者协议"不可阻挡地迅速成为互联网上的热门话题。对是否签订"奋斗者协议"，有网友表示如果放弃有薪年假实在可惜，反正现在的工作和"奋斗者"也没什么区别，狠心签了吧。有的说，身背百万元房贷，还得攒钱生孩子，宁愿去当奋斗者多赚点钱。有自称华为公司男员工妻子的网友半认真半玩笑讨论如果丈夫签了协议，接下来要不要和一个整天加班的男人离婚。不少人对华为公司的做法提出质疑和批评，认为其借"自愿"的形式剥夺劳动者的法定休息权，有自称华为公司员工的网友说："个人签署关于奖金的声明（那是照着一个样本抄的，一个字都不许错），我保持沉默；现在又要搞什么奋斗者宣誓，要求大家放弃有薪年假、陪产假，也是照着一个样本来抄，这样也叫自愿？再这么发展下去，您会不会再让大家自愿签个声明，自愿放弃生命权，这样您以后连抚恤金都省了！"也有网友从劳动者的角度提出批评："他们手中不是都有你们的自愿加班书、自愿 A 书、自愿 B 书 C 书 D 书吗？怪只怪自己吧！"

2010 年 8 月 30 日，《新世纪周刊》以《奋斗者还是劳动者》为题报道了此事。该周刊称，华为公司此举的背景是有部分员工提出不能正常享有假期，一些下属部门员工至今没有年假，故让员工自愿放弃以规避未来可能面临的劳动争议。此后，《瞭望东方周刊》2010 年第 38 期刊登《华为："自愿"的奋斗者协议》，《法治周末》2010 年 9 月 14 日刊登《"奋斗者协议"签订内幕调查》，《南方周末》2010 年 12 月 23 日刊登《华为员工必选题：做奋斗者，还是劳动者？》据上述采访报道称，受访者表示华为公司平时加班就没有加班费一说，正常加班到晚上八九点，但没有加班费，除非是重点项目，签协议放弃的带薪年休假、非指令性加班费和陪产假实际上是本来就没真正享有的东西。

华为公司继 2006 年员工胡新宇长期超负荷加班后猝死事件、2007 年"买断工龄"事件、2008 年员工跳楼事件后，再一次在劳动关系问题上被推上舆论的风口浪尖。

二、案例分析

（一）"华为奋斗者事件"暴露出的主要问题

引发网友和社会广泛关注和质疑，被网友称为"华为奋斗者协议"的是华为公司员工在申请成为"奋斗者"的申请书上的一个承诺：自愿放弃带薪年休假、非指令性加班费和陪产假。这里涉及劳动报酬（加班费）、工作时间和休息休假（加班、带薪年休假、陪产假）问题。根据《劳动合同法》第 17 条第 1 款的规定，劳动报酬、工作时间和休息休假条款属于劳动合同的必备条款，劳动报酬、工时和休假问题应当在劳动合同中约定。华为公司部分员工"自愿放弃带薪年休假、非指令性加班费和陪产假"的书面承诺，实质上是对相应条款的补充或变更，可以视为劳动合同的一个补充或变更协议，构成劳动合同的一个组成部分，故网友概括为"华为奋斗者协议"是有道理的。"华为奋斗者协议"决不是一个孤例，不论名义上叫申请书也好，叫同意书、承诺书也好，用人单位要求劳动者签署一份书面文件，声明自愿放弃某些权利，现在这种现象大量存在。而引起广泛关注和质疑的原因在于，这种劳动合同的补充或变更协议，是否合法有效，是否侵害了劳动者的合法权益？

一种观点认为，"华为奋斗者协议"合法有效。其理由是：

1. 非指令性加班，属于劳动者自愿加班，而不是用人单位安排的加班，用人单位无需支付加班费。《劳动法》第44条规定："有下列情形之一的，用人单位应当按照下列标准支付高于劳动者正常工作时间工资的工资报酬：①安排劳动者延长工作时间的，支付不低于工资的150%的工资报酬；②休息日安排劳动者工作又不能安排补休的，支付不低于工资的200%的工资报酬；③法定休假日安排劳动者工作的，支付不低于工资的300%的工资报酬。"据此规定，只有用人单位安排的加班才需支付加班费，不属于用人单位安排而是劳动者自愿的加班，则用人单位无需支付加班费。

2. 根据国务院《职工带薪年休假条例》第5条第3款"单位确因工作需要不能安排职工休年休假的，经职工本人同意，可以不安排职工休年休假。对职工应休未休的年休假天数，单位应当按照该职工日工资收入的300%支付年休假工资报酬"的规定，用人单位因工作需要并经劳动者同意可以不安排其休年休假，只是要按规定支付报酬。又据人力资源和社和保障部《企业职工带薪年休假实施办法》第10条第2款"用人单位安排职工休年休假，但是职工因本人原因且书面提出不休年休假的，用人单位可以只支付其正常工作期间的工资收入"的规定，劳动者因本人原因书面提出不休年休假的，用人单位不需另行向其支付报酬。"华为奋斗者协议"应属后者，故"奋斗者"可自愿放弃带薪年休假且华为公司无需另行向其支付报酬。

3. 关于男工的陪产假，迄今尚无法律、行政法规层级的规定，仅有地方法规或政府规章的规定，劳动者可以自愿放弃。

第二种观点认为，从字面上看，"华为奋斗者协议"并不违反公平性。若劳动合同和规章制度没有对年终奖、分红等作出具体规定或事先约定，这些奖励性的收入可以作为劳动者放弃带薪年休假、加班费和陪产假的一种补偿。然而，这份协议是否具备有效性和实际的约束性，还要在协议的履行中来看。这份协议虽然从字面上赋予了企业对职工工作时间的很大支配权，但实际上并不具备"无限制加班"的权力，华为公司仍然必须遵守国家对于加班时间的强制限定。如果企业方以员工签订了协议为由要求他们进行超过法定时限的加班，即为违法。

第三种观点认为，"华为奋斗者协议"无效，理由是：加班费、带薪年休假、陪产假都是劳动者的法定权利，是劳资双方的法定责任，不属于用人单位与劳动者可以自由约定的范围。

第四种观点认为，"华为奋斗者协议"无效，但理由与上述第三种观点有所差别。其无效的理由是：

1. 申请成为"奋斗者"的员工被要求"自愿放弃非指令性加班费"，该约定违反法律、行政法规的强制性规定，根据《劳动合同法》第 26 条第 1 款第 3 项"下列劳动合同无效或者部分无效：……③违反法律、行政法规强制性规定的"的规定，该约定无效。自愿放弃"非指令性加班费"，其前提是自愿进行"非指令性加班"。什么是"非指令性加班"？其字面含义是非按用人单位指令而进行的，劳动者自愿进行的加班，即不属于《劳动法》第 44 条规定的用人单位安排的加班。从概念和形式上来说，根据《劳动法》关于加班的安排和限制的规定，并不存在所谓指令性加班。《劳动法》第 41 条规定："用人单位由于生产经营需要，经与工会和劳动者协商后可以延长工作时间，一般每日不得超过 1 小时；因特殊原因需要延长工作时间的，在保障劳动者身体健康的条件下延长工作时间每日不得超过 3 小时，但是每月不得超过 36 小时。"因此加班并不应由用人单位单方指令，而必须经与工会和劳动者协商，且加班时间不得超过法定的限制。诚然，《劳动法》第 44 条和《劳动合同法》第 31 条规定的是，用人单位安排劳动者加班的应按规定支付加班费，则不属于用人单位安排的、劳动者自愿进行的加班，用人单位无需支付加班费。但是所有非用人单位安排的加班都不用支付加班费吗？其实不然。如果用人单位名义上虽没明确安排劳动者加班，但交给劳动者的劳动任务、劳动定额使大多数同种岗位的劳动者在正常工作时间内无法完成，从而致使其必须加班才能完成的，则明显属于变相强迫加班，此种情形用人单位必须按国家规定支付加班费。

用人单位生产任务确需劳动者加班，根据劳动者在某个时间段的身体、生活等条件其能否加班，这需要用人单位和工会、劳动者就具体情况进行协商。非用人单位安排的加班是否因劳动任务、劳动定额使大多数同种岗位的劳动者在正常工作时间内无法完成，这些情形是确定劳动者是否加班，用人单位是否须支付加班费的条件。"华为奋斗者协议"只看表面似乎是合法的，但其抛开这些具体条件，让劳动者笼统地承诺"自愿放弃非指令性加班费"，其实质是让劳动者提前确认将来发生的加班不是用人单位安排的，是劳动者自愿的，用人单位也一概无需支付加班费，这种约定至少违反了《劳动法》第 43 条"用人单位不得违反本法规定延长劳动者的工作时间"的规定，以及《劳动法》第 44 条、《劳动合同法》第 31 条关于用人单位不得强迫或变相强迫加班，用人单位安排加班的应支付相应加班费的强制性规定，从而导致约定的无效。

2. "华为奋斗者协议"不问具体情形，让申请成为所谓奋斗者的劳动者概括性地放弃带薪年休假、非指令性加班费和陪产假这三种法定的获取劳动报酬和休息休假的权利，属于典型的免除用人单位法定义务、限制劳动者权利的条款，根据《劳动合同法》第 26 条第 1 款第 2 项 "下列劳动合同无效或者部分无效：……②用人单位免除自己的法定责任、排除劳动者权利的"的规定，该条款属于无效条款。

根据《职工带薪年休假条例》及其实施办法的规定，用人单位安排职工休年休假，职工因本人原因可以书面提出不休，且这种情况用人单位可以只支付其正常工作期间的工资收入。但该种情形应属于用人单位安排后劳动者确因个人原因提出不休，"华为奋斗者协议"显然不属此种情形，上述第一种观点认为协议符合这种情形不妥。而第三种观点认为带薪年休假也不属于用人单位和劳动者可以协商的范围，则过于绝对。陪产假也是这个道理。

至于上述第二种观点认为，如规章制度对年终奖金和分红等没有规定，则年终奖金和分红等可视为对放弃带薪年休假、非指令性加班费和陪产假的补偿。问题在于，一是在年终奖金和分红等方面的可能的倾斜而使劳动者获得的收益不一定足以弥补加班费，二是用人单位不应让劳动者以概括性地牺牲某几种法定权利去换取劳动者均应公平享有的获取奖金等收入的权利。

劳动者的获取劳动报酬权、休息休假权不但是其劳动法权利，而且是宪法权利，属于劳动者的基本权利，对概括性地放弃这种权利的协议，在判断其效力时，应注意从保护劳动者基本权利的角度考虑。

（二）国家在《劳动合同法》中对意思自治、契约自由的限制

"华为奋斗者协议"在用人单位中不是一个孤例，而是大量存在。其主要原因是人们对《劳动合同法》的属性、原则、作用和特点认识不清。2007 年 6 月 29 日，第十届全国人民代表大会常委委员会第二十八次会议通过了《中华人民共和国劳动合同法》，该法自 2008 年 1 月 1 日起施行。这是劳动法律关系的一部重要的法律，是劳动法的子法。

依据美国学者斯拉迪兹关于划分公法与私法的五大主要标准，《劳动合同法》是兼具公法、私法性质的社会法。社会法强调对弱势群体和公共利益的保护。从劳动法的发展史来看，国家对劳动关系的法律调整经历了从"劳工法规"到"工厂法"，再到"民法"调整，最后到专门的"劳动法"调整的发展过程。《劳动合同法》的一个基本原则就是保护劳动者的合法权益。《劳动合同法》不

同于民事合同法的一个显著特征是，民事合同法强调意思自治，契约自由，而《劳动合同法》强调国家意志对意思自治、契约自由的限制，强调国家的干预，以实现对劳动者合法权益的保护。

市场经济条件下的劳动合同关系的构建，私权原则仍是其基础，但是由于劳动关系双方实际经济条件和社会环境的差别，以及个别劳动关系的人身性和依附性的特点，这种形式上的平等实际上掩饰着实质上的不平等，劳动者在具体的劳动合同关系中实际处于一种被支配的劣势和弱势的地位。虽然从理论上讲每个劳动者都有出卖或不出卖自己劳动力的自由，但对许多人而言，"工作"即意味着生存，通常是不得不成为一名被雇佣者。他可能不与这个用人单位建立劳动关系，但是一定会与那个用人单位建立劳动关系。近年来的种种劳资热点问题表明，我国劳资力量极端不对等，工会作用发挥非常有限，如果国家不以公法来介入，劳资力量将更不平衡。而这种长期的和过度的不平衡，又将会引发和激化劳资矛盾和劳资冲突。如果出现这种情况，不仅对于劳动者不利，对于企业的发展也不利，很可能我们将会付出更大的社会成本。因此，国家意志的体现，国家为保护劳动者权益而对劳动关系中的契约自由进行干预，不仅是合理的，而且是应当的。

国家在《劳动合同法》种对意思自治、契约自由的限制主要体现在：

1. 突出了劳动基准的内容，通过规定劳动基准的方式来平衡劳动者和用人单位的力量和利益，使得双方在谈判的时候尽量处于平等的地位。如《劳动合同法》第17条第1款关于劳动合同必备条款的规定，对工作时间、休息休假、社会保险、劳动保护、劳动条件和职业危害防护等规定，其目的就是为了防止用人单位滥用缔约中的优势地位，侵害劳动者的权益。这种对劳动基准的强制性规定，是世界各国工人阶级长期斗争的成果，对维护劳动者的权益具有极为重要的意义。譬如在工时制度上若无限制，任由用人单位和劳动者约定加班时间，则现在大量存在的超时加班现象，必将更加严重。马克思说："如果允许无限期地出卖劳动力，那就会使奴隶制立刻恢复起来。"

2. 概括和直接列举劳动合同禁止约定的内容，为劳动合同设定可以自由约定的边界。如《劳动合同法》第26条第1款规定用人单位免除自己的法定责任、排除劳动者权利的，违反法律、行政法规的劳动合同无效。又如，《劳动合同法》第25条规定，除本法第22条和第23条规定的情形外，用人单位不得由劳动者约定由劳动者承担违约金，以避免用人单位通过滥设违约金侵害劳动者的权利。这是国家干预劳动合同，抑制劳动合同中的契约自由的典型体现。"华为奋斗者协议"之所以无效，正是因为其超越了《劳动合同法》为劳动合同主体自由约定所设定的边界。

3. 明确并强化了政府特别是政府劳动行政管理部门的监督职责。《劳动合同法》第 73 条规定:"国务院劳动行政部门负责全国劳动合同制度实施的监督管理。县级以上地方人民政府劳动行政部门负责本行政区域内劳动合同制度实施的监督管理……"为了惩戒、避免劳动行政部门不作为而导致劳动者权益受到侵害的情形发生,《劳动合同法》专设"监督检查"一章并用多个条文突出强化了劳动执法部门、监察部门的责任。

(三)违反法律、行政法规强制性规定的劳动合同约定同无效

华为公司堪称我国信息技术产业的龙头企业。据报道,华为公司 2010 年销售收入 1852 亿元,净利润 238 亿元。这样的企业为了降低人力成本,尚且通过所谓"奋斗者协议",剥夺劳动者的休息休假等法定权利,那些大量处于产业链低端的企业就更让人不乐观了。

根据《劳动合同法》第 26 条第 1 款的规定,违反法律、行政法规强制性规定的,劳动合同无效或者部分无效。这里的法律,是指全国人大及其常委会通过的法律,行政法规是指国务院根据宪法和法律制订和颁布的具有法律约束力的规范性文件。这里的强制性规定,是指效力性强制性规定,即法律及行政法规明确规定违反了这些禁止性规定将导致合同无效或者合同不成立的规范;或者是法律及行政法规虽然没有明确规定违反这些禁止性规范后将导致合同无效或者不成立,但是违反了这些禁止性规范后如果使合同继续有效将损害国家利益和社会公共利益的规范。

实践中一些用人单位设定的违反法律、行政法规强制性规定的劳动合同条款有:

1. 工伤责任自负条款。用人单位与劳动者签订的约定"工伤概不负责"等内容的条款,俗称"生死合同"。实践中,签订这类协议的主要是建筑、采矿等从事高度危险作业的单位。这类企业劳动保护条件差、隐患多、设施不全,生产中极易发生伤亡事故。因此,有的生产经营单位为逃避应该承担的责任,利用从业人员急于就业的心理,不依法与其签订规范的劳动合同,要求"工伤自理"。例如约定:"合同期内如员工发生伤亡事故,责任自负,公司不承担任何赔偿责任。"这种"生死合同"因违反《安全生产法》和《工伤保险条例》的强制性规定而无效。我国《安全生产法》第 44 条第 2 款规定:"生产经营单位不得以任何形式与从业人员订立协议,免除或者减轻其对从业人员因生产安全事故伤亡依法应承担的责任。"《安全生产法》第 89 条还规定了用人单位与劳动者签订"生死合同"的法定责任:"生产经营单位与从业人员订立协议,免除或者减轻其对从业人员因生产安全事故伤亡依法应承担的责任的,该协议无效;对生产经营单位的主要负责人、个人经营的投资人处 2 万元以上 10 万元以下的罚款。"《工伤保

险条例》第2条第1款规定："中华人民共和国境内的企业、事业单位、社会团体、民办非企业单位、基金会、律师事务所、会计师事务所等组织和有雇工的个体工商户（以下称用人单位）应当依照本条例规定参加工伤保险，为本单位全部职工或者雇工（以下称职工）缴纳工伤保险费。"《工伤保险条例》第62条第2款规定："依照本条例规定应当参加工伤保险而未参加工伤保险的用人单位职工发生工伤的，由该用人单位按照本条例规定的工伤保险待遇项目和标准支付费用。"

2. 不参加社会保险条款。有些用人单位为逃避缴纳社会保险费的法定义务，往往要求劳动者书面声明"本人因个人原因自愿不购买社会保险"。根据《社会保险法》的规定，职工应当参加社会保险，用人单位和职工应当按照国家规定的比例缴纳社会保险费。不参加社会保险的约定因违反此强制性规定而无效。

3. 限制结婚条款。有的用人单位要求劳动者与其约定在劳动合同期内不得结婚或不得与本单位职工结婚。婚姻自由是我国《宪法》赋予公民的基本权利。我国《婚姻法》规定公民享有婚姻自由，禁止任何人干涉。限制结婚条款因违反《婚姻法》的强制性规定而无效。

4. 风险金条款。有的用人单位为限制约束劳动者，要求劳动者入职时向单位提供一定数额的所谓风险金，并约定到劳动者离职时退还。《劳动合同法》第9条规定："用人单位招用劳动者，不得扣押劳动者的居民身份证和其他证件，不得要求劳动者提供担保或者以其他形式名义向劳动者收取财物。"此类风险金条款应属无效条款。

5. 违约金条款。有的用人单位往往约定如劳动者提前离职，要承担违约金，用人单位可以劳动者工资抵扣作违约金。《劳动合同法》第25条规定："除本法第22条和第23条规定的情形外，用人单位不得与劳动者约定由劳动者承担违约金。"除就专项培训和竞业禁止事项约定违约金外，其他违约金条款无效。

（四）规制和落实劳动三权是不容回避的重大问题

在这次事件中，华为公司相关员工大多数最终选择了签订"奋斗者协议"。华为公司有超过十万员工，多数员工出自名牌大学，拥有本科以上学历，不少人拥有硕士、博士学位。然而，面对用人单位侵害劳动者合法权益的违法行为，这些高学历人才的表现似乎和"血汗工厂"里的农民工没有什么差别。具有讽刺意味的是，用人单位此类违法行为，往往在形式上得到了员工的"自愿"接受，甚至表现为源于员工的"主动申请"。这充分说明个别劳动者在资方面前是如此弱势，劳动者单纯依靠个人的力量，很难避免权利受到侵害。

自1995年以来，我国先后制订了《劳动法》、《职业病防治法》、《劳动合同法》、《就业促进法》、《劳动争议调解仲裁法》、《社会保险法》等法律，以及一系列行政法规、地方性法规和政府规章，逐渐形成了以劳动基准制度、劳动合同制度、集体合同制度、劳动监察制度、社会保险制度以及劳动争议处理制度为主干的劳动法律体系。在这个过程中，值得一提的是，《劳动合同法》的颁布施行及大力宣传，使得劳动者状况得到了较大的改善。但是，劳资关系的严重失衡、劳工权利的普遍受损、劳资矛盾的日益尖锐却已成为如今公认的事实。

劳资关系失衡、劳工权利受损，原因很多，一个关键原因是，我国现有劳动法律体系对劳动权的保护重个体、轻集体机制，片面注重个体劳权的保护，采取"去集体化"的劳动关系治理策略，使集体劳动权的规定残缺不全，从而缺乏有效的劳资博弈机制。集体劳动权，又称为劳动基本权，是指劳动者在生产过程以外成立工会并通过工会进行集体谈判和劳动争议等手段来维护自己利益的权利。集体劳动权最基本的是劳动三权，即团结权、集体谈判权、集体争议权。劳动三权规制的必要性在于，个别劳动者与雇主之间的社会、经济地位过分悬殊，处于劣势的劳动者单纯依靠个人的力量，很难与强大的雇主相抗衡，其权利屡屡受到侵害。个体劳动者只有通过组织工会，形成属于自己的劳工组织，与雇主之间形成以团体对团体的局面，通过集体谈判确定劳动条件，以此来获得平衡。劳动三权是现代劳动立法的核心。团结权、集体谈判权和集体争议权相互联系互相保障。其中，团结权是基础，谈判权是中心，争议权是保障。

集体谈判权是劳动三权的中心权，也是目的。集体谈判制度是现代市场经济国家规范和调整劳动关系的基本手段和主要方法。劳动力市场机制的有效运行，依赖于市场主体力量的相互平衡和制约，依赖于建立规范的程序规则。劳动关系具有隶属关系的属性，劳动者处于相对弱者的地位，使得劳动者个人难以在劳动力市场上与雇主相抗衡，而劳动关系具有的人身关系特点更加重了这种失衡。集体谈判制度的建立，可以使劳动者个人意志通过劳动者团体表现出来，由团体代表劳动者个人交涉劳动过程中的事宜，这有助于克服个别劳动关系的内在不平衡，增强劳动者一方的力量。通过集体谈判能有效地促使双方互相让步，达成妥协，签订协议。

我国立法上回避使用"集体谈判"一词，但在《劳动法》、《工会法》、《劳动合同法》、《工资集体协商试行办法》、《集体合同规定》等法律法规和规章中规定有集体协商和集体合同制度。近年来，全国总工会在全国范围内大力推行工资集体协商。但是，当前的集体协商、集体合同制度与集体谈判存在重大差别。集体协商的理论基础是劳资利益一致，而集体谈判则以承认劳资双方属不同的利益主体，存在矛盾。集体协商制度下劳动者的意见是否被接受，往往取决于资方的态度，而集体谈判作为劳资双方的一种博弈机制，双方是在讨价还价的过程中迫使对方接受自己的条件。现有法律对集体协商、集体合同制度的规定过于原则，且以合同为制度重心，内容侧重于合同的订立、变更、终止等，缺乏对劳资谈判过程的规范，谈判过程缺位，谈判没有程序性的保障。

集体合同推行过程中，重签约、轻协商，重形式、轻内容，重数量、轻质量的现象比较严重。有的合同根本没有经过协商，是企业与工会领导拍脑袋的产物，其结果只能是协商谈判流于形式，协议合同仅仅停留在纸上，没有发挥应有的作用。有的合同基本照搬《劳动法》、《劳动合同法》的条文，虚的多，实的少，没有针对性。有的甚至把集体合同当作一项达标任务，片面追求合同的数量。而规范意义上的集体谈判要经过反复多次的讨价还价，谈判的过程实际也是双方求同存异、逐步达成共识、解决矛盾和分歧的过程。没有实际的谈判过程，事实上就不可能通过谈判达到解决纠纷和冲突的目的。难怪有人指责，我国目前高歌猛进的工资集体协商，大半属于工会和资方的自娱自乐。

团结权即工人组织和参加工会的权利，团结权是集体谈判权的前提和基础，劳动者团结起来组成工会，是进行集体谈判的"先行行为"，没有一个代表劳动者的真正的工会，就不可能有真正的集体谈判。集体谈判有效运作的前提是劳资双方彼此独立，谈判主体具有独立性和代表性，具有法定权利和组织能力来代表工人和雇主。工会的代表性主要解决工会与劳动者在集体谈判中的关系和地位问题，工会的独立性则主要指工会与管理方之间的关系问题。在这方面，我国当前的主要问题是，工会普遍定位不明、角色混淆，欠缺独立性和代表性。我国虽然修订了工会法，但实际上工会的独立性不够，工会的经费、人员依附用人单位，使得工会不能充分发挥劳动者权益代言人的作用。工会组织本来是劳动者为了维护自身的合法权利而自愿组织起来的团体，但目前很多基层工会几乎成为企业内部的一个福利机构，根本没有能力为劳动者维权。雇主控制、干涉工会的行为仍是比较普遍存在的问题。由于工会无论相对于企业，还是相对于政府，都存在很大的依赖性，工会不能充分代表劳动者，劳动者集体谈判权不能得到有效保障。因此，必须从制度上确保工会的独立性与代表性，使工会真正成为劳动者利益的代言人。

集体争议权是实现集体谈判权的辅助性权利，是保障集体谈判得以开展的压力手段，是集体谈判实质性成功与否的保障。集体争议权主要是罢工权。集体谈判必须要有压力手段，罢工权的行使就是工人最后的最有效的压力手段。没有罢工权，缺乏有效的制约机制，集体谈判"将无异于集体行乞"。我国 1975 年《宪法》和 1978 年《宪法》均规定公民有罢工的自由，将罢工权确认为公民的基本权利。但 1982 年《宪法》取消了罢工自由的规定。此后，我国立法对罢工问题基本采取回避态度，既不肯定也不否定，时至今日，罢工立法基本仍处于空白状态，这使得罢工与罢工处理，处于一种无法可依的状况中。虽然，2001 年

《工会法》有关处理停工、怠工的规定，实际上是对罢工权的一种被动认可，但这与明确赋予工人和工会罢工权，与市场经济条件下罢工立法的要求，还存在着相当的距离。现行《宪法》、《劳动法》、《工会法》等都没有明确将罢工作为职工和工会的权利，这表明国家不提倡罢工，且以一种消极的方法来避免发生罢工。既然罢工不属于职工和工会的法定权利，那么，罢工行为就不被法律所保护，罢工未能依法享有民事或刑事免责，罢工的组织者、领导者和参与者时刻面临着"聚众扰乱社会秩序罪"的威胁。由于1982年《宪法》取消了关于罢工自由的规定，对罢工问题至今缺乏法律规制，一些企业特别是外资企业据此提出在我国罢工属于非法，故而在其劳动合同文本或规章制度中将罢工视为非法行为和严重违纪行为。

在市场经济条件下，劳资间的利益冲突决定了劳资纠纷的不可避免性，罢工的发生，已是一个愈来愈普遍的客观存在的社会经济现象。如何通过立法来保障并规范劳动者的罢工权，已是劳动法制建设的一个无法回避的非常急迫的问题。当今之世，罢工权已成为市场经济国家普遍承认的公民权利。我国目前实行市场经济，理当在罢工权问题上与其他市场经济国家接轨。2001年2月，全国人大常委会批准了《经济、社会及文化权利公约》，这一公约的第8条第1款（丁）项规定："有权罢工，但应按照各个国家的法律行使此项权利。"我国在批准这一公约时发表的声明中，并没有对这一条款作出特别的说明，我国应当履行公约义务，在国内法上对罢工权作出具体规定。

我国立法对罢工问题持消极态度，盖源于对群众的疑忌，担心劳动者组织起来后不可控，担心罢工危及社会稳定。其实这样的认识是对罢工立法的误解。罢工立法并非鼓励罢工，而是确认和规范罢工，将罢工纳入法制轨道，实现罢工的秩序化、规范化，这样既能有效规制业已失衡的劳资关系，又不会影响社会稳定。这样的罢工并不可怕，可怕的是无法可依的、突如其来的、充满变数的无序罢工。

劳动三权是现代劳动立法的核心，劳动三权的规制和落实是改变我国目前劳资关系严重失衡、劳工权利普遍受损格局的根本出路，是不容回避的急迫的重大问题。

三、相关法条

（一）《中华人民共和国劳动法》节选

第三条 劳动者享有平等就业和选择职业的权利、取得劳动报酬的权利、休息休假的权利、获得劳动安全卫生保护的权利、接受职业技能培训的权利、享受社会保险和福利的权利、提请劳动争议处理的权利以及法律规定的其他劳动权利。

劳动者应当完成劳动任务,提高职业技能,执行劳动安全卫生规程,遵守劳动纪律和职业道德。

第八条 劳动者依照法律规定,通过职工大会、职工代表大会或者其他形式,参与民主管理或者就保护劳动者合法权益与用人单位进行平等协商。

第十六条 劳动合同是劳动者与用人单位确立劳动关系、明确双方权利和义务的协议。

建立劳动关系应当订立劳动合同。

第三十三条 企业职工一方与企业可以就劳动报酬、工作时间、休息休假、劳动安全卫生、保险福利等事项,签订集体合同。集体合同草案应当提交职工代表大会或者全体职工讨论通过。

集体合同由工会代表职工与企业签订;没有建立工会的企业,由职工推举的代表与企业签订。

第三十四条 集体合同签订后应当报送劳动行政部门;劳动行政部门自收到集体合同文本之日起 15 日内未提出异议的,集体合同即行生效。

第三十五条 依法签订的集体合同对企业和企业全体职工具有约束力。职工个人与企业订立的劳动合同中劳动条件和劳动报酬等标准不得低于集体合同的规定。

第三十六条 国家实行劳动者每日工作时间不超过 8 小时、平均每周工作时间不超过 44 小时的工时制度。

第三十八条 用人单位应当保证劳动者每周至少休息 1 日。

第四十一条 用人单位由于生产经营需要,经与工会和劳动者协商后可以延长工作时间,一般每日不得超过 1 小时;因特殊原因需要延长工作时间的,在保障劳动者身体健康的条件下延长工作时间每日不得超过 3 小时,但是每月不得超过 36 小时。

第四十二条 有下列情形之一的,延长工作时间不受本法第 41 条规定的限制:

(一)发生自然灾害、事故或者因其他原因,威胁劳动者生命健康和财产安全,需要紧急处理的;

(二)生产设备、交通运输线路、公共设施发生故障,影响生产和公众利益,必须及时抢修的;

(三)法律、行政法规规定的其他情形。

第四十三条 用人单位不得违反本法规定延长劳动者的工作时间。

第四十四条 有下列情形之一的,用人单位应当按照下列标准支付高于劳动者正常工作时间工资的工资报酬:

（一）安排劳动者延长工作时间的，支付不低于工资的150%的工资报酬；

（二）休息日安排劳动者工作又不能安排补休的，支付不低于工资的200%的工资报酬；

（三）法定休假日安排劳动者工作的，支付不低于工资的300%的工资报酬。

第四十五条 国家实行带薪年休假制度。

劳动者连续工作1年以上的，享受带薪年休假。具体办法由国务院规定。

（二）《中华人民共和国劳动合同法》节选

第一条 为了完善劳动合同制度，明确劳动合同双方当事人的权利和义务，保护劳动者的合法权益，构建和发展和谐稳定的劳动关系，制定本法。

第二条 中华人民共和国境内的企业、个体经济组织、民办非企业单位等组织（以下称用人单位）与劳动者建立劳动关系，订立、履行、变更、解除或者终止劳动合同，适用本法。

国家机关、事业单位、社会团体和与其建立劳动关系的劳动者，订立、履行、变更、解除或者终止劳动合同，依照本法执行。

第三条 订立劳动合同，应当遵循合法、公平、平等自愿、协商一致、诚实信用的原则。

依法订立的劳动合同具有约束力，用人单位与劳动者应当履行劳动合同约定的义务。

第十七条 劳动合同应当具备以下条款：

（一）用人单位的名称、住所和法定代表人或者主要负责人；

（二）劳动者的姓名、住址和居民身份证或者其他有效身份证件号码；

（三）劳动合同期限；

（四）工作内容和工作地点；

（五）工作时间和休息休假；

（六）劳动报酬；

（七）社会保险；

（八）劳动保护、劳动条件和职业危害防护；

（九）法律、法规规定应当纳入劳动合同的其他事项。

劳动合同除前款规定的必备条款外，用人单位与劳动者可以约定试用期、培训、保守秘密、补充保险和福利待遇等其他事项。

第二十六条 下列劳动合同无效或者部分无效：

（一）以欺诈、胁迫的手段或者乘人之危，使对方在违背真实意思的情况下订立或者变更劳动合同的；

（二）用人单位免除自己的法定责任、排除劳动者权利的；

（三）违反法律、行政法规强制性规定的。

对劳动合同的无效或者部分无效有争议的，由劳动争议仲裁机构或者人民法院确认。

第三十一条 用人单位应当严格执行劳动定额标准，不得强迫或者变相强迫劳动者加班。用人单位安排加班的，应当按照国家有关规定向劳动者支付加班费。

第五十一条 企业职工一方与用人单位通过平等协商，可以就劳动报酬、工作时间、休息休假、劳动安全卫生、保险福利等事项订立集体合同。集体合同草案应当提交职工代表大会或者全体职工讨论通过。

集体合同由工会代表企业职工一方与用人单位订立；尚未建立工会的用人单位，由上级工会指导劳动者推举的代表与用人单位订立。

第五十二条 企业职工一方与用人单位可以订立劳动安全卫生、女职工权益保护、工资调整机制等专项集体合同。

第五十三条 在县级以下区域内，建筑业、采矿业、餐饮服务业等行业可以由工会与企业方面代表订立行业性集体合同，或者订立区域性集体合同。

第五十四条 集体合同订立后，应当报送劳动行政部门；劳动行政部门自收到集体合同文本之日起 15 日内未提出异议的，集体合同即行生效。

依法订立的集体合同对用人单位和劳动者具有约束力。行业性、区域性集体合同对当地本行业、本区域的用人单位和劳动者具有约束力。

第五十五条 集体合同中劳动报酬和劳动条件等标准不得低于当地人民政府规定的最低标准；用人单位与劳动者订立的劳动合同中劳动报酬和劳动条件等标准不得低于集体合同规定的标准。

第五十六条 用人单位违反集体合同，侵犯职工劳动权益的，工会可以依法要求用人单位承担责任；因履行集体合同发生争议，经协商解决不成的，工会可以依法申请仲裁、提起诉讼。

第七十三条 国务院劳动行政部门负责全国劳动合同制度实施的监督管理。

县级以上地方人民政府劳动行政部门负责本行政区域内劳动合同制度实施的监督管理。

县级以上各级人民政府劳动行政部门在劳动合同制度实施的监督管理工作中，应当听取工会、企业方面代表以及有关行业主管部门的意见。

第七十四条 县级以上地方人民政府劳动行政部门依法对下列实施劳动合同制度的情况进行监督检查：

（一）用人单位制定直接涉及劳动者切身利益的规章制度及其执行的情况；

（二）用人单位与劳动者订立和解除劳动合同的情况；

（三）劳务派遣单位和用工单位遵守劳务派遣有关规定的情况；
（四）用人单位遵守国家关于劳动者工作时间和休息休假规定的情况；
（五）用人单位支付劳动合同约定的劳动报酬和执行最低工资标准的情况；
（六）用人单位参加各项社会保险和缴纳社会保险费的情况；
（七）法律、法规规定的其他劳动监察事项。

（三）《中华人民共和国工会法》节选

第二条 工会是职工自愿结合的工人阶级的群众组织。

中华全国总工会及其各工会组织代表职工的利益，依法维护职工的合法权益。

第三条 在中国境内的企业、事业单位、机关中以工资收入为主要生活来源的体力劳动者和脑力劳动者，不分民族、种族、性别、职业、宗教信仰、教育程度，都有依法参加和组织工会的权利。任何组织和个人不得阻挠和限制。

第二十七条 企业、事业单位发生停工、怠工事件，工会应当代表职工同企业、事业单位或者有关方面协商，反映职工的意见和要求并提出解决意见。对于职工的合理要求，企业、事业单位应当予以解决。工会协助企业、事业单位做好工作，尽快恢复生产、工作秩序。

（四）《职工带薪年休假条例》节选（2007年12月7日国务院第198次常务会议通过，自2008年1月1日起施行）

第二条 机关、团体、企业、事业单位、民办非企业单位、有雇工的个体工商户等单位的职工连续工作1年以上的，享受带薪年休假（以下简称年休假）。单位应当保证职工享受年休假。职工在年休假期间享受与正常工作期间相同的工资收入。

第三条 职工累计工作已满1年不满10年的，年休假5天；已满10年不满20年的，年休假10天；已满20年的，年休假15天。

国家法定休假日、休息日不计入年休假的假期。

第五条 单位根据生产、工作的具体情况，并考虑职工本人意愿，统筹安排职工年休假。

年休假在1个年度内可以集中安排，也可以分段安排，一般不跨年度安排。单位因生产、工作特点确有必要跨年度安排职工年休假的，可以跨1个年度安排。

单位确因工作需要不能安排职工休年休假的，经职工本人同意，可以不安排职工休年休假。对职工应休未休的年休假天数，单位应当按照该职工日工资收入的300%支付年休假工资报酬。

第二十七讲

刑事程序具有独立价值

——以赵作海案件为例

> 社会的每一个成员都被认为是具有一种基于正义或者说基于自然权利的不可侵犯性，这种不可侵犯性甚至是任何别人的福利都不可逾越的。正义否认为使一些人享受较大利益而剥夺另一些人的自由是正当的。
>
> ——约翰·罗尔斯
>
> （约翰·罗尔斯，John Bordley Rawls，1921～2002，是西方新自然法学派的主要代表之一，20世纪最伟大的哲学家之一。罗尔斯是美国普林斯顿大学哲学博士，哈佛大学教授，写过《正义论》、《政治自由主义》、《作为公平的正义：正义新论》、《万民法》等名著。他的学说在美国和其他西方国家法学界引起了强烈反响，被认为在美国处于政治动荡的时刻，为自由主义的政治、法律思想提供了复兴的希望，在西方学术界影响甚大。有的评论家把罗尔斯与柏拉图、阿奎那和黑格尔这些思想泰斗相提并论。）

一、案例介绍

赵作海，"人民网"评选的2010年度十大"网络红人"之一，1999年因同村赵振响失踪后而被认定为杀人犯被逮捕，后被法院以故意杀人罪判处死刑，缓期二年执行。2010年4月30日，"被害人"赵振响突然出现，证明赵作海属于冤案。2010年5月9日，河南省高级人民法院召开新闻发布会，认定赵作海故意杀人案系一起错案，宣告赵作海无罪，同时启动问责机制。经网络平台曝光报道，赵作海成为代表冤案的"符号"而引起广受关注。

1998年2月15日，商丘市柘城县老王集乡赵楼村赵振响的侄子赵作亮到公安机关报案，其叔父赵振响于1997年10月30日离家后已失踪4个多月，怀疑被同村的赵作海杀害，公安机关随即展开相关调查。1999年5月8日，村民淘井时，打捞出一具高度腐烂的无头、膝关节以下缺失的无名尸体，该村村民赵振响的亲属怀疑是已失踪一年多的赵振响。公安机关遂把赵作海作为重大嫌疑人刑事拘留。

1999年5月10日至6月18日侦查期间，赵作海做了9次有罪供述。2002年10月22日，商丘市人民检察院以被告人赵作海犯故意杀人罪向商丘市中级人民法院提起公诉。2002年12月5日商丘市中级人民法院作出一审判决，以故意杀人罪判处被告人赵作海死刑，缓期二年执行，剥夺政治权利终身。

2003年2月13日，省高级人民法院经复核，于2003年2月13日作出裁定，核准商丘中院上述判决，理由是：被告人赵作海持刀杀人，手段残忍，后果严重，应予严惩。赵作海虽翻供，但一审当庭出示的证据来源清楚，收集程序合法，证据之间能相互印证，其否认犯罪的理由不能成立。鉴于被害人在案发原因上有一定的过错，对被告人赵作海可判处死刑，不立即执行。

2010年4月30日，本应早已结束的案件却出现了峰回路转，本已被赵作海"杀死"的"被害人"赵振响"复活"，突然出现在赵楼村。经调查，1997年10月30日夜，赵振响携自家菜刀在杜某某家中向赵作海头上砍了一下，怕赵作海报复，也怕把赵作海砍死，就收拾东西于10月31日凌晨骑自行车，带400元钱和被子、身份证等外出，以捡废品为生。因去年患偏瘫无钱医治，才回到村里。

之后查明，1999年5月9日，在发现疑似赵振响尸体后，柘城县公安局全体侦破人员召开会议，初步认定，死者就是赵振响，杀人凶手就是赵作海，要求对赵作海进一步加大审讯力度。接着柘城县公安局刑警大队的三个审讯组不间断轮番审讯赵作海。一直至6月10日，为获取赵作海实施故意杀人的供述，经办警察将赵作海分别拷在连椅上、床腿上或摩托车后轮上接受审讯，使用持枪威吓、木棍打、手枪敲头、长时间不让休息和吃饭等方法轮番审讯赵作海。赵楼村村民杜金慧和赵作海的妻子赵晓起也被传唤和长时间非法关押。赵作海在无法忍受的情况下，于1999年5月10日之后，相继作了9次有罪供述。赵作海有时说赵振响的头和四肢扔到河里了，有时说头与身子一块投入机井内了，后来又供述说先埋到土里，又扒出来烧掉了。无奈时，赵作海曾让妻子赵晓起帮他找别的人头和四肢，冒充赵振响的尸骨。遗憾的是，上述严重违反刑事诉讼法规定的情况在当时没有得到遏制，非正当程序所形成的证据却成了审判的依据。

2010年5月5日下午，河南省高级人民法院决定启动再审程序。2010年5月8日下午，省高级人民法院召开审委会，认为赵作海故意杀人一案是一起明显的错案，审委会决定：①撤销省法院（2003）豫法刑一复字第 13 号刑事裁定和商丘市中级人民法院（2002）商刑初字第 84 号刑事判决，宣告赵作海无罪。②省高级人民法院连夜制作法律文书，派员立即送达判决书，并和监狱管理机关联系放人。③安排好赵作海出狱后的生活，并启动国家赔偿程序。至此赵作海已被错误羁押 11 年。

二、案例分析

（一）赵作海案件暴露出的主要问题

刑事诉讼是司法机关在当事人及其他诉讼参与人的参加下，依照法律规定的程序、方法、步骤，追诉犯罪，确定被追诉人刑事责任的活动。刑事诉讼案件类型一般分为公诉案件和自诉案件两种类型。公诉案件的刑事诉讼过程包括了五个阶段：立案、侦查、起诉、审判和执行。自诉案件一般有立案、审判和执行三个阶段。刑事诉讼法则是国家制定的有关刑事诉讼程序各个阶段的法律规范的总称。我国现行《刑事诉讼法》于 1979 年 7 月 1 日第五届全国人民代表大会第二次会议通过，并先后经过两次重大修订：根据 1996 年 3 月 17 日第八届全国人民代表大会第四次会议《关于修改〈中华人民共和国刑事诉讼法〉的决定》修正；根据 2012 年 3 月 14 日第十一届全国人民代表大会第五次会议《关于修改〈中华人民共和国刑事诉讼法〉的决定》作出最新的修订。

根据《刑事诉讼法》第 2 条的规定："中华人民共和国刑事诉讼法的任务，是保证准确、及时地查明犯罪事实，正确应用法律，惩罚犯罪分子，保障无罪的人不受刑事追究，教育公民自觉遵守法律，积极同犯罪行为作斗争，维护社会主义法制，尊重和保障人权，保护公民的人身权利、财产权利、民主权利和其他权利，保障社会主义建设事业的顺利进行。"概而言之，侦查机关、公诉机关、法院代表国家追诉犯罪的过程中必须依照《刑事诉讼法》规定的程序、方法、步骤，依法追究犯罪嫌疑人的刑事责任，非经该程序任何人都不得被认定为有罪。从这个意义上讲，《刑事诉讼法》不仅赋予国家追诉犯罪的权力，是惩罚犯罪的必经程序，同时还具有保障公民基本人权、不受国家机关非法或者无理侵犯的价值。《刑事诉讼法》中的程序设计主要就是目的是衡平与协调惩罚犯罪和保障人权这两大价值目标之间的关系，保障人权写入法律宣示了我国《刑事诉讼法》的巨大进步。

国家机关依法追究犯罪，其目的是出于维护法律秩序、保护社会公共利益的需要，同时出于对每一个社会成员生存和幸福的安全保障，为实现刑罚权而采取的任何措施都必须受到法律的严格限制，防止国家追诉犯罪过程中对公民合法权益的侵害。刑事诉讼在惩罚犯罪的目的之外，以保障人权为目的的根本意义在于，面对以保护公共利益的名义提出刑事指控的强大国家机关，任何受到指控的人都有充分条件对抗非法迫害和专横武断的追诉,使国家机关在宪法和法律授权的范围内采取不会损害个人合法权益的追诉活动。因此,从程序上看,《刑事诉讼法》保障人权主要包含两层基本内涵:一是保障任何公民不因国家机关非法强制而沦为犯罪嫌疑人或被告人,即保障个人免受无根据或者非法的刑事追究;二是保障犯罪嫌疑人和被告人在整个刑事诉讼过程中受到公正的待遇,既要避免因非法待遇而使无辜的人受到冤枉,保证无罪的人尽早脱离追究程序,又要使有罪的人受到公正的、人道的刑罚处罚,禁止酷刑和其他不人道的处罚或制裁。综上,《刑事诉讼法》通过保证犯罪嫌疑人、被告人的权利和自由来捍卫和保障全体公民的个人权利。

继佘祥林、杜培武、王树红、聂树斌、呼格吉勒图等蒙冤奇案之后,赵作海以11年的冤狱再次唤起人们对刑事诉讼正当程序的极大关注。佘祥林案发是1994年,第一次判决在1994年,终审是在1998年;赵作海案发在1999年,复核是在2003年。但从1994年到2002年,我们的刑事诉讼制度发生了重大变化——1996年《刑事诉讼法》修正,将刑事庭审模式由法官纠问式改成了控辩双方对抗式,"无罪推定"原则被确立,这一原则在2012年修订过程中得到了进一步巩固。立法者无非是希望未来的刑事诉讼能贯穿正当程序的常识理念,即疑罪应当从无、非法证据应当排除、证人应当出庭作证等。

但是,赵作海仍然逃脱不了像佘祥林一样依靠"死者"复活才能洗冤的命运。像此前的相关案件一样,赵作海案秉承了冤假错案的一贯特征:在案件侦破时先入为主、有罪推定,刑讯逼供、以口供为中心的证据片断成为审判依据,多家司法机关"协调配合","先定后审"的刑事诉讼程序直接导致造成错案的发生,刑事诉讼程序的基本理念被束之高阁。在追诉犯罪目的面前,国家机关忘却了对公民基本宪法权利的尊重和保障,法律的基本原则和理念实际上并没有得到真正贯彻实施,实质上也缺乏相应的机制和程序来保障。在冤案形成的背后,是司法理念的错位、程序正义的缺失、刑事诉讼法律保障的空乏、责任追究的无奈。赵作海冤案掀起了人们对刑事诉讼司法制度变革和司法理念革新期盼的又一高潮,反思刑事诉讼程序立法和执法中的缺陷,实现对冤假错案的预防。

刑事诉讼程序如何设置才能平衡惩罚犯罪和保障人权二者的位置?如何使得刑事诉讼的过程和结果既符合国家所代表的公共利益需要,又能满足个人作为社会主体所应该受到宪法和法律保护的基本权利需求?解决了上述问题的刑事诉讼法,才能确保立足于个人自由、平等地追求幸福权利的民主法治社会能够和平、持久地存在和发展下去。

（二）正当程序理念贯彻刑事诉讼始终

刑事诉讼程序要实现依法惩罚犯罪和保障人权的目的，首先应贯穿正当程序的理念，以此指导刑事诉讼程序的设置和执行。公权力占绝对优势的刑事诉讼领域，正当的程序更是应当被视为防止公权力肆意侵害犯罪嫌疑人（被告人）公民个人合法权益的首选保障途径。在我国，人们一直重实体轻程序，视程序仅仅为追诉犯罪的工具，只要能达破案目的则任何程序或手段都是可以采取的，在司法实践中各种侵害犯罪嫌疑人、被告人权利的现象就是对刑事诉讼程序价值的背叛。在刑事诉讼程序中应当建立正当程序理念，强调程序优先于实体，遵循正当性的程序追诉犯罪，这是保障人权的基本前提。

正当程序源于英国的宪政传统，在1215年的《大宪章》中作了最初的表述："任何自由人非经贵族院依法判决或者遵照王国的法律之规定外，不得加以扣留、监禁、没收其财产、剥夺其公权，或对其放逐，或受到任何伤害、搜查或者逮捕。"正当程序保障是一种对权力的限制，在国家或君主可能对一个人采取行动之前，必须遵循某些程序，而设计这些程序的目的就是为了确保公正。正当程序在现代法律中被进一步解读为对任何审判或处罚都应预先设定程序，保障公民有为自己申辩、救济等权利，并在实施中严格按照程序进行，确保实现公正的目的。《刑事诉讼法》中正当程序理念主要体现在程序法定原则、无罪推定原则、非法证据排除、保障被追诉人辩护权等方面。

程序法定原则是实现法治的必由之路。所谓刑事程序法定原则，是指国家刑事司法机关的职权及其追究犯罪、惩罚犯罪的程序，都由立法机关所制定的法律即刑事诉讼法（广义上的）加以明确规定，刑事诉讼法律没有明确赋予的职权，司法机关不得行使；司法机关也不得违背刑事诉讼法律所明确设定的程序规则而任意决定诉讼的进程。也就是说，刑事诉讼程序规则"只能由立法加以规定，因此只能具有立法性质"。刑事程序法定原则作为现代法治原则在刑事诉讼活动中的体现，基本内容包括两个方面：一是立法方面，即为了追究犯罪和保障人权，国家应当通过立法明确规定和设置相应的刑事诉讼程序；二是司法方面，即要求侦查机关、检察院、法院和所有诉讼参加人进行刑事诉讼活动，都必须遵守法定的程序。程序法定原则首先是一项法治原则。

正是由于刑事诉讼法律具有"被告人权利大宪章"的特征，并与宪法具有更为紧密的联系，因此，对于刑事诉讼领域的程序法定原则，现在日益重视起来。尤其是如今在刑事程序的价值发生严重背离，司法实践中不乏程序法的柔性、司法机关的恣意解释和法外程序的情况，因此，程序法定原则是实现法治的必由之路。

多年来，我国政法工作中存在着"重打击，轻保护"的倾向，突出表现是

"怕漏不怕错",只强调"严厉打击"而忽视防止冤错。破案率的高低往往成为考核各级领导和主管部门政绩的关键。对于某些影响重大的恶性案件,上级领导往往"限期破案",进而提出"命案必破",这就给刑侦部门造成了巨大压力。因此,法院在审理涉及人命关天的重大刑事案件时,往往担心"疑罪从无"会放纵犯罪,习惯"有罪推理"的原则,从而容易造成冤假错案。这种多部门协同、近似于"先定后审"的做法,违背了刑事诉讼法律的有关规定,是导致冤案发生的重要原因。赵作海案中即是如此,侦查机关依循的思维逻辑仍停留在"有罪推定"的刑事司法理念阶段:赵振响"死亡"——赵作海有杀人动机——凶手是赵作海——赵作海必须交代,相关当事人必须提供有罪证据。如此简单的逻辑,使本案的侦办钻进了一条死胡同,依赖口供,却忽略了收集其他证据以及案件存在的其他可能。因此而容易导致刑讯逼供等违法行为的发生。

上述有罪推定、先定后身的刑事诉讼程序,实际上已经违反了《刑事诉讼法》的基本原则——无罪推定。无罪推定是指任何犯罪嫌疑人、被告在没有经过法定的司法程序最终确认为有罪之前,在法律上应当视其为无罪的人,《刑事诉讼法》规定:"未经人民法院依法判决,对任何人不得确定有罪。"无罪推定在刑事诉讼中,其基本含义有以下方面的内容:

首先,如何确定一个法律上无罪的人有罪。提供证据并且证明法律上无罪的人有罪的责任由控诉机关或自诉人承担,犯罪嫌疑人或者被告人没有协助控诉一方证明自己有罪的责任,更不能要求他证明自己无罪。犯罪嫌疑人或被告人对于指控享有保持沉默的权利,对于侦查、起诉、审判人员的具体提问有拒绝回答的权利。追诉方履行证明责任必须达到确实、充分或者无合理怀疑的程度,才能认定被告人有罪,若不能证明其有罪或者证明达不到法定的证明标准,则应判决宣告被告人无罪,即"疑罪从无"。最终认定被告人有罪的权力专属于独立公正的司法机关——法院,其他任何机关无权行使。法院必须经过合法、公正的审判程序才能作出有罪判决。这种程序中,被追诉人应当拥有对抗国家追诉权所必备的程序保障。

其次,如何对待被定罪之前在法律上无罪的人。任何人于法院最后定罪之前在法律上都是无罪的人,因此国家如果怀疑某个人犯罪或者决定采取拘留、逮捕措施时,必须有合理根据,不得随意决定追究个人的刑事责任。犯罪嫌疑人或者被告人,即使是因为现行犯罪而被拘捕的,在依法审判确认有罪之前,也不能把他当作罪犯对待,特别是不能采取刑讯逼供等非法方法收集证据,侵犯犯罪嫌疑人或被告人的人格尊严。一切限制或剥夺人身自由、损害财产权益的强制措施必须受到法律的严格限制,把可能造成的损害减小到最低限度。

再次，根据《刑事诉讼法》规定："公诉案件中被告人有罪的举证责任由人民检察院承担，自诉案件中被告人有罪的举证责任由自诉人承担。""审判人员、检察人员、侦查人员必须依照法定程序，收集能够证实犯罪嫌疑人、被告人有罪或者无罪、犯罪情节轻重的各种证据。严禁刑讯逼供和以威胁、引诱、欺骗以及其他非法方法收集证据，不得强迫任何人证实自己有罪。"由此可见，"不得强迫自证其罪"的理念通过证明责任的明确划分得以贯彻，证明犯罪嫌疑人或被告人有罪的责任由人民检察院或自诉人承担，免除了犯罪嫌疑人或被告人证明自己罪行的责任，从而更加有利于无罪推定原则的实现。

《刑事诉讼法》确立了调整侦查机关、检察机关与法院的相互关系的基本准则："人民法院、人民检察院和公安机关进行刑事诉讼，应当分工负责，互相配合，互相制约，以保证准确有效地执行法律。"其中，互相配合是指人民法院、人民检察院和公安机关进行刑事诉讼时，应当在分工负责的基础上，互相支持，通力合作，使案件的处理能够前后衔接，协调一致，共同完成查明案件事实，揭露、证实、惩罚犯罪的任务。互相制约是指人民法院、人民检察院和公安机关在刑事诉讼过程中，应当按照职能的分工和程序设置，互相制衡、互相约束，以防止发生错误或及时纠正错误，做到不错不漏，不枉不纵。互相配合、互相制约是同一问题的两个方面，二者不可偏废。

（三）毒树之果原则确立刑事诉讼的证据制度

证据是案件审判的中心内容，如果证据没有保证，案件将永远无法得到足够说服力。但是，由于案件的审理都是在案件发生之后进行的，法官认定案件事实仅能依赖于证据，因此是否能够获得证据以及哪些证据是有效的、正当的就成为案件审判的首要问题。

在正当程序理念的指导下，在刑事诉讼证据制度中逐渐确立了"毒树之果"原则指导证据制度。所谓"毒树之果"，是美国刑事诉讼中对某种证据所作的一个形象化的概括，意指根据以刑讯逼供等非法手段所获得的犯罪嫌疑人、刑事被告人的口供，并获得的第二手证据（派生性证据）。以非法手段所获得的口供是毒树，而以此所获得的第二手证据是毒树之果，毒树之果是非法证据，没有资格成为审判中有效的证据，应予以排除。此规则创立于美国20世纪20年代西尔弗索恩木材公司诉合众国案中，著名的霍姆斯大法官提出"禁止以不当方式取证的实质并非仅仅意味着非法而获得的证据不应当被法院采用，而是完全不得被使用。"由此，美国联邦最高法院正式确立了"毒树之果"规则，"美国联邦政府机构违反美国宪法规定所取得的证据材料，在审判中不具有证明力"。而后，该原则被世界绝大部分国家的司法实践采纳。非法证据排除规则的本意就在于约束以司法机关为代表的国家权力的滥用，能够集中体现"惩罚犯罪和保障人权这两大价值目标之间的冲突与协调。"

刑讯逼供的危害已众所周知，但我国公安机关办案人员素质参差不齐，长期以来在侦查过程中多"重口供轻证据"，容易出现对犯罪嫌疑人刑讯逼供、对刑事被害人或证人暴力取证的现象，酿成冤假错案。国外立法实践也表明，单靠追究民事、行政与刑事责任，已无法吓阻警察违法取证，因为对侦查机关而言，不管采取什么手段，只要最后抓到真凶，成功破案，任何不利后果都可慢慢化解。最好的方式，仍是设置并完善程序性制裁——"非法证据排除"规则，令警方通过非法手段获取的证据归于无效，让相关责任人承担不利后果。对此，2010年赵作海案后，最高人民法院、最高人民检察院、公安部、国家安全部和司法部接连发布《关于办理死刑案件审查判断证据若干问题的规定》和《关于办理刑事案件排除非法证据若干问题的规定》，直至2012年最新《刑事诉讼法》的通过，逐步建立由"毒树之果"原则衍生而来的非法证据排除的规则。收集证据的主体因为取得证据的手段或程序不合法，而使所取得的证据不具有证据能力，不得作为处罚依据。非法证据排除对遏制办案人员刑讯逼供，保护刑事被告人的基本权利有着进步作用，以保障正当程序理念的实现。

现在的问题是，国外行之有效的"非法证据排除"的程序性制裁规则，在我国立法及实践过程中尚存在一定问题。虽然监察部、人力资源和社会保障部、公安部联合公布的《公安机关人民警察纪律条令》，再次强调刑讯逼供"造成严重后果者"，应当开除，但对预防错案而言，这类规定并非治本之道。实践中，最多由警察出庭表示没有刑讯逼供了事，刑讯逼供所获取的证据的排除往往成为一句空话。正如在赵作海案中，对犯罪嫌疑人赵作海实施长时间暴力审讯，使用持枪威吓、木棍打、手枪敲头、长时间不让休息和吃饭等严重违法方法审讯，对案件的证人赵作海的妻子赵晓启，其被当地警方关押了一个月硬逼她承认赵作海杀人，如果赵晓启等证人有机会出庭作证，而不是由公诉人当庭念证人证言，非法取得的证人证言或许不会得到采信。

针对上述情况，我国《刑事诉讼法》2012年修订后规定："采用刑讯逼供等非法方法收集的犯罪嫌疑人、被告人供述和采用暴力、威胁等非法方法收集的证人证言、被害人陈述，应当予以排除。收集物证、书证不符合法定程序，可能严重影响司法公正的，应当予以补正或者作出合理解释；不能补正或者作出合理解释的，对该证据应当予以排除。""在对证据收集的合法性进行法庭调查的过程中，人民检察院应当对证据收集的合法性加以证明。""对于经过法庭审理，确认或者不能排除存在本法第54条规定的以非法方法收集证据情形的，对有关证据应当予以排除。"这些规定在实质上已经承认了"非法证据排除"制度，这是我国《刑事诉讼法》立法的进步。但上述非法证据排除规则所排除的非法证据仅是针对直接的言词证据或直接的实物证据,而对因非法取证行为所衍生出来的实物证据,也就是理论上称的"毒树之果"却仍然含糊其辞,实际上没有排除。既然"毒树之果"可以作为定案的有效证据,那么从理论上说暴力取证就仍然具有原动力。法官在确认证据的合法性和真实性时,实质上仍仅能依赖于侦查部门的侦查结论或侦查人员的证言,对可能存在刑讯逼供、诱供的证据缺乏进一步调查、分析和核实的其他手段,就容易导致证据采用失实。司法实践中则可能导致法院在审理过程中对公安、检察机关的证据多采信,但犯罪嫌疑人提供的刑讯逼供的情节,多因没有证据证实而难以获得采信。

值得注意的是,在 2012 年最新修订的《刑事诉讼法》中确立了警方重大案件讯问"全程同步录音录像"等配套制度,刑讯逼供、暴力取证的问题有望得到一定解决。此外,"经人民法院通知,证人没有正当理由不出庭作证的,人民法院可以强制其到庭,但是被告人的配偶、父母、子女除外。"该规定强制证人出庭作证规则,在一定程度上也有助于避免非法取得的证人证言难以得到排除,而且该条款实质上是实现了近亲属拒绝作证的权利,长期以来在我国大力提倡的"大义灭亲"司法政策被颠覆,这与世界部分国家的法律理念相契合。如此而言,类似赵作海的妻子赵晓启被迫作证证明自己丈夫有罪的情况将可能不复存在。

正当程序不仅要求公权力的行使必须是合法的,同时也要求提供公民动摇可能错误行使的公权力的机会。公权力的权威不是绝对的,它同样也受到监督和检查,而这些监督不仅来源于公权力内部,更应赋予公权力的直接相对方即公权力管辖下的公民,使其有权利可以依照既定的正当的法律程序要求变更错误的公权力行为,展开权利救济。因此,应当建立被告人就刑讯逼供问题单独进行听证的权利,并且有权就此问题提出上诉和要求提供人身保护,确立刑讯逼供的事实认定的举证责任实行举证责任倒置,由侦查机关和检察机关负担严格的证明未实施刑讯逼供,等等。

(四) 刑事辩护制度维护犯罪嫌疑人合法权益

辩护原则是我国刑事诉讼中的一项重要原则,在法律上确认犯罪嫌疑人、被告人享有自行辩护或聘请律师行使辩护权,有权从事实上和法律上反驳指控,提出有利于犯罪嫌疑人、被告人的材料和意见,以此证明犯罪嫌疑人、被告人无罪、罪轻或者应当减轻、免除刑事责任。为了保障犯罪嫌疑人、被告人的辩护权,国际人权法和各国国内法普遍规定应当赋予犯罪嫌疑人、被告人一系列相应的诉讼权利,如有权知悉被指控犯罪的性质和理由;有权被告知可以获得律师的法律帮助;有相当的时间和便利准备辩护,并与自己的律师进行联络;有权询问证人和鉴定人；有权借助于国家的力量强制有利于自己的证人出庭作证；有权对判决、裁定提出上诉，等等。《宪法》规定，"被告人有权获得辩护。"《刑事诉讼法》规定："被告人有权获得辩护，人民法院有义务保证被告人获得辩护"，"人民法院、人民检察院和公安机关应当保障犯罪嫌疑人、被告人和其他诉讼参与人依法享有的辩护权和其他诉讼权利"。并且在侦查、审查起诉和审判程序中《刑事诉讼法》具体规定了犯罪嫌疑人、被告人委托律师或者其他辩护人的范围、程序以及法院指定辩护的条件。

我国刑事诉讼领域已经初步建立了刑事辩护制度，逐步重视犯罪嫌疑人、被告人的刑事诉讼主体的地位和权利。辩护原则的基本要求有以下三点：

1. 犯罪嫌疑人、被告人在整个刑事诉讼过程中享有辩解和自我辩护的权利。即有权提出有利于自己的辩护，以此实现无罪、罪轻或者应当减轻、免除刑事责任，不得强迫犯罪嫌疑人、被告人自证其罪。

2. 犯罪嫌疑人、被告人享有获得律师帮助的权利。美国联邦最高法院大法官萨瑟兰所言："没有律师代理，（刑事）被告人就算完全无辜，也有定罪之险，因为他不了解证据规则，无法判断指控成立与否，也不懂得如何作无罪辩护。"因此，刑事辩护制度中律师的价值已经深深镶嵌在法律形式主义和"平等对抗"式的诉讼程序里。律师是司法公正之魂，律师是法治的一种品质，没有律师就没有法治可言。犯罪嫌疑人、被告人只有通过具有相当法律专业水平和能力的律师的辩护，才能有效地维护自身的合法权益。

3. 司法机关应当保证犯罪嫌疑人、被告人获得辩护。这不仅是指在符合法律规定的必要情况下，为没有委托辩护人的被告人指定辩护人，而且包括告知犯罪嫌疑人、被告人受到指控的犯罪的性质和理由，并且为犯罪嫌疑人、被告人及其辩护人行使辩护权提供必要的条件，如至迟在开庭审理以前向辩护人公开控诉证据，保证辩护人与犯罪嫌疑人、被告人之间的会见权，保证辩护律师的调查取证权和法庭举证、质证权。但在司法实践中，律师为犯罪嫌疑人、被告人提供法律帮助和辩护的过程中，仍不时会受到司法机关设置的法外障碍，即便是2008年新《律师法》颁行后，包括会见、阅卷、不被监听等明文规定的权利在实务中仍然难以得到落实，许多实务部门以《律师法》地位低于《刑事诉讼法》为由拒绝律师行使权利。针对此情况，《刑事诉讼法》在2012年的最新修订中，第33条详细规定了犯罪嫌疑人自被侦查机关第一次讯问或者采取强制措施之日起有权委托辩护人的相关程序要求。此外，新法中明确犯罪嫌疑人在侦查阶段可以委托辩护人，完善了律师会见程序，使得律师的辩护权利得以放大。新法在细化逮捕条件、要求证人出庭等方面也有不少的进步，如：律师的会见权和阅卷权吸收了2007年新律师法的规定，提出了将明确律师在侦查阶段的辩护人身份、明确会见不受监听既包括不受技术监听也包括侦查人员不在场、除例外情况下律师可凭"三证"会见当事人等。

三、相关法条

《中华人民共和国刑事诉讼法》节选

第二条 中华人民共和国刑事诉讼法的任务,是保证准确、及时地查明犯罪事实,正确应用法律,惩罚犯罪分子,保障无罪的人不受刑事追究,教育公民自觉遵守法律,积极同犯罪行为作斗争,维护社会主义法制,尊重和保障人权,保护公民的人身权利、财产权利、民主权利和其他权利,保障社会主义建设事业的顺利进行。

第七条 人民法院、人民检察院和公安机关进行刑事诉讼,应当分工负责,互相配合,互相制约,以保证准确有效地执行法律。

第八条 人民检察院依法对刑事诉讼实行法律监督。

第十一条 人民法院审判案件,除本法另有规定的以外,一律公开进行。被告人有权获得辩护,人民法院有义务保证被告人获得辩护。

第十二条 未经人民法院依法判决,对任何人都不得确定有罪。

第十四条 人民法院、人民检察院和公安机关应当保障犯罪嫌疑人、被告人和其他诉讼参与人依法享有的辩护权和其他诉讼权利。

诉讼参与人对于审判人员、检察人员和侦查人员侵犯公民诉讼权利和人身侮辱的行为,有权提出控告。

第三十二条 犯罪嫌疑人、被告人除自己行使辩护权以外,还可以委托1～2人作为辩护人。下列的人可以被委托为辩护人:

(一)律师;

(二)人民团体或者犯罪嫌疑人、被告人所在单位推荐的人;

(三)犯罪嫌疑人、被告人的监护人、亲友。

正在被执行刑罚或者依法被剥夺、限制人身自由的人,不得担任辩护人。

第三十三条 犯罪嫌疑人自被侦查机关第一次讯问或者采取强制措施之日起,有权委托辩护人;在侦查期间,只能委托律师作为辩护人。被告人有权随时委托辩护人。

侦查机关在第一次讯问犯罪嫌疑人或者对犯罪嫌疑人采取强制措施的时候,应当告知犯罪嫌疑人有权委托辩护人。人民检察院自收到移送审查起诉的案件材料之日起3日以内,应当告知犯罪嫌疑人有权委托辩护人。人民法院自受理案件之日起3日以内,应当告知被告人有权委托辩护人。犯罪嫌疑人、被告人在押期间要求委托辩护人的,人民法院、人民检察院和公安机关应当及时转达其要求。

犯罪嫌疑人、被告人在押的，也可以由其监护人、近亲属代为委托辩护人。

辩护人接受犯罪嫌疑人、被告人委托后，应当及时告知办理案件的机关。

第三十四条 犯罪嫌疑人、被告人因经济困难或者其他原因没有委托辩护人的，本人及其近亲属可以向法律援助机构提出申请。对符合法律援助条件的，法律援助机构应当指派律师为其提供辩护。

犯罪嫌疑人、被告人是盲、聋、哑人，或者是尚未完全丧失辨认或者控制自己行为能力的精神病人，没有委托辩护人的，人民法院、人民检察院和公安机关应当通知法律援助机构指派律师为其提供辩护。

犯罪嫌疑人、被告人可能被判处无期徒刑、死刑，没有委托辩护人的，人民法院、人民检察院和公安机关应当通知法律援助机构指派律师为其提供辩护。

第三十五条 辩护人的责任是根据事实和法律，提出犯罪嫌疑人、被告人无罪、罪轻或者减轻、免除其刑事责任的材料和意见，维护犯罪嫌疑人、被告人的诉讼权利和其他合法权益。

第三十六条 辩护律师在侦查期间可以为犯罪嫌疑人提供法律帮助；代理申诉、控告；申请变更强制措施；向侦查机关了解犯罪嫌疑人涉嫌的罪名和案件有关情况，提出意见。

第三十七条 辩护律师可以同在押的犯罪嫌疑人、被告人会见和通信。其他辩护人经人民法院、人民检察院许可，也可以同在押的犯罪嫌疑人、被告人会见和通信。

辩护律师持律师执业证书、律师事务所证明和委托书或者法律援助公函要求会见在押的犯罪嫌疑人、被告人的，看守所应当及时安排会见，至迟不得超过48小时。

危害国家安全犯罪、恐怖活动犯罪、特别重大贿赂犯罪案件，在侦查期间辩护律师会见在押的犯罪嫌疑人，应当经侦查机关许可。上述案件，侦查机关应当事先通知看守所。

辩护律师会见在押的犯罪嫌疑人、被告人，可以了解案件有关情况，提供法律咨询等；自案件移送审查起诉之日起，可以向犯罪嫌疑人、被告人核实有关证据。辩护律师会见犯罪嫌疑人、被告人时不被监听。

辩护律师同被监视居住的犯罪嫌疑人、被告人会见、通信，适用第 1 款、第 3 款、第 4 款的规定。

第三十八条 辩护律师自人民检察院对案件审查起诉之日起，可以查阅、摘抄、复制本案的案卷材料。其他辩护人经人民法院、人民检察院许可，也可以查阅、摘抄、复制上述材料。

第三十九条 辩护人认为在侦查、审查起诉期间公安机关、人民检察院收集的证明犯罪嫌疑人、被告人无罪或者罪轻的证据材料未提交的，有权申请人民检察院、人民法院调取。

第四十六条 辩护律师对在执业活动中知悉的委托人的有关情况和信息，有权予以保密。但是，辩护律师在执业活动中知悉委托人或者其他人，准备或者正在实施危害国家安全、公共安全以及严重危害他人人身安全的犯罪的，应当及时告知司法机关。

第四十七条 辩护人、诉讼代理人认为公安机关、人民检察院、人民法院及其工作人员阻碍其依法行使诉讼权利的，有权向同级或者上一级人民检察院申诉或者控告。人民检察院对申诉或者控告应当及时进行审查，情况属实的，通知有关机关予以纠正。

第四十九条 公诉案件中被告人有罪的举证责任由人民检察院承担，自诉案件中被告人有罪的举证责任由自诉人承担。

第五十条 审判人员、检察人员、侦查人员必须依照法定程序，收集能够证实犯罪嫌疑人、被告人有罪或者无罪、犯罪情节轻重的各种证据。严禁刑讯逼供和以威胁、引诱、欺骗以及其他非法方法收集证据，不得强迫任何人证实自己有罪。必须保证一切与案件有关或者了解案情的公民，有客观地充分地提供证据的条件，除特殊情况外，可以吸收他们协助调查。

第五十四条 采用刑讯逼供等非法方法收集的犯罪嫌疑人、被告人供述和采用暴力、威胁等非法方法收集的证人证言、被害人陈述，应当予以排除。收集物证、书证不符合法定程序，可能严重影响司法公正的，应当予以补正或者作出合理解释；不能补正或者作出合理解释的，对该证据应当予以排除。

在侦查、审查起诉、审判时发现有应当排除的证据的，应当依法予以排除，不得作为起诉意见、起诉决定和判决的依据。

第五十五条 人民检察院接到报案、控告、举报或者发现侦查人员以非法方法收集证据的，应当进行调查核实。对于确有以非法方法收集证据情形的，应当提出纠正意见；构成犯罪的，依法追究刑事责任。

第五十六条 法庭审理过程中，审判人员认为可能存在本法第54条规定的以非法方法收集证据情形的，应当对证据收集的合法性进行法庭调查。

当事人及其辩护人、诉讼代理人有权申请人民法院对以非法方法收集的证据依法予以排除。申请排除以非法方法收集的证据的，应当提供相关线索或者材料。

第五十七条 在对证据收集的合法性进行法庭调查的过程中，人民检察院应当对证据收集的合法性加以证明。

现有证据材料不能证明证据收集的合法性的，人民检察院可以提请人民法院通知有关侦查人员或者其他人员出庭说明情况；人民法院可以通知有关侦查人员或者其他人员出庭说明情况。有关侦查人员或者其他人员也可以要求出庭说明情况。经人民法院通知，有关人员应当出庭。

第五十八条 对于经过法庭审理，确认或者不能排除存在本法第54条规定的以非法方法收集证据情形的，对有关证据应当予以排除。

第七十三条 监视居住应当在犯罪嫌疑人、被告人的住处执行；无固定住处的，可以在指定的居所执行。对于涉嫌危害国家安全犯罪、恐怖活动犯罪、特别重大贿赂犯罪，在住处执行可能有碍侦查的，经上一级人民检察院或者公安机关批准，也可以在指定的居所执行。但是，不得在羁押场所、专门的办案场所执行。

指定居所监视居住的，除无法通知的以外，应当在执行监视居住后24小时以内，通知被监视居住人的家属。

被监视居住的犯罪嫌疑人、被告人委托辩护人，适用本法第33条的规定。

人民检察院对指定居所监视居住的决定和执行是否合法实行监督。

第八十三条 公安机关拘留人的时候，必须出示拘留证。

拘留后，应当立即将被拘留人送看守所羁押，至迟不得超过24小时。除无法通知或者涉嫌危害国家安全犯罪、恐怖活动犯罪通知可能有碍侦查的情形以外，应当在拘留后24小时以内，通知被拘留人的家属。有碍侦查的情形消失以后，应当立即通知被拘留人的家属。

第八十四条 公安机关对被拘留的人，应当在拘留后的24小时以内进行讯问。在发现不应当拘留的时候，必须立即释放，发给释放证明。

第九十一条 公安机关逮捕人的时候，必须出示逮捕证。

逮捕后，应当立即将被逮捕人送看守所羁押。除无法通知的以外，应当在逮捕后24小时以内，通知被逮捕人的家属。

第一百一十七条 对不需要逮捕、拘留的犯罪嫌疑人，可以传唤到犯罪嫌疑人所在市、县内的指定地点或者到他的住处进行讯问，但是应当出示人民检察院或者公安机关的证明文件。对在现场发现的犯罪嫌疑人，经出示工作证件，可以口头传唤，但应当在讯问笔录中注明。

传唤、拘传持续的时间不得超过12小时；案情特别重大、复杂，需要采取拘留、逮捕措施的，传唤、拘传持续的时间不得超过24小时。

不得以连续传唤、拘传的形式变相拘禁犯罪嫌疑人。传唤、拘传犯罪嫌疑人，应当保证犯罪嫌疑人的饮食和必要的休息时间。

第一百二十一条 侦查人员在讯问犯罪嫌疑人的时候，可以对讯问过程进行录音或者录像；对于可能判处无期徒刑、死刑的案件或者其他重大犯罪案件，应当对讯问过程进行录音或者录像。

录音或者录像应当全程进行，保持完整性。

第一百七十条　人民检察院审查案件，应当讯问犯罪嫌疑人，听取辩护人、被害人及其诉讼代理人的意见，并记录在案。辩护人、被害人及其诉讼代理人提出书面意见的，应当附卷。

第一百七十一条　人民检察院审查案件，可以要求公安机关提供法庭审判所必需的证据材料；认为可能存在本法第54条规定的以非法方法收集证据情形的，可以要求其对证据收集的合法性作出说明。

人民检察院审查案件，对于需要补充侦查的，可以退回公安机关补充侦查，也可以自行侦查。

对于补充侦查的案件，应当在1个月以内补充侦查完毕。补充侦查以2次为限。补充侦查完毕移送人民检察院后，人民检察院重新计算审查起诉期限。

对于2次补充侦查的案件，人民检察院仍然认为证据不足，不符合起诉条件的，应当作出不起诉的决定。

第一百八十一条　人民法院对提起公诉的案件进行审查后，对于起诉书中有明确的指控犯罪事实的，应当决定开庭审判。

第一百八十二条　人民法院决定开庭审判后，应当确定合议庭的组成人员，将人民检察院的起诉书副本至迟在开庭10日以前送达被告人及其辩护人。

在开庭以前，审判人员可以召集公诉人、当事人和辩护人、诉讼代理人，对回避、出庭证人名单、非法证据排除等与审判相关的问题，了解情况，听取意见。

人民法院确定开庭日期后，应当将开庭的时间、地点通知人民检察院，传唤当事人，通知辩护人、诉讼代理人、证人、鉴定人和翻译人员，传票和通知书至迟在开庭3日以前送达。公开审判的案件，应当在开庭3日以前先期公布案由、被告人姓名、开庭时间和地点。

上述活动情形应当写入笔录，由审判人员和书记员签名。

第一百八十三条　人民法院审判第一审案件应当公开进行。但是有关国家秘密或者个人隐私的案件，不公开审理；涉及商业秘密的案件，当事人申请不公开审理的，可以不公开审理。

不公开审理的案件，应当当庭宣布不公开审理的理由。

第一百八十四条　人民法院审判公诉案件，人民检察院应当派员出席法庭支持公诉。

第一百八十八条　经人民法院通知，证人没有正当理由不出庭作证的，人民法院可以强制其到庭，但是被告人的配偶、父母、子女除外。

证人没有正当理由拒绝出庭或者出庭后拒绝作证的，予以训诫，情节严重的，经院长批准，处以10日以下的拘留。被处罚人对拘留决定不服的，可以向上一级人民法院申请复议。复议期间不停止执行。

第一百九十三条 法庭审理过程中，对与定罪、量刑有关的事实、证据都应当进行调查、辩论。

经审判长许可，公诉人、当事人和辩护人、诉讼代理人可以对证据和案件情况发表意见并且可以互相辩论。

审判长在宣布辩论终结后，被告人有最后陈述的权利。

第二十八讲

程序是正义的蒙眼布

——以彭宇案为例

> 正是程序决定了法治与恣意的人治之间的基本区别。
>
> ——威廉·奥威尔·道格拉斯

（威廉·奥威尔·道格拉斯，William. O. Douglas，1898～1980，是美国历史上任职时间最长的自由派大法官，担任美国最高法院大法官一职长达36年又209天。道格拉斯从哥伦比亚大学毕业后，很快就在纽约一家律师事务所工作，之后又到耶鲁大学法学院担任教授。1936年，富兰克林·罗斯福委派道格拉斯在证券交易委员会担任主席，1940年，又提名他为最高法院大法官，当时他只有40岁。道格拉斯贫穷的童年生活使他特别关心那些因贫困或属于少数民族而被其他人虐待的人们，以及那些认为自己和社会上大多数人不同的人们。道格拉斯在担任最高法院大法官时，在扩大有关言论、宗教信仰、消除歧视和罪犯辩护等权利方面作出了很多贡献。当道格拉斯不同意最高法院多数法官所作出的决定时，他会将自己的不同意见和观点发表出来。例如，在1963年的《道格拉斯诉加利福尼亚》中，道格拉斯的观点认为，被判有罪的穷人如果不服判决寻求上诉，有权要求政府为其提供律师。在最有名，也最有争议的《格里斯沃尔德诉康乃狄克州》中，道格拉斯的观点，为宪法保护隐私权做出了解释，尽管宪法中并没有出现隐私这个词。这项权利被用来保护个人在做出关于婚姻、家庭和诸如妇女流产等充满争议的决定时不受政府的干预。）

一、案例介绍

2011年10月13日，2岁的小悦悦（本名王悦）在广东省佛山市黄岐广佛五金城相继被两车碾压，7分钟内，18名路人路过但都视而不见，漠然而去，最后一名拾荒阿姨陈贤妹上前施以援手。2011年10月21日，小悦悦经医院全力抢救无效离世。该事故现场整个过程的视频录像率先在新浪微博广泛传播，震撼了网友的良心而引发热议。"小悦悦"事件迅速转变成了一个社会公共事件，引发人们的道德反思。佛山"小悦悦"事件由南方民间智库联合人民网舆情监测室共同评为"2011年网络舆情十大焦点"榜首。"各人自扫门前雪，莫管他家瓦上霜"，上世纪初鲁迅先生曾多次批评的"围观杀人"、"冷漠的看客"似乎再次笼罩当今社会，一系列事件的负面影响已经引起广泛关注，甚至国家卫生部疾病预防控制局也试图通过出台"伤害干预系列技术指南"（包括《儿童道路交通伤害干预技术指南》、《儿童溺水干预技术指南》、《儿童跌倒干预技术指南》和《老年人跌倒干预技术指南》）改变这种局面。

网络舆论在抨击见死不救事件拷问国人道德与良心的同时，也在追问着，是什么导致了人们的冷漠，是什么导致了18名路人未上前去救助小悦悦？原因有很多，其中不可回避的原因之一或许是，路人担心救助给自己造成被诬陷的风险。这就让我们不得不回忆起发生于2006年江苏省南京市的彭宇案。该案的民事一审判决彭宇承担侵权责任，直接引发了网络舆论关于救助他人风险的担忧和讨论。法律通过判决引导行为、改变社会的效应已经显现：彭宇案之后，天津、湖北、江苏及福建等地都曾上演过类似的"救人反被诬赖事件"，自然而然地都被归咎为彭宇案的影响，包括广东佛山女童小悦悦遭碾压事件中那些见死不救的人的冷漠表现，有人将其归于彭宇案产生的负面效应。彭宇案在网络舆情中成了社会道德滑坡的标志性事件。

彭宇案情况概括如下：2006年11月20日9时30分左右，64岁的退休职工徐寿兰在南京市水西门广场公交站等车时，有两辆83路公交车同时进站。徐寿兰急忙跑向后面一辆乘客较少的公交车，当她经过前一辆公交车后门时，在人来人往中摔倒，26岁的彭宇恰于此时也正从前一辆车的后门第一个下车，急于转车的彭宇先向车尾看了一下，再回头时发现摔倒在地的徐寿兰，随即将她扶起，并与后来赶到的徐寿兰家人一起将她送往医院治疗，其间还代付了200元医药费。经诊断，徐寿兰摔伤致左股骨颈骨折，需住院施行髋关节置换术，费用需数万元。此时，鉴定后构成8级伤残，双方因赔偿问题发生纠纷，先后报警，但未能达成一致。

2007年1月12日，徐寿兰将彭宇诉至南京市鼓楼区法院，说撞人者是刚下车的彭宇，并索赔包括医疗护理费、残疾赔偿金和精神损害抚慰金等共计13.6万元。4月26日，鼓楼区法院第一次开庭审理此案，彭宇的妻子在代他出庭答辩时，没有说彭宇是做好事，提出："原告受伤非被告所导致的，不应该承担责任。"6月13日第二次开庭进行法庭质证时,彭宇在答辩中表示:"我下车的时候是与人撞了,但不是与原告相撞。"当被问及把原告扶起来出于什么目的时,彭宇表示无奈,他辩称:"当天一下车就看到一位老太跌倒在地,赶忙去扶她了,不一会儿,另一位中年男子也看到了,也主动过来扶老太。徐寿兰不停地说谢谢,后来大家一起将她送到医院。"接下来,事情就来了个180度大转弯,徐寿兰及其家属一口就咬定彭宇是"肇事者"。

7月4日,彭宇主动打电话给一位网站论坛版主,表示自己因做好事被诬告,将一个老太扶起后反被起诉,希望媒体关注此事。该版主立即通报给南京十多家媒体和网站记者。彭宇于当日向鼓楼区法院提出准许新闻记者采访庭审的申请。7月6日第三次开庭时,争议的焦点是双方是否相撞。事故发生后,南京市公安局公共交通治安分局城中派出所接到报警后,依法对该起事故进行了处理并制作了讯问笔录。但原始记录这样关键性的资料,据说在派出所的装修过程中不翼而飞。在法庭上,该所便提交了由原告徐寿兰儿子在其母住院接受警官询问时,用手机自行拍摄的这份原始笔录照片,以及据此誊写的材料,其中主要内容是彭宇陈述二人相撞时的情况。虽然该照片显示的内容已经当时做笔录的警官确认,可是,派出所当时作记录的人以及手机拍照和电子输入的人,都没有出庭作证,没有受到被告的当庭盘问。由于事后被告查出该电子记录来自原告的儿子,所以该证据受到彭宇及旁听庭审的媒体记者的质疑,彭宇对当时处置此事警官补做的笔录提出异议。

对事实真相当事人双方各执一词,而原被告又不能提供任何其他更多的证明资料。

2007年9月4日,鼓楼区法院一审宣判:"证人陈二春当庭陈述其本人当时没有看到原告摔倒的过程,其看到的只是原告已经倒地后的情形,所以其不能证明原告当时倒地的具体原因,当然也就不能排除在该过程中原、被告相撞的可能性。""本案中,原告赶车到达前一辆公交车后门时和刚从该车第一个下车的被告瞬间相撞,发生事故。原告在乘车过程中无法预见将与被告相撞;同时,被告在下车过程中因为视野受到限制,无法准确判断车后门左右的情况,故对本次事故双方均不具有过错。"然而,一审判决没有举出证据来认定"瞬间相撞","无法预见将与被告相撞"和"视野受到限制"等,上述的认定皆没有说明其根据。最终结论是,法院认为本次事故双方均无过错。按照公平的原则,当事人对受害人的损失应当给予适当补偿,判决彭宇给付受害人损失的40%,共45 876.6元。该一审判决中对本案的以下争议都阐述了判决理由:①原、被告是否相撞;②原告损失的范围和具体数额;③被告应否承担原告损失。其中,该判决中认定原告系与被告相撞后受伤,理由阐述运用了大量的"常理"推定,引起社会广泛争议。

　　双方当事人皆对一审判决不满,分别向南京市中级人民法院提出了上诉。南京市中院受理,并于当年 10 月初进行调查,法院二审调查举证中在南京市公安局指挥中心查找到事发当日双方分别报警时的两份接处警登记表,其中的"报警内容"一栏,均记录了两人相撞的情况。就在南京中院二审即将开庭之际,彭宇与徐寿兰达成庭前和解协议,其主要内容是:彭宇一次性补偿徐寿兰 1 万元;此外,双方当事人还签订了保密协议,双方均不得在媒体(电视、电台、报纸、刊物、网络等)上就本案披露相关信息和发表相关言论;双方撤诉后不再执行鼓楼区法院的一审民事判决。

　　2012 年 1 月,南京市委常委、市政法委书记在接受媒体专访时指出,舆论和公众认知的"彭宇案",并非事实真相。由于多重因素被误读和放大的这起普通民事案件,不应成为社会"道德滑坡"的"标志性事件"。

二、案例分析

(一) 程序是正义的蒙眼布

　　在社会活动中,人们由于认识上的差异、利益上的冲突,难免会发生这样或那样的纠纷。民事纠纷即是发生在平等主体的当事人之间,围绕着物权、合同、侵权、婚姻、继承等方面的人身权利或财产权利法律关系而发生的纠纷。现代社会设置了多样化的纠纷解决机制以解决民事纠纷,如和解、调解、仲裁、民事诉讼等,其中的民事诉讼是解决民事纠纷的最后屏障,具有最终的效力。彭宇案中,徐老太认为彭宇将其撞倒致伤,而彭宇对此表示反对,认为其实质上是助人者而非撞人者,双方就此产生了纠纷。该案涉及的《民法通则》、《侵权责任法》等民事实体法中规定的人身侵权法律关系,属于民事纠纷案件,必须通过民事诉讼程序认定事实、厘清权利义务关系,从而解决此纠纷。

　　民事诉讼程序,是在当事人和其他诉讼参与人的参加下,以审理、判决、执行等司法方式解决民事纠纷的活动以及由这些活动产生的各种诉讼关系的总和。关于诉讼程序的价值,耶鲁法学院柯维尔教授的《程序》一书的第五章中讲了这样一个故事:天庭上的众神失和了,世界处于灾难的边缘。谁来调解仲裁?血气方刚的容易受水仙女的勾引,老于世故的却不敢对权势直言。天上地下找遍了,也没有合适的人选。最后,天帝身旁站起一位白袍金冠的女神,拿出一条手巾,绑在自己眼睛上,说:我来!众神一看,不得不点头同意:她既然蒙了眼睛,看不见争纷者的面貌身份,也就不会受他的利诱,不必怕他的权势。"蒙眼不是失明,是自我约束","是刻意选择的一种姿态……真的,看到的诱惑,君子最难抗拒,特别是克服屏障而直视对象的诱惑"。由此,象征司法公正的正义之神是一位蒙眼女性。蒙眼,乃因为司法纯靠理智,而不受外物纷扰。"程序是正义的蒙眼布。"这句话现在已经当作格言收入法学词典，每每被人引证，法学家将正义女神的蒙眼布引申为缜密的司法程序。

程序是司法的正义给自己绑上的蒙眼布，是"刻意选择"的与当事人及外界权势保持距离的一种政治与伦理"姿态"。因为法院在制度设计上就是一个仲裁俗世纷争的中立机构，理应保持一种不偏不倚、超然物外的立场。法官的中立与超脱，构成了保障司法公正的前提。简单而言，这种姿态保障了我们熟悉的"法律面前人人平等"。于是，民事诉讼程序对于保障当事人的合法权益，便有双重的含义：一方面，假定蒙眼的正义不会偏袒，这是现代法治的"形式平等"原则。另一方面，因为正义不再"直视对象"，无须关照个案的特殊性，程序上的公正或"正当程序"就可以脱离实体权利而表现独立的价值，由此生出司法技术化、专业化。从而造就了民事诉讼具有如下的特点，以正当程序保障当事人的合法权益：

1. 民事诉讼过程中法官居中裁判，对立的双方当事人平等对抗。在民事诉讼中，诉讼以存在平等的双方当事人为前提，需要通过双方当事人的相互攻击与防御行为推动诉讼向前发展。在诉讼进行中，如果一方当事人不复存在，诉讼就难以为继，如民事诉讼中原告死亡，没有继承人或者继承人放弃诉讼权利的，法院应当终结诉讼。

法官在诉讼中则处于中立裁判者的地位，法官平等地对待双方当事人，保障双方当事人平等地行使诉讼权利。法官在双方当事人主张和抗辩的范围内进行审理，根据双方当事人提供的证据材料，经过双方当事人的质证、辩论，法官对案件作出裁判。

2. 民事诉讼具有程序性，按照民事诉讼法设定的程序进行诉讼活动，具有遵循强制性规范的特点。民事诉讼法在性质上属于公法，在民事诉讼法中，大多数规范为强制性规范，不允许当事人以合意的方式任意变更，这就与私法性质的民法明显不同，这是法院处理大批量民事案件程序的效率性、安定性的要求。因此，民事诉讼是依照法定程序进行的活动，无论是法院、法官还是当事人和其他诉讼参与人，都要按照民事诉讼法设定的程序实施诉讼行为，违反诉讼程序常常会引起严重的后果。

3. 用判决作为解决争议的方式，具有终局性。现代国家实行司法最终解决原则，把寻求司法救济作为公民对国家享有的宪法上的权利。发生民事纠纷后，当事人可以选择其他方式解决纠纷，但法律仍然为当事人保留着向法院提起民事诉讼的权利。法院的判决是对纠纷的最终解决，判决生效后，纠纷从法律上就得到了终局的解决，不允许当事人就同一纠纷再次提起诉讼。

4. 以民事实体法、民事诉讼法作为裁判的依据。现代各国的诉讼均奉行依法裁判。法官在处理民事诉讼案件时，不仅要遵循程序法的规定推进诉讼程序，而且要遵循实体法的规定。对案件涉及的民事法律关系作出判决时，要以相应的实体法作为判决的准绳，甚至在特殊的时候，可以直接以民事诉讼法的规定作出裁判。彭宇案中的判决即有部分内容乃依据民事诉讼法作出裁判。

（二）彭宇案涉及两审终审的制度设计

彭宇案在鼓楼区人民法院作出一审判决后，双方当事人皆不服判决而向中级人民法院提起了上诉，该案件前后经过了两个审级人民法院的审理后而告终结，体现了我国民事诉讼法中的一项基本制度——两审终审制，即民事案件经过两级法院审理就告终结、不得再行上诉的制度。我国的法院分为四级：基层人民法院、中级人民法院、高级人民法院、最高人民法院，在这四级法院中，除最高人民法院受理的第一审案件实行一审终审外，其余三级法院受理的第一审案件均实行两审终审。

民事诉讼法两审终审制度中，允许当事人在规定的期间内就第一审裁判不服而上诉至高一级的人民法院，上诉审程序使得民事案件有机会获得更高级法院的重新审理，对于当事人、法院和社会都具有重要意义。

对于当事人而言，第二审即上诉审程序的设置，赋予了当事人启动和进行第二审程序的权利和机会。当事人依法可以通过行使上诉权而提起上诉程序，从而可以在上诉审程序中向上一级法院明确表达自己对第一审法院的第一审裁判在认定事实、适用法律或审理程序等方面的意见，再一次充分说明自己对案件事实、证据和法律适用等方面的主张。

对于法院而言，上诉审程序的设置，赋予了上一级法院对下级法院第一审尚未生效的裁判进行上诉审并进行审判监督的职责和权限。基于当事人的上诉，上一级法院通过对第一审尚未生效的裁判进行第二审，可以及时发现第一审程序中在认定事实、使用法律或审理程序上可能存在的问题和错误，并及时予以纠正。如此而来，一方面可使第一审法院的依法审判通过第二审程序得到上一级法院的认可和保障，另一方面也可使第一审法院的违法审判得到有效的监督和纠正，使当事人的实体和程序权利依法得到公平有效的保障，从而有利于提高司法的权威性和促进司法公正的实现。

对于社会而言，由于上诉审程序给予了当事人通过上诉审程序进一步充分表达意见和行使诉讼权利的机会，同时又在制度和程序上保障和落实了上级法院对下级法院民事审判的管理和监督，在更高的程度上保障了法律适用的统一，错误裁判得以纠正增强了法院裁判的公正性，矛盾在程序进行中进一步弥合也就提升了裁判的可接纳程度，从而有助于提高公众对民事审判程序科学性和权威性的信心。

正因上诉审的存在，彭宇对于第一审法院裁判认为错误才得以行使上诉权，案件交由中级人民法院重新裁判，彭宇也由此重新获得机会向二审法院申明自己对案件事实认定的意见。这就在程序上保障了彭宇的权利，使其获得再次救济的机会。法院系统也正是通过上诉审程序，获得了对彭宇案一审判决重新审查的机会。

然而，我们发现，南京市中级人民法院并没有很好地利用上诉审程序的机会，通过判决结案来纠正一审的判决，却选择了二审诉讼中的调解与和解的方式结束了诉讼。表面上看，绕开了对一审判决是否错误作出评判的难题，二审调解结案似乎使得双方当事人的矛盾以彭宇妥协赔偿的方式得以消解，同时也保全了一审法院的颜面，但第一审判决造成的负面效应非但没有得到消解反而逐渐扩散，如果能预见到后来的结局，不知二审法院是否会改变初衷而选择判决结案，而不是调解与和解？这就涉及当下民事诉讼制度中结案方式的选择，和解、调解或是直接裁判？

（三）民事纠纷结案方式的选择：诉讼和解、调解与裁判

民事诉讼程序中，民事纠纷得以解决、终结诉讼程序的方式，不仅是法官的判决（或裁定），还包括诉讼和解、调解，即民事诉讼程序中也存在多种解决纠纷的结案方式。

法院调解，是指民事诉讼进行过程中，法院承办案件的审判人员组织和主持双方当事人就发生的民事争议进行协商，达成协议解决纠纷的活动，它贯穿于审判程序的各个阶段。经过法院调解达成调解协议后，调解书可以作为民事诉讼程序结案的方式，且调解书具有与生效判决书相同的法律效力。具有财产执行内容的，还可以作为强制执行的依据。法院调解依据的是《民事诉讼法》，以及最高人民法院根据民事诉讼法所制定的《关于人民法院民事调解工作若干问题的规定》。

与调解相似但有所区别的则是和解，和解是我国《民事诉讼法》明确规定的一项诉讼权利。《民事诉讼法》第 51 条规定："双方当事人可以自行和解。"《最高人民法院关于适用〈中华人民共和国民事诉讼法〉若干问题的意见》第 191 条规定："当事人在二审中达成和解协议的，人民法院可以根据当事人的请求，对双方达成的和解协议进行审查并制作调解书送达当事人；因和解而申请撤诉，经审查符合撤诉条件的，人民法院应予准许。"从理论上讲，和解既可以在一审中进行，也可以在二审和再审中进行。

判决则是法院解决民事诉讼案件的典型方式，即法院基于法律所赋予的民事审判权，按照法律所规定的程序，在对当事人之间的民事权利义务争议进行审理的基础上所做出的具有约束力的结论性判定。

就调（和）解与判决的关系而言，诉讼中的调解、和解制度，作为我国现行民事诉讼中的重要制度，本来只是民事诉讼程序中解决当事人之间民事争议的一种方法，法院在审理民事案件时，应当根据案件的具体情况和当事人的意愿选择恰当的处理方式，能调（和）解则调（和）解、当判则判，而不能久拖不决。在当事人不愿和解或者法院调解不成的情况下，法院仍然需要运用判决来确定当事人之间的民事权利义务关系，而且判决对案件事实以及权利义务作出确定性、终局性的裁判也有利于定纷止争。

但由于社会和谐因素的加温，诉讼调解得到了强势推动，调解结案率、"调撤率"已经成为衡量一个法院和法官工作业绩的一个"硬指标"，甚至是重要的"量化"指标。判决与调（和）解已形成相互竞争，而不单纯是一种纠纷解决方式。审判责任追究机制也强化了法官通过调（和）解"避错"的心理，使得法官在审判中尽可能回避直接通过裁判解决纠纷。裁判解决纠纷需要法官在裁判文书上明确写明裁判的事实根据和法律根据，如果法官在认定事实和适用法律上有错误，则被认为是审判上有错误，属于"错判"。根据法院内部管理的审判责任追究机制，"错判"对法官的奖金、晋升、荣誉称号的获得都有消极影响。与裁判不同，诉讼调解结案的，不需要法官给出明确的法律根据和理由，因为调解处理是当事人之间的自由处分，无需明确实体权利义务。由于纠纷的处理不再根据实体法的规定，因此作为裁判基础和前提的案件事实也同样被模糊和淡化，虽然法律条文上也规定，诉讼调解要在查明事实的基础上，但实际上案件事实的清晰化必然妨碍诉讼调解的成功率，查明事实的要求就自然在实践中被淹没了。正是由于诉讼调解在本质上是当事人自由处分的结果，不是法官的裁判行为，因此，在法官责任追究制的背景下，法官当然会尽可能促成调解的达成。

彭宇案一审判决中错综复杂的事实认定困境，举证责任规则适用的难题，推定规则的巨大争议，都共同导致了二审法院骑虎难下，既需要维护法律的公平正义，纠正一审的判决，同时又要考虑到可能导致社会负面影响的舆论因素，二审法院似乎只能选择调（和）解这种非裁判方式来平衡各方的利益。于是，就有了二审审判人员在法院调解过程中"各方更多地是从大局来考虑，可以说感动了双方当事人，唤起了他们对南京这座城市的责任。双方达成了一个协议。就经济利益赔偿的部分，双方都做出了较大让步"。这种基于情理意识的调解，导致法律虚无主义意识的扩展和人们对法院的调解书的不理解。人们在猜测，当事人的让步到底属于"自愿的强制"或是"强制的自愿"。

彭宇案作为个案而言是程序上结案了，同时实现了纠纷解决在政治上的诉求，但一审判决的影响未得到根本消弥，经网民推波助澜，逐步演化为社会道德滑坡的"反面典型"，直接导致其负面影响至今仍广泛掣肘着社会道德的发展。

在法治社会中，法的规则强调的是人们行为的规范化和可预见性。在人们的日常生活中，大量的法律规范就是为了规范人们的行为，以保障和保证交易安全和稳定，同时也为人们的行为提供可以预期后果的行为指南。诉讼裁判具有使法律规范具体化、明晰化的作用，过于强化调（和）解，其消极后果在于降低了裁判使法律规范具体化、明晰化的作用，淡化了人们行为规范化的意识和交易行为的规则化，也改变了人们对自己行为后果的可预测性。

从理性和法律要求上讲，应当根据每一个案件的具体情况，在充分尊重当事人自愿的基础之上，对选择调（和）解或裁判处置案件予以判断，离开了这两个基本点，任何调（和）解都是非理性的。社会和谐要求的是人与人之间社会关系的正常化和合理化，而裁判结案处理纠纷不仅是判明当事人之间权利义务法律关系的基本方式，而且是从根本上解决纠纷的主要形式和手段。因此从这种意义上讲，裁判解决纠纷是实现和谐社会的重要方法和手段。

（四）举证责任分配对民事案件审理的影响

彭宇案中诉讼调（和）解的强化与法官在审理民事案件过程中法律依据的缺失和事实依据的缺失有直接关系。从逻辑上讲，裁判不能因为没有法律依据和事实依据，为了避免必须裁判和裁判无依据之间的尴尬，而调解结案。

一般而言，只有在查明事实并正确认定事实的基础上才能正确适用法律，法院能够查明案件事实固然最好，但是，应当查明与实际上能否查明是两回事。因为案件事实是已经发生的事实，这些事实能否在案件审理中完全还原取决多种因素。民事诉讼主要依靠的是当事人双方提供的证据，而有的事实当事人一方虽然掌握证据，但该证据对自己不利，该当事人是不会提出的；有的事实虽发生过，但无法获得证据加以证明；人们在发现事实方面受手段和成本的制约，有的事实是难以在一定时间内发现的，法院作为裁判的中立者，也不可能像侦查机关那样利用侦查手段去发现民事案件中的事实。因此，民事案件审理常常会遇到某些案件的主要事实无法查清，处于真伪不明的状态。正如在彭宇案中，或许在认定彭宇是否撞人的事实问题上，根据双方当事人提供的证据一审难以作出定论，处于真伪不明的状态，事实不清、事实难以认定。此时，民事诉讼又不能拒绝作出裁判或通通改用调（和）解结案，因为拒绝裁判也就意味着原告败诉，调（和）解则可能意味着当事人无原则的让步。案件事实真伪不明时并非不能实现裁决的公正性，所以，这就涉及法官此时如何裁判才符合程序正义、接近实体正义的问题。在法律技术上，通过正确适用证明责任规则和证明标准、经验法则的事实推定都可以实现民事裁判的公正性。

实际上，二审开庭前，南京市中级人民法院进行过调查，在南京市公安局指挥中心查找到事发当日双方分别报警时的两份接处警登记表，其中的"报警内容"一栏，均记录了两人相撞的情况，这些新证据为澄清事实提供了重要佐证。如果二审法院根据新证据进行审理判决，彭宇案的真相也会就此揭开。但是，二审开庭前，法院做了"大量的调解工作"，最后，一纸"保密协议"使得网络舆论朝着不该发展的方向冲过去了。

目前，在民事诉讼中，当案件主要事实处于真伪不明时，法律上的处理方法之一是举证责任或证明责任规则，即应当对某一事实承担证明责任的当事人没有能够证明该事实存在与否，该事实处于真伪不明时，就要承担相应的不利后果。关于证明责任负担的原则在《最高人民法院关于民事诉讼证据的若干规定》（以下简称《民事证据规定》）中有明确的规定。该规定第 2 条："当事人对自己提出的诉讼请求所依据的事实或者反驳对方诉讼请求所依据的事实有责任提供证据加以证明。没有证据或者证据不足以证明当事人的事实主张的，由负有举证责任的当事人承担不利后果。"根据这一规定，分配证明责任方面的基本标准是"谁主张、谁举证"，由负责举证的那一方来承担无法查清真相的不利后果。如果不能证明的，法院又无法查明案件真实事实时，承担法律规定举证责任的一方就要承担败诉的后果。需要说明的是，这种承担败诉风险的不利后果，实质上分为两层含义：一是行为意义上的举证责任，即当事人对自己的事实主张应予证明，当事人没有对自己提出的事实主张提供证据加以证明时，其提出事实主张便不能成立；二是结果意义上的举证责任，若当事人双方提供的证据都不足以证明案件事实，即双方所争议的事实处于真伪不明的状态时，按照法律事先规定的谁应当承担败诉风险来判定由此发生的不利后果。

上述举证责任理论具体到在彭宇案中，即法律关于举证责任分配事先规定：

1. 行为意义上的举证责任分配。原告有义务证明彭宇存在侵权的客观事实，即若原告要求被告彭宇承担侵权责任，首先原告必须对自己提出的诉讼请求（要求被告赔偿损失）所依据的侵权事实（被告人撞倒了原告）提供证据加以证明。具体须提供证据证明以下四个方面的事实：被告有违法行为发生；造成了原告的损害结果；违法行为与损害结果之间存在因果关系；被告有过错。对于上述事实，若被告彭宇若有异议，自然也要就此履行行为意义上的举证责任，提供相应证据加以证明。此时，在履行行为意义举证责任时，哪一方提供的证据优于对方提供的证据，则根据"优势证据规则"达到了民事诉讼证明标准，完成行为意义上的提供证据责任，则哪一方胜诉。

2. 结果意义上的举证责任分配。在双方都履行了行为意义上举证责任（即提供证据责任），却仍然相持不下，双方都无法优于对方证明自己主张的事实成立，此种事实真伪不明的情况下，法律事先规定由原告承担不利的败诉后果。

如此而言，诉讼中可能产生两种可能性：第一种可能性是，如果原告没有提出证据加以证明时，则原告所主张的侵权的事实主张便不能成立，此即原告承担行为意义上的举证责任，自然是原告败诉。又或者是被告彭宇提供证据完全证明了自己未侵权，原告却没有任何有力的证据推翻被告的证明，则原告也是未完成行为意义上的举证责任，要承担败诉责任。第二种可能性是，如果原告就上述四个方面的事实提出了证据加以证明，同时被告彭宇也不会坐以待毙，必然会提出自己没有侵权的抗辩或反驳主张，并对自己主张的事实提供了足够的证据主张加以证明，如此而来，经过双方证据的对比则对于"彭宇是否侵权"这个双方争议的事实，就可能发生双方证据皆达不到证明标准，双方都不足以证明侵权事实是否存在，即事实存在真伪不明的状态，这时法院就要根据法律的规定，判定由谁来承担相应的不利后果，即按照结果意义上的举证责任的要求判定谁败诉。而如前所述，这种结果意义上的举证责任（即败诉的不利后果）早已在法律中规定应分配由原告承担，则此时只能由原告来承担败诉的后果。

综上，适用民事诉讼法证明责任的规定作出判决取决于两个条件：一是穷尽了双方当事人所有行为上提供证据的责任和手段，法官判断双方当事人争议的事实处于真伪不明的状态；二是根据法律的事先规定，判定结果意义上的举证责任由哪方承担。

通过上文案例介绍来看，双方当事人各自都履行了行为意义上举证责任证明己方主张，但综合原告、被告双方提供的证据来看，能够证明案件事实的证人又不愿出庭或不能出庭作证，出庭的证人提供的证言遭到了对方的否认，作为主要证据的视听资料又存在疑点时，被告是否侵权的事实处于真伪不明的状态。这时法官完全可以民事诉讼法关于结果意义上举证责任的诉讼规定，以原告未能完成举证责任从而承担不利后果而判定原告败诉。

作为证明责任分配的规范依据就是最高人民法院的《民事证据规定》，其包含了证明责任的法律性质和一般原则（第2条）、特殊侵权案件证明责任的分配（第4条）和合同案件证明责任的分配（第5条）。虽然《民事证据规定》没有直接明确一般侵权案件证明责任的分配，但可以从中推出一般原则。作为证明责任分配的一般理论，关于侵权案件，权利人对自己所主张的请求权成立的法律要件事实承担证明责任，即须对侵权人行为违法、行为与结果之间存在因果关系、行为人主观上存在过错、行为造成了损害事实等加以证明，如果不能证明，这些事实之一又处于真伪不明的状态时，权利人的请求权就不能成立。相反，被告人应当就免责的事实加以证明。

然而在本案中，一审法官却未如此为之，一审判决并没有对举证责任予以适用，法官如果不让负有举证责任的原告承担不利后果，那就意味着实际上必须在相当程度上把举证责任推给被告。事实上，法庭判决在确认诸多案件事实时，的确在加重被告彭宇的举证责任，如：法官在确认派出所文件时，认定"被告虽对此持有异议，但并未提供相反的证据"。同时，法官判定被告没有提出反证证明原告不是撞到而是绊倒或滑倒等（"被告也未对此提供反证证明这样"）。法官"不知不觉"中将结果意义上举证责任归到被告。换句话来说，原告控告被告伤害原告，还要被告来证明自己没有伤害原告。彭宇案的判决还借助了另外一条法律杠杆：推定技术，即适用经验法则推定出被告侵权的事实是否存在，从而认定彭宇应承担侵权责任。

（五）推定与经验法则在裁判中的运用

彭宇案事件最大的争议来自于法院的一审判定书，其判定大量使用"常理推定"，而未进行事实认定。法院在原告方未能提出有力证据证明彭宇撞人的情况下，运用"自由心证"的逻辑推理分析判定彭宇应承担责任。在彭宇一案中，法官即根据所谓的"常理"来判断。比如，判决中说："从常理分析，其与原告相撞的可能性较大。"法官在判定被告给原告的200元上，更是根据生活经验："根据日常生活经验，原、被告素不认识，一般不会贸然借款，即便如被告所称为借款，在有承担事故责任之虞时，也应请公交站台上无利害关系的其他人证明，或者向原告亲属说明情况后索取借条（或说明）等书面材料。但是被告在本案中并未存在上述情况，而且在原告家属陪同前往医院的情况下，由其借款给原告的可能性不大；而如果撞伤他人，则最符合情理的做法是先行垫付款项。"在判决理由中，本案承办法官根据"常理"和"社会情理"对被告过失进行了可能性分析。这时，争议随即产生：法官是否有权利放弃根据证据认定案件事实，而直接采取"推定"等逻辑推理方式来认定案件的事实进而作出裁判？如果有权，那么法官的推定运用是否妥当？

一般而言，基于"以事实为依据，以法律为准绳"原则，事实须根据案件中的证据来确定，事实不能随意按照所谓的常理来判断或推断。但根据《民事证据规定》第64条和《最高人民法院关于行政诉讼证据若干问题的规定》第54条，法官可以援引经验法则进行裁判，经验法则在审理案件认定事实上的意义在于，经验法则可以将已知事实与未知事实相联系，当存在某个已知事实时，可以通过经验法则推定出未知事实存在与否。因此，就民事诉讼法学而言，根据经验法则进行概括认定和选择性认定的推理技术也是得到承认的。既然民事诉讼法允许法官使用推理技术认定案件事实，则进一步的问题则是：法官怎样采用"常理"等经验法则推定的方式认定案件事实才是妥当的？

经验法则是司法运作的重要工具，判断是否应用妥当，我们就需要首先了解法官可以应用于推定的经验法则有哪些，如何运用经验法则推定才是正当的。所谓经验法则，是指人们从生活经验中归纳获得的关于事物因果关系或属性状态的一切规则或知识。司法中运用的经验法则主要表现在三个方面：①法律适用中概念与事实的对应。例如，对"公序良俗"、"诚实信用"等抽象概念的具体认定。②无证明必要性的事实之认定，即法官对为公众周知及于法院已显著的事实可直接认定。③自由心证的内部运作，即事实认定中的推论。不同的经验法则具有不同的概率。彭宇案一审的主审法官主要采用的是第三点，即在法官自由心证的运作中经验法则的运用。使用经验法则从已知事实推定得到另一事实的成立，此种自由心证的推理技术成立并具有正当性，它有几个前提：①必须是根据已知事实推出另一事实，而不能是根据未知事实或主观臆测推出另一事实。②从已知事实到另一事实，必须经由经验法则的推论。③推论的正当性取决于经验法则的可靠性，是否具有事实之间的高度盖然性。④对经验法则的可靠性和经由经验法则的推论，法官负有说明与论证的义务。

对此，我们将法官在一审判决中说明与论证其推定过程的内容总结如下：

1. 根据日常生活经验分析，原告倒地的原因除了被他人的外力因素撞倒之外，还有绊倒或滑倒等自身原因情形，但双方在庭审中均未陈述存在原告绊倒或滑倒等事实，被告也未对此提供反证证明，故根据本案现有证据，应着重分析原告被撞倒之外力情形。人被外力撞倒后，一般首先会确定外力来源、辨认相撞之人，如果相撞之人逃逸，作为被撞倒之人的第一反应是呼救并请人帮忙阻止。本案事发地点在人员较多的公交车站，是公共场所，事发时间在视线较好的上午，事故发生的过程非常短促，故撞倒原告的人不可能轻易逃逸。根据被告自认，其是第一个下车之人，从常理分析，其与原告相撞的可能性较大。如果被告是见义勇为做好事，更符合实际的做法应是抓住撞倒原告的人，而不仅仅是好心相扶；如果被告是做好事，根据社会情理，在原告的家人到达后，其完全可以在言明事实经过并让原告的家人将原告送往医院后自行离开，但被告未作此等选择，其行为显然与情理相悖。

城中派出所对有关当事人进行讯问、调查，是处理治安纠纷的基本方法，其在本案中提交的有关证据能够相互印证并形成证据锁链，应予采信。被告虽对此持有异议，但并未提供相反的证据，对其抗辩法院不予采纳。根据城中派出所对原告的询问笔录、对被告讯问笔录的电子文档及其誊写材料等相关证据，被告当时并不否认与原告发生相撞，只不过被告认为是原告撞了被告。综合该证据内容并结合前述分析，可以认定原告是被撞倒后受伤，且系与被告相撞后受伤。

2. 被告申请的证人陈二春的当庭证言，并不能证明原告倒地的原因，当然也不能排除原告和被告相撞的可能性。因证人未能当庭提供身份证等证件证明其身份，本院未能当庭核实其真实身份，导致原告当庭认为当时在场的第三人不是出庭的证人。证人庭后第二天提交了身份证以证明其证人的真实身份，本院对证人的身份予以确认,对原告当庭认为当时在场的第三人不是出庭的证人的意见不予采纳。证人陈二春当庭陈述其本人当时没有看到原告摔倒的过程,其看到的只是原告已经倒地后的情形,所以其不能证明原告当时倒地的具体原因,当然也就不能排除在该过程中原、被告相撞的可能性。

3. 从现有证据看,被告在本院庭审前及第一次庭审中均未提及其是见义勇为的情节,而是在二次庭审时方才陈述。如果真是见义勇为,在争议期间不可能不首先作为抗辩理由,陈述的时机不能令人信服。因此,对其自称是见义勇为的主张不予采信。

4. 被告在事发当天给付原告二百多元钱款且一直未要求原告返还。原、被告一致认可上述给付钱款的事实,但关于给付原因陈述不一:原告认为是先行垫付的赔偿款,被告认为是借款。根据日常生活经验,原、被告素不认识,一般不会贸然借款,即便如被告所称为借款,在有承担事故责任之虞时,也应请公交站台上无利害关系的其他人证明,或者向原告亲属说明情况后索取借条(或说明)等书面材料。但是被告在本案中并未存在上述情况,而且在原告家属陪同前往医院的情况下,由其借款给原告的可能性不大;而如果撞伤他人,则最符合情理的做法是先行垫付款项。被告证人证明原、被告双方到派出所处理本次事故,从该事实也可以推定出原告当时即以为是被被告撞倒而非被他人撞倒,在此情况下被告予以借款更不可能。综合以上事实及分析,可以认定该款并非借款,而应为赔偿款。

在上述分析中,法官分别使用了"日常生活经验"、"常理"、"社会情理"作为推论的前提,有的推论虽然提到的是根据"证据",但其推论的链条中依然包含着"常理",使其推论具有了逻辑性。实际上,该案一审判决并没有正确适用经验法则,推定彭宇侵权事实成立的技术运用是不妥当的,未达到民事诉讼认定事实的盖然性证明标准。

是否正确地运用了经验法则,作为推定中介的经验法则是否可靠是推定是否正当的前提和基础。因为,既然不同的经验法则具有不同的概率,那么如果一个推理中存有多个或然性,根据概率定理,推定结果的概率是它们的乘积,这样概率就会降低。所以,经验法则要求具有的可期待性、高度盖然性意味着,一般情况下是没有例外的,某种现象的发生具有极大的可能性,通常都会发生或不发生,而不是存在例外,一旦存在例外的可能性,作为推定的正当性自然就不复存在了。

经过上文判决原文的再现,我们不难发现,判决中所运用的大量谓之"常理"的经验法则,并不具有经验法则所要求的高度盖然性,存在着较大程度的例外可能性,以此为推定也就当然不具备高度盖然性,其正当性也就有了疑问。常理不是事实，常理是从个别的案例中归纳出来的规律，作为经验法则的"常理"就应当是人们所普遍认同的，而不是法官个人的认识。况且法官所进行的说明和论证也不足以说明其推定选择的经验法则和逻辑运用是足以证成和证立的。法官也应当以人们的一般社会认识作为基准或大致的尺度，谨慎地对待运用经验法则的推定技术，否则会导致裁判理由缺乏社会认同，影响裁判的公正性和权威性。

三、相关法条

（一）《中华人民共和国民事诉讼法》节选

第七条 人民法院审理民事案件，必须以事实为根据，以法律为准绳。

第九条 人民法院审理民事案件，应当根据自愿和合法的原则进行调解；调解不成的，应当及时判决。

第十条 人民法院审理民事案件，依照法律规定实行合议、回避、公开审判和两审终审制度。

第十二条 人民法院审理民事案件时，当事人有权进行辩论。

第十三条 当事人有权在法律规定的范围内处分自己的民事权利和诉讼权利。

第十六条 人民调解委员会是在基层人民政府和基层人民法院指导下，调解民间纠纷的群众性组织。

人民调解委员会依照法律规定，根据自愿原则进行调解。当事人对调解达成的协议应当履行；不愿调解、调解不成或者反悔的，可以向人民法院起诉。

人民调解委员会调解民间纠纷，如有违背法律的，人民法院应当予以纠正。

第五十一条 双方当事人可以自行和解。

第六十三条 证据有下列几种：

（一）书证；

（二）物证；

（三）视听资料；

（四）证人证言；

（五）当事人的陈述；

（六）鉴定结论；

（七）勘验笔录。

以上证据必须查证属实，才能作为认定事实的根据。

第六十四条 当事人对自己提出的主张，有责任提供证据。

当事人及其诉讼代理人因客观原因不能自行收集的证据，或者人民法院认为审理案件需要的证据，人民法院应当调查收集。

人民法院应当按照法定程序，全面地、客观地审查核实证据。

第六十六条 证据应当在法庭上出示，并由当事人互相质证。对涉及国家秘密、商业秘密和个人隐私的证据应当保密，需要在法庭出示的，不得在公开开庭时出示。

第六十九条 人民法院对视听资料，应当辨别真伪，并结合本案的其他证据，审查确定能否作为认定事实的根据。

第七十条 凡是知道案件情况的单位和个人，都有义务出庭作证。有关单位的负责人应当支持证人作证。证人确有困难不能出庭的，经人民法院许可，可以提交书面证言。

不能正确表达意志的人，不能作证。

第七十一条 人民法院对当事人的陈述，应当结合本案的其他证据，审查确定能否作为认定事实的根据。

当事人拒绝陈述的，不影响人民法院根据证据认定案件事实。

第八十五条 人民法院审理民事案件，根据当事人自愿的原则，在事实清楚的基础上，分清是非，进行调解。

第八十八条 调解达成协议，必须双方自愿，不得强迫。调解协议的内容不得违反法律规定。

第八十九条 调解达成协议，人民法院应当制作调解书。调解书应当写明诉讼请求、案件的事实和调解结果。

调解书由审判人员、书记员署名，加盖人民法院印章，送达双方当事人。

调解书经双方当事人签收后，即具有法律效力。

第一百五十一条 第二审人民法院应当对上诉请求的有关事实和适用法律进行审查。

第一百五十三条 第二审人民法院对上诉案件，经过审理，按照下列情形，分别处理：

（一）原判决认定事实清楚，适用法律正确的，判决驳回上诉，维持原判决；

（二）原判决适用法律错误的，依法改判；

（三）原判决认定事实错误，或者原判决认定事实不清，证据不足，裁定撤销原判决，发回原审人民法院重审，或者查清事实后改判；

（四）原判决违反法定程序，可能影响案件正确判决的，裁定撤销原判决，发回原审人民法院重审。

当事人对重审案件的判决、裁定，可以上诉。

第一百五十五条 第二审人民法院审理上诉案件，可以进行调解。调解达成协议，应当制作调解书，由审判人员、书记员署名，加盖人民法院印章。调解书送达后，原审人民法院的判决即视为撤销。

第一百五十八条 第二审人民法院的判决、裁定，是终审的判决、裁定。

（二）《最高人民法院关于适用〈中华人民共和国民事诉讼法〉若干问题的意见》节选（1992年7月14日发布）

72. 证据应当在法庭上出示，并经过庭审辩论、质证。依法应当保密的证据，人民法院可视具体情况决定是否在开庭时出示，需要出示的，也不得在公开开庭时出示。

78. 证据材料为复制件，提供人拒不提供原件或原件线索，没有其他材料可以印证，对方当事人又不予承认的，在诉讼中不得作为认定事实的根据。

（三）《最高人民法院关于民事诉讼证据的若干规定》节选（2001年12月6日发布）

第二条 当事人对自己提出的诉讼请求所依据的事实或者反驳对方诉讼请求所依据的事实有责任提供证据加以证明。

没有证据或者证据不足以证明当事人的事实主张的，由负有举证责任的当事人承担不利后果。

第七条 在法律没有具体规定，依本规定及其他司法解释无法确定举证责任承担时，人民法院可以根据公平原则和诚实信用原则，综合当事人举证能力等因素确定举证责任的承担。

第十条 当事人向人民法院提供证据，应当提供原件或者原物。如需自己保存证据原件、原物或者提供原件、原物确有困难的，可以提供经人民法院核对无异的复制件或者复制品。

第四十七条 证据应当在法庭上出示，由当事人质证。未经质证的证据，不能作为认定案件事实的依据。

当事人在证据交换过程中认可并记录在卷的证据，经审判人员在庭审中说明后，可以作为认定案件事实的依据。

第六十九条 下列证据不能单独作为认定案件事实的依据：

（一）未成年人所作的与其年龄和智力状况不相当的证言；

（二）与一方当事人或者其代理人有利害关系的证人出具的证言；

（三）存有疑点的视听资料；

（四）无法与原件、原物核对的复印件、复制品；

（五）无正当理由未出庭作证的证人证言。

第七十九条 人民法院应当在裁判文书中阐明证据是否采纳的理由。

对当事人无争议的证据，是否采纳的理由可以不在裁判文书中表述。

第二十九讲

在权利救济中矫正政府行为

——以"钓鱼执法"事件为例

> 司法复审是行政法的平衡器。它使不得越权的理论能够发挥实际的效用。
>
> ——伯纳德·施瓦茨

（伯纳德·施瓦茨，Bernard schwartz，1923～1997，是当代美国法学界的著名学者。施瓦茨生于美国纽约，1944年获得了纽约大学的法律学士学位；1945年在哈佛大学获得法律硕士学位；1947年进入纽约律师协会；1947年和1956年在英国剑桥大学分别获得了哲学博士学位和法律博士学位；1963年在巴黎大学获得d'universite博士头衔。施瓦茨教授讲授法律50年，是一位杰出的教师，也是一位多产的作者，他写了60本书和大量的论文，他有关美国最高法院和法官的著述是最著名的，被公认为行政法、比较法理学、法律史以及宪法领域里的专家，纽约大学埃德温·D韦布法学院最负声望的教授之一。他的代表作《行政法》、《美国宪法论集》、《美国法律史》、《人类的伟大权利：美国民权史》、《沃伦首席大法官和沃伦法院》等著作亦颇具权威性。《美国法律史》出版于1947年，是麦格劳—希尔出版公司出版的美国文化生活丛书中的一部。在同一年，美国文化遗产出版公司又将作者陆续写成的一些有关该书的介绍文章、在报刊上发表的专题论文和根据《美国法律史》改写的内容，汇编为《美国法律史遗产》出版。）

一、案例介绍

2009年9月8日下午1时左右，市民张晖驾驶的"长安福特"私家车在上海市闵行区元江路与华宁路红灯前等绿灯时，一名30多岁的男子捂住腹部，声称"胃痛",要求张晖搭载一程。张晖出于同情让该男子上车,几分钟后该男子"完全没有了胃疼的样子",并主动提出,"我给你10块钱"。张晖称,他当时立刻表示,"我是私家车,你胃疼才载你的,不要你钱"。两分钟后,张晖应男子要求转弯,停车。突然该男子试图拔出该车钥匙,遭到张晖阻止,两人扭成一团之时,车外七八名身穿黄绿色制服的执法人员包抄上来。张晖随后被执法人员强行押入一辆面包车,"长安福特"遭到扣押,那位男乘客则不知去向。上海市闵行区城市交通行政执法大队认定张晖为"非法营运",并处以1万元的行政罚款,交付罚款10天后可取回扣押车辆。张晖认为自己是"被钓的鱼",并把上海市闵行区城市交通行政执法大队告上法庭,要求其撤销行政处罚并承担诉讼费用。11月19日上海闵行区"钓鱼执法"案在闵行区法院开庭审理。经过一个小时庭审和半个小时的休庭后,法院认为,被告具有查处擅自从事出租汽车经营行为的行政职责,在诉讼中应对作出具体行政行为的合法性承担举证责任。鉴于被告在庭审前已自行撤销了被诉行政处罚决定,没有证据证明原告存在非法营运的事实,法官当庭宣判,被告闵行区交通执法大队在9月14日作出的NO.2200902973行政处罚决定违法,50元的诉讼费由被告承担。

同年10月14日晚,浦东新区闸航路、召泰路路口附近,一名年约20岁的年轻人站在路中央拦车。此时,上海庞源建筑机械工程有限公司的司机孙中界正驾驶一辆金杯面包车路过。看到这名年轻人无公交车、出租车可搭乘后,他顺道开车将其送到了1.5公里外的目的地。途中孙中界多次与该名男子确认其不是钓鱼执法者,在到达目的地停车的瞬间,该名男子突然从裤子右后侧口袋里拿出了一叠钱,抽出一张放在了副驾驶位置前的台面上,随后侧身伸手去拔车钥匙。孙中界看到如此怪异行为,以为遭遇了抢车,试图猛踩油门,与前方一辆机动车相撞,以避免自己的车被抢。然而,几乎就在他踩油门的同时,那名男青年用左脚死死踩住了刹车。在车钥匙被抢后,孙中界还没有来得及将自己上衣口袋里的手机拿出来报警,就看到从路边一条胡同里冲出来好几个人,不由分说打开驾驶室的车门,将其手机夺走后,又将他强行拽下车,并将他随身携带的行驶证一起拿走。随后孙中界被带上了一辆依维柯。在同一辆车上,他看到了3名与他有类似遭遇的司机。在车上,几名自称是执法队的人拿出了上海市浦东新区城市管理行政执法局调查处理通知书和暂扣、扣押物品凭证,要求孙中界签名。孙中界看到有图章敲着"该车无营运证,擅自从事出租汽车业务"的字样后,拒绝在上面签字。此后一个多小时,因为孙中界拒绝签字,他被要求不能离开。此时,他再次提出要报警,但对方拒绝还给他手机,也拒绝替他打110。双方僵持到晚上8时45分许,孙中界要上厕所,但对方仍坚持必须签字才能走人。万般无奈之下,孙中界只能签字。在他签字后,对方立即归还了手机,并允许其离开。随后年又

18 岁的孙中界用刀砍下了左手小指以证清白。

遭遇"钓鱼"的司机张晖在网络论坛上发帖控诉，孙中界断指以示清白并且向媒体求助，事件一经呈现，网络上对执法部门非法行为的谴责铺天盖地。伴随着大量的报道和评论，"钓鱼执法"事件很快演变为全国关注的焦点。面对各方媒体和社会大众的不满，上海市委市政府对"钓鱼执法"事件给予了高度重视，积极开展危机公关，开始正面回应媒体。浦东新区政府的调查结果显示，10月14日，原南汇区交通行政执法大队一中队的一名队员通过社会人员将当天执法的时间和地点告诉了"乘客"陈雄杰，当晚8时许陈雄杰在扬招孙中界驾驶车辆后驶至闸航路188号时被执法人员检查，执法人员为陈雄杰制作了笔录作为孙中界从事"非法营运"的证据，这一执法过程中使用了不正当取证手段。10月26日，上海市政府召开常务会议，听取"孙中界事件"和"张晖事件"的调查情况和处理意见汇报。浦东新区政府在当天宣布"孙中界事件"为"钓鱼式执法"，此前的初步调查结论与事实不符，向社会公开道歉；闵行区政府也同步宣布"张晖事件"取证方式不正当，撤销行政处罚行为。2010年1月18日，浦东新区执法局下达"浦城管赔决（2010）第1号"：赔偿因孙中界日常工作所需车辆被扣押后，而引起的直接损失2015.82元。因为不服上海市浦东新区城市管理行政执法局对自己的赔偿决定，孙中界向浦东新区法院提起诉讼，要求城管局赔偿127 375.6元。

上海的两起"钓鱼执法"事件在网络上爆出后，借助网络媒体的舆论监督，学术界和社会大众对这一事件倾注了广泛而持久的关注，该事件也跻身网络评选的"2009年中国十大法治事件"之一。

二、案例分析

（一）上海"钓鱼"执法事件反映出的法律问题

上海的两起轰动网络的"钓鱼"执法事件以上海市闵行区城市交通行政执法大队的败诉和闵行区政府撤销行政处罚行为并向社会道歉的结果而尘埃落定。事件中，政府行政行为的方式成为了有责任感的国人们茶余饭后的话题，然而人们讨论的焦点大多放在了政府行为本身是否合法上，学术界所关注的问题也大多放在一些行政惯例行为在行政执法现实中存在的合理性、控制公权力的滥用和规范执法程序这样的行政实体内容上，却没有多少人关注事件的主人公张晖、孙中界已经被侵害的权利如何尽可能地被救济以及解决纠纷的司法程序对行政行为的作用上。对于民众来说，在具体行政行为中，公民权利与行政权的地位本来就不平等，私权本就不具备对抗公权的力量，在权利已经被侵犯后一味地讨论谁对谁错并没有多大意义，对公民来说如何有效地使损失得到尽可能的弥补才是最实际的。而对于行政行为的规制，司法裁量也才是最有效的机制。事实上，在上海类似的钓鱼事件已经发生过很多次,但针对此提起的行政诉讼竟然无一胜诉。此次张晖之所以能胜诉,网络固然是起到了巨大的推动作用,但如果行政诉讼的作用能早点发挥出来,那么类似事件早就不会发生,同时行政执法中类似"钓鱼"这样的惯例方式也可以得到正确的使用。一味的从行政行为本身的规制入手并不能对已经成为惯例的钓鱼行为起到有效的控制,依靠司法的力量才是控制行政行为的有力途径。

(二) 国家应对个人承担责任

在人类历史的长河中,很长时间内对侵犯公民权利承担责任的主体都不包括国家,因为早期国家主权豁免理论认为由于国家享有主权,国家是法律的制定者,法院是国家的法院,因此,法律不可能约束国家自己,法院也不可能管辖国家。即使国家侵犯了公民的权益,国家也不需承担责任,法院也无权追究国家的责任。

资产阶级启蒙运动的发生,人民主权思想和民主政治的发展为国家像公民一样受法律的规范和约束,由国家对公民个人承担责任奠定了基础。

卢梭的人民主权说认为国家起源于人们相互间订立的契约,人类社会通过契约使人类自身从自然的社会状态进入到政治的社会状态。国家主权是社会契约的体现,是由全体公民所享有的、不可转让的权利。根据这一思想,国家同人民之间,不是统治者与被统治者、主人与臣仆的关系,而是委托与被委托的契约关系。因而主权属于人民而不属于任何私人,国家不是人民的主人,而是人民的官吏,建立国家的目的是保护每个人的人身和财产安全。政府就是在臣民与主权者之间所建立的一个中间体,以便使两者得以相互适应,政府负责执行法律并维护社会的以及政治的自由。所以,虽然主权是绝对的,不受法律限制的,但是由于主权归属于人民,国家政府以及官吏不是主权的持有者,他们必须执行和遵守人民制定的法律并接受法律的制约,违法者应承担相应的法律责任。

法律面前一律平等的思想是主权在民思想的进一步深入和具体化,这一原则也是行政诉讼制度确立的理论基础。根据该说,当国家执行公权力时,国家与公民之间是一种管理者与被管理者、权力与服从的关系。公民必须服从国家的管理,服从国家权力。从理论上说,这种服从就是公民个人服从公共意志和公共利益,服从作为国家意志的法律。尽管从强制性的行政实体法律关系上看,行政机关居于管理者的地位、处于优势,公民居于被管理者地位,处于弱势;但这只能说明行政机关与公民在强制性的实体权利义务关系中,双方权利义务关系的不对等,并非意味着双方在整体法律地位上的不平等。当国家公务人员在公务活动中侵害了公民的合法权利,国家应负责任的时候,国家与公民不再是管理者与被管理者之间的权力与服从的关系,而是民事法律关系的平等主体之间的关系,这种关系就如同民法上公民同公民之间的关系一样，是完全平等的。也就是说，国家同公民在诉讼制度中，实行的是法律面前一律平等的原则。

在法治政府论的视野中，权利相对于权力而言具有本位的特征，具体包括三点内容：①权力必须以权利为基础，即公民权利是源，国家权力是流，所有的权力都是由公民权利派生出来的，所以政府的行政权力只能来源于人民的授权。②权力必须以维护权利作为其存在的目的，即权力存在的唯一正当性就是全力保障公民的权利，所以政府的行政权力必须用来为人民服务。③权力的行使必须以权利为边界，即权力的运用以不侵犯公民的权利为最低限度，所以政府的行政权力必须严格依法行使，一旦逾越既定边界侵犯公民权利就必须承担责任。

尽管行政诉讼的理论基础有很多学说，各个学说也是各个不同时代和国家所提出的，但其所处的时代都是民主政治的时代，我国所采用的也正是民主政治制度，以上各种理论也可以为我国所用，我国国家与人民的关系是受法律规范调整和约束的关系，国家机关与公民、法人、其他组织都是法律上的平等主体，形成法律上的权利义务关系，因此，国家机关行为损害个人权益时，必须承担法律责任，没有豁免法律责任的特权，个人权益受到损害时，同样要受到足够的保护，以填补其损失。

（三）上海"钓鱼执法"事件中的权利救济

公民作为人本身具有独立的人格和自由的意志，并不依附于他人而存在，也不是国家的附属品，公民有独立于国家的意志和利益，当自己的权利受到侵害时，公民有报复、惩罚与反抗的权利。而权利的实现有赖于他人的尊重，权利本身并不具有强制的力量，为了增强权利的"力量"与"权威"，斗争应该被提到较为突出的位置，公民应该有主张其权利的自主性。行政行为是行政机关行使公权力的行为，行政机关代表的是国家，既然民主政治的国家中国家要对个人承担法律责任，那么当行使公共管理权的行政机关的行为侵犯到公民的合法权利时，公民就可以要求行政机关对自己承担责任。

1. 向相关法院提起行政诉讼。行政诉讼是指人民法院基于与行政机关或组织及其工作人员作出的具体行政行为以及相应的不作为有利害关系的公民、法人或其他组织提出的诉讼请求，依照法定审判程序和方式，对被诉具体行政行为以及相应的不作为进行合法性审查后作出裁决，从而解决行政法律关系主体之间发生的行政争议的审判活动及其诉讼制度。行政诉讼的起诉条件包括四个，分别是：原告是认为具体行政行为侵犯其合法权益的公民、法人或其他组织；有明确的被告；有具体的诉讼请求和事实根据；属于人民法院受案范围和受诉人民法院管辖。

《行政诉讼法》第11条规定，"人民法院受理公民、法人和其他组织对下列具体行政行为不服提起的诉讼：①对拘留、罚款、吊销许可证和执照、责令停产停业、没收财物等行政处罚不服的；②对限制人身自由或者对财产的查封、扣押、冻结等行政强制措施不服的；③认为行政机关侵犯法律规定的经营自主权的；④认为符合法定条件申请行政机关颁发许可证和执照，行政机关拒绝颁发或者不予答复的；⑤申请行政机关履行保护人身权、财产权的法定职责，行政机关拒绝履行或者不予答复的；⑥认为行政机关没有依法发给抚恤金的；⑦认为行政机关违法要求履行义务的；⑧认为行政机关侵犯其他人身权、财产权的。除前款规定外，人民法院受理法律、法规规定可以提起诉讼的其他行政案件。"该法第17条规定，行政案件由最初作出具体行政行为的行政机关所在地人民法院管辖。

本事件中两位当事人均被行政处罚，处罚包括罚款和扣押车辆，行政处罚是执法大队作出的具体行政行为，而两位当事人由于受到了行政处罚，其合法权益被侵犯，符合行政诉讼原告的资格。作出行政处罚的是城市交通行政执法大队，行政执法大队具有查处车辆非法运营的职权，其以自己名义作出行政处罚，是明确的争议被告。张晖要求撤销行政处罚并承担诉讼费用，孙中界要求国家赔偿，诉讼请求具体，也有基本的事实根据。行政执法大队作出的是行政处罚，行政处罚属于行政诉讼的受案范围，张晖和孙中界可以向闵行区法院和南汇区法院提起行政诉讼。

2. 确认被告的行政处罚行为违法。行政诉讼中法院对被告的行政行为的合法性进行审查，并且被告对其行为的合法性负举证责任，即由被告提供作出该具体行政行为的证据和所依据的规范性文件，如果被告不能提供其行为合法的证据，则被告的行政行为违法。

（1）法院审查的内容是被诉具体行政行为是否合法，因为司法权和行政权毕竟是彼此独立的，各自有自己的职权范围和活动领域，司法监督不能影响行政权的正常运转，否则国家职能分工的平衡状态会遭到破坏。当然，并不是说绝对排斥法院对某些具体行政行为进行合理性审查，当行政处罚显失公正时，法院可以判决变更。判断一个行政行为是否合法，主要是看作出行为的主体是不是合法的行政主体，是否有相关的权限，行为的形式是否合法（包括程序合法）。

（2）被告负举证责任是行政诉讼区别于民事诉讼和刑事诉讼的一大特征，刑事诉讼中举证责任在公诉方一方，被告并无特别的义务证明自己有罪还是无罪。民事诉讼中谁主张谁举证，并没有哪一方应该承担更多的举证责任。行政诉讼中行政机关出于主动地位，拥有单方面作出行政行为的权利，行政相对人出于被管理的地位，其不一定了解行政机关作出具体行政行为的依据，其专业知识也欠缺，因而由被告举证更符合诉讼的公平价值原理。行政机关向法院所提供的证据原则上要求是在行政程序中收集的证据，因为行政机关在行政程序中必须遵循

"先取证，后裁决"的规则，这一规则是"以事实为根据"的具体化，行政机关在作出具体行政行为之前，应当认真调查，充分收集证据，在证据充分、事实清楚的基础上，才能正确适用法律，作出正确的行政行为。根据《最高人民法院关于执行〈中华人民共和国行政诉讼法〉若干问题的解释》第 30 条之规定，下列证据不能作为认定被诉具体行政行为合法的根据：①被告及其诉讼代理人在作出具体行政行为后自行收集的证据；②被告严重违反法定程序收集的其他证据。根据《最高人民法院关于行政诉讼证据若干问题的规定》第 57 条，下列证据材料不能作为定案依据：①严重违反法定程序收集的证据材料；②以偷拍、偷录、窃听等手段获取侵害他人合法权益的证据材料；③以利诱、欺诈、胁迫、暴力等不正当手段获取的证据材料；④当事人无正当事由超出举证期限提供的证据材料；⑤在中华人民共和国领域以外或者在中华人民共和国香港特别行政区、澳门特别行政区和台湾地区形成的未办理法定证明手续的证据材料；⑥当事人无正当理由拒不提供原件、原物，又无其他证据印证，且对方当事人不予认可的证据的复制件或者复制品；⑦被当事人或者他人进行技术处理而无法辨明真伪的证据材料；⑧不能正确表达意志的证人提供的证言；⑨不具备合法性和真实性的其他证据材料。

本事件中被告即执法大队是行政主体，其有作出有关违法运营的行政处罚的权限，因而在权限上没有问题，案情的焦点主要在被告作出行政处罚的程序上是否合法，合法与否应该由被告即执法大队证明，即由被告负责提供张晖和孙中界存在非法运营的证据，执法大队在侦查过程中使用了"钓鱼"手段，这种手段是一种诱惑侦查的手段，此种诱惑方法违反了以事实为根据的原则，其所获得的证据也不能作为执法的合法依据，因而并没有证据能证明原告存在非法营运的事实，执法大队作出的行政处罚是违法的。

3. 法院作出准确判决。行政案件的一审判决主要有以下几种：

（1）维持判决。人民法院通过对具体行政行为的审查，认为被告作出的具体行政行为合法有效时，依法作出维持行政行为的判决。合法有效要求被诉行政机关或组织作出的具体新政行为事实清楚、证据确实充分、适用法律正确，符合法定程序，没有越权和滥用职权的情形。

（2）驳回原告诉讼请求。根据有关规定，有下列情形之一的，人民法院应当判决驳回原告的诉讼请求：①起诉被告不作为理由不能成立的；②被诉具体行政行为合法但存在合理性问题的；③被诉具体行政行为合法，但因法律、政策变化需要变更或废止的；④其他应当判决驳回诉讼请求的情形。

（3）撤销判决。人民法院通过对具体行政行为的审查，认为具体行政行为有下列情形之一的，判决撤销或者部分撤销，并可以判决被告重新作出具体行政行为：主要证据不足的；适用法律、法规错误的；违反法定程序的；超越职权的；滥用职权的。

（4）变更判决。人民法院对被诉行政行为审查后，认为行政处罚显示公正的直接予以变更。变更判决与撤销判决最大的区别是变更判决直接确定了当事人的权利义务，变更判决只能针对行政处罚作出。

（5）履行判决。人民法院对被诉具体行政行为进行审查，认为被告应当履行而未履行或拖延履行法定职责的，责令其在一定期限内履行法定职责。

（6）确认判决。人民法院认为被诉具体行政行为合法，但不适宜判决维持或者驳回诉讼请求的，可以作出确认其合法或者有效的判决。具体情形包括：被告不履行法定职责，但判决责令其履行法定职责已无实际意义的；被诉具体行政行为违法，但不具有可撤销内容的；被诉具体行政行为依法不成立或者无效的；被告改变原具体行政行为，原告不撤诉，人民法院经审查认为原具体行政行为违法的；被诉具体行政行为违法，但撤销该具体行政行为将会给国家利益或者公共利益造成重大损失的。

本案中被告是行政执法大队，其有查处非法运营的权力，其对本案当事人的运营行为有查处的权利，没有越权。案件争议的焦点是行政执法大队作出的行政处罚的行为是否合法。行政执法大队在进行调查时使用了"钓鱼"的手段，尽管"钓鱼执法"的直接目的是为了调查某些极具隐蔽性的特殊违法行为，最终目的是为了维护社会公共利益和秩序，从而保障人们的自由、安全和财产，其目的是合理的，但行政行为的正当性要求行政行为在作出时的程序应该合法，行政处罚的过程应该是根据行政相对人违法的事实作出相应的处罚，也即需先有违法事实，使用"钓鱼"手段违反了这一规则，因而此手段是非法的，非法调查手段所获得的证据不是合法的，不能作为作出行政行为的依据，因而其所作出的行政处罚证据不足，是违法的行政行为。但是由于在法院作出判决之前被告已经撤销了行政处罚，属于被诉具体行政行为违法，但不具有可撤销内容的情形，法院作出确认被诉具体行政行为违法的判决是准确的。

4. 可以申请国家赔偿。国家赔偿又被称为国家侵权损害赔偿。国家赔偿是指国家机关及其工作人员的侵权行为造成公民、法人以及其他组织的合法权益受到损害以后而承担赔偿责任的制度。国家侵权赔偿责任的构成要件包括：①必须有合法权益收到损害的事实；②致害主体必须是国家机关及国家机关工作人员；③致害行为必须是行使公共权力的行为或怠于行使职权的行为；④损害事实与侵权行为具有因果关系。国家赔偿的范围包括行政赔偿、刑事赔偿和司法赔偿。其中行政赔偿的范围包括：违法拘留、罚款、吊销许可证和执照、责令停产停业、没收财物等行政处罚或者采取限制公民人身自由、对财产采取查封、扣押、冻结等行政强制措施的；非法拘禁或者以其他方法非法剥夺公民人身自由；以殴打等暴力行为或者唆使他人以殴打等暴力行为造成公民身体伤害或者死亡的；违法使用武器、警械造成公民身体伤害或死亡的；违反国家规定征收财物、摊派费用的。公民合法的人身权和财产权在行政行为中受到行政机关的侵犯时，公民可以向被告所在地的基层人民法院提起行政赔偿的诉讼，根据新修订的《国家赔偿法》，公民除了可以挽回财产损失外，还可以提出精神损害赔偿的请求以弥补其受到的人格侮辱。

本案中行政执法大队是国家机关，代表国家行政行政权，其在行政处罚的过程中采用非法的调查行为作出了非法的行政处罚，对张晖和孙中界进行了罚款和扣押车辆，造成了二人的财产损失，符合国家赔偿的构成要件，张晖和孙中界可以申请国家赔偿，由国家对公民的个人损失承担赔偿责任。虽然孙中界随后又提起了国家赔偿要求赔偿其自断手指的损失，但是此损失是由其自己直接造成的，并不是有执法大队的违法处罚造成的直接损失，因而孙中界自断手指的损失不能获得国家赔偿。

(四) 行政诉讼是行政行为的矫正器

行政诉讼除了是公民向国家主张自己其权利的有力途径，其规则本身的设计也是矫正行政违法的一种有效手段。

1. 司法权的最终裁量的性质可以更有效地平衡行政行为。根据现代国家权力分工的原则，行政机关负责行政管理、执行法律。我们都对孟德斯鸠"一切有权力的人都容易滥用权力，这是万古不易的经验"这句话津津乐道，我们也都承认"在所有国家权力中，行政权是最桀骜不驯的，它是唯一不需要借助程序就能行使的权力，它有极大的随意性和广阔的空间。"而更严峻的情况是随着现代经济的发展，社会关系变得密切和复杂，需要强有力的政府干预，政府的权力和职能是加强和扩大的。行政权的加强，一方面给社会带来秩序，给公民提供安全和福利；另一方面又不可避免地会导致或多或少的权利使用不当甚至滥用的情形，给公民的权利和自由带来威胁。一旦政府的权力运行超出了法律规定的界限，就必须设定制度上的纠正措施，以维护行政法治以及公民的合法权利和自由。这种制约可以是一种内部制约，也可以是一种外部制约，但从制约的效力来看，建立相对独立于行政机关之外的审判机构来控制行政权力则是各国宪政体制所作的基本选择。这是因为，司法权与行政权在职能范围与行使方式上存在着很大的不同，前者较多地强调决策的"自主性"，即法院或法官在依照法律规定的前提下，对案件要独立自主地作出裁判；后者则突出强调决策的"指令性"，即行政机关或工作人员行使职责时要服从上级机关或上司的命令。可以说如果一个公务员故意不执行上司的指示，通常这就构成了失职。而对法官来说情况恰好相反：

如果法官按照院长的指示去判案的话，这种行为就构成了失职。因为"法官除了法律就没有别的上司。法官有义务在法律运用于个别事件时，根据他在认真考虑后的理解来解释法律；……独立的法官既不属于我，也不属于政府"。尽管从制度的层面上我国不采取用三权分立，但是在权力相互制约的精神上我们是可以吸收权力分工的形式的。在现代法治国家里，司法最终解决社会纠纷是一个基本的原则。正是从这个意义上说，司法是正义的最后一道屏障。

2. 行政诉讼的特殊规则限制可以直接督促行政机关依法行政。行政诉讼活动中法官审查的关键问题并不是当事人的权利是否受到侵犯，尽管这是诉讼的基本条件之一，行政机关作出的行政行为是否违法才是审查的关键。同时，行政诉讼的举证责任在被告即行政机关一方，行政机关要想在行政诉讼中胜诉，其必须证明自己的行为是合法的，因而其在作出行政行为时就不得不随时考量一下万一将来对簿公堂的话，自己有没有东西可以使自己处在主动地位，这样每个执法者在执法时就会自觉地遵守行政法的实体法律规范来给自己留条退路。每一次的行政诉讼，都会使行政主体主动矫正自己的行为，以便使自己不会再陷入被动中，而行政法的实体理论的发展也会由此得到推动。事实上，长期以来，由于社会现实的复杂，在行政执法行为中一直存在着一些惯例性的行为，这些惯例由于本身并不符合公众朴素的正义观而没有被法律明文认可，但其对于一些隐晦的或者复杂的行为又能够起到帮助行政机关作出决定的作用，"上海钓鱼执法事件"中的"钓鱼"方法就是这样的一种惯例。之前并没有爆发出如此影响力大的事件，行政机关就一直默认这种惯例的存在，学术界也并未注意到这种惯例对公众的严重影响，由于本事件当事人张晖和孙中界的激烈对抗，这样的惯例行为就被抛在公众视野内，学术界也不遗余力地寻找行政惯例行为正确使用的途径，如果能够找到使一些行政惯例行为合法发挥作用的途径，那对于行政机关来说帮助是很大的。

行政诉讼就是这样一种制度：一方面为公民向国家主张自己的权利提供了有力途径，另一方面又通过其所设置的特殊规则对正当行政起到客观的促进作用。行政诉讼的这种对实体权力的矫正作用是其他的司法制度所不能实现的。公民积极地通过行政诉讼活动主张自己的权利，在主张权利的同时可以使公权力的行使受到规制，公民的每一次行政诉讼，其实都是在参与国家政治生活，所以在行政诉讼的世界里，公民就是在权利救济中参与国家政治。正如耶林所说："实现自己的权利，是个人的使命，如果他不实现这个使命，那么，他放弃的不仅仅是他自身的利益，而是其共同体的利益。"

三、相关法条

《中华人民共和国行政诉讼法》节选

第一条 为保证人民法院正确、及时审理行政案件，保护公民、法人和其他组织的合法权益，维护和监督行政机关依法行使行政职权，根据宪法制定本法。

第二条 公民、法人或者其他组织认为行政机关和行政机关工作人员的具体行政行为侵犯其合法权益，有权依照本法向人民法院提起诉讼。

第十一条 人民法院受理公民、法人和其他组织对下列具体行政行为不服提起的诉讼：

（一）对拘留、罚款、吊销许可证和执照、责令停产停业、没收财物等行政处罚不服的；

（二）对限制人身自由或者对财产的查封、扣押、冻结等行政强制措施不服的；

（三）认为行政机关侵犯法律规定的经营自主权的；

（四）认为符合法定条件申请行政机关颁发许可证和执照，行政机关拒绝颁发或者不予答复的；

（五）申请行政机关履行保护人身权、财产权的法定职责，行政机关拒绝履行或者不予答复的；

（六）认为行政机关没有依法发给抚恤金的；

（七）认为行政机关违法要求履行义务的；

（八）认为行政机关侵犯其他人身权、财产权的。

除前款规定外，人民法院受理法律、法规规定可以提起诉讼的其他行政案件。

第十二条 人民法院不受理公民、法人或者其他组织对下列事项提起的诉讼：

（一）国防、外交等国家行为；

（二）行政法规、规章或者行政机关制定、发布的具有普遍约束力的决定、命令；

（三）行政机关对行政机关工作人员的奖惩、任免等决定；

（四）法律规定由行政机关最终裁决的具体行政行为。

第十三条 基层人民法院管辖第一审行政案件。

第十四条 中级人民法院管辖下列第一审行政案件：

（一）确认发明专利权的案件、海关处理的案件；

（二）对国务院各部门或者省、自治区、直辖市人民政府所作的具体行政行为提起诉讼的案件；

（三）本辖区内重大、复杂的案件。

第十七条 行政案件由最初作出具体行政行为的行政机关所在地人民法院管辖。经复议的案件，复议机关改变原具体行政行为的，也可以由复议机关所在地人民法院管辖。

第十八条 对限制人身自由的行政强制措施不服提起的诉讼，由被告所在地或者原告所在地人民法院管辖。

第十九条 因不动产提起的行政诉讼，由不动产所在地人民法院管辖。

第三十二条 被告对作出的具体行政行为负有举证责任，应当提供作出该具体行政行为的证据和所依据的规范性文件。

第三十三条 在诉讼过程中，被告不得自行向原告和证人收集证据。

第四十一条 提起诉讼应当符合下列条件：

（一）原告是认为具体行政行为侵犯其合法权益的公民、法人或者其他组织；

（二）有明确的被告；

（三）有具体的诉讼请求和事实根据；

（四）属于人民法院受案范围和受诉人民法院管辖。

第五十四条 人民法院经过审理，根据不同情况，分别作出以下判决：

（一）具体行政行为证据确凿，适用法律、法规正确，符合法定程序的，判决维持。

（二）具体行政行为有下列情形之一的，判决撤销或者部分撤销，并可以判决被告重新作出具体行政行为：

1. 主要证据不足的；
2. 适用法律、法规错误的；
3. 违反法定程序的；
4. 超越职权的；
5. 滥用职权的。

（三）被告不履行或者拖延履行法定职责的，判决其在一定期限内履行。

（四）行政处罚显失公正的，可以判决变更。

第五十八条 当事人不服人民法院第一审判决的，有权在判决书送达之日起15日内向上一级人民法院提起上诉。当事人不服人民法院第一审裁定的，有权在裁定书送达之日起10日内向上一级人民法院提起上诉。逾期不提起上诉的，人民法院的第一审判决或者裁定发生法律效力。

第六十一条 人民法院审理上诉案件，按照下列情形，分别处理：

（一）原判决认定事实清楚，适用法律、法规正确的，判决驳回上诉，维持原判；

（二）原判决认定事实清楚，但适用法律、法规错误的，依法改判；

（三）原判决认定事实不清，证据不足，或者由于违反法定程序可能影响案件正确判决的，裁定撤销原判，发回原审人民法院重审，也可以查清事实后改判。当事人对重审案件的判决、裁定，可以上诉。

第六十二条　当事人对已经发生法律效力的判决、裁定，认为确有错误的，可以向原审人民法院或者上一级人民法院提出申诉，但判决、裁定不停止执行。

第六十三条　人民法院院长对本院已经发生法律效力的判决、裁定，发现违反法律、法规规定认为需要再审的，应当提交审判委员会决定是否再审。

上级人民法院对下级人民法院已经发生法律效力的判决、裁定，发现违反法律、法规规定的，有权提审或者指令下级人民法院再审。

第六十四条　人民检察院对人民法院已经发生法律效力的判决、裁定，发现违反法律、法规规定的，有权按照审判监督程序提出抗诉。

第六十七条　公民、法人或者其他组织的合法权益受到行政机关或者行政机关工作人员作出的具体行政行为侵犯造成损害的，有权请求赔偿。

公民、法人或者其他组织单独就损害赔偿提出请求，应当先由行政机关解决。对行政机关的处理不服，可以向人民法院提起诉讼。

赔偿诉讼可以适用调解。

第六十八条　行政机关或者行政机关工作人员作出的具体行政行为侵犯公民、法人或者其他组织的合法权益造成损害的，由该行政机关或者该行政机关工作人员所在的行政机关负责赔偿。

行政机关赔偿损失后，应当责令有故意或者重大过失的行政机关工作人员承担部分或者全部赔偿费用。

第六十九条　赔偿费用，从各级财政列支。各级人民政府可以责令有责任的行政机关支付部分或者全部赔偿费用。具体办法由国务院规定。

后 记

写一本法律基本理论的教材不是一件困难的事情，但是写一本对读者产生深刻影响的、以网络社会的真实案例用现行法律法规进行解读的教材并不是一件容易的事情。许多传统的法学基本理论的教材在结构大同小异，可以说都脱离不了学科的影响，脱离不了单纯说教的印记，这样就使得教材与学生和读者的距离拉大了。能否从学生或读者的角度来设计教材，既不枯燥又不教条，既通俗易懂又不高深莫测，既能以法理服人，又可以使学生或读者身入其境，这种既带有理论交底式的介绍，又能反映学生或教师的呼声，体现教育创新的实操性教材的编写是一项非常困难的事情。在坚持"够用、管用"原则的主导下，在坚持培养技能型人才的教育理念指导下，在考虑到教育对象的特殊性和复杂性因素情况下，我们开始组建一支特殊的编写团队，这支团队不同于以往的以教师为主的团队，而是动员了许多实务界人士参加，有法院的法官也有律师事务所的律师，有成人高校的老师也有高职院校的老师，有教授、博士也有年轻的硕士，有省内的老师也有省外的老师，特别是为了锻炼年轻人，特意安排熟悉网络的年轻人担任团队的领导者。有创新思想的团队一定会编写出一部时效性强、针对性强、现实性强的带有实训性质的法律基本知识的教材来。本书的具体分工如下：

第一讲　宪法是国家根本大法——以孙志刚事件为例
撰稿人：孙平，广东广播电视大学、广东理工职业学院教授。
第二讲　社会管理的诺亚方舟——以郭美美事件为例
撰稿人：孙平，广东广播电视大学、广东理工职业学院教授。
第三讲　公民意识是一种责任意识——以大学生"黑客"事件为例
撰稿人：孙平，广东广播电视大学、广东理工职业学院教授。
第四讲　人民调解能解困促和谐——以网络遗产继承纠纷为例
撰稿人：盛舒弘，广东司法警官职业学院讲师。
第五讲　民法是权利本位法——以"人肉搜索第一案"为例
撰稿人：王赫，甘肃广播电视大学教授。
第六讲　家暴是婚姻关系的毒瘤——以李阳家庭暴力事件为例
撰稿人：王赫，甘肃广播电视大学教授。

第七讲　继承是与生俱有的权利——以钟叶氏遗产继承案为例

撰稿人：陆龙波，广东省格林律师事务所律师。

第八讲　合法的私有财产不可侵犯——以江西省宜黄自焚事件为例

撰稿人：王灯，广东省广州市中级人民法院审判员。

第九讲　网络侵权是特殊的侵权——以"海运女"事件为例

撰稿人：刘天君，广东广播电视大学、广东理工职业学院教授。

第十讲　驰名商标的特殊保护——以卡地亚事件为例

撰稿人：李秋萍，广东广播电视大学、广东理工职业学院教师。

第十一讲　恶意买卖违反合同法的原则——以淘宝商城事件为例

撰稿人：李秋萍，广东广播电视大学、广东理工职业学院教师。

第十二讲　企业经营管理的"宪法"——以国美电器股权之争事件为例

撰稿人：梁智刚，广东广播电视大学、广东理工职业学院讲师。

第十三讲　公司经营风险的特殊化解——以中华网投资集团破产案为例

撰稿人：梁智刚，广东广播电视大学、广东理工职业学院讲师。

第十四讲　谁能守护证券资本市场——以带头大哥777和余凯股票操纵案为例

撰稿人：梁智刚，广东广播电视大学、广东理工职业学院讲师。

第十五讲　虚拟财产亦不容侵犯——以"天龙八部"网络游戏案为例

撰稿人：王春穗，广东广播电视大学、广东理工职业学院讲师。

第十六讲　刑罚是惩罚犯罪的强制方法——以深圳"永利高"网络赌博案为例

撰稿人：王春穗，广东广播电视大学、广东理工职业学院讲师。

第十七讲　治安管理是社会秩序的调节器——以"密码外泄门"事件为例

撰稿人：张华、梁智刚，广东广播电视大学、广东理工职业学院讲师。

第十八讲　政府是民权的保护者——以"最牛钉子户"事件为例

撰稿人：张华，广东广播电视大学、广东理工职业学院讲师。

第十九讲　法律一般禁止的解除——以"BT中国联盟"关闭为例

撰稿人：张华，广东广播电视大学、广东理工职业学院讲师。

第二十讲　政府调控的权力边界——以商品房"限购令"为例

撰稿人：黄宏，广东省国鼎律师事务所律师。

第二十一讲　转型期社会的契约精神——以商品房"降价退房潮"为例

撰稿人：黄宏，广东省国鼎律师事务所律师。

第二十二讲　新型消费维权的困境——以网购毁容事件为例

撰稿人：盛舒弘，广东司法警官职业学院讲师。

第二十三讲　社会保险法给社会上"保险"——以上海社保基金案为例
撰稿人：朱文博，广东司法警官职业学院讲师。
第二十四讲　企业应重视社会责任的承担——以富士康员工跳楼事件为例
撰稿人：卢修敏，广东广播电视大学、广东理工职业学院教授。
第二十五讲　劳动法是劳动者的保护神——以南海本田停工事件为例
撰稿人：张竹英，广东省佛山广播电视大学、佛山社区大学副教授。
第二十六讲　劳动合同的法律边界——以"华为奋斗者事件"为例
撰稿人：陈显敏，广东省古今来律师事务所律师。
第二十七讲　刑事程序具有独立价值——以赵作海案件为例
撰稿人：梁智刚，广东广播电视大学、广东理工职业学院讲师。
第二十八讲　程序是正义的蒙眼布——以彭宇案为例
撰稿人：梁智刚，广东广播电视大学、广东理工职业学院讲师。
第二十九讲　在权利救济中矫正政府行为——以"钓鱼执法"事件为例
撰稿人：张华，广东广播电视大学、广东理工职业学院讲师。

需要特别提出的是，"法言法语"部分作者的简况多是通过搜索引擎从互联网上摘取下来的，一些案例也是从许多网站收集而来的，因此有些案件的介绍可能存在一定的局限性，希望读者不要纠缠具体的细节，而应将重点放在法律知识的解读方面。

对参与此次编写的各位同仁以及他们的家人表示衷心的感谢！对中国政法大学出版社编辑的辛勤工作表示衷心的感谢！

孙　平

2012 年 3 月 17 日

图书在版编目（CIP）数据

  网络社会与法律知识/孙平，王春穗主编．—北京
中国政法大学出版社，2012.6
  ISBN 978-7-5620-4323-2
  Ⅰ．①网．．．Ⅱ．①孙．．．②王．．．Ⅲ．①法律-基本知识-中国 Ⅳ．①D920.5
  中国版本图书馆CIP数据核字(2012)第104673号

书　　名	网络社会与法律知识 WANGLUO SHEHUI YU FALÜ ZHISHI
出版发行	中国政法大学出版社
经　　销	全国各地新华书店
承　　印	固安华明印刷厂

720mm×960mm 16开本 27.25印张 515千字
2012年6月第1版 2012年6月第1次印刷
ISBN 978-7-5620-4323-2/D·4283
印　数：0 001-3 000 定　价：45.00元

社　　址	北京市海淀区西土城路25号
电　　话	(010)58908435(编辑部) 58908325(发行部) 58908334(邮购部)
通信地址	北京100088信箱8034分箱 邮政编码 100088
电子信箱	fada.jc@sohu.com(编辑部)
网　　址	http://www.cuplpress.com （网络实名：中国政法大学出版社）
声　　明	1. 版权所有，侵权必究。 2. 如有缺页、倒装问题，由印刷厂负责退换。